中华文化与传播研究

第四辑

谢清果　钟海连　主编

九州出版社
JIUZHOUPRESS

图书在版编目（CIP）数据

中华文化与传播研究. 第四辑 / 谢清果，钟海连主编. -- 北京：九州出版社，2019.1
ISBN 978-7-5108-7893-0

Ⅰ. ①中… Ⅱ. ①谢… ②钟… Ⅲ. ①中华文化－文化传播－研究 Ⅳ. ①G125

中国版本图书馆CIP数据核字(2019)第015969号

中华文化与传播研究·第四辑

作　　者	谢清果　钟海连　主编
出版发行	九州出版社
地　　址	北京市西城区阜外大街甲 35 号（100037）
发行电话	(010)68992190/3/5/6
网　　址	www.jiuzhoupress.com
电子信箱	jiuzhou@jiuzhoupress.com
印　　刷	三河市九洲财鑫印刷有限公司
开　　本	720 毫米 ×1020 毫米　16 开
印　　张	23.5
字　　数	385 千字
版　　次	2019 年 1 月第 1 版
印　　次	2019 年 1 月第 1 次印刷
书　　号	ISBN 978-7-5108-7893-0
定　　价	68.00 元

《中华文化与传播研究》

主办单位：
> 厦门大学传播研究所
> 中盐金坛盐化有限责任公司

协办单位：
> 华夏文化促进会
> 华夏传播研究会
> （美国）国际中华传播学会
> 中国传媒大学媒体创意研究中心
> 厦门大学国学研究院
> 四川大学老子研究院
> 厦门大学道学与传统文化研究中心
> 厦门箶笪书院
> 厦门伟纳机电技术有限公司
> 两岸关系和平发展协同创新中心
> 厦门大学华夏文明传播研究中心
> 中国新闻史学会新闻传播思想史委员会
> 中国新闻史学会台湾与东南亚华文新闻传播史研究委员会

"中央高校基本科研业务费专项资金资助"（Supported by the Fundamental Research Funds for the Central Universities）（项目编号：20720171005）

张惠晶（美国伊利诺伊大学芝加哥分校）

邵培仁（浙江大学传播研究所）

林升栋（厦门大学新闻传播学院）

罗　萍（厦门大学新闻传播学院）

岳　淼（厦门大学新闻传播学院）

居延安（美国康涅狄格州州立大学）

单　波（武汉大学新闻与传播学院）

（新加坡）卓南生（北京大学新闻学研究会）

宫承波（中国传媒大学新闻学院）

赵月枝（加拿大西门菲莎大学传播学院）

赵振祥（厦门理工学院）

赵晶晶（浙江大学传媒与国际文化学院）

胡翼青（南京大学传播学院）

郝　雨（上海大学影视学院）

贾文山（中国人民大学、查普曼大学）

郭肖华（厦门理工学院数字创意学院）

阎立峰（厦门大学新闻传播学院）

黄　旦（复旦大学新闻学院）

黄合水（厦门大学新闻传播学院）

黄鸣奋（厦门大学人文学院）

黄星民（厦门大学新闻传播学院）

程曼丽（北京大学新闻与传播学院）

董天策（重庆大学新闻学院）

谭华孚（福建师范大学传播学院）

戴元光（上海政法学院）

编辑委员会

卷首语

 2018 年 9 月，教育部、国家语委印发了《中华经典诵读工程实施方案》，提出了"用中国声音讲好中国故事、传播中国思想理念，为增强国家文化软实力打下坚实语言基础，建成与综合国力相适应的语言文化强国"的工作目标，并号召"重视对中华经典的研究阐发，推动中华优秀传统文化、革命文化和社会主义先进文化创造性转化、创新性发展，不断丰富中华经典的内容和传播方式"。《中华文化与传播研究》一直坚守"中华文化立场，全球传播视野"的理念，努力阐扬中华文化的传播智慧，建设与中华文明相匹配的传播学"中华学派"，以与传播学"欧洲学派""美洲学派"相媲美，这是我们作为中华文化传播工作者的责任与担当。

 多年来，《中华文化与传播研究》以实际行动"礼敬中华优秀传统文化"，在现代中守望传统，在国际传播视野中创造性阐释中华文化的核心价值，秉承创新性发展中华文化的情怀，义不容辞地担当起引领中华文化传播与研究的历史重担。为了中华民族的伟大复兴，为了"两个一百年"目标的早日实现，为了中华文化自信的真正确立，我们将不遗余力地朝着这个目标奋力向前。

 本书设立主题专栏"老子传播思想研究"，旨在阐发《道德经》对"玄同"世界的美好构想，对"道法自然"生态文明理念的高瞻远瞩，对"百姓心为心"的治国理政思想的深刻领悟。总之，立足当代，重温经典，为建构中国特色的传播理论体系夯实思想基础。此外，我们还邀请了兰州大学祝东副教授主持"先秦符号与传播思想研究"专栏，该专栏从符号学视角探讨《周易》及墨家、儒家的符号思想，并从政治传播角度研究儒家的礼教智慧，值得一读。而由中盐金坛盐化有限责任公司孙鹏博士和郑明阳编辑主持的"贤文化与组织传播""盐文化传播研究"两个固定专栏，探讨了子贡的儒商精神，深入分析了盐文化题材纪录片的文化传播意识，彰显了本研究系列特色专栏的独特魅力。

　　值得推荐的是，暨南大学姚锦云博士主持的"华莱坞电影与中华文化"专栏，从电影这一媒介入手，关注华莱坞电影所承载着的中华文化，体现了新锐学者振兴中华文化的担当与勇气。浙江传媒学院洪长晖副教授主持的"媒介形象与文化认知"专栏，既关注媒介上的中国形象，又分析纪录片和广告等不同传媒背后的文化认知，发人深思。西南政法大学刘大明博士主持的"传统文化视域下的现代传播研究"专栏，探讨当代移动短视频传播中的"群"意识，分析在传统与现代中延续的长安佛教文化传播现象，开启了传统文化当代传播的研究进路。厦门大学熊慧副教授主持的"媒介技术变迁与新闻传播教育"专栏，关注国内外新闻教育前沿，探讨新媒体技术在教育中的运用，值得一读。广州财经大学邹洁老师主持的专栏探讨了翻转课堂在教学实践中的运用，为读者展示了翻转课堂对当代教学改革的现实意义。

　　此外，本书特色固定专栏"国学新知"，继续由陆元祥博士担纲，他邀请学养深厚的专家探讨了国学通识教育问题，从高校的传统文化教育，到中小学的国学教育，视野开阔，研究路径独特，富有强烈的现实关注。同时，本书编委会主任管国兴博士从易学与丹道的角度诠释《离骚》所蕴含的"圣贤之道"和"天地大道"，发前人之所未发，与《中华文化与传播研究》的初心深相契合。

　　作为《中华文化与传播研究》主编，我们对各位主持人和作者的辛勤付出表示由衷的敬意，对各位读者的关注与支持，表示真诚的感谢。期盼着与大家一起继续为中华优秀传统文化的当代阐扬贡献我们的绵薄之力。

主编：谢清果 钟海连

2018 年 10 月 15 日

目　录

一、老子传播思想研究

【**主持人语**】老子是位史官，传承与传播那个时代的主流文化是他的工作职责，其所著的《道德经》饱含深刻的中华传播思想是在情理之中的事。司马迁《史记》称老子是守藏室之史，是管理当时国家档案和典籍的官员，虽然当时的藏书并不向普通老百姓开放，但是毕竟也向相当多的士人开放，例如孔子当时并没有官爵，却能赴洛阳老子所掌管的藏书室交流学习，便是个例证。因此可以说，老子是位文化传播工作者。

先秦时期史官也是礼乐活动的参与者，所以老子自然也主持或参与过许多重大的礼乐活动，孔子在鲁国巷党这地方协助老子举办丧礼活动，便是明证。根据厦门大学黄星民教授的研究，他认为礼乐传播也是一种社会管理者"自觉地利用礼乐这一传播形式向全社会广泛地传播自己的思想观念的传播活动。礼乐传播中的'礼'，主要指的是在各种场合下举行的各种礼仪；礼乐传播中的'乐'，不仅只是音乐，还包括诗歌、舞蹈等艺术形式"。礼乐这种传统大众传播形式传承了中国古代的伦理观念、待人处事的基本规则，诚然发挥着类似于电视、广播等现代传播媒介的功能。

此外，老子隐居前和隐居后，根据《庄子》中有关记载，他也从事着教育传播活动。著名学者张松辉先生在《老子研究》一书中指出"第一位开办私学、打破学在官府的是老子，而不是孔子。"例如，《庄子·庚桑楚》有言："南荣趎请入就舍，召其所好，去其所恶，十日自愁，复见老子"。张松辉认为这里的"舍"当是"学舍"。至少，老子当时的居所当有一些客房用来招待前来求学的士人。因为《庄子·养生主》有载：老子去世时，秦失来吊，哭三声就出去了。老子的弟子就质问他是不是老子的朋友，不然怎么会有如此的吊唁行为。可见，老子无论在为官时，还是在民间都有一些弟子，平时他应当是开坛讲学的。当时的私人教育是开门办学的，没有什么门槛，因此，也可以说是大众传播的形态之一。其实，正是有像老子这样的许多人因不满政治的黑暗、社会动荡而成为隐士，不过，他们是心隐，而身不隐，依然关心社会，关注民生，积极传授天人之学，以利天下苍生。所以，我们把老子当作一位大众传播事业的先行者，也不为过。

既然老子是一位当时社会文化事业的继承者与传播者，那么他的社会实践与理论探讨的观念结晶自然蕴藏着丰富的传播智慧，甚至也能够对当代的传播实践提供宝贵启示。当代的大众传播活动可以、也应当向老子及其《道德经》取经，以利于更有历史感与时代感地为人民服务。

主持人曾编撰过《和老子学传播——老子的沟通智慧》《和老子学养生——老子的健康传播智慧》《和老子学管理——老子的组织传播智慧》《大道上的老子——<道德经>与大众传播学》《生活中的老子——<道德经>与人际沟通》《<道德经>与当代传媒文化》等多部著作，也开设过研究生课程"老子传播思想研究"，对探讨老子的传播思想的研究工作一直魂牵梦绕，也有主持专栏的想法，本次专栏应时而成，令人欣慰。本专栏有五篇文章，扬州大学贾学鸿教授的作品，探讨了汉代重要的著作《老子指归》在传播庄子思想方面的贡献，并分析了著作的传播方式和早期接受状况，十分精彩。湖南大学的曹艳辉老师认为老子的《道德经》可视为面向君王的谏议式政治传播著作，对国家治理者的角色有着独到深刻的认知，蕴含着"内圣外王"的价值取向和"正言若反"的谏言策略，论述全面细致。厦门大学嘉庚学院的王乃考副教授借鉴文化产业的理论框架，开创性地提出老子的文化生产观问题，主要围绕谁来生产文化、生产什么文化、怎样生产文化三个方面展开论述，给人印象深刻。广东医科大学林啸老师多年来研究《老子》，尤其对老子之道的传播特征认知颇深。此外，李睿强先生运用米德、荣格等思想分析了老子的内向传播思想，引人思考。

（厦门大学新闻传播学院教授、博士生导师　谢清果）

严遵《老子指归》对《庄子》思想的传播

贾学鸿[*]

（扬州大学文学院，江苏，210000）

摘　要：严遵《老子指归》中的"庄子曰"具有双重意义，既指严氏自道，又是在解释《老子》过程中传播《庄子》。由"庄子曰"领起的段落，能够在《庄子》书中找到根据，反映出《庄子》部分篇目的道德仁义观、生命哲学理念和道论，并导人向善，从而为贯通老、庄、儒三家找到路径。严遵以讲课和著书立说两种方式传播《庄子》，在表述上体现庄子学派朦胧和恣肆的特色，在风格上实现传播行为、传播方式与传播对象的统一。《老子指归》的早期传播，由蜀地延伸到葛洪所在的长江下游地区，客观上促成《庄子》的再度传播。

关键词：严遵；老子指归；庄子曰；思想传播

基金项目：国家社科基金项目"《庄子》文学的语素构象研究"（16BZW044）的阶段性成果

　　《庄子》作为道家的奠基之作，在汉代已经广泛传播。方勇先生的《庄子学史》第一册设《秦汉庄子学》专编[②]，用100多页的篇幅叙述《庄子》在秦汉时代的传播、接受，其中提到众多的人物和著述。还有一部著作也应该纳入汉代《庄子》学的系列，这就是《老子指归》。由于这部著作传播《庄子》所用的方式颇为独特，因此有必要对这个问题进行深入探讨。

---

　　* 贾学鸿（1969—），女，河北涿州人，文学博士，扬州大学文学院教授，博士生导师，主要研究方向：先秦文学、道家文学文化传播。
　　② 方勇．庄子学史（第一册）[M]．人民出版社．2017，第315—428页。

一、严遵《老子指归》中的"庄子曰"

严遵,字君平,西汉后期蜀地人。关于他的事迹,《汉书》卷七十二《王贡两龚鲍传》有如下记载:

> 君平卜筮于成都市,……裁日阅数人,得百钱足自养,则闭肆下帘而授《老子》。博览无不通,依老子、严周之指著书十余万言。杨雄少时从游学,以而仕京师显名,数为朝廷在位贤者称君平德。……君平年九十余,遂以其业终,蜀人爱敬,至今称焉。①

严君平是位隐士,他在成都的街市以占卜算卦的方式糊口谋生,每天只接待几个人,挣到百钱就收摊,其余时间就是为投到他门下的学生讲授《老子》。扬雄早年曾是他的弟子。严君平是位世外高人,在蜀地和京都长安都有很高的知名度。他终身不仕,始终以卜筮和传播道家著作为业。严君平又是位高寿之人,年九十余而终,那时已是西汉末年。

严君平留传下来的著作是《老子指归》,顾名思义,是对《老子》加以阐释的著作。这部书的行文有一个值得注意的现象,就是部分段落用"庄子曰"领起。著作开篇有作为全书序言的《君平说二经目》,其中写道:"庄子曰:昔者《老子》之作也,变化所由,道德为母,效经列首,天地为象。"对于文中出现的"庄子曰",王德有先生所做的解释如下:

> 庄子,指严君平。谷神子注:"严君平者,蜀郡成都人也。姓庄氏,故称庄子。东汉章和之间班固作《汉书》,避明帝讳,更之为'严','严'、'庄'亦古今之通语。"②

关于谷神子,余嘉锡《四库提要辩证》说是中唐诗人郑还古,蒙文通《严君平道德指归论佚文序》说是晚唐传奇小说家裴铏,二人都擅述奇闻异事,好神仙道学。按照谷神子的说法,《老子指归》中的"庄子曰"记载的是严君平本人的话语,属于夫子自道,而不是援引《庄子》一书的论述。严君平本姓庄,与庄周同姓,故自称庄子。《老子指归》出现"庄子曰"计十七次,这

---

① 班固.汉书[M].颜师古注.北京:中华书局.1962,第3056—3057页。
② 严遵.老子指归[M].王德有点校.北京:中华书局.1994,第1页。

些话到底与《庄子》有没有关联，还需要从老庄思想总体上进行考察。本文通过文本的对比分析，发现《老子指归》中"庄子曰"后的话语，实际是借《庄子》解释《老子》，客观上起到传播《庄子》思想的作用。

二、《老子指归》对《庄子》道德仁义观的传播

《老子指归》正文首篇的标题是《上德不德篇》，取自《老子》第三十八章首句。严君平解读《老子》是从第三十八章，也就是《德经》的首篇开始，他向门生弟子讲授这部著作，也应当是首先传播《德经》。传世本《老子》是《道经》在前、《德经》在后，王弼本、河上公本都是如此。长沙马王堆汉墓出土的帛书本《老子》共两种，都是《德经》在前，《道经》在后。《韩非子·解老》篇首先加以阐释的也是《老子》第三十八章。上述事实表明，汉代传播的《老子》有两个版本系统，或是《道经》在前，《德经》在后，或是与此相反。严君平作为讲授教材的《老子》，属于《德经》在前版本系统，因此，他所著的《老子指归》，也就从阐释传世本《老子》第三十八章，即《德经》的首章发端。

《老子指归》的体例是先抄录所要解读的《老子》原文，然后加以阐释。《老子》第三十八章论述的是道、德、仁、义、礼之间的关系，因此，《老子指归·上德不德篇》所传播的，也是严遵对这方面内容的理解。其中有如下段落：

> 庄子曰：虚无无为，开导万物，谓之道人。清静因应，无所不为，谓之德人；兼爱万物，博施无穷，谓之仁人。理正名实，处事之义，谓之义人。谦退辞让，敬以守和，谓之礼人。①

《老子指归·上德不德篇》所做的上述界定表明，严君平在这里所传播的内容，是对道、德、仁、义、礼的肯定，与儒家相类。《汉书》本传记载严君平的占卜算卦，遵循的是如下原则：

> 有邪恶非正之问，则依蓍龟为言利害。与人子言依于孝，与人弟言依于顺，

---

① 严遵.老子指归[M].第3—4页。

与人臣言依于忠，各因势导之以善。①

　　严君平进行卜筮活动所遵循的原则是惩恶劝善，因势利导，对忠、孝、顺等传统的伦理道德加以宣扬，这与《老子指归·上德不德篇》前引段落的价值取向是一致的。严君平的巫术活动，对《老子·德经》首章所的阐释，所传播的都是道德仁义礼的合理性、可信性。

　　《庄子》一书有的篇目对仁义礼乐予以彻底否定，进行激烈的批判或辛辣的嘲讽，如《骈拇》《马蹄》等。有的篇目则是接纳这类术语，对它们重新加以界定，承认它们的合理性，如《人间世》的"天下有大戒二"章和《缮性》《天下》等篇，这与《老子指归·上德不德篇》的说法和价值取向是一致的，二者具有可比性。下边就把《庄子·缮性》篇在这方面所做的界定与《老子指归·上德不德篇》冠以"庄子曰"的段落加以对比。

　　《上德不德篇》称："虚无无为，开导万物，谓之道人。"这实际是以"导"释道，把道的功能归结为对万物的开导。《缮性》篇称："道，理也。"成玄英疏："理通于万物，故以大道为名也。"②把道的功能归结为对万物的调理，与《上德不德篇》以"导"释道是相通的。《缮性》称："德，和也。"德指的是和顺，这与《上德不德篇》把德界定为"清静因应"也是一致的。《缮性》篇称："德无不容，仁也。"成玄英疏："玄德深远，无所不容，慈爱弘博，仁迹斯见。"③这与《上德不德篇》把仁界定为"兼爱万物，博施无穷"亦是一脉相通。《缮性》称："道无不理，义也。"林希逸云："无不理，即各得其宜也。"④《上德不德篇》把义界定为"理正名实，处事之义"，这与《缮性》对于义所做的界定相近，都是强调它的合理性、适宜性。通过上述对比可以看出，《庄子·缮性》《老子指归·上德不德篇》冠以"庄子曰"的段落，二者对道、德、仁、义所做的界定基本一致，存在对应关系。所谓"庄子曰"领起的话语，显示出《庄子·缮性》篇上述段落的投影。

　　《庄子·在宥》篇有如下段落：

　　远而不可不居者，义也；亲而不可不广者，仁也；节而不可不积者，礼也；

---

①　班固 . 汉书 [M]. 第 3057 页。

②　郭庆藩 . 庄子集释 [M]. 王孝鱼点校 . 北京：中华书局 . 2004，第 549 页。

③　郭庆藩 . 庄子集释 [M]. 第 549 页。

④　林希逸 . 庄子鬳斋口义校注 [M]. 周启成校注 . 北京：中华书局 .1999，第 253 页。

中而不可不高者，德也；一而不可不易者，道也；①

这里把仁界定为亲，与《老子指归·上德不德篇》把仁界定为"兼爱万物，博施无穷"，可谓同出一辙。《在宥》篇把礼界定为节，即进行节制。《上德不德篇》以礼为"谦退辞让，敬以守和"，也正是自我节制的结果。

在《老子指归·上德不德篇》以"庄子曰"领起的段落中，对道、德、仁、义、礼所做的界定，与《庄子》的《缮性》《在宥》篇的相关段落多有一致之处。冠以"庄子曰"的这个段落，所传播的价值取向，实际契合《庄子》部分篇目中的道德仁义观，择取的是《庄子》书中对道、德、仁、义持肯定态度的相关内容。由此可见，严遵在讲授《老子》的过程中，既传播《庄子》，还传播儒家观念，注重的是老、庄、儒的贯通，深得诸家思想的精髓！

三、《老子指归》对《庄子》生命哲学理念的传播

《庄子》一书作为道家学派的重要典籍，灌注的是生命哲学理念，有许多精彩的论述。严君平作为"大隐隐于市"的高人，对自身的生命极其珍视。他与当时的郑子真齐名，"皆修身自保，非其服弗服，非其食弗食"②。正因为如此，严君平对于人的生命有许多深邃的思索，在《老子指归》一书中，往往用冠以"庄子曰"的表述阐述他的生命哲学理念，客观上是在传播《庄子》一书的生命哲学思想。

《老子指归·不出户篇》是对《老子》第四十七章加以阐释，其中有如下段落：

> 庄子曰：一人之身，俱生父母，四肢九窍，其职不同。五脏六腑，各有所受。上下不相知，中外不相觎。③

这是强调人体的各种器官具有不同功能，彼此之间不相统辖。这种生命理念在《庄子·齐物论》中已经有过表述：

> 百骸、九窍、六藏，赅而存焉，吾谁与亲？汝皆说之乎？其有私焉？如是

---

① 郭庆藩. 庄子集释 [M]. 第 398 页。
② 班固. 汉书 [M]. 第 3056 页。
③ 严遵. 老子指归 [M]. 第 33 页。

皆有为臣妾乎？其臣妾不足以相治乎？其递相为君臣乎？

这段议论是以疑问的语气向人们昭示，人身体的各种器官之间不是统治与服从的关系，也不是全都充当相同的角色，而是各有所司、相对独立。《老子指归·不出户篇》由"庄子曰"领起的段落，表达的正是这种理念，只是没有采用质疑的语气，而是直接从正面进行论述。这与《庄子·天下》篇有类似之之处："天下大乱，贤圣不明，道德不一，天下多得一察焉以自好。譬如耳目鼻口，皆有所明，不能相通。"不过，《天下》篇讲人的五官各司其能、不能相通，是作为喻体出现，是把天下大乱的状态形象化。

《老子指归·圣人无常心篇》是对《老子》第四十九章加以阐释，其中写道：

> 庄子曰：我之所以为我者，岂我也哉！我犹为身者非身，身之所以为身者，以我存也。而我之所以为我者，以有神也。神之所以留我者，道使之然也。[1]

这个"庄子曰"领起的段落，论述的是生命之真的本质极其生成根源。首先强调不能把形体、生命视为自己本身所有，自身不过是生命存在的载体而已。最终把人生命的由来，追溯到神和道，二者都属于形而上层面。《圣人无常心篇》这段"庄子曰"的话语所表达的生命理念，确实可以从《庄子》中找到相似的表述，这就是《知北游》篇的如下段落：

> 舜问乎丞曰："道可得而有乎？"曰："汝身非汝有，汝何得有夫道？"舜曰："吾身非吾有，孰有之哉？"曰："是天地之委形也；生非汝有，是天地之委和也；性命非汝有，是天地之委顺也；子孙非汝有，是天地之委蜕也。"[2]

这里反复出现"委"字，《说文》徐弦注认为，"委"是取禾谷垂穗之貌，即委曲、顺从之象。这是从自身角度讲，如果从道的视角看，就是托付。在《知北游》作者看来，人的身体、出生、性命、子孙，都不是人本身所有，而是天地把这些托付给人，人只是充当被动的承载者而已。正如清人宣颖所言：

---

① 严遵. 老子指归 [M]. 第 39 页。
② 郭庆藩. 庄子集释 [M]. 第 740 页。

委字妙妙，造化流而不息，偶而委寄，便成一物，未几又复归还，如委任者，暂以相付，终非我有也。①

《老子指归·圣人无常心篇》冠以"庄子曰"的这段话，所阐述的正是《知北游》篇假托丞之口表述的生命理念，二者极其相似。《圣人无常心篇》把人的生命来源追溯到神、道，《知北游》则归结为天地，天地也就是道。《知北游》还有如下论述："夫昭昭生于冥冥，有伦生于无形，精神生于道，形本生于精，而万物以形相生。"这是把生命的本原追溯到形而上层面的精神、道体。而《老子指归·圣人无常心篇》以"庄子曰"领起的段落，沿袭的正是《知北游》的论断。

《老子指归·天下谓我篇》是对《老子》第六十七章进行阐释，其中冠以"庄子曰"的段落有"人之死生也同形"②的句子。这是用齐物的观点看待人的生死，表达的是生死无别的理念。《庄子·天地》篇说道："万物一府，死生同状。"宋人吕惠卿注解说："万物备于我则一府，方生方死，方死方生，则同状而已矣。"③这是说从道的角度进行审视，万物同在一府，死生没有差别。《庄子·天地》篇用"死生同状"高度概括了这一命题，而《老子指归·天下谓我篇》"庄子曰"这段话语中的"人之生死也同形"也是紧缩型命题。形、状，属于同义词，这两个命题的同源关系极其明显。

《老子指归》表述生命哲学理念的段落，往往以"庄子曰"领起。而所做的具体表述，能够从《庄子》中找到来源。这类"庄子曰"领起的段落，传播的是《庄子》一书的生命哲学观念。

四、《老子指归》对《庄子》"道"论的传播

《庄子》一书对于"道"所做的论述颇为系统、深入，其中包括"道"的本体论、功能论以及人对"道"的践行。《老子指归》中冠以"庄子曰"的话语也涉及"道"论，并且可以从《庄子》文中找到相关线索。

《老子指归·道生篇》是对《老子》第五十一章加以解说，其中有如下段落：

① 宣颖．南华经解[M]．曹础基校点．广州：广东人民出版社.2008，第150页．
② 严遵．老子指归[M]．第88页．
③ 吕惠卿．庄子义集校[M]．汤君集校．北京：中华书局.2009，第230页．

庄子曰：夫天地有类而道德无形。有类之徒，莫不有数；无形之物，无有穷极。①

这是从计量的角度论述道与物的差异。天地所生之物是有形的，有形就可以进行计量；道则是无形的，也就没有极限，无法加以计量。这种观念见于《庄子·秋水》：

夫精，小之微也；垺，大之殷也，故异便，此势之有也。夫精粗者，期于有形者也；无形者，数之所不能分也；不可围者，数之所不能穷也。

成玄英疏曰："无形不可围者，道也。至道深玄，绝于心色，故不可以名数分别，亦不可以数量穷尽。"②成玄英的分析很有道理。《秋水》的这段论述，强调道的不可计量，原因在于道是无形的。《老子指归·道生篇》冠以"庄子曰"的上述话语，实际是复述《秋水》篇的这段论述。而《齐物论》中"古之人，其知有所至矣"一段对道产生的前因后果的剖析，都体现出无限性，与《秋水》篇和《老子指归·道生篇》意脉贯通。

《老子指归·行于大道篇》是对《老子》第五十三章进行阐释，其中有如下段落：

庄子曰：道之所生，天之所兴。始，始于不始；生，生于不生；存，存于不存；亡，亡于不亡。凡此数者，自然之验，变化之常也。③

这个以"庄子曰"领起的段落，实际上论述的是道与物的关系。不始、不生、不存、不亡，指的是道；与之相对的是物，它有始、有生、有存、有亡。这个冠以"庄子曰"段落所表达的道与物相区别的理念，在《庄子》中也可以见到，并且也是以哲理命题出现。《秋水》篇称："道无终始，物有死生。"林云铭曰："夫道固无终始也，乃物则有生死焉，不能恃以为常。"④这里对于道与物的区分表述得很清楚，《秋水》篇的这两个哲理论断，可以与《老子指归·行于大道篇》的系列命题对读，前者是紧缩型的，后者是前者的扩

---

① 严遵.老子指归[M].第47页。
② 郭庆藩.庄子集释[M].第573页。
③ 严遵.老子指归[M].第51页。
④ 林云铭.庄子因（卷四）[M].光绪庚辰重刊白云精舍本。

展形态。《庄子·大宗师》云："杀生者不死，生生者不生。"对于这两个命题，清人林仲懿做了如下解释：

> 何谓不死不生？曰道也。……杀生者不死，释不死之义。言道能终万物，而道不知其所终。生生者不生，释不生之义。言道能始万物，而道不知其所始也。①

林氏所做的解说有些绕口，但揭示出道与物的区别及二者之间的辩证关系。《大宗师》篇这两个命题，指的正是道的不死、不生、不存、不亡属性。《老子指归·行于大道篇》由"庄子曰"领起的系列命题，与《大宗师》这两个命题所表达的意义是一致的，是在传播《庄子》富有哲理意义的道本体论。

道法自然是道家的基本理念，《庄子》一书反复论述人应该像天地那样自然无为，用以践行自然之道。《老子指归·善为道者篇》是对《老子》第六十五章加以解说，其中也强调自然无为的重要性：

> 庄子曰：夫天地不知道之所为，故可然也；万物不睹天地之所以，故可存也；万民不识主之所务，故可安也；四肢九窍不谕心之所导，故可全也。②

这个以"庄子曰"领起的段落，首先以天地万物为例，论述自然无为的合理性。《庄子》中类似的论述，见于《至乐》篇：

> 天无为以之清，地无为以之宁，故两无为相合，万物皆化。……万物职职，皆从无为殖。故曰：天地无为而无不为也，人也孰能无为哉！

成玄英疏曰："职职，繁多貌也。"③《至乐》的这段论述，由天地万物的自然无为，引申出人应该自然无为的结论。《老子指归·善为道者篇》冠以"庄子曰"的话语，遵循的正是这种理路。

《老子指归》中"庄子曰"的相关段落，在传播《庄子》道论方面做得颇

---

① 林仲懿.南华本义（《四库全书存目丛书·子部》第257册）[M].济南：齐鲁书社，1995—1999，602页。

② 严遵.老子指归[M].第82页。

③ 郭庆藩.庄子集释[M].第613页。

为周全。《庄子》书中对道所做的多方面论述，在《老子指归》中都通过"庄子曰"的表述方式加以传播，并且渗入了严遵本人对道的理解。

五、《老子指归》传播《庄子》的方式及特点

根据《汉书》对严君平的记载，他在卜筮之余，"则闭肆下簾授《老子》"，他招收学生，讲授《老子》，而在此过程中，又往往援引《庄子》的论述，这在客观上传播了《庄子》，即通过向学生授课进行传播。《汉书》本传又记载他"依老子、严周之指著书十余万言"，这是通过著书立说的方式传播《庄子》。这两种传播方式并行，相辅相成，使他兼有经师和学者两种身份。

《老子指归》中冠以"庄子曰"的段落，除作为序言的《君平说二经目》置于文章的开头，其他都是放在文章的中间部位，作为对前边论述的总结出现。在"庄子曰"前边的句子，或是"何以明之"，或是"何以言之"，或是"何以效之"，都是以疑问语气提出问题，然后以"庄子曰"领起的句子给以回答。这种行文规则，是在进行传播过程中凸现《庄子》一书的权威性，把它看作判断是非的标准，解开锁码的钥匙，是不容怀疑的法典。

《庄子·天下》篇有对庄子学派风格的总结："以谬悠之说，荒唐之言，无端崖之辞，时恣纵而不傥，不以觭见之也。"对于末句，郭象注曰："不急欲使物见其意。"① 郭象的注解是引申义。觭，《说文》解为"角一俯一仰"，即兽头无论怎么动，其角或俯或仰，总是很突出，甚至顶撞外物。用于描述人的观点，指观点鲜明突出。不以觭见，即观点模糊。《老子指归》对《庄子》的传播，含而不露，在行为风格上就是"不以觭见之"。《老子指归》由"庄子曰"领起的段落，在表述上给人以恍惚迷离的感觉。严遵本姓庄，与庄子同姓，那么，书中的"庄子曰"是战国时期的庄子所说，还是严遵本人的夫子自道，自然令人疑惑。再从"庄子曰"后面的话语来看，确实可以从《庄子》书中找到源头，可是又与《庄子》原文不尽相同，在是与不是之间，也颇值得玩味。这种恍惚迷离的行文方式，体现的恰恰是庄子寓言的风格，严遵是以庄子学派特有的模式传播《庄子》，实现了传播行为与传播对象在风格上的统一。

在传世文献中，汉代对《老子》进行阐释的著作有两部，一部是严遵的《老子指归》，另一部是《老子道德经河上公章句》，但二者在行文风格方面是

---

① 郭庆藩．庄子集释 [M]．第 1099 页。

有差异的。《老子》第六十章首句是"治大国若烹小鲜"，河上公注：

> 鲜，鱼也。烹小鱼不去肠，不去鳞，不敢挠，恐其糜也。治国烦则下乱，治神烦则精散。①

河上公首先对"鲜"字加以解释，属于文字训诂。然后对整个句子进行阐释，指出其中的道理，行文颇为简洁。这部著作的名称缀以章句，所做的注释很大程度上也属于章句之学系列。"章句之体，西汉已有，但东汉后期尤为盛行。《河上公老子章句》在文体上正反映当时的学风。"②

严遵的《老子指归·治大国篇》在解说"治大国若烹小鲜"时，先是进行小与大的分辨，指出这个命题的合理性。然后是如下一段论述：

> 何以明之？庄子曰：夫饥而倍食，渴而倍饮，热而投水，寒而入火，所苦虽除，其身必死。③

"庄子曰"这段话不见于今本《庄子》，严氏是从生命本性角度，阐明剧烈变化对生命的戕害，以此说明无为顺性的重要。《老子》第六十章是以烹小鲜比喻治大国，严遵所述内容则在烹小鲜事象之外，列举人在饥渴寒热等极端状态下的错误选择，从而使得《老子指归》在行文上体现天马行空而又环环相扣的风格。《庄子·天下》篇称庄周的文章"其应于化而解于物也，其理不竭，其说不蜕。"成玄英疏："言此《庄》书，虽复諔诡，而应机变化，解释物情，莫之先也。"④《老子指归》冠以"庄子曰"的段落，其辞参差諔诡，同时又解于物而应于化，确实具有《庄子》文章的特色。就此而言，《老子指归》不仅传播了《庄子》的思想，还在实践中彰显了《庄子》文章的特色。另外值得注意的是，《老子指归》是以思辨性见长的著作，而《庄子》善用寓言，但"内经外传"的经传结构编排，使外篇在对内篇进行解释的过程中，哲学思辨性明显加强，因此《老子指归》中的"庄子曰"段落，多与《庄子》外篇的作品相应和。

---

① 老子.道德经·河上公章句 [M]. 王卡点校.北京：中华书局.1993，第235页。
② 老子.道德经·河上公章句·前言 [M]. 王卡点校.北京：第3页。
③ 严遵.老子指归 [M]. 第68页。
④ 郭庆藩.庄子集释 [M]. 第1012页。

六、《老子指归》的早期传播及《庄子》的再传播

　　严遵《老子指归》的传播，最初的受众是蜀人。《汉书》本传记载，扬雄早年曾经与严君平交游，投到他的门下学习，当时是汉成帝及稍早时期。这个阶段严君平的《老子指归》未必已经写定，但其中的有些内容必定在讲授《老子》时加以传播，包括后来写入书中的"庄子曰"系列段落。扬雄出仕前在成都拜严君平为师，他是那个时段严君平传播《庄子》的受众之一，此外还有其他蜀地生员参与其间。

　　严遵的《老子指归》在解说《老子》的过程中传播《庄子》，到了三国时期，这部著作在蜀地已经产生很大影响。蜀人秦宓称："书非史记周图，仲尼不采；道非虚无自然，严平不演。"①李权也称："仲尼、严平，会集众书，以成《春秋》、《指归》之文。"②秦宓、李权都是三国时期蜀地的名士，他们把严遵与孔子相提并论，把《春秋》与《道德指归》等量齐观。他们都读过《道德指归》，并且很熟悉。他们对《道德指归》的推崇，客观上起到促进《庄子》在蜀地继续传播的作用。

　　葛洪是西晋时期丹阳句容（今属江苏）人，他所著的《抱朴子·内篇·登涉》写道：

　　天地之情状，阴阳之吉凶，茫茫乎其难详也，吾亦不必谓之有，又亦不敢保其无也。然黄帝太公皆所信仗，近代达者严君平、司马迁皆所据用，而经传有治历明时刚柔之日。③

　　从葛洪的这段叙述推断，他已经接触到严君平的著述，具体内容与阴阳吉凶有关。葛洪《抱朴子·外篇自叙》称自己："但贪广览，于众书乃无不暗诵精持。曾所披涉，自正经诸史百家之言，下至短札文章，近万卷。"④葛洪既然如此勤奋好学，博览群书，那么他是否有可能接触到《老子指归》呢？《宋史·艺文志》有谷神子诸家《道德经疏》，其自注称，书中集河上公、葛仙公、郑思远、唐睿宗、玄宗对《老子》的注疏⑤。葛洪是葛仙公葛玄的侄孙，

① 陈寿．三国志 [M]．裴松之注．北京：中华书局．1982，第 973 页。
② 陈寿．三国志 [M]．第 973 页。
③ 王明撰．抱朴子内篇校释 [M]．北京：中华书局，1985，第 301 页。
④ 王明．抱朴子内篇校释 [M]．第 371 页。
⑤ 严遵．老子指归 [M]．第 163 页所附蒙文通《严君平道德指归论佚文序》。

是郑思远的门徒，号称小仙翁，应当有机会接触到《老子》注。严遵的《老子指归》是葛洪所处西晋时仅存的几部解释《老子》的重要典籍，葛洪对他不会轻易放过。葛洪所接触到的严君平关于阴阳吉凶论述的文献，大概就是《老子指归》一书。严君平精通巫术，以卜筮为业，《老子指归》一书确实有许多关于阴阳吉凶的论述。葛洪因好道而接触《老子指归》，成为西晋时期《老子指归》传播的受众，从而也就间接地成为该书传播《庄子》的受众，可以说是《庄子》以《老子指归》为依托的再度传播。

角色认知视域下老子的政治传播思想
与谏言策略解读

曹艳辉[*]

（湖南大学，新闻传播与影视艺术学院，长沙，410000）

摘　要：老子的《道德经》可视为面向君王的谏议式政治传播著作，其对国家治理者角色有着独到深刻的认知。君主若想成为"圣人"一样的理想治国者，应将"慈、俭、不敢为天下先的三宝理念"作为自我期望；践行"无为而治""为腹不为目""谦卑处下"的角色行为；信奉"太上，下知有之"的社会期待。其"不敢为天下先""无为而无不为"等政治理念之所以被后人误解为权谋之术或消极避世观，是因为不能整体把握其"内圣外王"的价值取向和"正言若反"的谏言策略。

关键词：老子；角色认知；政治传播；谏言策略

基金项目：本文系"中央高校基本科研业务费"研究项目

正如孙旭培所言："传播之于政治，如影随形"。[②] 中国古代虽无"政治传播"这一学说，但研究者大多认为"自从有了政治有了国家，也就有了政治传播"。[③] 陈谦在《中国古代政治传播思想研究》一书中探讨了古代王朝政治活动中的信息传播思想，并把面向臣民的信息监察、面向君主的谏议和面向民众的教化作为三大研究重点。[④] 遗憾的是，该研究把道家的政治传播思想简

---

　　[*] 曹艳辉（1987— ），女，湖南邵阳人，湖南大学新闻传播与影视艺术学院，管理学博士，主要从事政治传播、新闻社会学、华夏传播研究。
　　[②] 孙旭培.华夏传播论 [M].北京：人民出版社，1997 年版，第 225 页。
　　[③] 李元书.政治传播学的产生和发展 [J].政治学研究，2001（3）：68—77。
　　[④] 陈谦.中国古代政治传播思想研究——以监察、谏议与教化为中心 [M].北京：中国社会科学出版社，2009 年版，第 1—26 页。

单界定为"处无为之事，行不言之教"的取消观，也没有把老子的政治传播思想作为面向君主的谏议来探讨，只概述了孔子、孟子、荀子、韩非子等先秦诸子的谏议传播思想。①

事实上，老子的《道德经》这一哲学著作亦可视为一部面向君王的谏议式政治传播著作。张舜徽曾指出："自汉以上学者悉知'道德'二字为主术，为君道，是以凡习帝王之术者，则谓之修道德，或谓之习道论。"②言外之意，《道德经》的主要功用是劝谏帝王习君道。笔者以词频分析的方法检视，短短五千字的《道德经》③中"圣人"一词出现了32次，"王"字出现了13次，可见该书的核心传播对象是"圣人""君王"。中国传统的政治理念中一直有"内圣外王"的价值取向，意思是内有圣人的才德，对外才能实施王道，故"圣人"和"王侯"有互通之意。细观文本，《道德经》中与"圣人"相关的论述，到处闪烁着谏言智慧。如《道德经》第三章言："是以圣人之治，虚其心，实其腹，弱其志，强其骨"，其中"治"乃治理、管理的意思。《道德经》第五十七章又阐述道："故圣人：我无为而民自化，我好静而民自正，我无事而民自富，我无欲而民自朴。"可见"圣人"与"民"是一个相对的概念。由此可推，老子把"圣人"看作理想的国家治理角色，希望通过《道德经》劝谏帝王君主践行"圣人之治"。

从现实来看，老子在《道德经》中的谏言对多代君王都有启迪。谢清果的研究认为，老子管理智慧上承三代的治世经验，下启"文景之治""贞观之治""开元盛世"等治国安邦智慧。④老子在《道德经》中究竟如何阐述他对"圣人"这一理想国家治理者的角色认知？其观念阐述时又采用了哪些谏言策略？笔者拟将老子的政治传播思想与西方的角色理论进行对话。美国学者蒂博特（Thibaut）和凯利（Kelley）认为，角色这一概念可以从三个维度加以理解：首先，角色是社会中存在的对个体行为的期望系统，该个体在与其他个体的互动中占有一定的地位；其次，角色是占有一定地位的个体对自身的期望系统；最后，角色是占有一定地位的个体外显的可观察的行为。⑤简而言之，角色认知可以从社会期待、自我期望、角色行为三个方面来考量。

① 陈谦.中国古代政治传播思想研究——以监察、谏议与教化为中心[M].北京：中国社会科学出版社，2009年版，第60页，138—146页。
② 尹振环.帛书老子再疏义[M].北京：商务印书馆，2007年版，第10页。
③ 本文援引《道德经》王弼版，后同。
④ 谢清果.老子的组织传播思想纲领初探[J].今传媒，2011（3）：35—37。
⑤ Thibaut,J.W. & Kelley,H.H. (1959).The Social Psychology of Groups. New York:Wiley.

一、国家治理者角色的自我期望:"我有三宝"

从角色认知理论的研究脉络来看,西方学者倾向于把社会对某一角色的期待摆在首要位置,以解释人的社会化过程。与西方由外向内的思维逻辑不同,老子的角色认知倾向于由内向外。正如老子所言:"知人者智,自知者明。胜人者有力,自胜者强。"(《道德经》第三十三章)一个人只有认知自我、战胜自我才是真正的明智和强大,因此扮演好国家治理者这一角色首先应该端正自我期望。正如前文所述,"圣人"是老子政治传播思想中理想的国家治理者,那么"圣人"的自我定位即国家治理者的自我角色期望。《道德经》第六十七章曰:"我有三宝,持而保之。一曰慈,二曰俭,三曰不敢为天下先。"文中的"我"指代得道的圣人,信奉"慈""俭""不敢为天下先"的三宝理念。

(一)"一曰慈"

何为"慈"?笔者认为,老子倡导的"慈"与儒家提倡的"仁爱"异曲同工。老子言"圣人无常心,以百姓心为心"(《道德经》第四十九章)、"圣人不积,既以为人,己愈有;既以与人,己愈多"(《道德经》第八十一章),即贤明的国家治理者没有私心,以百姓的意愿为意愿,设身处地为百姓着想,不囤积财富,乐于施恩造福于黎民百姓,可见老子的"慈"是一种无私纯粹的爱;"是以圣人常善救人,故无弃人"(《道德经》第二十七章)、"善者,吾善之;不善者,吾亦善之"(《道德经》第四十九章),意思是国家治理者应该善待天下百姓,则天下没有被遗弃的人,这无疑是一种广博善良的爱;"故贵以身为天下,若可寄天下。爱以身为天下,若可托天下"(《道德经》第十三章),说的是国家治理者要重视自己的身体,如是可以托付天下[①],正如严遵在《道德真经指归》中所言的"心为身主,身为国心",试问一个不懂得爱惜自己身体的国君,怎么会懂得爱惜百姓。[②]由此可见,老子提倡国家治理者心怀无私、良善、贵身之"慈"。

(二)"二曰俭"

"俭",节俭、节制自我欲望之意,是以圣人"去甚,去奢,去泰"(《道

---

①　黄友敬.老子传真 [M].福州:儒商出版社,2003 年版,第 102 页。

②　尹振环.帛书老子再疏义 [M].北京:商务印书馆,2007 年版,第 167 页。

德经》第二十九章）。要求国家治理者去掉过分、奢侈和极端。"身国同治"是道家和儒家治国思想的共通之处，老子的"俭"是为了规劝国家治理者加强自身道德修养、严格节制私心欲望。"慈"和"俭"是相辅相成、相互促进的，慈爱百姓之心能帮助为政者抵挡欲望和诱惑；而加强自我修养、节制过度欲望能提高为政者的道德修养，广施德于民。黄友敬先生有言"以俭为宝，心俭不奢，唯慈能俭，以俭养德"。① 其他学者也有相似的理解：俭，则不奢；不奢方能廉；能廉则能广德，故曰"俭则能广"。广德者，广施德政。②

（三）"三曰不敢为天下先"

"不敢为天下先"一直颇受争议，有些学者认为这是一种权谋之术。如易中天在百家讲坛的《儒道之争》中评论："不敢为天下先"是一种权谋之术，即后退是为了进步，并以"圣人后其身而身先，外其身而身存。非以其无私邪？故能成其私"（《道德经》第七章）作为其观点印证。陈鼓应在《老庄新论》一书中澄清宋儒以来对老学的误解，认为老子的思想是素朴的，从老子书上一再提到"婴儿"可以看出老子要人归真返朴，保持赤子之心，最反对人用心机。③ 笔者很赞同陈鼓应先生的理解，如果老子的"不敢为天下先"是一种权谋之术，必然违背其"慈和俭"的政治理念。试问一个居心叵测的权谋家怎么可能倡导国家治理者给予民众毫无私心的慈爱呢？"不敢为天下先"实际是为了规劝君王谦卑自守。

后人之所以将"不敢为天下先"误解为权谋之术，其实是对老子谏言策略的不理解。在王权至上的年代，要说服君王慈爱天下、谦卑自守何其难也。所以老子并没有像孟子那样直接谏言"民为贵，君为轻"，相反他将圣明的君王捧在一个尊道贵德的"圣人"位置。与此同时，他辩证地告诉君王：谦卑自守不只是利于民，也利于君王稳固江山社稷，即"是以圣人处上而民不重，处前而民不害，是以天下乐推而不厌"（《道德经》第六十六章）；当君王善于处下、礼贤下士时，更能得到臣民的敬仰和爱戴，即"是以圣人后其身而身先，外其身而身存。非以其无私邪？故能成其私"（《道德经》第七章）；当君王不妄自尊大，尊重百姓的人格和意志时，才会广得民心，所谓"是以

---

① 黄友敬. 老子传真 [M]. 福州：儒商出版社，2003，第 540 页。

② 谢清果. 和老子学传播——老子的沟通智慧 [M]. 北京：宗教文化出版社，2010，第 166 页。

③ 陈鼓应. 老庄新论 [M]. 上海：上海古籍出版社，1992，第 88—92 页。

圣人终不为大，故能成其大"（《道德经》第六十三章）；当君王懂得广开言路，招贤纳谏时，才不会闭塞视听、做出错误决策，"是以圣人云，受国之垢，是谓社稷主；受国不祥，是为天下王"（《道德经》第七十八章）。一言以蔽之，老子力图说服君王，君王的政治权威建立在民众信任的基础上，只有谦卑自守、尊重臣民的意志和意见，才能真正实现国家的长治久安。

二、国家治理者角色的行为期待

在三宝理念的指引下，老子认为理想的国家治理者应该遵循"无为而治""为腹不为目""谦卑处下"等行为准则。其中"为腹不为目""谦卑处下"的行为期待阐述折射出老子强烈的民本思想。

（一）"无为而治"

短短五千字的《道德经》中，"无为"一词共出现了 13 次。《道德经》第三章曰："为无为，则无不治。"老子认为，"无为而治"是一个国家治理者或者国家管理者的重要行为准则。但世人对老子"无为"思想的解读却千差万别，长期以来存在不少误解。单从字面意思来看，"无为"常常被理解为"不作为"，并以此认为老子思想消极，有逃避遁世之嫌。但通观全文，"消极无作为"的理解实属断章取义，让人难以解释老子为何反复诠释"无为而无不为"（《道德经》第四十八章）。而有些学者认为老子的"无为"是"假无为"，是在"无为"的掩饰下积极作为，把老子想象为"阴谋家"。这种"阴谋家"式的解读，虽看到了老子思想中"无为"与"有为"的密切关系，但与老子"持三宝""法自然"的政治哲学理念格格不入。

也有学者认为老子实际上是想表达"无心而为"，即不带主观目的"无意为之"[①]。"无心而为"的理解有点佛家"不强求"的禅味，固然与老子"道法自然、少私寡欲"的思想融会贯通，但细读全文却可发现老子"无为"思想的主观目的很明显。无论是"无为而无不为"，还是"为无为，则无不治"，"无为"的最终目的是实现国家各个层面的有序"治理"。因此，要准确理解老子"无为"的思想内涵，就应该深入剖析为什么认为国家治理者可以通过"无为"达到"无不为、无不治"。纵观《道德经》上下文及《道德经》成书

---

① 傅佩荣. 老子倡导"无为"的内涵 [OL]. http://v.ifeng.com/his/200801/80bc9b46-3fe7-4a48-bbe1-96a591c687a8.shtml.

之社会背景，可以推论出老子的"无为而治"至少有两个层面的含义：一是"无为自化"，二是"为而不恃"。

1. 无为自化

"无为自化"是劝告国家治理者不任意妄为，不胡作非为，节制国家治理者的私心欲望，发挥国家治理者的榜样力量。"道常无为而无不为。侯王若能守之，万物将自化"（《道德经》第三十七章），意思是侯王若能坚守"无为"的行为准则，天地万物都能按照自然规律生长化育。"人法地，地法天，天法道，道法自然"，天地万物人都应该遵循自然法则，这是老子政治思想的根本逻辑。作为国家治理者，不应该过多地把自己的主观意志强加于民众，应尊重民众的自主权。温家宝总理曾引用老子话语"治大国，若烹小鲜"（《道德经》第六十章），意思是治理国家如同烹饪小鱼，多搅则易烂，寓意国家治理者不应瞎折腾、乱作为。关照当今现实，过于烦琐漫长的行政审批，看似积极作为，实则是降低办事效率的妄为。

老子强调"无为"，更重要的是要告诫国家治理者不要为了一己私欲，而让民众深陷战乱争斗之中。尽管《道德经》成书的具体年代颇具争议，但一般认为是在春秋时期。据《史记》记载，老子为周守藏室之史，他饱览群书并目睹了周王室衰败、社会礼崩乐坏及战乱不断的社会现状，洞察到欲望是罪魁祸首："天下有道，却走马以粪。天下无道，戎马生于郊。祸莫大于不知足，咎莫大于欲得。故知足之足，常足矣。"（《道德经》第四十六章）所以，老子才提醒执政者："不欲以静，天下将自定。"（《道德经》第三十七章）人心若无欲宁静，天下就会自然安定。怎样才能引导民众少私寡欲？国家治理者应该"处无为之事，行不言之教"（《道德经》第二章），潜移默化地教化民众。正所谓"我无为而民自化，我好静而民自正，我无事而民自富，我无欲而民自朴"（《道德经》第五十七章）。

2. 为而不恃

"无为"的另一层意思是"为而不恃"，意思是有作为却不居功，默默付出却不让民众有所察觉，因此看似"无为而治"，实则"有为不宣"。这种只求付出、不图名利的行为对于国家治理者而言，更加难能可贵。老子曰，"生而不有，为而不恃，功成而弗居。夫唯弗居，是以不去"（《道德经》第二章），"不自见故明，不自是故彰，不自伐故有功，不自矜故长。夫唯不争，故天下莫能与之争"（《道德经》第二十二章），旨在启发国家治理者只有不邀功、不争功，你的功劳才会真正经久不去。何出此言？他从生活规律中发现："持而盈之，不如其已；揣而锐之，不可长保；金玉满堂，莫之能守；富贵而骄，自遗其咎。功成身退，天之道也哉。"（《道德经》第九章）意思是，手上东西拿得太多，容易撒落地上；再锋利的刀，也不可能永久保持锋利；把屋里装扮得金玉满堂，容易引来盗贼。言外之意，倘若国家治理者总是标榜自己的作为，汲汲于名利，功劳名利都会转瞬即逝，还不如遵循"功成身退"的天道。尽管这种推论缺乏严谨逻辑，但却与老子"法自然"的认知观一脉相承。

（二）"为腹不为目"

与儒家的君本思想、等级观念不同，老子推崇以民为本、反对等级秩序。"为腹不为目"体现了老子民本思想中重民生、去私欲的精神纲领，是国家治理者的又一行为准则。《道德经》第十二章曰："五色令人目盲，五音令人耳聋，五味令人口爽，驰骋畋猎令人心发狂，难得之货令人行妨。是以圣人为腹不为目，故去彼取此。"意思是缤纷的色彩令人眼花缭乱，纷杂的音声令人听觉失灵，浓厚的味道令人味觉受伤，纵情猎掠使人心思发狂，稀有物品令人行于不轨。"腹"指"肚子"，寓意不受饥饿；"目"指"眼睛"，寓意人的感官感受。"为腹不为目"旨在劝告国家治理者保持"俭"的道德品质、少私寡欲，致力于维持自己和民众的基本生计，而不是沉迷于声色之欲和珍宝之惑。老子认为国家治理者具有很强的行为感召力，国家治理者推崇迷恋什么，民心就会向往争夺什么。正所谓"不尚贤，使民不争；不贵难得之货，使民不为盗；不见可欲，使民心不乱"（《道德经》第三章）。国家治理者若纵情感观上的享乐，不仅伤及自身，更严重的是会引起大众的争相效仿，引起社会的动荡不安。

在老子看来，一个伪善巧利的智者，倒不如一个"为腹不为目"的愚者更有利于民生安乐。《道德经》第十九章有云："绝圣弃智，民利百倍；绝仁弃义，民复孝慈；绝巧弃利，盗贼无有。此三者，以为文不足，故令有所属：见素抱朴，少私寡欲。""绝圣弃智""绝仁弃义""绝巧弃利"有时被误解为老子"愚民政策"，殊不知其目的是为了消除国家治理者的狡诈、伪善和功利，绝弃国家治理者头顶的光环和荣耀，倡导其成为见素抱朴、少私寡欲、一心为民的圣人。《道德经》第三章曰："是以圣人之治，虚其心，实其腹，弱其志，强其骨。"理想的国家治理者应虚空民众的心机，填饱民众的肚子，减弱民众的竞争意图，强健民众的筋骨体魄。在"为腹不为目"的行为指南下，理想的治理图景是使民安居乐业："虽有舟舆，无所乘之；虽有甲兵，

无所陈之；使人复结绳而用之。甘其食，美其服，安其居，乐其俗。"（《道德经》第八十章）

（三）"谦卑处下"

另外，国家治理者还应该铭记谦卑处下的行为准则。《道德经》第三十九章曰："贵以贱为本，高以下为基。是以侯王自谓孤、寡、不谷。"第二章曰："故有无相生，难易相成，长短相较，高下相倾，音声相和（hè），前后相随。"老子辩证地看待，贵贱、高下、长短都是相辅相成、可以互相转化。国家治理者并非高高在上、发号施令的统治者，而应学习夫唯不争的水和谦卑处下的江海。

国家治理者为何需要谦卑处下？在老子看来，水是最接近于道的事物，最突出的品质是善利万物却甘愿处下："上善若水。水善利万物而不争，处众人之所恶（wù），故几（jī）于道。居善地，心善渊，与善仁，言善信，正善治，事善能，动善时。夫唯不争，故无尤。"（《道德经》第八章）处下看似"众人之所恶"，实际上"江海所以能为百谷王者，以其善下之，故能为百谷王"（《道德经》第六十六章）。江海为什么成为千百河谷的汇流之地，正是因为它善于处下，才能成为河谷的统帅。所以老子希望国家治理者懂得："是以欲上民，必以言下之。欲先民，必以身后之。是以圣人处上而民不重（zhòng），处前而民不害。是以天下乐推而不厌，以其不争，故天下莫能与之争。"若想成为民众敬仰的国家治理者，必须在言语上谦虚恭敬。若想在前面领导民众，就必须先把自己的利益放在民众利益的后面。这样就算国家治理者在地位上比民众高，民众也不会觉得负担沉重；就算居于民众前面，民众也不会感受到任何危害。国家治理者为何能被民众如此推崇，正是因为他谦卑处下，不与民争。

什么才是真正的谦卑处下？一是整体形象"挫其锐，解其纷，和其光，同其尘"（《道德经》第四章），给人的外在感觉是"方而不割，廉而不刿（guì），直而不肆，光而不耀"（《道德经》第五十八章）。谦卑的国家治理者因不露锋芒、韬光养晦而看似与常人无异，坚持原则却不伤害他人，看到别人的错误却不咄咄逼人，正直坦率却不过分放肆，身披光环却不显耀。用现在流行地词来说就是没有官僚主义，没有领导架子。二是"言下之"，国家治理者在与民众沟通交流时，不应该端着架子发号施令，而是要放低身段虚心听取民众意见，听真话，讲实话，切不可威吓欺骗民众，做到"言善信"

（《道德经》第八章）。三是"身后之"，在行动上把自己的利益放在民众利益之后，把自己的尊严放在民众的尊严之后。古有刘备三顾茅庐而赢得愿为之鞠躬尽瘁的诸葛亮，现有浙江民企高管列队鞠躬欢迎员工节后返厂上班的图片在微博上迅速飙红，不少网友赞是"放得下身段，上得了台面"。①

三、国家治理者角色的社会期待："太上，下知有之"

在西方学者的研究中，人们尽心扮演各种角色是为了完成社会对某一角色的行为期望，以此获得良好的社会评价。但在老子的政治传播思想中，国家治理者这一角色的成功与否，并非以民众的亲近赞誉为标准，而是以被民众忽视淡忘为最高境界。老子言："太上，下知有之，其次亲而誉之，其次畏之，其次侮之。"（《道德经》第十七章）最好的国家治理者是"无为民自化"且"为而不恃"，民众只是知道其存在；次一等的国家治理者是努力塑造亲民有为的形象，民众亲近他、赞誉他；再次一点的国家治理者工于心计，在"伪善、尚贤、巧利"的面具下残酷镇压百姓，民众由此非常畏惧他；最差的国家治理者是为了一己私欲而使"天下无道，戎马生于郊"（《道德经》第四十六章），因国家民不聊生、哀鸿遍野，民众辱骂唾弃之。

无论是西方角色理论中的功利特征，还是中国儒家思想中的青史留名，"亲而誉之"无疑是国家治理者这一角色最期盼的社会认可。但老子却另辟蹊径，极力推崇"下知有之"，旨在改变世人对国家治理者的角色期待，引导国家治理者淡忘功名利禄，保持一颗愚钝却淳朴的赤子之心。在老子看来，世间最该效法之人莫过于婴儿，最该学习之物莫过于水，而这两者共通的品质是见素抱朴、无私无欲。老子曰："众人熙熙，如享太牢，如春登台。我独泊兮其未兆，如婴儿之未孩；傈傈兮若无所归！众人皆有余，而我独若遗（kuì）；我愚人之心也哉，沌沌（忳忳 dùn dùn）兮！俗人昭昭，我独昏昏。俗人察察，我独闷闷；澹（dàn）兮其若海，飂（liù）兮若无止。"（第二十章）老子又言："上善若水。水善利万物而不争，处众人之所恶（wù），故几（jī）于道。"（第八章）国家治理者应该像刚出生的婴儿一样毫无心机，无所贪图；像水一样利万物却甘于居恶地，不争功名。

人终归是社会之人，社会期待会反向引导个体的自我期望和角色行为。

---

① 中国新闻网. 浙江民企高管向员工鞠躬飙红网络，称绝非作秀 [EB/OL]. http://www.chinanews.com/sh/2013/03-01/4608032.shtml.

但社会期待不仅客观存在于世人的言行评价之中，更重要的是存在于个人对他人评价和期待的想象中。老子"太上，下知有之"的思想，不仅有利于引导世人欣赏珍惜无为而治、为腹不为目、谦卑处下的国家治理者，更有利于调整国家治理者本身的价值观和行为取向。

结　语

长期以来，学界对中国政治传播思想的解读局限于儒家、法家，多认为老子的思想只是"追求隐世、关怀自由的人生哲学"。事实上，老子的《道德经》蕴含了丰富的政治哲学和谏言技巧。最突出的贡献是以"圣人""水""婴儿""江海"等为喻，以形象思辨的语言诠释其对国家治理者的角色认知，彰显了中国传统政治智慧中"内圣外王"的价值取向。

在老子看来，理想的国家治理者应以"三宝"作为自我期望，秉持"慈、俭、不敢为天下先"的政治理念。所谓"慈"，是指无私、良善、贵身之爱；"俭"，是指节制私心欲望；而"不敢为天下先"，乃是倡导君王要有谦卑之心。在"三宝"思想的指引下，国家治理者应该遵循"无为而治""为腹不为目""谦卑处下"等角色行为："无为"并非消极不作为，而是告诫君王不要为了一己私欲而乱作为，可以通过"无为自化""为而不恃"实现天下的有序治理；"为腹不为目""谦卑处下"的行为期待体现了老子非常具有开创性的民本思想。此外，对于国家治理者角色的社会期待，老子的思想更是让人耳目一新。在他看来，君王应该摒弃让民众"亲誉、敬畏"的传统期待，效仿婴儿那般见素抱朴、学习水那般不争功名，以"下知有之"作为衡量国家治理者角色成功的标准。

老子言"执古之道，以御今之有。能知古始，是谓道纪。"（第十四章）老子对国家治理者的角色认知对我们了解中国古代政治传播思想和指导现代国家治理都有非常重要的意义。遗憾的是，老子"不敢为天下先""无为而治""谦卑处下""为而不恃"等政治理念经常被误解为权谋之术或消极避世，实际是未能深入理解其谏言策略。在王权至上、战乱纷争、群雄争霸的年代，要说服君王克制己欲、谦卑处下、为而不恃是多么艰难的事情。所以老子才用极富思辨的语言，去引导君王相信"夫唯不争，故天下莫能与之争""贵以贱为本，高以下为基""是以圣人后其身而身先，外其身而身存"等政治理念，也由此建构了"正言若反"的谏言策略。

老子文化生产观的理论向度与时代意义

王乃考*

（厦门大学嘉庚学院，漳州，363000）

摘　要：老子思想博大精深，历久弥新。本文借鉴文化产业的理论框架，开创性地提出老子的文化生产观问题，主要围绕谁来生产文化、生产什么文化、怎样生产文化三个方面展开论述。最后结合当下资本主义文化生产的矛盾性，希望用中国传统精神建构我国文化产业思想体系，尤其可以借鉴老子的文化生产观的指导，引导中国文化产业与文化事业在"以人为本，尊道贵德"的原则下健康有序发展。

关键词：老子；文化生产观；尊道贵德；文化产业

基金项目：教育部青年社科基金项目《海峡两岸文化产业管理人才培养机制比较与创新研究》（编号：15YJC760092）的阶段性成果

一、概念界定与研究意义

（一）文化

要想了解文化产业是什么，就要首先明白文化是什么？文化这个概念可大可小，众口不一，在不同的领域与场合都有不同的意义。有的理解等同于知识或学历，比如一个老农指着一个大学生说："你看，人家有文化。"有的理解几乎等同于文学和艺术，把时尚、餐饮、运动、广告、杂志和日产生活等忽略不计，导致发展文化事业时过于单一。有的"将文化理解为一种意识

---

* 王乃考（1979—　），男，汉族，博士，河南范县人，厦门大学嘉庚学院副教授、厦门大学传播研究所研究员，厦门大学艺术学院客座教授，研究方向：文化产业管理、整合营销传播。

形态，是对外部物质条件的反映和对阶级利益的表达。"①这种观点似乎有不少道理，但也可能会引起较大的思想矛盾和文化斗争，更不可能在这样的观念下搞一个全社会各阶层认同的文化产业。后来，文化研究者更倾向于把文化理解为"一种整体生活方式""一种普通的生活方式"②。"所谓一种文化，它指的是某个人类群体独特的生活方式，他们整套生存式样。"③雷蒙德·威廉姆斯认为，文化是指某个时期一个民族、一个团体或人类总体的特定生活方式④。现在总体看来，较为合理的认识还是把文化视为人们的生活方式及其体现的精神价值⑤，即人们怎样生活，期待什么样的生活，认为什么样的生活才是有意义的。本文是在这样一个文化概念基础上展开论述的。

（二）文化生产

"产业是一种有组织的劳动，其实质是生产。"⑥所以，要理解文化产业，还要明白文化由谁生产。"生产就是借助脑力劳动或体力劳动用工具（或符号）创造各种生活资料和生产资料。"⑦根据这样一个推理，文化生产就是创造与加工文化内容的脑力劳动和体力劳动。只有我们明白了文化由哪些人生产，我们才能更准确地理解文化产业的内涵与外延。文化生产不是近代才出现的，它是伴随着人们开始思考与实践"怎样生活、怎么更好地生活"这些日常问题就开始了的。这不是我一个人的说法，例如赵月枝教授也强调过："中国的街区公共场地上自娱自乐的'票友'们和下棋的退休老人们也是文化生产者。虽然他们的文化生产不是国民经济统计表上文化产业的一部分，对GDP 没有直接贡献，但是，正是他们的活动使生活方式丰富而多样。"⑧

---

① ［英］阿兰-斯威伍德著．黄世权、桂琳译．文化理论与现代性问题 [M]．北京：中国人民大学出版社，2013，第 5 页。

② ［英］阿兰-斯威伍德著．黄世权、桂琳译．文化理论与现代性问题 [M]．北京：中国人民大学出版社，2013，第 3 页。

③ ［美］克莱德-克鲁克洪等著．高佳、何红、何维凌译．文化与个人 [M]．杭州：浙江人民出版社，1986，第 4 页。

④ Raymond Williams, *keywords: A Vocabulary of Culture and Society*, Oxford University Press Inc, 1985, p.90.

⑤ 参见钱穆的《文化学大义》和余秋雨的《何谓文化》两本著作。

⑥ 吴国林等．产业哲学导论 [M]．北京：人民出版社，2014，第 3 页。

⑦ 吴国林等．产业哲学导论 [M]．北京：人民出版社，2014，第 3 页。

⑧ 赵月枝．文化产业、市场逻辑和文化多样性：可持续发展的公共文化传播理论与实践（下）[J]．新闻大学，2007（1）。

（三）文化生产观

这里所说的文化生产观，是指关于文化生产的认识与理念。文化产业是近现代工业化生产影响下的产物。老子所生活的时代，没有现代文化产业，但有文化生产。老子思想体系中，多处提到了谁生产文化、怎么生产文化、生产什么文化等文化生产观。而这个重要问题，长期被学界忽略了。

（四）研究问题与意义

文化工业（Culture Industry），是被法兰克福学派批判的对象，也是我国20世纪七八十年代文艺理论界批评的对象。但随着市场经济的深入影响，文化的工业化生产越来越成为一种重要的文化生产方式，在很大程度上解放与发展了文化生产力。因此，20世纪90年代以后，世界多个国家逐渐对文化工业有了正面意义上的理解，制定了积极推进文化产业（Culture Industries）的有关政策，也形成了不少文化产业观念与理论。

显然，不管是对文化工业的批判，还是对文化产业的大促进、大发展，我们都是依据了西方近现代"文化生产"的相关理论。这些理论产生的背景是资本主义文化批量生产的时代，能否适应中国延续千年的文化生产方式呢？我们直接使用这些理论指导有中国特色的社会主义文化生产实践，是否有"削足适履"之嫌呢？

目前中国社会科学界正在建设我国这些社会科学理论体系，笔者2016年曾发文提出用中国精神构建我国文化产业思想体系的思路，并进而探讨用这样的文化产业思想体系指导有中国特色的社会主义文化生产实践的意义[①]。本研究借用西方文艺复兴的文化精神，回溯先秦时期老子关于文化生产的有关认识，并用有关文化生产的研究框架、理论对照研究，初步形成关于老子文化生产观的系统性认识，即从谁生产文化、怎么生产文化、生产什么文化三个维度加以考察。

二、圣人以"无私"之心生产文化

文化生产者是以文化资源为生产资料、文化技术为生产工具从事文化产品生产和提供文化服务的人。他们在生产、传播、存储、分配、消费等一系列活动中，需要通过编码生产"意义"，在文化产品或服务中渗透思想、意

---

① 王乃考.用中国精神构建我国文化产业思想体系[J].新闻爱好者，2016（2）。

志、情感及愿望等。

文化生产者首先会遇到编码的困境，老子曰："道可道，非常道；名可名，非常名。"（第 1 章）也就是说，文化生产者发明和使用符号表征事实，但符号与事实之间只是相对接近的，也就是说，符号世界表征事实世界的"原真性"都是相对的。"无名"是事实世界原有的状态，"有名"是认识、解读世界的源头，正如老子所言："无名天地之始，有名万物之母。"（第 1 章）

因此，我们所生活的世界是一个被人表征过的世界，你永远不要说你看透了世界，因为你是借用了别人的眼睛——别人对世界的表征工具。自 19 世纪末以来，中国备受西方列强欺凌，国人失去了自信，希望"师夷长技以制夷"，纷纷到西方寻求治国的制度、方法与技能。最终的结果是什么？我们的国人越来越不自信，因为我们是拿着西方观察世界的"表征工具"在看待我们自己和我们所生活的世界，于是，愈加茫茫然而不知何所从。

老子曰："天下皆知美之为美，斯恶已；皆知善之为善，斯不善已。"（第 2 章）也就是说，在文化生产中，我们统一了美的标准与认识，"不美"同时也被界定了；统一了善的标准与认识，"不善"同时也被界定了。这显示了文化生产本身的相对性与矛盾性，我们应该尊重文化的多样性，不应该用西方视角或东方视角固化地看待世界与问题，因为"常无欲"，方可"观其妙"。

但是，有一些文化生产者为了维护阶级统治，也或者为了刺激消费，设计了许多造成人与人之间、阶层与阶层之间区隔的符号。老子曰："不尚贤，使民不争；不贵难得之货，使民不为盗；不见可欲，使民心不乱。"（第 3 章）其实，这些"贤""贵""欲"都是文化生产的符号，正是因为这些经济符号、政治符号等，才形成了人间的阶层区隔与分化。

优秀的文化生产者应该效法自然，遵循大道："天地不仁，以万物为刍狗；圣人不仁，以百姓为刍狗。天地之间，其犹橐籥乎？虚而不屈，动而愈出。多言数穷，不如守中。"（第 5 章）文化生产者应该像这样减少自己的"立场"，站在"道"的高度。"道"虽不仁，却让万物自然运行，让百姓自由生活。老子又曰："谷神不死，是谓玄牝。玄牝之门，是谓天地根。绵绵若存，用之不勤。"（第 6 章）可见，"道"不生不灭，创造万物，无处不在，自动运行。文化生产者应该发现道、顺应道，这样生产出的文化才能够让人间充满着自然之韵、和谐之美。"天长地久。天地所以能长且久者，以其不自生，故能长生。是以圣人后其身而身先，外其身而身存。非以其无私邪？故能成其私。"（第 7 章）文化生产者遵循道来生产文化，"不自生"一些无病呻吟的文化，才能被长久流传；文化生产者以"无私"之心生产文化，才能让世界接受他生产的文化。"居善地，心善渊，与善仁，言善信，正善治，事善能，动善时。"（第 8 章）这是对文化生产者的基本要求。优秀的文化生产者应该做到："人法地，地法天，天法道，道法自然。"（第 25 章）

说到底，优秀的文化生产者就是圣人。值得注意的是，老子眼中的文化生产者是无为而治的圣人，这种圣人并不依赖于言语与法令来规范世人，而是以自己的身体力行，来"行不言之教"以达天下希及之的"无为之益"这样的效果。也就是说，文化生产者其实并不直接生产儒家那样的仁义礼智信的人伦规范，而是追求复归自然，复归本性的自然天真，而不机心自恃，以智心相较，这样的社会是才是"民至老死，不相往来"。从生到死，都不冲突。

三、生产"尊道贵德"的文化

（一）"惟道是从"的普适性文化

"天下万物生于有，有生于无。"（第 40 章）文化是人类社会特有的现象，源于道。文化生产者首先应该生产具有普适性的文化。"道生一，一生二，二生三，三生万物。万物负阴而抱阳，冲气以为和。人之所恶，唯孤寡不谷，而王公以为称，故物或损之而益，或益之而损。人之所教，我亦教之，强梁者，不得其死。吾将以为教父。"（第 42 章）当人类社会具备了普适性的文化之后，其他文化生产行为才会触类旁通地产生。

文化生产者是不是一定是社会精英？"天下有始，以为天下母。既得其母，以知其子。既知其子，复守其母，没身不殆。塞其兑，闭其门，终身不勤。开其兑，济其事，终身不救。见小曰明，守柔曰强。用其光，复归其明，无遗身殃。是为习常。"（第 52 章）人人都可以成为文化生产者，其产品不仅具备功能价值，亦具有一定的文化价值，可以用于经济市场或是文化市场上交换。上至受世人景仰的文学大师，下至跳广场舞的大妈，不管是划时代性的文学作品，还是风靡一时的广场舞文化，正因为人人能以自己的思想精神、价值观念和道德追求创造出文化产品，在产品中体现文化元素和文化价值，所以文化生产者本身具有普遍性这一性质。这个普遍性体现在文化的本质是为人服务的，老子崇尚的文化是呵护人的道心，即激励人们"惟道是从"。

（二）"执古之道"的传承性文化

文化是传承性的，割裂历史的文化是很难被接受与传承的。优秀的文化是利于人们在生活中自然传承的。文化生产者的传递性可以表现为显性传递和隐性传递，显性传递一般体现为老一辈的文化生产者作为他们所处文化的重要承载者和传递者，他们熟练地掌握精湛的技艺，他们作为一座活宝库，在文化生产这场接力赛上为自己家族或者技艺延续出一份力，由家族内传授和修习的模式传递，或者是由师傅带徒弟的模式传递，又或者是通过不同媒介自习模式传递，这是一种一代接一代的鲜活传递方式。

"道隐无名"（第 41 章），隐性传递一般体现为在社会上广泛交流和传递的过程，这种传递方式，其范围不仅仅局限于传统文化生产基地，也不能简单等同于形式性的推广运动，在传递的活动中，引起更多的人去关注文化生产者的价值内涵，激发更多的人继承文化生产者的匠心精神。"不言之教，无为之益，天下希及之。"（第 43 章）

老子是史官，他希望世人能够"执古之道，以御今之有。能知古始，是谓道纪。"（第 14 章），道在人间是实之又实的人生之路，这个路其实就是要尊道贵德。要传承的正是这样的古道、大道、正道。

（三）以"无事"为原则的简易性文化

文化的接受过程是受传者对文化内容解码的过程，因此不同的人都有不同的解读。"上士闻道，勤而行之。中士闻道，若存若亡。下士闻道，大笑之。"（第 41 章）上士听闻到道，就努力去执行，认为道是人生之宝；中士同样听到这样的道，但他受世俗的牵绊太多，时而努力，时而懈怠；下士听到道，以为是天方夜谭，甚至讥笑为道者自苦其道，何不自娱自乐，何必心怀天下。当然如果为了让老子之道能够更加通俗易懂可行，引导更多的人去修道行道，道化人生，那么，文化生产者就应该简单、通俗地设计文化内容。"圣人无常心，以百姓心为心。善者吾善之；不善者，吾亦善之，德善。信者，吾信之。不信者，吾亦信之，德信。圣人在天下歙歙，为天下浑其心。圣人皆孩之。"（第 49 章）让自己生产的文化能够更多惠及民众，无论这些民众是良善，还是不良善，是讲信义，还是不讲信义，都尽可能因人制宜地加以影响。

如果传递的文化内容过于复杂，反而不利于人民的生活，文化设计应该以"无事"为原则，"以正治国，以奇用兵，以无事取天下。吾何以知其然哉？以此。天下多忌讳，而民弥贫；民多利器，国家滋昏；人多伎巧，奇物滋起；法令滋彰，盗贼多有。故圣人云我无为而民自化。我好静而民自正。我无事而民自富。我无欲而民自朴。"（第57章）又曰："其政闷闷，其民淳淳。其政察察，其民缺缺。祸兮福之所倚，福兮祸之所伏。孰知其极？其无正。正复为奇，善复为妖。人之迷，其日固久。是以圣人方而不割，廉而不刿，直而不肆，光而不耀。"（第58章）无事其实就是法自然，顺应人心思安的特色，阐述，道为人生之宝，有道者可以"求以得，有罪以免"（第62章）。道是传家宝，传世宝。有道之家可"子孙以祭祀不辍"，有道之国，可以安享太平。

（四）"容乃公"的复合性文化

文化作为一种历史现象，涵括了从过去到未来的历史，是基于人类社会与历史的积淀物。有鉴于此，在"文化生产者"这一词仍未赋予到具有文化价值的生产者上时，其生产发展过程中已呈现出一种叠压关系，具有文化价值的生产者在此之中充当着叠压、打破、共存的行为主体，由于文化生产所涉及的历史范围存在"老的在下，新的在上"的一种普遍客观次序，在不断发展的过程中呈现出一种文化的渐进性。"天下有始，以为天下母。既得其母，以知其子。既知其子，复守其母，没身不殆。塞其兑，闭其门，终身不勤。开其兑，济其事，终身不救。见小曰明，守柔曰强。用其光，复归其明，无遗身殃。是为习常。"（第52章）文化是在不断继承创新中发展的，因此，不同时代的文化都是在前期积淀的基础上开拓进取的。可谓母子相抱，创意无限。

换句话说，文化生产者个体之间存在了一种时间上的复合性。且文化作为一种社会现象，它会受到不同地域、种族等因素所影响，当我们以历史发展作为纵向坐标轴，各种社会因素的组合作为横向拓展面，在这种多元复合的形态下，若将某个地域范围内时间断面的文化生产者抽出剖析，会在此文化生产者身上及其文化产品中发现多重积累的文化沉淀，文化生产者利用这一复合性去创造出各式各样的文化产品，呈现出一种特殊的文化形态和经济形态。老子之道强调的是兼容并包，"知常容，容乃公，公乃王，王乃天，天乃道，道乃久，没身不殆"（第16章）。老子告诉我们，只有把握事物发展的规律，就能以包容的心态去接受各种事物，不持成见，不偏见，正因如此，才能做到公正周全。而做到了公正周全了，就可以为世人所推崇，而成为某一领域的行家里手。这样的行家里手，是合乎天理民心的。而合乎天理民心的，是合乎大道的。这样就能永远立于不败之地。这也正是当下中国推崇综合创新的原因所在。

（五）"乐其俗"的生活性文化

文化生产应该贴近人们的生活，不要过高地拔高文化。"圣人欲不欲，不贵难得之货。学不学，复众人之所过，以辅万物之自然而不敢为。"（第64章）与其生产"高大上"的政治文化，不如服务于普通人的生活。"小国寡民，使有什伯之器而不用，使民重死而不远徙。虽有舟舆无所乘之；虽有甲兵无所陈之；使民复结绳而用之。甘其食，美其服，乐其俗，安其居。邻国相望，鸡犬之声相闻。民至老死，不相往来。"（第80章）人们的生活最根本的就是饮食起居，因此，文化应当是从根本上满足人们这方面的需求，而不要去让世人"见可欲"，而心乱；不要鼓励人们去追求"难得之货"，否则盗贼丛生。因此，老子推崇"虚其心，实其腹；弱其志，强其骨"（第3章）。让世人内心虚空，内涵充实，意志柔弱，尊道贵德，坚定不移。

四、"道法自然"地生产文化

现在光怪陆离的文化只是带来了一时的喧闹，并没有给人多少沉思、自省的机会。老子早就对这样的文化生产有了批判："五色令人目盲，五音令人耳聋，五味令人口爽，驰骋畋猎令人心发狂，难得之货令人行妨。"（第12章）那么，怎样生产文化，才是遵循天道的呢？

（一）"希言自然"的行动原则

"希言自然。故飘风不终朝，骤雨不终日。孰为此者？天地。天地尚不能久，而况于人乎？故从事于道者，同于道。德者同于德。失者同于失。同于道者，道亦乐得之；同于德者，德亦乐得之；同于失者，失亦乐得之。信不足焉，有不信焉。"（第23章）桃李不言，下自成蹊。道在脚，唯身体力行。因此，要引导人们去从事于道，求道得道；引导人们去践行德性，于是便积德进道。要防止一些人害道败德，自取灭亡。要本着一颗一视同仁的心去以善救人，以善救物。

让百姓在朴素的文化消费中，明白大道理，减少过多的信息干扰。"古之善为道者，非以明民，将以愚之。民之难治，以其智多。故以智治国，国之贼。不以智治国，国之福。知此两者，亦稽式。常知稽式，是谓玄德。玄德深矣，远矣，与物反矣，然后乃至大顺。"（第65章）老子期望世人能够以愚朴相待，而不是相较以智，这样社会才容易避免弱肉强食的丛林法则。

（二）"信言不美"的纯朴原则

"信言不美，美言不信；善者不辩；辩者不善；知者不博，博者不知。圣人不积，既以为人，己愈有；既以与人，己愈多。天之道，利而不害。圣人之道，为而不争。"（第81章）大道唯在真，唯在信，唯在行。因此不过于求美，而是注重奉献，在为人，与人之中，让自己人生获得更为丰富多彩的展现，最终取得"其名不去"（第21章）的效果。

用过多的修饰、美化，反而不利于真理性文化的传播。"企者不立，跨者不行。自见者不明，自是者不彰，自伐者无功，自矜者不长。其在道也，曰：余食赘形。物或恶之，故有道者不处。"（第24章）

（三）"善下"的容纳原则

文化传播是一个累积性的过程，可能一开始没有多少影响，但只要不断地生产、再生产、再传播，就会形成很好的势能，像水一样，其力无穷。"天下莫柔弱于水。而攻坚强者，莫之能胜，以其无以易之。弱之胜强，柔之胜刚，天下莫不知，莫能行。是以圣人云，受国之垢，是谓社稷主；受国不祥，是为天下王。正言若反。"（第78章）水最具低下的品格，正是这种"上善若水"的低下品格，成就了水"几于道"的特性。大海所以成为大海，也是大海善处下所致。老子曰："江海之所以能为百谷王者，以其善下之，故能为百谷王。"（第66章）百川归大海，是大海善下之的特点决定的。因此，修道者要成就人生，就应当效法大海，效法大道的品格，因为大道是"万物作焉而不辞，生而不有，为而不恃，功成而弗居"（第2章）。道生万物，但不居功，不求回报。这样，才能为万物所尊贵。人从事文化生产亦当如此。

五、延伸讨论："天网恢恢，疏而不失"的文化生产观

目前，文化产业即将成为各个国家的支柱性产业。但这个产业，是对人类社会从物质层面到精神层面的综合影响，其重要性不可不察。如果文化生产的方向出了问题，人类社会就会面临灾难。

按照市场的逻辑，资本主义与其说是解放了人，不如说是解放了人的消

费欲望。对于个体而言，基本的生存需要是比较容易满足的。工业社会以后，资本主义崛起，大量的生产需要大量的消费，所以生产者需要刺激、拨弄、引导人们的消费欲望，以扩大再生产。这时候，作为生活方式及其精神价值的文化，被市场绑架了，文化成了"以消费主义为核心的商业文化"①。

在这样的经济背景下出现的文化产业，不仅自身是资本主义市场的产物，也是维系资本主义生产关系的"上帝之城"②。在这座资本主义"上帝之城"之中，人们摆脱了宗教的奴役，却不自觉地躺在了消费主义的温床上。有些人简而言之地把这种文化产业概括为："文化搭台，经济唱戏。"于是，在这个"上帝之城"系统中，站在社会高层的人不是利用"神"来号令世俗世界，而是通过诱发与引导消费欲望来号令天下。

或者说，在这座消费主义的"上帝之城"内，市场是自由的，消费是自由的，竞争是自由的，但文化生产与消费的背后有一个无形的手，似乎是《西游记》中"如来佛的手心"，是文化生产者与文化消费者都无法逃脱的。

因此，通过这样的市场逻辑建构起来的文化产业，不仅体现了资本主义的生产关系，而且也不自觉地为资本主义政治服务，成为资本主义帝国对内控制社会、对外扩大市场的有力武器。在内部控制方面，资本主义把刚刚具备理性精神的人们导向了一种潜移默化的信仰——"拜物教"③。这个信仰不一定具备以前宗教的某个仪式，它的聪明之处是让绝大多数人浑然不知自己有这个信仰。于是，整个社会就是一个自由市场，"除了经济市场外，还有政治市场、法律市场、宗教市场以及语言市场等"④。布尔迪厄把这种资本逻辑建构下的社会视为一个"场"："虽然，场，不像游戏，不是创造性地故意为之的产物，但它却遵循规则，或者比之更好的规律性，尽管这些规则或规律性并不明确，也并未编集成典。"⑤场的规则给每个参与者提供了自由参与的机会，只不过是："在任何时刻，都是玩耍者之间的状况界定了场的结构。"⑥

① 赵月枝.传播与社会——政治经济与文化分析[M].北京：中国传媒大学出版社，2011.
② 我在这里借用奥古斯汀的"上帝之城"来说明资本主义世界把人们从宗教文化的奴役中解救出来，却又把人们关进了消费文化的体系中。
③ 杨照.在资本主义带来浩劫时，聆听马克思：还原马克思，理解《资本论》[M].台北：本事文化，2013.
④ 刘永涛.话语政治——符号权力和美国对外政策[M].上海：复旦大学出版社，2014.
⑤ [法]布尔迪厄著.文化资本与社会炼金术：布尔迪厄访谈录[M].包亚明译.上海：上海人民出版社，1997.
⑥ [法]布尔迪厄著.文化资本与社会炼金术：布尔迪厄访谈录[M].包亚明译.上海：上海人民出版社，1997.

正如在澳门的赌场中,赌场作为庄家,虽与其他游戏者有相同的获胜概率,但因为其巨大的资本让其在这种平等的假象中具有超强的获胜优势。

在上述经济逻辑与政治逻辑的影响下,也有相应的文化逻辑与之相适应:强者往往就是英雄,哪怕他是海盗;有钱就可以任性,美其名曰奢华,而不是浪费;勤劳未必能致富,引导全民玩转资本等等。人之初,并非善与恶,而是善与恶的交融体。这种文化逻辑会迎合、挑拨、刺激、诱导出人性恶的一面。它虽然带来了社会整体飞速发展,但也为人类命运埋下了隐患。文艺复兴前的西方宗教社会,宗教利用人性善的一面给人类套上枷锁;西方文艺复兴弘扬人的权利,敲碎了这个枷锁,其功劳是不可磨灭的。但是,在反抗、敲碎这个宗教枷锁过程中,突出彰显人性本身的力量时也把人性恶的一面不自觉地释放、延续出来了。

纵观上文,我们可以发现,老子的文化生产观是有效修复资本主义文化生产弊端的一剂良药。在我国当前也顺应历史潮流大力发展文化产业的时候,一定要重视老子的文化生产观,克服资本主义文化生产的矛盾性。这样,我国的文化产业与文化事业才能健康有序地发展。

人内传播视野下的老子思想

李睿强 *

（厦门大学，新闻传播学院，厦门，361005）

　　摘　要：中国传播学的研究长期集中于信息在传者和受者体外的运行，对人内传播的关注度不高。本文以中国传统哲学著作《道德经》的有关内容为主线，从心理学的角度，结合传播学的理论，对米德的"主我"与"客我"理论做出新的阐释，探索老子思想和荣格心理学理论的相通之处，结合物理学中量子力学的研究成果，讨论了人内传播的逻辑问题。

　　关键词：人内传播；道德经；老子；荣格

　　长期以来，中国国内传播学关注的热点基本集中于信息在传者和受者体外世界的运行，且多援引西方传播学理论以资印证：著名的传播过程模式大都用于描述传者和受者之间的信息传递过程，对各种新兴媒体的关注亦是如此，即使是对于传播效果的研究，也是从"人外"的视角来观察受众的态度、行为等反应。

　　"人内传播，也称内向传播、内在传播或自我传播，指的是个人接受外部信息并在人体内部进行信息处理的活动。"[②] 人内传播考察的范围是人类的思维系统，该系统的复杂和神秘性，提高了研究的难度。本文尝试以中国传统哲学著作《道德经》的有关内容为主线，从心理学的角度，结合传播学的理论，对人内传播进行些许探讨。

---

　　* 李睿强（1984—），男，江西人，文学硕士，毕业于厦门大学新闻传播学院。研究方向：互联网与社会文化。

　　② 郭庆光．传播学教程 [M].北京：中国人民大学出版社．1999，第73页。

一、以"不可得而亲，不可得而疏"的心态回归纯真的自我

《道德经》第 56 章："知者不言，言者不知。塞其兑，闭其门；挫其锐，解其纷，和其光，同其尘，是谓玄同。故不可得而亲，不可得而疏；不可得而利，不可得而害；不可得而贵，不可得而贱。故为天下贵。"

其中，"挫其锐，解其纷，和其光，同其尘"，意为"不漏锋芒，消解纷扰，含敛光耀，混同尘世"。马叙伦说："挫锐解纷和光同尘，正说玄同之义，不得无此四句。"车载说："锐、纷、光、尘就对立说，挫锐、解纷、和光、同尘就统一说。尖锐的东西是容易断折不能长保的，把尖锐的地方磨去了，可以避免断折的危险。各人从片面的观点出发，坚持着自己的意见，以排斥别人的意见，因而是非纷纭，无所适从，解纷的办法，在于要大家从全面来看问题，放弃了片面的意见。"[①]

个人在成长的过程中积累了越来越多的知识，利用这些知识可以认知世界，解决问题，获取利益。但是，这些知识也容易令人形成惯性，先入为主，并表现为危险的自负。根据老子的思想，个人如需走出"刻板成见"，最行之有效的方法就是放下过分的"我执"，将眼光投向外部世界和他人的不同观念，将各种信息、观点吸纳进来，和自己原先的观念撞击、融合，或可以打破狭隘的认知，用一种更加"全然"的态度接受和理解身外之物，进而实现内外的良性互动，达到"玄同"。

回到西方理论的框架，米德的"主我"和"客我"理论的出口，或许正是"挫锐解纷和光同尘"的对立统一之理。"作为意愿和行为主体的'主我'"以及"作为他人的社会评价和社会期待之代表的'客我'"[②]的互动所形成而体现的自我，其实具有某种分裂的倾向。主我的既定模式不断遭遇着客我差异性的挑战，结果或是主我向客我妥协，做出些许调整，或是主我"走自己的路"，拒绝客我的感染。这两种结果，都有可能在自我这个概念上投射出裂痕，因为无论是妥协还是拒绝，都包含着主我和客我的矛盾。但是，如果实现了老子预设的"挫其锐，解其纷，和其光，同其尘"的状态，真正将主我和客我间的壁垒消解，进入"外化而内不化"的境界，或者就是主我和客我的和谐相处之道。

郭庆光先生曾指出："台湾大学的心理学系主任杨国枢先生，对中国人的

① 陈鼓应 . 老子注释及评介 [M]. 北京：中华书局 .1984，第 281 页。
② 郭庆光 . 传播学教程 [M]. 北京：中国人民大学出版社 .1999，第 78 页。

心理曾经进行过详细分析，而且得出一个很有趣的理论，中国人心目中重要的人，是'重要他人'，而西方人重视的他人，则是'概括化的他人'。"具体解释，就是"中国人只在乎自己在亲友、师长、邻居、同事之类的人面前的形象，所以请客要体面，送礼要成双，但是办红白喜事弄得街上一地鞭炮皮或者上街随地吐痰就不太在乎。西方人则是认为任何人的评价都很重要，他们相当重视陌生人的看法，这让他们在某些方面更加自律。"① 一方面，仅仅重视"重要他人"的个人，易于出现"小团体主义"、前倨后恭等情境，以个体利益、"面子"等概念作为人际交往的行为准则。其所谓"善意""义举"，也成了虚伪的摆设，甚至导致实质上的恶果。另一方面，重视"概括化的他人"固然会让个人更加谨慎，更加谦卑，可如果超过一定限度，反而会形成过大的压力。因为这种谦卑转化成了对"完美自我"的过分期许，其实质上是一种自恋。例如，"大明星加里·格兰特（Cary Grant）曾经调侃地说道：'我也和观众们一样，希望自己是'加里·格兰特'。'……感到那个表演里的我正在混淆和威胁自己，使自己迷失在一片大量复制的声音的光线里。"②

要突破这些"人性的弱点"，正需要树立"不可得而亲，不可得而疏；不可得而利，不可得而害；不可得而贵，不可得而贱。故为天下贵"的观念。当个人超越"亲疏利害贵贱"等狭隘的价值判断，以达观的态度包容种种人、事、物在心中投射出的印象，真正消解各种带着假面具的人格面相，方能回归最质朴的善，统合净化出一个纯真的自我。

二、心智之能——荣格与老子

《道德经》第47章："不出户，知天下；不窥牖，见天道。其出弥远，其知弥少。是以圣人不行而知，不见而明，不为而成。"这章内容是历来被误解得较为厉害的，被许多学者批判为"唯心主义观点"。学者陈鼓应认为："老子不重外在经验知识而重内在直观内省。他认为我们的心智活动如果向外驰求将会使思虑纷杂，精神散乱。……他认为心灵的深处是透明的，好像一面镜子，这种本明的智慧，上面蒙上一层如灰尘般的情欲（情欲活动受到外界的诱发就会趋于频繁）。"③ 这恰与神秀的偈语："身是菩提树，心如明镜台，

① 21CN：心理分析：中国人好面子少自律 [J/OL]. http://life.21cn.com/b/mw/talking/2009/12/15/7192946.shtml.
② 梁文道. 我执 [M]. 桂林：广西师范大学出版社. 2009，第223—224页.
③ 陈鼓应. 老子注释及评介 [M]. 北京：中华书局. 1984，第249页.

时时勤拂拭，勿使惹尘埃"相合。

笔者认为，老子并非完全不注重外在经验知识。否则，作为普通个人的"外在经验知识"的《道德经》也不必流传于世上，更不会为后人所见、所学。老子将论述的重点放在内心，是为了平衡世人所习惯的过分重视外在信息而缺乏内省的状态，是一种"矫枉过正"的方法。换个角度说，老子也可能是和麦克卢汉类似的预言家，其思想放在现今的网络时代亦十分适用：搜索引擎、视频新闻、博客、SNS……无不为广大网络受众搭建起沟通主观现实和客观现实的拟态桥梁。

陈鼓应还指出："我们还可以笼统地说东方型的思想都有这种基本的认定，这和西方思想家或心理分析学家的观点迥异，他们认为人类心灵的最深处是焦虑不安的，愈向心灵深处挖，愈会发觉它是暗潮汹涌，腾折不宁的。"① 上述观点所指出的"西方心理分析学家"，大体是指以弗洛伊德为鼻祖的精神分析学派人士。然而，弗洛伊德的学生荣格在其心理学研究的过程中，实现了与"东方思想"，尤其是老子道家思想的合流，开创出精神分析学的新纪元。

据说，"荣格极为崇拜这位道家学派创始人，将他说成是中国古代的'大智大慧者'。晚年时，荣格还一度隐居山林，身着'道袍'，体验着'道'的生活。在这样的氛围中，他越来越认同于老子的'道'的复归。他赞赏道：'老子是有着与众不同的洞察力的一个代表性人物，他看到了并体验到了价值与无价值的本质，而且在其生命行将结束之时，希望复归其本来的存在，复归到永恒的意义中去'"。②

这种合流在学术观点上的表现，可以从《弗洛伊德与荣格精神分析理论的比较研究》一文中列举的荣格与弗洛伊德的学术观点的分歧中看出：

1. 弗洛伊德的心理学研究只局限于真理性的研究，即客观存在的、必须被证明正确的客观领域。而"我"即荣格的研究，已经超出了这个客观范畴，也可以说是开拓了新的领域，甚至这个领域是主观的，对错与否只有涉及后才能证明。

2. 荣格可以接受一切未受批评之假说，荣格突破了弗氏的对精神分析的单一理论而致力于研究与精神分析有关的一切问题，其中对宗教神秘之物和遗传学一直很有研究，他相信梦境跟宗教有关并强调在我们的精神世界里潜

① 陈鼓应.老子注释及评介[M].北京：中华书局.1984，第249页。
② 皮华英，甘利婷.荣格分析心理学人格理论中"道"的思想蕴涵[J].求索.2008（8）期。

藏着一些以我们过去的经验和记忆都难以解释的东西。他认为人的心理发展是和往昔有关的，而且不单是个人的往昔，也和种族的往昔甚至和有机界的整个漫长进化过程有关。基于这点，荣格发现了在人类的精神世界里存在着一种共有的潜意识——集体潜意识。他相信潜意识透过梦带给我们的智慧比实际意识的洞察力更优越。

3. 对力比多的解释，这是荣格与弗洛伊德的基本分歧所在。弗洛伊德将性的作用视为他精神分析学说的基础和心理的原动力，性的观念贯穿了他学说的始终。荣格将力比多解释为普遍的生命力，认为它包括了生殖、生长和其他活动，性欲只是众多的、生理的、心理的功能的一种而已，"力比多较粗略地说是生命力，类似于柏格森的活力"。[1]

《道德经》第十四章云："视之不见名曰夷；听之不闻名曰希；搏之不得名曰微。此三者，不可致诘，故混而为一。"从中可以看出，"'道'是个超验的存在体，老子用了一种特殊的方法去描述它。他将经验世界的许多概念用上，然后一一否定它们的适当性，并将经验世界的种种界限都加以突破，由此反显出'道'的深微诡秘之存在"。[2] 由此可见，老子对于"道"的研究与荣格对于"自我""内心"的研究颇有异曲同工之妙。荣格将心理学的研究真正纳入了"内心体验"的体系，将梦、宗教以及人类的历史性、群体性等诸多元素的客观性和主观性贯通起来，从人内的思维系统出发，周游寰宇之后，再度回到了人的内心。

在《荣格自传》的《正视潜意识》一章中，荣格描述了自己在1913至1914年间的一些奇妙幻觉，其中有群山间的大洪水、血海、严酷的寒流等景象。他认为"川流不息的各种幻象蜂拥而至，我尽力保持冷静和不慌乱，并竭力找寻理解这些奇怪的事情的某种方法。我束手无策地站在一个异己的世界面前，其间的一切显得别扭而又无法理解。……一俟我得以把各种情感变成意象——也就是说，发现了掩藏在这些情感中的意象后——我内心便会心平气和下来。……从我的实验里知道，从治疗的观点来看，在找到潜藏在情感后面的特定意象来说，这是极有助益的。"[3]

幻觉，虽被视为人内思维系统产生的意象，但其来源应当与外部世界的各种信息刺激不无关系。荣格用一种"全然"的态度接纳了幻觉，避免了自

---

① 马骏，王世梅. 弗洛伊德与荣格精神分析理论的比较研究 [J]. 华章 .2009（1）.

② 陈鼓应. 老子注释及评介 [M]. 北京：中华书局 .1984，第 116 页 .

③ 荣格. 荣格自传 [M]. 国际文化出版社 .2005，第 170—171 页 .

身思维系统的崩溃即精神错乱，进而分析这些幻觉对于精神世界的意义，开辟了人内传播的新视角。颇为神奇之处在于，荣格认为自己的这些体验与人类的总体体验存在着某种巧合，甚至直接与 1914 年 8 月爆发的世界大战有所关联。如果这种关联，或者预言最终被证实，那就是"不出户，知天下；不窥牖，见天道"的最好注脚。

三、逻辑与混沌

奥修在《天下大道——道德经中的哲学与智慧》中提出："逻辑总是走到极端——生命从来不这样。逻辑就是这样错过生命的。逻辑有一个得出结论的倾向——生命从来不下结论，生命没有结论。……要不带结论地生活。那是唯一的生活方式，因为只有这样，你才能活在中间，而中间就是平衡。"①

逻辑是个人思维的惯常模式，在个人的日常精神生活中，逻辑起到了统合各种信息，形成思路方法，促成合理行为的作用，由此形成了对外部世界的反馈。自亚里士多德至黑格尔，逻辑的方式方法被推演到了一个又一个新的高度，构成了现代科学，特别是计算机科学的重要的基础。

科学在不断进步，思想观念也需与时俱进。极为重视逻辑的物理学，从经典力学时代，经过相对论时代到现在的量子力学时代，科学家们发现客观世界愈来愈多的模糊和不确定性，甚至观察者的主观测量对实验对象及结果的微妙影响，这与当初经典力学描述的机械性、精确性的世界已是天渊之别。

例如著名的"薛定谔的猫"的思想实验："把一只猫放进一个封闭的盒子里，然后把这个盒子连接到一个包含一个放射性原子核和一个装有有毒气体的容器的实验装置。设想这个放射性原子核在一个小时内有 50% 的可能性发生衰变。如果发生衰变，它将会发射出一个粒子，而发射出的这个粒子将会触发这个实验装置，打开装有毒气的容器，从而杀死这只猫。根据量子力学，未进行观察时，这个原子核处于已衰变和未衰变的叠加态，但是，如果在一个小时后把盒子打开，实验者只能看到'衰变的原子核和死猫'或者'未衰变的原子核和活猫'两种情况。……根据哥本哈根学派的解释，当观察者未打开盒子之前，猫处于一种'又死又活'的状态，该状态可以用一个波函数来描述，而波函数可由薛定谔方程解出。一旦观察者打开盒子观察，波函数会坍塌（Collapse），猫呈现在观察者面前的只会是'生'或'死'的状态之

---

① 奥修.天下大道 [M].陕西师范大学出版社，2007，第 101—102 页。

一。这导致了对世界客观性和人意识的作用的讨论。"① 该实验的原意是想说明量子力学理论的不完备问题，实质上的效果却引出了包括"多世界"理论等新的时空观，在人类的惯性思维之外，开辟出更多的可能性。一个确定的结论，似乎不复存在了。

对于以上的纷繁现象，老子的解释只有寥寥数语："是谓无状之状，无物之象，是谓惚恍。迎之不见其首，随之不见其后。"作为知识分子，当抱着"豫兮其若冬涉川；犹兮其若畏四邻；俨兮其若客；涣兮其若凌释；敦兮其若朴；旷兮其若谷；混兮其若浊"的态度，方能更接近世界的本源和内心的本真。

语境主义视角下《老子》之"道"的理解与传播

林　啸*

（广东医科大学，生命文化研究院，东莞，523808）

摘　要： 自从"道"被《老子》当作哲学概念加以使用后，这一概念便被此后的诸子百家接受，进而成为整个中国古典文化的理论基石，从这个角度我们可以说，"道"的传播开启了中国古典文化的新篇章。但由于"道"不仅是被用来解释各种现象和事物之依据的概念，而且它的内涵却又为每一个时代的思想所丰富与发展，因而，"道"之内涵的演变，在某种程度上反映了各个时代的思想变迁。鉴于此，本文从语境主义的视角试图通过对分析"道"之内涵在历史上的演变，分析其与时代思潮之间的关系，这将有助于我们理解老子思想和中国古典文明发展之间的内在关系。

关键词： 道；老子；思想

《老子》之"道"能够被诸子百家接受，能得以迅速传播，其原因则是这个"道"本身所具有的开放性和实用性，以当下的通俗语言来说，便是"道"是一个接地气的"概念"。这种开放性和实用性，使得"道"的内涵越来越丰富，也使得"道"这个概念在历史发展的过程中有明显的变化。

导言：老子之"道"与百家争鸣

春秋战国时期的百家争鸣是中国历史上第一次文化大发展的时期，著名的历史学家雅思贝尔斯（Karl Jaspers）将之称为人类文明的"轴心时代"。在这个时代，人类文明获得了重大突破，中国的孔子、老子等提出了诸多思

---

* 林啸（1982— ），男，福建莆田人，广东医科大学生命文化研究院讲师，研究方向：道家生命哲学。

想原则，这些原则塑造了中国的文化传统，也一直影响着中国人的生活。

然而，百家争鸣局面的出现，中国文明在这个时期的大发展，其内在原因却鲜有人去探索。冯友兰先生在《中国哲学史》一书中提出："儒家和道家是中国思想中的两个主要流派，这是经过长期演化的结果。从公元前五世纪到公元前 3 世纪末，儒道两家只是许多互相竞争的学派中的两派。在这个时期中，思想流派多到如此程度，以致在中国历史上称之为'诸子百家'。"① 而为何会出现"百家争鸣"的局面，冯友兰则认为是生活环境的制约，他说："人在思想时，总不免受到生活环境的制约，出于某种环境之中，他对生活就有某种感受，在他的哲学思想里就不免有些地方予以强调，另一些地方又受到忽略，这些就构成了他的哲学思想特色。这种情况就个人来说是如此，就一个民族来说也是如此。在这一章里，我将对中国的地理环境和经济环境略做分析，可以帮助我们对中国文化何以有某些特点，有一个一般的了解，具体到中国哲学何以有某些特点，也是一样。"从这个视角出发，冯友兰认为"大陆型"的地理是中国文明的环境原因，而"农业型"的经济和宗族制度是中国文明的经济和制度原因，这些分析都在某种程度上符合实际，但都是以社会学的方法从外部对文化发生的原因进行分析得出的结论，冯友兰作为近代中国有极大影响力的哲学家，对百家争鸣之原因的探索，并未以哲学思辨的方式进行探索，这无疑是个遗憾。

葛兆光先生的《中国思想史》一书是研究中国传统思想发生、变化的力著，在该书中，他提出："翻开叫作'思想史'或'哲学史'的著作，接踵而来的，是睿智的哲人系列和经典系列，从孔子到康有为，从《诗经》到《大同书》，天才似乎每个时代都成群结队地来，经典也似乎每个时代都连篇累牍地出，我们的思想史家按照时间的顺序安排着他们的章节，大的思想家一章，小的思想家一节。仍不够等级的话可以几个人合占上一节，再不济的话也可以占上一段，只要在那里面留下了文字的就算'永垂不朽'。"② 在历史学家的眼中，思想家们的出现是各个时代思想变迁的直接原因，但这些思想家们为何要在那个时代出现则有一定的偶然性。

对于百家争鸣的起因，葛兆光认为是"'士'的崛起与思想变异"。作为一个历史学家，葛兆光更倾向于将历史发展的动因归结于人，这与冯友兰先

---

① 冯友兰.中国哲学简史 [M] 北京：生活·读书·新知三联书店.2014 年，第 42 页。
② 葛兆光.中国思想史（第 1 卷）.七世纪前中国的知识、思想与信仰世界 [M].上海：复旦大学出版社.1998，第 9 页。

生的观点相比，显然差别甚大，然而"士"作为一个阶层何以偏偏在这个时期崛起，他认为这是当时的政治变革导致的"思想话语的承负者与政治权力的拥有者在这时出现了分离，思想话语和实用知识在这时也出现了分离，思想俯瞰政治，觉得它常常不符合人文价值或道德准则。于是要给予批评，政治有时要借助思想，于是偶尔也听从这种教训，知道它完全不切实用才把它抛开，思想脱离实用，似乎不再需要依赖知识证明他的合理性。于是可以超越于制度、技术性的支持或羁绊，自己酝酿多彩的内容，于是，就是这一时间的思想活跃，就使得思想迅速滋生各种各样的流派与分歧，就是它与权力的短暂分离，就给了它自由的生长空间。"① "思想就在这种思想者的变化中发生着悄悄的变化，一个动荡的时代，常常使人们对既定的价值发生疑惑，时时变动的秩序，则往往使人们对固有的结构产生疑问，天经地义本来说的是无须怀疑的道理，但是'天崩地裂'则是这些不言而喻的道理失去了基础。"②正是在这样变革的时代，道的概念获得了新的演绎。笔者认为从概念演化的角度看，老子"道"的概念是春秋百家争鸣的概念基础，以前研究思想史的人都只从政治经济环境等方面解释百家争鸣，冯友兰，葛兆光都是，但这些都不是哲学的方法，哲学的方法便是概念的演绎。道，是诸子百家之最重要的概念，而这个概念出自老子。老子之"道"对诸子百家的影响体现在三个方面：老子将"道"这个概念哲学化，让"道"具有形而上的思辨味；诸子在接受的时候提升了自己思想的系统性，思辨性；让诸子的理论水平得到质的提高。

值得注意的是老子还将"道"引入到政治哲学领域，直接启蒙了儒家，墨家对于社会问题的认知，儒家墨家是春秋时期的显学，直接对春秋时期的政治社会实践有深刻的影响。此外，道作为本体论的概念，它对名家、阴阳家等的逻辑思想有重要作用。

一、开放性：老子之道的文化特征

"道"出自《老子》，为中华文化各家各派所接受，因此，"道"既是道家文化的核心概念，也是中华文化的核心概念，理解"道"是理解《老子》和中国文化的关键所在。对于研究道家的学者而言，追寻"道"之本义就是追

① 同上，第81页。
② 同上，第82页。

寻老子的本意，可以说，老子之"道"的研究史就是《老子》的研究史和中华文化研究史的一个重要表现。海德格尔说："归根结底，哲学研究终得下决心追问一般语言具有何种存在方式。"①并称："保护此在借以道出自身的那些最基本词汇的力量，免受平庸理解之害，这归根结底就是哲学的事业。"②"道"作为道家文化乃至中国文化的核心概念，追问其存在的方式和历史，也是非常必要的。德国汉学家瓦格纳先生在其著作《王弼＜老子注＞研究》一书中指出："老子运用了大量的语言学和修辞学的手法：从拟声到明喻，从印证和链体结构到权威性的宣喻或没有解释的赤裸裸的哲学性事实陈述；与此同时，它又不断地告诫读者语言对于传达终极之道是不可靠的媒介。"③道对于《老子》一书是极为重要的概念，但却不是一个清楚的概念，说《老子》一书是因为"道"这个概念的影响而奠定了其在整个中国哲学乃至中国文化中的地位也无不可。

从事实的层面看，"道"之所以影响深远，有一个重要的原因，那就是其"开放性"。道具有无所不包的性质，囊括一切的特征让道具有了无限的可能性，但也正是这种可能性让"道"呈现出了模糊的特征，在两千多年的文化传承过程中，这种模糊性逐渐加深，以至于关于老子之"道"本身的所指也渐渐变得模糊起来。在中国文化影响越来越大的今日，老子、道等概念作为中国文化中的重要因素却因为这种模糊性在传播上的障碍造成了诸多的理解问题，也影响了诸多外国学者对中国文化和中国学术的印象。

分析"道"之概念种种误解的原因，从这些误解的理论背景会看到中国文化的一些特征。英国汉学家 Arthur·Waley 在其《老子》译本中总结道："从王弼降及 18 世纪的所有注释者都是'布道式'的；……因此，在我看来，它们都是没用的。"④而历代的注释被当地学者当作材料源引述，……从而使他们的理论呈现出来时，他们的陈述大都被视作独立的句子来引证，剥离了其原本的注释语境和目的。⑤而真实情况真的是这样的吗？

①　海德格尔 . 存在与时间 [M]. 陈嘉映译 . 三联书店 .1987，第 202 页。
②　海德格尔 . 存在与时间 [M]. 陈嘉映译 . 三联书店 .1987，第 265 页。
③　瓦格纳 . 王弼《老子注》研究 [M]. 杨立华译 . 江苏人民出版社 .2009，第 202 页。
④　Arthur Waley. (1936). *the way and its Power*. Lodon：Allen&Unwin Ltd .P320.
⑤　Arthur Waley. (1936). *the way and its Power*.P55.

二、可道非常道:《老子》之"道"的当代诠释及原因

《老子》首章开宗明义地指出:"道可道，非常道；名可名，非常名。"老子已然明了对道的认知是不确定的，因为道的内涵未定形。人认识水平多高，对道的认识也就达到怎样的高度。因此，后人对《老子》可以有无穷的诠释维度，而且可以并行不悖。下文，仅举数例加以说明。

肖天石认为:"老子论'道'为先天地生与'生天地万物'之本体，亦即宇宙之根源与本体，由此而建立其宇宙论。'一切由道生，道生一切。'故曰:'道生一，一生二，二生三，三生万物。'本此原理系统，则万事万物万理万法，皆不能外此而存在，背此而成立，盖与道相违，则宇宙失其中和，而不能'天地位，万物育'，而宇宙天地毁矣！欲群相与不失其序，故必基于其宇宙论与本体论，而建立其人生论、政治论、社会论、认识论、方法论，始能与'道涵一切，一切归道'之原理合；此乃本天道以立人道之法则也。其曰:'人法地，地法天，天法道、道法自然。'则为率人道以合天道之法则也。"①

从肖天石的解释看，老子之"道"是世界的本体，是宇宙万物生化的根据，若无道则宇宙间的万事万物都将失去规范，将不能和谐存在，因此，肖天石理解的"道"是一种宇宙秩序，而非依据。虽然他旁征博引《老子》中各章对"道"的论述，以显示其对理解的全面和细致，但他已经超越了章句文字的束缚。然而从语境主义角度考察，则会清楚地看到其解释偏离了老子的"意向"，缺乏老子之"道"的指称。可见，这种解释只是在分析哲学思维作用下的一种类比。因此，从整体而言，肖天石解释老子之"道"所采用的只是对《老子》中"context"的说明，非语言哲学中的语境主义。

忽略老子之道的时代语境和生活社会语境，任何对"道"的解释都只能是一知半解或望文生义。从肖天石的解读判断，显然，这是当代中国哲学常用的语言，是处于当代社会生活中的人对老子做出的靠近的努力。

张松如说:"《老子》书中第一次提出'道'这个哲学概念，大体说它有两个意思:有时是指物质世界的实体，亦即宇宙本体；在更多场合下，是指支配物质世界或现实事物运动变化的普遍规律。道在老子书中作为哲学概念极为明确，不能认为具有神秘性质。"②

而杨兴顺则在此基础上说:"老子把'道'兼任哲学史的范畴而给以各方

---

① 肖天石．道教养生学概要 [M]．北京：中华书局，1947，第 3 页。
② 张松如．老子说解 [M]．济南：齐鲁书社，1998．第 5 页。

面的论证。老子认为'道'是自然界、人类社会和思维的法则。'道'不仅意味着客观世界的自然法则，而且还意味着万物的物质实体。"①

张松如认为道是实体或本体、普遍规律，不具备神秘性。但老子明确提出道具有恍惚、绳绳不可名等特性，就连他本人也只能勉强把"道"称为大，而关于"道"的存在方式，老子也只是说"象帝之先"。"象"字说明关于其存在方式也并非是清楚明白的，张松如把"道"解释为实体和本体，虽然从侧面给"道"划了一个范围，但却让道失去了本身所固有的开放性的特点，可以看出，这与解释者的思想背景和其所受的意识形态的影响有关。

杨兴顺认为老子之"道"涵盖范围比张松如的认识更广，他认为"道"还包含人的思维法则，道也意味着万物的物质实体。"意味着"三个字也显出了他在这个解释上的谨慎。此外，杨兴顺还概括了"道"的八个基本特点，其中第六点认为："道的基本法则是：万物与一切现象，处于经常的运动与变化中，在变化的过程中，万物与一切现象都转化为自身的对立物。"万物与一切想象都转化为自身的对立物是一种规律，杨兴顺在张松如的基础上增加了思维发展一点，但在本质上并无不同，都是以客观唯物主义的观点在解读老子的道。

陈鼓应认为："'道'是老子哲学上的一个中心观念，在《老子》书中它有几种含义：一：构成世界的实体。二、创造宇宙的动力。三、促使万物运动的规律。四、作为人类行为的准则。本章所说的'道'，是一切存在的根源，是自然界中最初的发动者。它具有无限的潜在力和创造力，天地间万物蓬勃的生长都是'道'的潜藏力之不断创发的一种表现。"② 可以看出，陈鼓应的解释深受亚里士多德"四因"说的影响，即道是质料因、动力因、形式因、目的因。所谓"因"不是因果原因中的原因，而是指一切事物存在和生成的全部根据和条件，是形而上学的条件。从陈鼓应对"道"分析，可以发现：构成世界的实体＝质料因；创造宇宙的动力＝动力因；促使万物运动的规律＝形式因；人类行为的准则＝目的因（道德因）。陈鼓应发现两者之间具有相似性，因而通过概念转换在两者间画上等号。然而，在老子之"道"和亚里士多德的"四因"虽然有交集，但也有不相容之处，其间最大的不同则在于老子知道在这些可以归纳概括的属性之外，还蕴涵这无限的可能性或

① 杨兴顺.古代中国哲学家老子和他的学说[M]，北京：科学出版社，1950，第1页。
② 陈鼓应.老子注译及评介[M].北京：中华书局，1984，第9页。

者神秘性,而亚里士多德的四因之外更无第五因,简而言之,老子之"道"并不具有绝对性,而亚里士多德的"四因"却是肯定的真值判断。可见,从概念到概念,在这种以"有"解"有"的过程中,陈鼓应不自觉地忽略了某些重要的特性。

当然以上诸位老子研究专家在一定程度上也采用了重玄学的分析方法对"道"的本体进行解构,其与重玄学的区别则在于重玄学努力把"道"之本体建构为"心"本体 ①,而以上诸人则把"道"本体建构为客观本体。

可以看出,老子之"道"的现代解释中有一个共同的特点:从唯物主义的理论基础上解释"道",道就带有唯物主义的特点,而从本体论的基础上解释"道","道"就带有本体论的色彩,但真正的"道"是这样的吗?

三、各说各道:《老子》之"道"古典解读的特点和原因

有文献可查对《老子》进行解释的最早文本是《庄子》,作为老子的后学,庄子对老子崇拜有加,庄子不但在自己的著作中提及老子,也对老子之道有着独到的见解。

在《大宗师》中:"南伯子葵曰:'道可得而学邪?'曰:'恶,恶可。'"在《齐物论》中:"道恶乎隐而有真伪?言恶乎隐而有是非?道恶乎往而不存?言恶乎存而不可?"在《人世间》中:"夫道不欲杂,杂则多,多则扰,扰则忧,忧则不救。"在《天道》中:"天道运而无所积,故万物成,帝道运而无所积,故天下归,圣道运而无所积,故天下服。"在春秋战国时代,庄子是一个比较独特的用寓言来表达自己思想的人物,由于庄子也将"道"作为自己学说的核心概念,他对道的解释基本包括如下几个方面:(1)道不可学;(2)道并非一种实有的存在,用语言来表达它是有局限性的;(3)道在各个领域中都有所体现。从这几点可以发现,庄子并没有尝试从正面的角度去解释道,因为他深知这不可能,因此,他用寓言的形式为"道"建构了一个丰富、动感语境空间,让后世的读者可以从这个广袤的空间中感受道的无限内涵。

在古典解老的著作中,第二个比较有名的是韩非子,他著有《解老》《喻老》两篇,在《解老》中:"道者,万物之所稽也;理者,成物之文也。故曰道,理之者也。"韩非子把道和理等同起来,开创了解道的另一历史先河,这

---

① 顾春.唐代道教重玄学对道体的解构和心体的建构[J],宗教学研究,2002(4)。

种解法和韩非子的法家思想背景有着深刻的关联，也受儒家思想的影响，因为法家和儒家都讲究变革社会，要为变革社会找到一个理论上可以依靠的理由，道作为最有影响力的一个概念，儒家和法家都要充分利用"道"的权威性为自己辩护，因此，道在他们这里不可避免地具有"理"的色彩，并且愈来愈浓。

在诸多古典解释"老子之道"的版本中，影响最深最远的要数王弼的解释。王弼说在解释"道可道，非常道"时说："可道之道，可名之名，指事造形，非其常也。"在解释"道冲而用之"时说"不法与道则不能保其精"而在"上善若水……故几于道"，他则解释说："言人皆应与治理道也"，又说："无形无名者，万物之宗也。虽今古不同，时移俗易，故莫不由乎此，以成其治者也。故可执古之道，以御今之有，上古虽远，其道存焉，故虽在，今可以知古始也。"可以发现在王弼这里，虽然承认"道"存在的真实性，但对于"道"是什么却也并非给出确切的答案，这与魏晋时人追求自由逍遥的时代背景有很大关系，如果给予"道"一个权威的解释，意味着要承认这种权威并且为此而丧失其他的可能性，如果在政治上也承认有一个权威，那么个人也将为此失去自由，但总而言之，王弼的这种解释在无形中也和老子之"道"有相通之处，这大概是因为魏晋时的社会环境和春秋战国时代有相似之处有关吧。

四、《老子》之"道"多元解读的语境主义取向

语言哲学家 Rudolf·Carnap 认为"如果一项研究明确地涉及语言使用者，我们就把它归入语用学的领域……如果我们从语言使用者那里只摘取一些词语以及词语所指的对象来进行分析，我们就处于语义学的领域。最后，如果我们从词语所指对象中抽象出词语之间的关系来进行分析，我们就处于（逻辑）句法学的领域了。"[1] 从这一标准判断，老子之"道"由于其自身所具有的开放性而带来了一系列的误解，这些误解要么受时代背景影响，要么停留在字面意义上，而真正从语言与社会的内在逻辑关系来理解的却鲜少看到。

从语言与社会学结合的角度去理解老子之"道"这一概念，则需要对"道"进行语境重构，即将语言和语义还原道社会背景的前提下，则可以相对准确地理解这个概念。林语堂在《吾国吾民》一书中提出："老子之思想，不

---

① Rudolf．Carnap.语义学导论 [M].北京：中国人民大学出版社，2007，第35页。

愧后起之秀者,当推庄子。"①在语境主义之"前提→语言逻辑"停滞的地方,有没有让方法让精神得以重现?语言哲学的发展让我们看到了可能性,特别是语言建构主义的出现,语境的重构已经不是不可能。而从老子之"道"的传承看,《庄子》中一个个鲜活的寓言再现了老子之道所缺失的语境,是对老子之"道"的语境的重构,无论如何,庄子的努力是对老子之"道"的靠近。总而言之,语用学的作用并非是单一的或从始至终都不变的。

从某种意义上说,以上所述各种对老子的经典解读在解释者所处时代也具有极为重要的价值,它们代表着该时代该社会领域对老子的解读,让老子思想与当时的社会思潮相印证,虽然和老子所指称的意义不尽一致,但以老子之道为基点,而阐发适合该时代需要的思想,也可以算作对老子价值的肯定,对中国传统文化、思想资源的一种肯定。

语言哲学家 Charles Morris 在其《符号理论基础》一书中提出:"逻辑语义学,它研究句子和词语本身的意义,研究命题的真假条件。因此,语义学研究的意义是句子的认知意义,是不受语境影响的意义。而语用学也研究意义,但那是言语使用上的意义。语用学也研究条件,但那是传递语言信息的适切条件。因此,语用学研究的意义是话语行为的意义,是在语境中才能确定的意义。"②总结以上对老子之"道"的解释,可以发现,所有的解释都是对文本的语义解读,而这种解读是建立在老子的语言符号体系的基础上的,因而,这些解释的共同点就是缺乏语境主义的理解。

结构主义哲学家、现代语言学奠基人索绪尔(Saussure)提出语言是人们用以表达意思的一个体系,言语是人们运用语言材料和语言规则进行交流的过程,通过语言和言语的结合能够对某些缺失的语境重新结构。在对老子的研究过程中,言语的缺失是一大通病,因而如何通过言语对《老子》缺失的语境进行重构,有可能会是真正理解老子的一条途径。从实际情况看,也的确有过先例,庄子就是往这方面努力的一个代表人物。他说:"关尹、老聃乎,古之博大真人哉!"运用寓言故事对老子的理论进行解释,把一个个深刻的哲理优雅而简明地表达出来。这种对老子之"道"的语境主义重构显示了庄子对老子的理解深度,也显示出了语言哲学的强大再生力量。

当然,语境重构本身也面临着一个重要问题,那就是重构的语境究竟是

---

① 林语堂.吾国与吾民 [M]. 南京:江苏文艺出版社,2009,第 120 页。
② 转引自:何自然编著.语用学概论 [M],长沙:湖南教育出版社,1988,第 7 页。

重构者的语境，还是被重构者的语境。即庄子是否继承了老子之"道"？在历史的考验下，我们很容易得出这样的结论：庄子既继承了老子之"道"，也是庄子之"道"的开创者，一个思想的出现并不意味着他不可以是另外一个思想的延续。当然，这只是对这方面研究的一个可行性的建议。

除了语境重构之外，现代诠释学的发展也是向老子之"道"靠近的不错的方法。瓦格纳先生在《王弼＜老子注＞研究》中提出，通过诠释学的方法，可以在老子文本本身建构起一个语境，那就是把理论和其所指结合起来，可以构建起一个意境，在这个意境中，老子之"道"可以清楚地被表达出来。如："为者败之，执者失之，是以圣人无为故无败，无执故无失。"把"为"和其主体——执政者，"执"和其主体——财富的占有者结合起来，并将其与圣人的做法进行比较，这样一个或几个鲜活的语境就自然而然地呈现在我们面前，这样的理解无疑也是切近老子本意的。

结　语

老子之"道"在其文中有多种指称，这多种指称指向各个不同的领域，单从任何其中一个领域来挖掘"道"的意思都可以做出许多文章来，而从历史主义的角度看，则会发现促使这些解释产生的原因有如下几个方面：（1）时代政治的影响，时代政治的需要会促生出时代需要的老子，这也是老子乃至道家能够在中国社会不绝如缕的首要原因；（2）解释者的精神文化追求，由于老子之"道"深刻地触及了人类的精神和心灵的深处，因此，解释这可以通过自身的需要对这一概念进行解释，不但使它成为自己的精神指导准则，也成为心理慰藉的一服良药；（3）老子之"道"本身具有的开放性，这一特性是老子乃至道家文化从古代走向现代以及未来、从中国走向世界乃至宇宙的内在因素。

二、先秦符号与传播思想研究

【**主持人语**】符号被认为是携带意义的感知，意义必须经由符号来发送、传递、接受、解释。所以当代符号学家赵毅衡先生将符号学归结为意义学。符号学近年在中国发展迅速，近年全国出版的符号学著作、发表的符号学论文，其数量皆以非常庞大。四川大学符号学-传播学中心主办的《符号与传媒》杂志每年春季号发布的中国符号学发展报告，亦可印证这一强势的发展现状。符号学被誉为文科中的数学，因为其强烈的操作性而乐于为学界所用。而符号学与传播学，据赵毅衡先生所言，其实是一对孪生兄妹，只是曾经走失，而近年他们又日益走进，传播学不断拥抱符号学，符号学也不断拥抱传播学，符号传播学与符号传播学会的应运而生，也不是偶然之举。

从符号学的角度而言，传播其实就是通过符号来分享意义的过程，传播学是研究人类如何运用符号进行社会信息交流的学科。符号是用来交流意义的，任何意义的传播必须经由符号而达成，而人又是"符号的动物"，准此而论，自人类诞生以来，符号与传播就与人类不离不弃，相伴始终。先秦时期是中国民族文化的奠基期，中国的先哲很早就知道用符号来建构对世界和人类社会的认知，《易经》其实是初民观物取象之后建立的一套以简驭繁的符号系统，并通过这个系统来把握世界。而先秦诸子，无论儒家、道家，还是法家、名家，无不对人类用符号来表征意义进行了深度思考，尽管那时并没有一个类似现代符号学的学术概念，但是他们对符号与意义的关系的思考，如当今正在发展符号学在学理上却是具有深度的互通性。本专辑的三篇符号传播学的文章也正是基于这一维度，对中国传统符号与传播思想进行的一次学术探险之旅。

苏智的《〈周易〉符号解读中的片面性与阐释社群文化》指出符号解读涉及阐释的真知问题，人们根据自己对于卦象意义的理解差异自然形成了不同的阐释社群。《周易》成为儒家经典之原因正在于儒家在汉代以后占据了中国文化的主导地位，其占有话语主导权的阐释社群以儒家文化观念整合了其他不同社群对《周易》的理解，儒家的伦理符号思想精神在《周易》符号系统中被建构出来，又在传播过程中被广为接受。田小霞的《简论先秦儒家的礼乐教化与政治传播》通过对商、周易代政治制度文化之确立这一角度切入，宗法制与国野制巩固了西周王权，但是也阻断了庶野之民的晋升之途。春秋以降，礼乐文化制度的松动，给庶民带来晋升的希望。以孔子为代表的儒家应时而生，将儒家的礼乐文化符号系统进行改造，以礼的差异性来重建社会秩序，以乐的和同性来维系分层秩序的稳定性。而孔子开创的私学对推动其政治理念的传播起到了关键作用，儒家主导的伦理思想正是在教化过程中实现传播的。拙作《墨家符号思想及其与儒家思想的比较——基于学术批评史的探讨》从学术批评史上对儒墨的比较批评入手，对墨家的学术源流及其思想特征进行了梳理。本文指出西周统治者利用一系列的礼容仪节来实现对政治制度、宗法等级等方面的信息传播的，并通过礼容仪式等来实现对社会的控制、监督，从天子到士人，各种行为皆有相关的礼的约束规定，西周的政治制度亦通过礼而实现了传播与反馈。但是在春秋战国之际，诸子蜂起，思想界出现大解放。墨家学者从其自身立场及学术旨趣出发，倡导兼爱、节用等，取消了儒家等级制度的文化意涵；并从实用主义角度出发将礼乐文化符号降解，这种过度的去符号化从接受的一端对礼乐政治文化符号消解，不利于共同意义社群的建构，这也是其不为统治者所喜欢的原因，墨家之学湮没不彰，与其政治传播之不足皆有重要关联。

　　以上是我们对中国传统文化的符号与传播思想的一些粗浅的思考和理解，不当之处，敬请学界师友批评指正。

（兰州大学国际文化交流学院副教授　祝东）

《周易》符号解读中的片面性与阐释社群文化

苏 智*

（浙江音乐学院，公共基础教学部，杭州，310024）

摘　要:《周易》的具体占卜解读往往对解释者提出考验：同样卦象的解读会出现不同的阐释结果，典籍中有记载的筮例不胜枚举。因此，符号的解读也就涉及了阐释的真知问题。符号无法提供绝对的真知，而我们认为的解释准确性只是在某种程度上达到了阐释的心理预期，实质上也只具有片面的准确性。即使是《易传》这种权威性的解读文本依然不能达到所谓"真知"的终极解释项地位。在符号的解读中，人们虽然不断对真知进行求索，但总体上仍然陷入居于权威地位的阐释社群所提供的认识。阐释社群的变化也反映出文化的变革。

关键词:《周易》；符号；社群；文化

基金项目: 国家社科基金重大项目"当今中国文化现状与发展的符号学研究"（项目号：13&ZD123）阶段性成果

《周易》在古代社会中具有重要地位，经历了漫长的历史流变，也对当代文化产生了深远影响。要理解一种思想文化，必然要考察社群对此文化承载符号的解读。我们可以从《周易》的具体占例及其阐释社群的情况对此文本做一番分析。

一、《周易》占例解读中的片面真知

《周易》最早用于占卜，具有实用性，正所谓"君子居则观其象而玩其辞，动则观其变而玩其占"。关于《周易》的占卜，其准确性依然是被津津乐道的

---

　　* 苏智（1987— ），辽宁沈阳人，文学博士。浙江音乐学院讲师，四川大学符号学－传媒学研究所成员，主要从事《周易》及传统文化的符号学研究。

问题。历史上有很多著名的占例，从中可以发现符号的阐释角度是多元的，并且得到的阐释结果也不一定相同。

《左传·襄公九年》有记载：

穆姜薨于东宫，始往而筮之，遇《艮》之八，史曰："是谓《艮》之《随》。随，其出也，君必速出。"姜曰："亡。是于《周易》曰：'随，元亨利贞，无咎。'元，体之长也。亨，嘉之会也。利，义之和也。贞，事之干也。体仁足以长人，嘉德足以合礼，利物足以合义，贞固足以干事。然故不可诬也，是以虽随无咎。今我妇人而与于乱，固在下位而有不仁，不可谓元；不靖国家，不可谓亨；作而害身，不可谓利；弃位而姣，不可谓贞。有四德者，随而无咎；我皆无之，岂随也哉！我则取恶，能无咎乎！必死于此，弗得出矣！"①

穆姜被囚禁于东宫，她让史官占了一卦，得到《艮》卦之《随》卦。史官说《随》卦有外出之意，穆姜一定会很快离开这里。穆姜却不同意史官对于卦辞的分析。她认为事情并非卦辞显示这样简单。《随》卦的卦辞说"元亨利贞，无咎"，但是何者为"元亨利贞"呢？穆姜一一做了阐释，同时又反观自身：自己一个妇人，祸乱国家，是身在下位行不仁之事，不可以称为"元"；使国家不得安宁，不能称为"亨"；作乱危害了自身，不能称为"利"；放弃了尊贵的地位与臣子做姣媚之态，不能称为"贞"。从《随》的卦义来看，有"元亨利贞"四德的人才能"无咎"，而穆姜一条都没有，又怎么能够无咎呢？因此必定死在这里，再也出不去了，后来穆姜真的在东宫薨逝了。在史官和穆姜二人对于卦辞的解读中，史官只是遵从卦辞本身字面意义来解释，穆姜却结合自身的状况来反观卦辞意义，从而得出吉凶判断。可见，同一个卦象并非会得到相同的意义解读，而每一次的卦辞阐释所得到的结果可能根据视角的不同而产生结果的差异。

又如《左传·襄公二十五年》记载：

棠公死，偃御武子以吊焉，见棠姜而美之……武子筮之，遇《困》之《大过》。史皆曰："吉"。示陈文子，文子曰："夫从风，风陨妻，不可娶也！且其

① （晋）杜预注，（唐）孔颖达等正义，（清）阮元刻.十三经注疏·春秋左传正义 [M].上海：上海古籍出版社，1997，第1942页。

繇曰：'困于石，据于蒺藜，入于其宫，不见其妻，凶。'‘困于石'，往不济也，'据于蒺藜'，所恃伤也；'入于其宫，不见其妻，凶'，无所归也。"崔子曰："嫠也何害！先夫当之矣！"遂取之。①

　　齐棠公死后，崔武子前去吊丧，见齐棠公的妻子棠姜很美，便要娶她。崔武子用《周易》占了一卦，得到的是《困》卦六三爻变，之卦为《大过》。史官们因为畏惧崔武子的权势，都说此卦是吉卦。但是依照《周易》占卜的规则，一爻变卦要以本卦变爻为占，也就是《困》卦的六三爻爻辞："困于石，据于蒺藜，入于其宫，不见其妻，凶。"这很明显是一个凶兆。陈文子看了卦象后做了分析，认为棠姜不可娶。但是崔武子色迷心窍，不听陈文子的劝告，认为一个寡妇不能引发什么祸患，这些凶险都被她原来的丈夫承担了，于是娶了棠姜。如上一个占例一般，史官得出结论自然会找出相关的依据。陈文子认为娶棠姜是凶兆，很明显是从《困》卦六三爻辞所得来。至于崔武子认为棠姜不会带来祸患，虽然是他主观愿望将凶险转嫁于死去的齐棠公，但是哪一种解释最为准确只能通过实践来印证。从《左传》的思想倾向来看，这个故事是以齐国祸乱，崔武子家破人亡结局，借用卦象占卜的情节预设，反映了史官阿谀奉承，崔武子权势滔天，刚愎自用。但是仅从卦象不同解读来印证事件发展，如果故事没有后来的凶险结局，史官和崔武子个人的判断就不能说绝对不正确。也就是说，不论事情如何发展，总有一种解释能够说得通，不同的阐释角度得出不同的阐释结果，实际上都给卦象解读开了一道后门。反过来说，也就没有任何一个解释可以说是全面的，因为它并不可能覆盖所有的可能性。"符号的目的就在于表达'事实'，它把自己与其他符号相连接，竭尽所能，使得解释项能够接近完全的真，或绝对的真，也即接近真的每一个领域……存在世界的'圆极'，也就是说，世界的每一个部分都是由符号构成的。"②符号的意义阐释自然追求向真知的迫近，然而并非阐释都能得到正确的，或者说令人满意的理想结果。这也说明了在《周易》的探究中，占卜的方法容易掌握，但能够实际运用却困难得多，阐释卦象的方式会直接影响对卜问事件结果的预判。

　　《左传·庄公二十二年》有一占例：

---

　　① （晋）杜预注，（唐）孔颖达等正义，（清）阮元刻．十三经注疏·春秋左传正义 [M]．上海：上海古籍出版社，1997，第 1983 页。
　　② C.S. 皮尔斯．皮尔斯：论符号》，赵星植译，成都：四川大学出版社，2014，第 56 页。

陈历公……生敬仲。其少也，周史有以《周易》见陈侯者，陈侯使筮之，遇《观》之《否》，曰："是谓'观国之光，利用宾于王'，此其代陈有国乎? 不在此，其在异国，非此其身，在其子孙。光远而自它有耀者也。坤，土也。巽，风也。乾，天也。风为天于土上，山也。有山之材而照之以天光，于是乎居土上，故曰：'观国之光，利用宾于王。'庭实旅百，奉之以玉帛。天地之美具焉，故曰：'利用宾于王'犹有观焉，其在后乎! 风行而著于土，故曰其在异国乎! 若有异国，必姜姓也。姜，大岳之后也! 山岳则配天，物莫能两大，陈衰，此其昌乎! "及陈之初亡也，陈恒子始大于齐，其后亡也，成子得政。①

陈历公生敬仲时，厉公让周史以《周易》占了一卦。得到的卦象是《观》卦之《否》卦，六四爻变。《观》卦六四爻的爻辞是："观国之光，利用宾于王。"是说臣子朝见国王，做国王的宾客，这是一个吉兆。从周史解读的字面意思来看，敬仲长大后会有很大的作为，做国王的宾客，应当不在陈国，但一定会在别的国家得志，即使不是他本人，也一定是他的子孙。在这个占例中虽然没有对结果的不同阐释，但是从周史对于卦象的分析中依然可以看出他对于符号阐释的角度和意义的取舍。《观》卦上巽下坤，坤为土。所以周史说："坤，土也"，这里没有取《说卦》中"坤为地"的解释。巽为风，故言"巽，风也"。当《观》卦变为《否》卦，上卦的巽变为乾，乾为天，所以周史说"乾，天也，风为天于土上"。同时，《否》卦的二爻到四爻组成了一个互卦艮，艮为山。刘大钧在分析此卦卦象时认为该卦可以表明：远在春秋时代，人们在运用卦象分析问题的时候，已经使用互卦之法。② 但是为何引用了《否》卦的互卦，而不采用《观》卦来形成互卦，《左传》中也没有更多解释。只是顺着周史的思路，我们只能从此卦象中得到"山"的意义。后面又说到"玉帛"，这个意义由来则要考察《否》卦。《否》卦上乾下坤，因《说卦》中有载：乾为天，为金，为玉；坤为地，为布帛，故而有"奉之以玉帛，天地之美具焉"。既然《说卦》中列出了诸般意象，为何周史仅仅选取了天地玉帛来解读卦象呢? 从符号学的角度，这体现了符号聚合轴上意义的选择性。《观》卦还有等待、观望的意思，周史在子孙后代上有所观望，"犹有观焉，其在后

① （晋）杜预注，（唐）孔颖达等正义，（清）阮元刻·十三经注疏·春秋左传正义 [M].上海：上海古籍出版社，1997，第 1775 页。
② 刘大钧.周易概论 [M].成都：巴蜀书社，2016，第 74 页。

乎"。"风行而著于土，故曰其在异国乎"，风的特点是飘忽不定，因此有在异国之象。前面提到《否》卦卦象涉及艮和乾，有"山岳则配天"的意思，从地理上只有姜姓被分封的几个国家是在泰山后面，正好与这个意思相符，因此周史又指出敬仲之后必然会去姜姓主政的国家。后来敬仲的子孙果然在齐国得到了权位。

　　从这个占例分析中可以探知周史在解读卦象时，从本卦和之卦的卦辞和卦象上入手，同时结合了互卦的卦象，将这些信息综合起来得出了最终的意义解读。然而，在进行具体卦象分析的时候，为什么要结合之卦的互卦卦象，又为何在《说卦》中选取了卦象的意义，这似乎并没有绝对的合理性，因为从《左传》记载的众多占例显示，并非所有的占卜都会参考互卦的卦象，或者采用某种相同的角度。如果结合的互卦不同，选取其他的卦象意义，占卜的结果可能会大相径庭。正因如此，解卦的方式和卦义解读最终的准确性也反映出阐释者的能力高下。事实上，即便卦象预测的结果与现实如何接近，依然不可能做到滴水不漏。所谓"人算不如天算"，符号意义阐释的最终结果只能是尽全力接近真知，永远不可能穷尽所有的意义，或者达到绝对的准确性。"真知和虚假只是一个命题的两个方面，并不是绝对的反题。……这不是认为真知与虚假等同的相对主义立场，也不是艾柯式的'符号撒谎观'，而是认为不同的符号文本都含有部分'真知'。"①尤其在《周易》用于占卜和预测的文本中，"周"便有"易道周普而无所不备"的意义，唯其如此才能用于阐释无限变数的未来。那么对于卦象符号的解读如何能够说是全面的完备的真知呢？

　　《易传》是对《周易》卦象的权威性阐释。笔者曾经结合皮尔斯符号三分理论对《周易》中的卦画、卦辞和《易传》之间相互阐释的关系做过一番讨论。其中，皮尔斯将符号三分式中的解释项又做了进一步的分类，即呈位、述位和论位。《周易》符号本身是对天地自然的模仿，是事物间无形规律的符号呈现和解释。如果将《周易》中的卦画、卦辞和《易传》作为解释项予以细致划分，那么卦画可以关联皮尔斯的呈位解释项，具有即时性的特点；卦辞是对规律的进一步阐述，可以作为述位解释项。然而《易传》虽然力图对卦画和卦辞做了更为合理的解读，事物的规律和变化依旧是无法说得完备的。"亚里士多德曾经探究过有关'完善'（perfection）或'圆极'（entelechy）

① 赵毅衡.哲学符号学：意义世界的形成 [M].成都：四川大学出版社，2017，第 243 页。

的概念，但他却从未将这个概念厘清。……理想的符号必须是极度完美的，并且它也是极度同一的……（真知是）每个符号的最终解释项。"①《易传》不可能做到极度完美，阐释总是会留有余地。对未来不可知的预测总是存在着变数，《易传》不会穷尽所有的解释，因此无法达到所谓"真知"的状态，也不是终极解释项。这表明，《易传》是不能与皮尔斯的论位同日而语的。即使在文本内部，《易传》本身就是符号无限衍义的阶段性生成。而在历代易学研究中，《易传》中的解释又再次作为符号，开始了新一轮的衍义和生发，这样才有了生生不息的周易文化。"任何符号的意义只有用另一个符号才能解释，而这个符号又需要另一个符号来解释，由此，在任何解释中，符号的链条延续到无穷。"②历代出现的各类周易阐释作品也有被命名为《易传》的，如《京氏易传》《东坡易传》，依旧无法强调和认定哪种解释才是真知，而就《易大传》本身来说，它远没有达到真知所谓的终极解释项的地步。"真理、亦即真实的存在者，被固定者，作为对当下某种透视角度的固定，始终只不过是一种已经到达支配地位的虚假状态，也就是说，它始终只是谬误。"③在宋代欧阳修以前，一般认为"十翼"是孔子所作。孔子的阐释在古代阐释社群中具有权威性，几乎没人可以质疑其准确性，但依旧不可否认其中还有阐释的空间，否则就不会有历代注释经典的努力。在当今的时代，孔子的认识是否绝对准确更是可以质疑的，没有完全正确的认识。"真知是一个与理想限度（ideal limit）一致的抽象声名，无尽的探究倾向于对此一致提供科学的信念，而这个抽象声名可能拥有这种一致性的原因，在于承认自身的不准确（inaccuracy）和片面（one-sidedness），这种承认是真知的首要成分。"④从这个意义上说，《易传》是不可能成为终极解释项的，它只能提供尽可能完善的片面真知。

二、《周易》阐释社群流变中的易学文化

在漫长的历史发展中，易学形成了诸多的流派。易学成体系的研究最突出的是象数学派和义理学派的分别。然而，作为中国传统哲学里一个独具特

---

① C.S. 皮尔斯. 皮尔斯：论符号 [M]. 赵星植译，成都：四川大学出版社，2014，第 39 页。

② James Jakob Liszka. *Some Reflections on Peirce's Semiotics* [J]. 符号与传媒，2014（9：29）。

③ 马丁·海德格尔. 尼采（上）[M]. 孙周兴译，商务印书馆，2002，第 237 页。

④ Charles Sanders Peirce, *Collected Papers*, Cambridge, Mass: Harvard Univ. Press, 1931-1958, Vol. 5, p.394.

色的理论系统，易学发生和发展不断融合了各阶段哲学思想流派的影响。传统社会里儒家思想占据统治地位，《周易》属于儒家的五经，而运用道家和佛家等流派的思想来揭示《周易》的著作也有一定规模。《正统道藏》中就有道家专门解读《周易》的类目，如《易外别传》《易筮通变》《周易参同契》等等。同样的符号和文辞在不同的哲学思想影响下必然解读出迥然各异的所指。儒家强调的三纲五常在倡导儒家伦理精神的易学研究中被表达出来，而道家的易学专注于修仙论道，旨趣非常不同。

　　早在上古时期《周易》的阐释就很盛行了。《易大传》即便不是孔子本人的作品，其成书的年代也不会晚于战国时代。经过秦朝焚书，到了西汉初年"天下但有《易》卜，未有它书"，直到汉惠帝时期才撤销了民间藏书的禁令。纵观汉代的易学发展为例，汉初传《易》本于田何一家。田何教授《周易》予田王孙，田王孙又将其传给了孟喜、施雠和梁丘贺。到了班固撰写《汉书》的时候，已经有了十三家的易学，二百九十四篇。而其中孟喜、施雠和梁丘贺的易学成了最为重要的三家，被《汉书·艺文志》排在了首位。除了田何这一派系的易学研究，还有两个影响较大的流派。焦延寿以《周易》言说灾异，后来传于京房，有《京氏易传》传世，以纳甲、八宫、飞伏、四气等融入易学阐释。费直出古文《易》传人，属于汉代古文经学，然而在西汉并未列为官学，后来因为古文经学与今文经学的争斗日益激烈，费氏的古文《易》才应运而起。到了东汉时期，施雠、孟喜、梁丘贺以及京房的易学都走向了衰微，只有费直的易学由马融作传，郑玄作注，荀爽为其作传，得到广泛流传。除了以上三个大的派系，民间对于《周易》的论说更是纷繁多样，因为在西汉发扬儒学的时代，能够精通五经中的一经便可以免除徭役赋税，甚至能够做官。于是有些人便把治学作为晋身之途，对原有的易学理论提出了更多标新立异的创见。

　　从符号学的角度来看，这很明显地反映了阐释中的社群问题。人们根据自己对于卦象意义的理解差异自然形成了不同的阐释社群。"只要在人们的研究中有足够的持续性，研究只要足够长久地进行下去，就会为他们所面临的问题提供一个确定的解答。他们总能达到相同的结论，形成实在的信念。"[①]对于易学观点的讨论，一些阐释者对于某种看法不谋而合，达成了大致相同的结论，也就逐渐形成了一个阐释的流派。按照阐释社群的说法，"不是解释

---

① 赵毅衡.哲学符号学：意义世界的形成 [M].成都：四川大学出版社，2017，第 245 页。

社群选择成员，而是成员选择某种解释，你就是选择加入了某个解释社群，解释社群就是采取这种读法的读者自然的集合。"① 读者提出了某种观点的同时，很可能自然而然地已经加入了某一个阐释社群。那么，究竟哪种理解才是正确的，阐释社群是否可以提供一种真知？这些阐释社群与文化的变革是一种什么样的关系呢？

仅就汉代易学而言，自田何传《周易》百余年后，"经有数家，家有数说……学徒劳而少功，后生疑而莫正也"②。汉代经学发展枝蔓极多，"如干分枝，枝又分枝，枝叶繁滋，浸失其本"③，尤其是谶纬之说的流行，也使象数易学愈加繁杂。汉人讲《易》，大多依据"象"来解辞，句句都会附会易象。八卦的取象基本援引《说卦》，但汉代学者，如荀爽、虞翻等人在阐释中又补充了大量的"象"。这样，对于《周易》的解读就愈发呈现出相对化、多元化的状态。意识对于符号的理解力求能够达到真知，而过度的解读会造成阐释的碎片化，阐释社群也呈现出分裂和零散的状态。《周易》的阐释逐渐陷入了绝境，所谓"真知"被遮蔽掉，更加难以探寻。易学文化看似繁花锦簇，事实上却出现了式微和变革，终于产生了王弼"忘象以求其意"的学说。

相反，阐释社群如果呈现出整合单一的趋势，是否有利于文化的发展呢？这种情况是如何发生的？如前文所述，意识对于符号的理解从根本上是寻求"真知"的，没有人解读的目的是为了得到一个虚假的信息。然而，绝对的真知在我们的认知中似乎难以达到，解释者只能尽自己所能来取得一个近乎满意的结果。在现实生活中，用以衡量各种认知的真理或真相，仅是来自权威立场的解读。占有话语主导权的阐释社群会以自己认同的解释来整合同化不同阐释社群的理解，只要主导性阐释社群的权威力量足够强大，其他不同的观点就会被边缘化。不同流派的易学阐释中，相同符号能指的实际解读存在一个宽幅聚合轴可供所指意义选择。《周易》作为儒家的经典，伴随着儒家思想占据中国思想文化统治地位，读者对于《周易》的理解往往以儒家精神为指归，更侧重于对于儒家伦理道德思想的阐释。之所以如此，离不开当时社会政治话语和学术话语所树立的权威，致使儒家理论著述得到最广泛的传播。科恩在论及传播时曾提出，媒介在告诉人们怎么想这一方面可能并不成功，但是在告诉人们想什么的方面则异常成功。事实上也反映出这样的道理：即

① 赵毅衡.哲学符号学：意义世界的形成 [M].成都：四川大学出版社，2017，第256页。
② （南朝）范晔.后汉书 [M].中华书局，1965，第1213页。
③ （清）皮锡瑞.经学历史 [M].中华书局，1959，第137页。

使我们并不一定认同某一位儒家先贤对于《周易》的解读，但是我们的理解也大多会随着这种解读所给出的话题继续思考。同时，主导阐释社群抛出的权威性解读在传播中还会引起"沉默螺旋"效应。大众传播所鼓吹的观点被人们认为是主流观点，于是持异见的人避免发表自己的观点，人际支持也随之减弱。在传媒的环境中，受众可以分析出什么是主导意见，何种意见正在增强，何种意见可以公开发表而不会遭受孤立。一旦有人敢于逾越现有的伦理道德规范，其言论就会被指责为异端邪说，是不受圣人教诲、不懂得礼法的"野人"。这样，一种强有力的伦理思想精神就在《周易》的符号系统中建构出来，并在传播的过程中被广为接受，产生深远影响。易学发展到了明代，胡广"奉敕"撰写《周易大全》，并以此作为科举取士的标准本，当时儒生为谋登科，无不以此书作为《周易》的权威解读。《周易大全》援引《周易程氏传》与朱熹的《易本义》为底本，又掺入宋代别家易说编辑而成。从阐释的渊源上皆是对程朱易学理论的注解。明人多以此为范本，导致了明代易学盲目遵从宋代之易，所学僵化，两百多年间有独到见解的易学著作不多。皮锡瑞总结明代人的经学研究，称"经学至明为极衰时代"。可见，阐释社群如果被权威解读主导而走向单一势必也会导致文化的僵死。

阐释社群当然不是一成不变的，而是随时发生着解散和重聚的动态过程。不论历经怎样的历史变迁，只要人类意识还在探寻符号的意义，阐释社群就不会消亡。正如皮尔斯所说："现在并不存在任何理由，今后也找不到任何理由，让我们感到人类以及任何心智种类将会永远存在。同样，也不存在任何理由来反驳此点……幸运的是，事实上并没有任何东西可以阻碍我们拥有希望，或者拥有一种平静而快乐的愿望，即这种社群可能会超越某种确定时间的限制而一直持续存在下去。"① 阐释社群不是某一时代的产物，而是人类意识一个超越时空的命题。在时代变化中，阐释社群的流变自然会反映出文化形态的变化。阐释社群过度多样使文化中核心价值失落，阐释社群极度统一也反映出文化中的专制霸权，无论哪种状态必然最终导致文化发展改变原有的发展路径，正所谓"穷则变，变则通，通则久"。当不同阐释社群的观点得到社会大众的普遍认同，又彼此交会、碰撞，文化才会出现积极活跃的状态。阐释社群的变化重组反映了人们对于真知无止境的追求，尽管绝对的真知只

① Charles Sanders Peirce, Collected Papers, Cambridge, Mass: Harvard Univ. Press, 1931—1958, Vol. 2, p.652—655.

能是思维能力的一种美好理想，然而这种理想却是意识中必须存在的求知之源。或许，阐释社群的观点可以被社群中的成员作为符号某一阶段的"近似真知"。纵然理解会发生变化，但至少这个阶段性结论能够满足人们对知识探索的欲求，而每一次的观点修正，也正体现出认知领域发生的演变，是人存在的价值和意义所在。

　　由此观之，在《周易》的占例解读中，卦爻的意义推断不可能算无遗策，而是为符号阐释留有空间，体现了符号表达真知的片面性。同时，对于符号意义解读而产生不同的阐释社群，当阐释社群呈现出分散多元的状态，符号意义很可能莫衷一是；而当居于话语主导地位的阐释社群提出了权威阐释，又可能导致不同的观点被边缘化，最终导致某种文化走向僵死状态进而出现转折和变革。

简论先秦儒家的礼乐教化与政治传播

田小霞*

（兰州大学文学院，兰州，730000）

摘　要：儒家政治文化很大程度上扮演着中国古代政治主流文化的角色，或者说是统治阶层理想的文化。政治文化的传播需要政治社会化，政治社会化对应到中国先秦时代，即为"教化"。在施行教化的过程中，针对不同的群体，教化旨趣是存在差异的。在孔子时代承担教化的机构主要是学校、宗族，而孔子利用自身掌握的儒家典籍和礼仪制度，开展私人教学，这在教化中起着很重要的作用。儒家主导的政治文化即是在教化过程中实现传播的，通过私学这种教化机构，以儒家经典文献为媒介，实现对民众的礼乐制度文化的教化，士人阶层的崛起与发展正是这种教化的结果，而他们又对儒家政治文化在后世的传播起到了关键作用。

关键词：先秦儒家；礼乐文化；教化；孔子；政治传播

一、儒家政治文化产生的社会历史渊源

一种文化的产生必定有其产生的社会条件。换句话说，一件新事物的发展必定伴随着旧事物的衰亡。儒家政治文化作为儒家文化的一部分，也是在新旧事物的更替中产生的。

学界目前对政治文化的界定尚存在差异，笔者和白文刚所著《中国古代政治传播研究》持有相同的看法，采取阿尔蒙德对这一概念的提法，即"一

---

　　* 田小霞（1993—），女，甘肃武山人，兰州大学文学院研究生，主要从事中国古代文学与文化方面的研究。

个民族在特定时期流行的一套政治态度、信仰和感情"①，政治文化虽然不同于政治思想和政治制度，但是两者之间的联系是很紧密的。"政治文化指的是政治共同体成员在政治认同、政治秩序与政治目的方面普遍存在的认知与情感等心理因素。这些因素显然不同于政治思想与政治制度等内容，但又是与政治思想与政治制度有密切联系的。简单来说，它们之间有一种互相建构的关系。作为国家意识形态的政治思想与政治制度必须建立在一定的政治文化基础上，否则就成为无源之水、无本之木；同样政治思想与政道制度也在相当程度上生产、维系与改变着政治文化，为政治文化的生产与再生产提供着理论与制度环境。因此，我们在讨论政治文化及其传承时，一刻也离不开对政治思想与政治制度的讨论。"②

中国社会的发展进入夏朝为之一变，政治制度由尧舜禹时期的禅让制变为了世袭制。及武王伐殷纣，于牧野打败商纣军队之后，建立了周朝。为了解决贵族阶级内部的矛盾，保障贵族能够"世卿世禄"的特权，周王朝实行了宗法世袭制。

宗法制是以嫡长子继承制为基本原则的，是以血缘纽带为基础的，且有大宗与小宗的区别，体现的是同一血缘关系的人们远近亲疏与地位的尊卑。可以说没有嫡长子继承制，也就不能形成宗法制。其实"宗族成员的经济和政治地位是不平等的。大小宗之间虽然有着亲族关系上的联系和称谓，但是宗族成员的地位是依照他们在等级臣属关系——王臣公、公臣大夫、大夫臣士——中的地位而被固定下来。"③对于贵族阶级内部而言，在西周盛行所谓的"立长不立贤"，这也是一种极为不平等的制度。这种不平等的等级还体现在：统治阶层将国人根据其社会地位以及与周王朝统治者关系的亲疏又分为"君子"和"小人"。"君子"包括有社会地位的王族、公祖、大夫以及上层士，他们是统治阶层的成员，享有贵族特权。值得一提的是此处的君子有别于后世所说的道德高洁之人，仅仅指的是有社会地位的贵族阶级的人。而在西周这样等级森严的朝代，只有贵族才能接受教育，这种教育被称为礼乐教育，这在《礼记》中也有提到"礼不下庶人，刑不上大夫"，说明只有贵族才

① ［美］阿尔蒙德、鲍威尔.比较政治学——体系、过程和政策［M］.曹沛霖等译，北京：东方出版社，2007，第26页。
② 白文刚.中国古代政治传播研究［M］.北京：中国社会科学出版社，2014年版，第109页。
③ 程有为.西周宗法制度的几个问题［J］.河南师大学报（社会科学版），1981（1）。

有机会通过"诗书礼乐"的学习，成为一个知礼、懂礼的谦谦君子。这种不同等的制度下，普通人民依旧是没有权利的"小人"，他们虽然生活在城邦，但是地位低下。《左转》襄公九年记载"君子劳心，小人劳力"①；指出了"小人"是没有贵族阶级的特权的，一定意义上言之，他们也是被统治者，需要服兵役、劳役，但是不享有任何特权。这种政治制度解决了周朝内部的矛盾。

与此同时，为了安抚战败殷商遗民，奖励周王朝的功臣，便在全国封邦建国，实施分封制。《史记·周本纪》中记载："封诸侯，班赐宗彝，作分殷之器物。武王追思先圣王，乃褒封神农之后于焦，黄帝之后于祝，帝尧之后于蓟，帝舜之后于陈，大禹之后于杞。于是封功臣谋士，而师尚父为首封。封尚父于营丘，曰齐。封弟周公旦于曲阜，曰鲁。封召公奭于燕。封弟叔鲜于管，弟叔度于蔡。余各以次受封。"②又《史记·孔子世家》记载："仲尼曰：'昔武王克商，……分同姓以珍玉，展亲；分异姓以远方职，使无忘服'。"③这些记载显示了西周初年大封诸侯的盛况，通过《史记·孔子世家》中"展亲""使无忘服"等说法，我们可以看到周朝施行分封制的目的是对内实行"亲亲"原则，对外展开施恩安抚，使得受封者能够感其恩德。这样做的目的是确定统治者和被统治者，巩固西周王朝的统治。

当然，受封者除了先朝殷商遗民之外，还有王族和功臣。王族中就有上文提到的小宗，他们是没有权利继承家族的爵位和财产的，甚至也没有权利祭祖。《礼记·丧服小记》曰："别子为祖，继别为宗，继祢者为小宗。有五世而迁之宗，其继高祖者也。是故祖迁于上，宗易于下。尊祖故敬宗，敬宗所以尊祖祢也。庶子不祭祖者，明其宗也。"④此处的"别子"指的是嫡长子之外的别的儿子，别子应该"自卑别于尊"实际上这是为了确立权利掌握在身份最尊贵人之手，这是解决了周王朝外部的安定问题。

除了上文提到的宗法制与分封制，为了更好地实施管理，确立尊卑，周朝又实行了"国野制"。所谓国野制，就是将人分为不同的级别，这依旧是为了确定统治者和被统治者。国，就是由周朝的统治者在城区建立的城邦，《周礼·地官·泉府》记载："国人，郊人从其有司。"⑤贾公彦疏："国人者，谓住

① 杨伯峻.春秋左传注·襄公九年（修订本）[M].北京：中华书局，2016年版，第1063页。
② 史记·周本纪第四（校点本二十四史修订本）[M].北京：中华书局，2017，第163页。
③ 史记·孔子世家第十七（校点本二十四史修订本）[M].北京：中华书局，2017，第2329页。
④ 王文锦.礼记译注·丧服小记第十五[M].北京：中华书局，2016，第404页。
⑤ 杨天宇.周礼译注·地官泉府[M].上海：上海古籍出版社，2016，第288页。

在国城之内，即六乡之民也。"周制规定：王城之外百里以内，分为六乡。六乡之民，围绕都城而居住。《周礼·天官叙官》谓："惟王建国，辨方正位，体国经野。"① 这里就谈到了国与野的关系问题，杨天宇《周礼译注》引朱申言曰："城中曰国，郊外曰野。"按照以上各家观点，既然城里面被称为"国"，那么生活在城区里面的人——六乡之民，即被称为"国人"；野，就是远离城区的没有城墙保护的乡村，焦循所云："就一国言之，则郊以内为国，外为野。"（《周礼正义》大宰疏引）那么依焦循的说法，生活在郊外的民众被称为"野人"。在"野"生活的为战败民族，又因他们地位较国人为次，且人数众多，又称作"庶人"。"庶"东汉许慎解释为"屋下众也"，又依据在宗法制度下对"庶子"的理解，"庶人"即为人数众多而地位低下之人。《左传》昭公三十二年："三后之姓于今为庶。"② 据杜预注，"三后虞、夏、商"，三者均为被征服民族。周民族不仅将人分为"国人"和"野人"，而且还实行了不同的制度。"在西周时代，由于民族矛盾的尖锐和民族压迫的残酷，庶人和国人的地位相差悬殊……庶人作为被保护民族，不仅不能像国人那样参与和议论国家政治，而且被剥夺了当兵和打仗的权力。他们被严格控制于土地之上，世世代代为他们所隶属的贵族老爷承负繁重的力役地租，不得迁徙和改变职业。"③ 国野制作为等级制度的一方面，首先其出现不是偶然的。"可以看出西周春秋时代的国野制，是在生产较不发达、原始共同体组织仍然存在的条件下，通过部族间的征服战争而形成的。国野制下基本的统治和奴役关系，表现为国中以周人为主体的统治部族对野鄙地区族外平民的压迫和剥削。"④ 国野制的推行是为了统治阶层更好地实行统治，即所谓"非我族类，其心必异"，这也是为了防止盘庚叛乱之事再发生，体现的是贵族阶层与平民阶层之间的矛盾对立。

到了西周末年，周王朝的统治者昏庸无道，周室渐渐衰落，因而使周天子在诸侯间的威望下降，其次各诸侯国势力逐渐强大，互相攻伐，后来出现了春秋五霸竞相争夺霸主的事情，既定的周王朝的周天子高高在上，其下是各诸侯国，在下是卿大夫，这样的金字塔模式开始松动，出现了诸如"君子废，小人降"之类的情况，贵族阶级出身的君子不再是高高在上的，他们随

① 杨天宇. 周礼译注·天官叙官 [M]. 上海：上海古籍出版社，2016，第 2 页。
② 杨伯峻. 春秋左传注·昭公三十二年（修订本）[M]. 北京：中华书局，2016，第 1692 页。
③ 吴龙辉. 原始儒家考述 [M]. 北京：中国社会出版社，1996，第 5 页。
④ 胡新生. 西周春秋时期的国野制与部族国家形态 [J]. 文史哲，1985（3）。

时可能成为政治的牺牲品。用一个例子来说明，孔子其祖为弗父何，这是何许人也，《集解》中杜预曰："弗父何，孔父嘉之高祖，宋愍公之长子，厉公之兄也。何嫡嗣，当立，以让厉公也。"①《史记·孔子世家》孟僖子对其子孟懿子的临终遗言有："孔丘，圣人之后，……吾闻圣人之后，虽不当世，必有达者。"可是这样一个曾经的贵族圣人，经过几世变迁之后，最后只能落得个出逃鲁国的下场。

在这样的历史环境中，由血缘关系来决定人的尊卑的宗法世袭制和国野制越来越不得人心。贵族"承天命"的高贵血统不再使国人产生敬畏。《左传》成公十五年："初，伯宗每朝，其妻必戒之曰：'盗憎主人，民恶其上。'"②在"春秋无义战"这样的背景下，以宗法制和国野制为主的周朝统治制度开始变得不再坚不可摧，贵族与被统治者之间的鸿沟也不再不可跨越，这为长期处于被统治阶级的"小人"和"庶人"带来了晋升的希望。但是在以宗法礼乐文化治国的周朝，普通民众很难获得这样的机会，然而孔子从年少时的"贫且贱"再到"其后定公以孔子为中都宰，一年，四方皆则之。由中都宰为司空，由司空为大司寇"③的升迁之路，以及由孔子顺应时代潮流，应时代之势而创立的儒家政治文化给了他们希望。这进一步为儒家学说的产生以及兴盛奠定了社会基础。

二、儒家政治文化的主要内容

上文提到了春秋时期，宗法制和国野制衰败，儒家在这样的形势下应运而生，并且在一定程度上有了新的使命——建立一套适应当时政治环境的文化。而儒家的政治就是在这样的环境中产生的。

政治文化的内容不好概括，借用阿尔蒙德的分法，政治文化具体涉及的主要内容包括体系层面、过程层面和政治层面。用这三个层面来论述中国古代政治文化，尤其是孔子时代的儒家政治文化，即为："首先是对圣德君主领导的大一统政治体制的认同。根据阿尔蒙德的区分，这属于体系层面的政治文化。……其次是以纲常伦理为核心的社会宗法等级制度的尊奉。这属于过

---

① 史记·孔子世家第十七（校点本二十四史修订本）[M]. 北京：中华书局，2017，第2313页。

② 杨伯峻. 春秋左传注·成公十五年（修订本）[M]. 北京：中华书局，2016，第958页。

③ 史记·孔子世家第十七（校点本二十四史修订本）[M]. 北京：中华书局，2017，第2320页。

程层面或者政治秩序层面的政治文化，即有关政治治理方式及个人角色的政治文化。……最后是以养民、教民为根本目标的政策追求。这是中国古代政治文化在政策层面的体现。"①而这三个层面是需要通过教化才能实现的。

孔子的政治文化体系中包含礼乐文化，他认为："不学礼，无以立。"因此孔子对周礼推崇备至，曾言："周鉴于二代，郁郁乎文哉！吾从周。"（《论语·八佾》）孔子在感叹"礼崩乐坏"的同时，也在积极寻找重新构建社会秩序的文化，最终他将目光放在了以纲常伦理为核心的礼乐等级制度文化。这种等级秩序并不同于西周时期的宗法等级秩序，而是根据个人的道德修养以及掌握的才能确立的君子等级秩序。那他如何才能建立适应时代的文化制度呢？孔子或者儒家一直为人所诟病就是儒家建立的等级秩序，但是人类社会的发展是绕不开等级的。人与人之间本身是具有差异性的，社会的发展其实也是客观存在的差异性产生的动力来推动的。笔者无意批判孔子以及其所创建的政治文化，只想与宗法等级制度比较，得出其自身所具有的的一些特点。

我想谈谈儒家政治文化在君臣等级观念上的表现。三代时期，认为君臣使命是为了完成"天命"，对君臣的要求为圣君贤臣。但是这时期的君臣观念还不是那么明显，亦如王国维在其名著《殷周制度论》中说到的："自殷以前天子诸侯君臣之分未定也，故当夏后之世，而殷之王亥、王恒累槁称王，汤未放桀之时亦已称王。当商之末而周之文、武亦称王，盖诸侯之于天子，犹后世诸侯之于盟主，未有君臣之分也。周初亦然，于牧誓、大诰，皆称诸侯曰'友邦君'，是君臣之分亦未全定也。逮克殷践奄，灭国数十，而新建之国皆其功臣昆弟甥舅，本周之臣子，而鲁、卫、晋、齐四国，又以王室至亲为东方大藩。夏、殷以来古国方之蔑矣，由是天子之尊，非复诸侯之长而为诸侯之君。"②

君臣观问题作为中国传统政治与伦理思想的核心议题，在以孔子为代表的先秦儒家看来，它同时又具有政治性与伦理性相互影响的特点。先秦儒家谈论政治，始终围绕着君臣之道与君臣关系而展开。君臣作为政治活动中的主体，他们拥有特殊的地位和作用，君臣政治实践的成与败，都会对现实政治秩序以及由君臣政治秩序主导下的社会秩序产生重大而深远的影响，而在"礼崩乐坏"这样的环境下，先秦儒家孜孜不倦的表现在对于秩序的追求。

---

① 白文刚. 中国古代政治传播研究 [M]. 北京：中国社会科学出版社，2014，第110—111页。
② 彭华. 王国维儒学论集·殷周制度论 [M]. 成都：四川大学出版社，2010，第7页。

孔子极力追求秩序，所以当景公问政于孔子时，孔子回答"君君，臣臣，父父，子子"，这个回答得到了齐景公的称赞。且看他是如何回复孔子的："善哉！信如君不君，臣不臣，父不父，子不子，虽有粟，吾得而食诸？"从齐景公的回答，并且结合《史记·孔子世家》的描写，我们可以看出，孔子的这套以伦理为核心的君臣等级秩序观念是非常受统治者的肯定的。在徐复观看来"所以君臣父子，同为人之大伦，但儒家却作不同的看法；父子是绝对的关系，君臣是相对的关系。自汉儒三纲之说出，于是君臣之伦，也视为与父子同科。然三纲之说，乃出自法家（韩非子有臣顺君，子顺父，妇顺夫之说），为先秦儒家所未有。'父子主恩，君臣主敬'，或'主义'乃儒家的通说。孔子的'拜乎下'好像特别尊君，但这不过是尊重这种秩序。"① 上述观点不难看出，孔子努力构建的君臣伦理等级政治文化，并非单纯为君王的"天下为家"找借口，其实是对当时的紊乱的社会秩序的尝试性重建，他用礼乐文化去概括这种有差别的身份认同，进而稳定社会。这在《礼记·礼运》篇中有详细的记载，为了更好地证明上述观点，笔者现将该记载摘录如下：

> 城郭沟池以为固，礼义以为纪；以正君臣，以笃父子，以睦兄弟，以和夫妇，以设制度，以立田里，以贤勇知，以功为己。故谋用是作，而兵由此起。禹、汤、文、武、成王、周公，由此其选也。此六君子者，未有不谨于礼者也。以著其义，以考其信，著有过，刑仁讲让，示民有常。如有不由此者，在执者去，众以为殃。是谓小康。"

该记载表现了君臣等级秩序的重要性。而这种等级秩序的建构须要依托于礼乐教化，让君臣名分能够端正。以孔子为代表的儒家的教化是根据不同的社会群体而展开的，这个教化使不同的社会群体能够有相应的身份认同以及情感价值观，这样才能使一个有等级差别的政治社会秩序能够有条不紊的运行。在君臣这一关系中，对于君主和臣子的教化旨趣是有差异的。臣子的教化，要求他们对君主要忠义，面对普通民众时，则需承担着教化的责任，要求他们有"以天下为使命"的强烈使命感；对于君王的教化，不光要求他们掌握各种典籍，也要求他们仁爱、好德、重贤、爱民。

为了说明对君王的教化问题，举《礼记》里面孔子侍坐于鲁哀公时，回

---

① 徐复观.学术与政治之间 [M].上海：华东师范大学出版社，2009，第85—86页。

答的关于"何谓为政"的事迹。《礼记·哀公问》记载：

> 孔子侍坐于哀公，哀公曰："敢问人道谁为大。"孔子愀然作色而对曰："君
> 之及此言也，百姓之德也！固臣敢无辞而对？人道，政为大。"公曰："敢问何
> 谓为政？"孔子对曰："政者正也。君为正，则百姓从政矣。君之所为，百姓之
> 所从也。君所不为，百姓何从？"公曰："敢问为政如之何？"孔子对曰："夫妇
> 别，父子亲，君臣严。三者正，则庶物从之矣。"

当哀公向孔子问政的时候，孔子不仅向他说明应该有"君臣严"的这种
等级秩序，而且也表明这种秩序的支撑点为国君要正直，努力完善自己的道
德品格修养，才能让百姓有所从，君臣等级秩序有所依托。这一点在子贡问
政时亦有所体现。《论语》记载：子贡问政，子曰："足食，足兵，民信之矣。"
子贡曰："必不得已而去，于斯三者何先？"曰："去兵。"子贡曰："必不得已
而去，于斯二者何先？"曰："去食。自古皆有死，民无信不立。"这进一步证
明了儒家政治文化在实行教化的过程中的旨趣是有差别的。

相似的例子在《论语》中还有很多记载，我们可以看到孔子所要建立的
是一个基于仁义礼智信伦理道德框架下的界限分明的君臣等级制度。根据孔
子自己的这些言论——"甚矣吾衰也！久矣吾不复梦见周公。"（《论语·八
佾》）"周监于二代，郁郁乎文哉，吾从周。"（《论语·八佾》）我们可以大概
推测孔子是推崇礼乐等级制度的，也可以说礼乐等级制度文化是孔子对"礼
崩乐坏"的时代开出的一味良药，如所谓的"乐，所以修内也；礼，所以修
外也。礼乐交错于中，发形于外，是故其成也怿，恭敬而温文"（《礼记·文
王世子》）。

三、孔子与儒家政治文化的传播

政治文化的传播不是自发的，它的传播需要政治社会化。对于儒家政治
文化而言，它的传播过程是通过教化实现的。因此，儒家政治文化的传播过
程就是实行教化的过程，在这个过程当中，需要教化机构、教化媒介和教化
者才能实现。

儒家实行教化的过程中，孔子是一位不得不提的人物。正如学者所说"孔
子应该是政治传播思想深入发展的又一位关键人物。在纷繁复杂的特殊时代，
他将周礼的内容提升为一种精神力量，并着力推行这一套精神力量来整合社

会、维持政治稳定，并形成教化的传统，后世在教化传统的影响下，极力将其纳入政治统治的轨道中，使教化成为一种政治、道德和教育三者有机结合的统治术。"① 孔子作为一位教化者，利用私人办学这一教化机构，依托儒家经典文献等媒介，去实现其对当时普通民众的礼乐制度文化的教化。"一个人的生活方式，也就是他的传播方式，也可以说，一个人的传播方式，也就是一个人的生活方式。"②，孔子的私人教学正是他的传播方式和生活方式。

古代社会入仕为官是一个人实现其政治理想，实现人生价值的重要方式。而入仕为官者是有德或者有治国之才能的人，这些只有通过教育才能获得。孔子之前的学校都是官学，只有贵族子弟才能获得入学的机会。而孔子"有教无类"的教育理念以及自身的贤者之名，一时间呈现"弟子盖三千焉，身通六艺者七十有二人"的盛况。自孔子始，开创了私人教学的先河，打破了贵族教育的专权，让等级秩序中人的高低贵贱不再依靠血缘关系，而是依据一个人后天学习所学到的才能以及其道德修养。

孔子教学提倡"有教无类"，这相比较宗法制时期的贵族教育，让更多的普通人有了成为君子的机会，而在整个社会实行教化的过程中，君子的作用是异常重要的。他的弟子不问出身，只要孔子接受"束脩"，拜师者就可以入学。孔子是以"文、行、忠、信"③来教育学生，"行、忠、信"属于道德范畴。至于"文"，则是指诗、书、礼、乐等典籍，这些典籍正是孔子教化得以实现的重要媒介。孔子正是通过这样的一些典籍，来培养懂礼乐，重忠信的君子。君子不仅可以获得赞誉，而且可以获得入朝为官的机会。只有通过众多君子这一阶层，普通民众的教化才能更大程度上得以实现。《论语·子路》篇载：

樊迟请学稼。子曰："吾不如老农。"请学为圃。曰："吾不如老圃。"樊迟出。子曰："小人哉，樊须也！上好礼，则民莫敢不敬；上好义，则民莫敢不服；上好信，则民莫敢不用情。夫如是，则四方之民襁负其子而至矣，焉用稼？"

"儒家的政治核心思想是以民为本。孔子的全部学说，关注的最终焦点都

① 朱克良．"教化"含义初探 [J]．华东师范大学学报（教育科学版），1993（4）。
② 王政挺．传播：文化与理解 [M]．北京：人民出版社，1998，第 1 页。
③ 史记·孔子世家第十七（校点本二十四史修订本）[M]．北京：中华书局，2017，第2347 页。

是百姓的幸福。"①孔子追求的是"修己以安百姓"(《论语·宪问》),为了实现这个的理想,孔子渴望在政治中展现自己的治国理念,无奈时运不济,积极进取一生,他的仁政思想始终未得到统治者的赏识。无奈之下,他把政治理想寄托在了弟子身上,他希望弟子能够继承自己的愿望,修身养德以成"君子",上可安邦济国,下可修身安民。所以当樊迟想要学习稼圃之术时,孔子才会有这样的回答。

孔子实行教化,认为弟子的主要学习目的是为使得统治者知礼、好义、有信用,能行"仁政",努力实现"郁郁乎文哉"(《论语·八佾》)的盛世,而百姓安居乐业是"盛世"和"仁政"的体现。但百姓的幸福仅仅依靠君王的圣德还不够,还需要一些能在君王和普通人民之间实行上通下达的人,这些人是孔子致力于培养的人才。

《论语》也记载了大量的关于统治者向孔子询问弟子是否可以为官的情况,这也是孔子及其弟子所愿看到的。吴龙辉认为:"孔门弟子把取得仕官机会作为求学的目的,这在当时是一个尽人皆知的事实。鲁国贵族统治者也似乎有意从孔门集团选拔政治人才,他们经常向孔子询问弟子们的情况,问他的弟子能否做官、是否算得上大臣等等,这在《论语》中就留下了很多记录。例如,鲁哀公和季康子都向孔子问过'弟子孰为好学'的问题。"②从吴龙辉的表述中我们可以看到,孔门弟子已经成了统治阶层招揽人才的目标,这些弟子大多出身平民,吸引统治阶层的只能是这些弟子身上的德才与能力。值得一提的是,孔门弟子中不乏有一些"官迷",但是将求学的目的仅仅看作取得仕途的机会,我窃认为有不合理的地方。虽然有"学而优则仕"的说法,但是我们应该知道"仕"的目的是什么,是为了济世安民,不是为了做官而出仕,这大概也是孔子所期望的。《论语》记载:孟武伯曰:"子路仁乎?""赤也何如?""仲由可使从政也与?""赐也,可使从政也与?""求也,可使从政也与?"而孔子也根据弟子的才能与性格做出了相应的推荐。子路"可使治赋",冉有"可使为宰"等。关于孔子弟子为官的事迹,在《史记·孔子世家》中有记载"孔子弟子多仕于卫",季康子"于是使使召冉求"。

孔子通过教学实行教化,一方面为平民阶级提供了通往仕途的门路,一方面也为国家培养了大量的人才。事实上,他讲学的目的,在于培养可以为

---

① 孙景龙.孔子的社会理想及儒学政治与政治儒学 [J].孔子研究,2017 (2)。
② 吴龙辉.原始儒家考述 [M].北京:中国社会出版社,1996,第26页。

国家服务的人，可以推行他反复提到的"道"，并不在于养成某一学者。这些服务国家的人就是后世所说的"士"。余英时在《士与中国文化》中也提到"孔子以'士'的身份而整理礼、乐、诗、书等经典并传授给他的弟子。"① 这是他实行教化不可或缺的，没有这一身份，他不能接触到那么多的先秦典籍，而没有这些典籍，教化也将无从谈起。冯友兰先生曾说："在孔子以前，似乎没有以后的所谓的士农工商之士阶级。这种阶级，只能做两种事情，即做官与讲学。直到现在，各学校的毕业生，无论是农业学校或工业学校，还只有当教员、做官两条谋生之路，这所谓：仕而优则学，学而优则仕。"② 而中国几千年的文明正是基于是基于"士"这一阶层才得以熠熠生辉。

　　结　语

　　总的说来，以孔子为代表的儒家士子所尊崇的应时代潮流而产生的政治文化是以纲常伦理为核心的社会等级秩序，而这种等级秩序是基于不同的社会群体对自身身份地位差别的认识。但这种认识往往不是自发的。因此，需要对其进行教化。在教化得以实行的过程中，孔子是一位非常重要的人物。他不仅积极地寻求可以适应时代的政治文化，而且还致力于这种政治文化的传播。他向弟子传授利用自身身份优势得到的先秦典籍，一方面为平民阶级提供了通往仕途的门路，一方面也为国家培养了大量的人才，为百姓安居乐业积极地创造条件。

　　但是在追求霸权的时代，孔子的这一政治文化，虽然是应时代潮流而生，但是因为与时代的追求不想符合，与当时主流的政治追求相去甚远，所以这种理念是很难实现的，这是当时儒家学说的不幸，也是历史发展的必然。但是基于纲常伦理为核心的君臣等级秩序虽然在当时没有得以实施，却在后世大放异彩，应该说这是不幸中的万幸了。

---

① 余英时. 士与中国文化 [M]. 上海：上海人民出版社，2003，第82页。
② 冯友兰. 理想人生 [M]. 北京：北京大学出版社，2007，第80页。

墨家符号思想及其与儒家思想的比较

——基于学术批评史的探讨

祝 东*

（兰州大学，国际文化交流学院，兰州，730000）

摘 要：传播是一个双向交流的过程，而不是单向度的发送、接收。意义的交流传达必须经由符号进行，符号是用来传递意义的，意义必须由符号传播。礼器、礼仪等从西周至春秋战国，并非简单的器物和仪式，而是宗法政治等级文化的再现体，所以无论是日用礼器、丧葬规格礼仪还是乐舞文化，它们承载着西周以来的宗法政治文化，在人伦日用之中具有重要的政治传播功能。墨家倡导兼爱、节用、非乐等，实际上在理论层面否定了儒家礼乐制度的等差性质，反映的是墨家学者因为"蔽于用"而不知其"文"的符号意义的。自西周以来的社会结构政治秩序是在礼乐文化符号系统的建构之中产生的，又通过这种符号系统的交流传播在社会中扩散开来，在沟通中取得共识，进一步巩固这种秩序结构。墨家学者还从纯粹实用角度出发，将礼乐政治符号系统降解，彻底消解其符号 – 功能体的作用，降解为物，实际上是从接受的一端将这种政治传播消解，于社会共同体的形成不利，墨家学术在秦汉以后湮没不彰，与其政治传播中的理论缺陷也密切相关。

关键词：《墨子》；墨家；儒家；符号思想；学术史；政治传播；文化共同体

基金项目：国家社会科学基金重大项目"当今中国文化现状与发展的符号学研究"（项目号：13&ZD123）阶段性成果

---

* 祝东（1982— ），男，湖北孝感人，博士，兰州大学国际文化交流学院副教授，从事中国古代文化与传统符号思想研究。

美国语言学家萨皮尔曾经指出语言是不能离开文化而存在的，语言的内容，"是和文化有密切关系的"，[①] 准此而论，语言传播背后的深层次问题是文化的交流传播，笔者亦曾经撰文指出，推动中华文化的传播必须立足中国本土文化，对其去蔽求真，正本清源，在传播过程中需要做到"知己"与"知彼"，格义对接，进而在此基础上达成交流理解。[②] 了解中国传统文化特征和传播特色，对促进中外文化交流、民心互通等皆具有重要意义。传播是一个双向交流的过程，而不是单向度的发送、接收。意义的交流传达必须经由符号进行，符号是用来传递意义的，意义必须由符号传播。中国传统文化中有丰富的符号学思想内容，缕清中国传统符号思想，对促进中外文化交流传播都有重要的意义。墨子是先秦诸子之一，其创立的墨家学派一度是先秦的显学，《韩非子·显学》谓："世之显学，儒、墨也。儒之所至，孔丘也。墨之所至，墨翟也。"但是墨家之学汉代以后逐渐湮没不彰，这与其先秦的"显学"地位显得极不对称。从符号学角度出发，探析学术史与文化史背景中墨家学术兴衰流变，就显得非常必要了，特别是墨家与儒家对礼乐文化符号的不同对比，对了解先秦不同学派的政治传播思想也颇具意义。

一、清庙之守：墨家的学术来源及思想特征

推求源流一直是中国传统学术史的重要工作，如姚名达所言："盖欲论一家思想之是非，非推究其思想之渊源，比较其与各家思想之异同不可。"[③] 这种方法实际上是给纷繁复杂的学术流派建立秩序，通过分类确立符号体系，进而在差异性的比较中确立各自的位置和价值意义，"每个符号的价值及存在都是因为有其周围的符号"，[④] 墨家学术的价值意义正是其与同时儒家、道家的差异性中产生的，如果跟其他学派没有差异，那么墨家学派也就不复存在。本乎此，我们再来看学术史上对墨家学术源流的论述。

《汉书·艺文志》在对先秦学术思想进行总结时对墨家学术是这样表述的："墨家者流，盖出于清庙之守。茅屋采椽，是以贵俭；养三老五更，是以兼爱；选士大射，是以上贤；宗祀严父，是以右鬼；顺四时而行，是以非命；以孝视天下，是以上同；此其所长也。及蔽者为之，见俭之利，因以非礼，

① 萨皮尔.语言论 [M].陆卓元译，北京：商务印书馆，1985，第196页。
② 祝东.由汉语推广实现文化传播 [M].中国社会科学报，2016（4）。
③ 姚名达.中国目录学史 [M].北京：商务印书馆，2014，第39页。
④ 屠友祥.索绪尔手稿初检 [M].上海：上海人民出版社，2011，第37页。

推兼爱之意，而不知别亲疏。"即是认为墨家学术出自"清庙之守"，这里的
"守"字，杨树达《汉书管窥》、余嘉锡《四库提要辨证》、张舜徽《汉书艺文
志通释》等皆认为应是"官"字之误，根据《汉书·艺文志》论诸子的体例，
也基本上是"……家者流，盖出于……官"这一结构，独墨家为"守"，"《志》
叙诸子十家，皆云出于某官，不应此处独异。"① 如此，则"清庙之官"又是
何官？我们知道，《诗经》有"清庙之什"。《诗序》云："清庙，祀文王也，"
孔颖达疏云："以其所祭，乃祭有清明之德者之宫，故谓之清庙也。此所祭者，
止祭文王之神，所以有清明之德者，天德清明，文王象焉，以文王能象清明，
故谓其庙为清庙。"② "清"是功德之名，《礼记·乐记》"是故清明象天"，天德
清明之故，"庙"则是祭祀之宗庙，因此，"清庙之守"即是负责宗庙祭祀的
官。也即是说，墨家学术与宗庙祭祀之职官有联系，这一点还有文献书证。
《吕氏春秋·当染篇》："鲁惠公使宰让请郊庙之礼于天子，桓王使史角往，惠
公止之。其后在于鲁，墨子学焉。"鲁惠公卒于周平王四十八年，其时周桓
王还没继位，因此文中桓王应为平王，也即鲁国向周天子请求祭祀天地祖先
之礼的职官，周平王派遣名叫角的史官前往，鲁惠公将史角留在了鲁国，墨
子曾经向史角的后代学习过。故谭戒甫亦云："是清庙即明堂，而清庙之守当
即祝宗巫史之职也。"③ 而巫史本是同源，一般而言，记人事为史，事鬼神为
巫，先民在心智尚未开化的时代，应该是巫重于史，而随着文明的发展，对
世界的认识逐渐丰富，鬼神之事亦有了新的认识，于是史逐渐重于巫，此江
瑔《读子卮言》颇有发明："盖上古设官最简，惟有巫史二官，各掌其学，为
天下万世学术之所从出。惟始则巫、史并重，继则史盛而巫衰，终则史官夺
巫之席，故传巫之学者不足与史敌。"④ 以此观之，诸子百家之学由史出者则
重认识，如儒家、道家、法家、名家、纵横家等，由巫出则重鬼神，如数术、
方技诸家，处于二者之间者则兼有人事与鬼神，如阴阳家、墨家、兵家等。
墨家学术思想，一方面注重人事。人事方面，如《亲士》《修身》《尚贤》《尚
同》《兼爱》《非攻》诸篇，鬼神方面，《天志》《明鬼》诸篇。

　　谭戒甫曾分析《汉书·艺文志》论学术源流的体例时指出："彼所谓'出
于某官'者，盖指其学之胚胎及其产生时言也；'某家者流'者，盖指其家之

① 张舜徽.汉书艺文志通释[M].武汉：华中师范大学出版社，2004，第320页。
② 李学勤主编.毛诗正义[M].北京：北京大学出版社，1999，第1280页。
③ 谭戒甫.墨辩发微[M].北京：中华书局，1964，第28页。
④ 江瑔.读子卮言[M].上海：华东师范大学出版社，2012，第28页。

成立及其兴盛时言也；'及某者为之'者，盖指其学之衰落及其演变时言也。"①
由此可推，言墨家出于"清庙之守"乃是其学术孕育产生之源头，而"墨家
者流"则正是其学术发展壮大自成体系之时，乃及"蔽者为之"则是其衰落
流变之境况。墨家倡导兼爱，减免礼乐丧葬，为后人所讥，"见俭之利，因
以非礼，推兼爱之意，而不知别亲疏"，从儒家的立场来看，这被认为是其
"蔽"，只不过是立场视角之不同罢了，从墨家角度看，当是另一回事。《淮南
子·要略》论及墨家之学时指出：

　　墨子学儒者之业，受孔子之术，以为其礼烦扰而不悦，厚葬靡财而贫民，
服伤生而害事，故背周道而用夏政。禹之时，天下大水，禹身执蔂垂，以为民
先，剔河而道九岐，凿江而通九路，辟五湖而定东海，当此之时，烧不暇撌，
濡不给扢，死陵者葬陵，死泽者葬泽，故节财、薄葬、闲服生焉。

　　墨家学术的另一个来源即是儒家，但是墨家又看到了儒家之礼的繁文缛
节、破财浪费的一面，所以"背周道而用夏政"，提倡节财、薄葬。墨者出身
下层，甚至有人认为墨乃"黥墨"之刑徒，墨家推崇夏禹。《庄子·天下篇》
谓："墨子称道曰：'昔禹之湮洪水，决江河而通四夷九州也，名山三百，支川
三千，小者无数。禹亲自操橐耜而九杂天下之川；腓无胈，胫无毛，沐甚雨，
栉疾风，置万国。禹大圣也而形劳天下也如此。'使后世之墨者，多以裘褐为
衣，以跂蹻为服，日夜不休，以自苦为极，曰：'不能如此，非禹之道也，不
足为墨。'"夏禹治水，栉风沐雨，备及艰辛，墨家以此为准则，他们身穿粗
布衣服，脚履草鞋木屐，日夜劳作，将亲自吃苦视作最高准则，也即是孟子
所言的"摩顶放踵，利天下而为之"（《孟子·告子下》），甚至认为做不到这
些就不符合大禹之道，亦不能算作墨家之人。因此墨家否定的是周代奢靡之
风，倡导的是夏代的劳动与节俭原则，所以《墨子》中有"节用""节葬""非
乐"诸篇来反对周代以来的丧葬日用之风。
　　综而言之，墨家之学，远承史角，近学儒家，并从其自身的立场出发，
进行了改造修正，形成了一家之学，以夏禹自苦之精神自励，倡导兼爱、非
攻、节用、节葬、非乐之主张。借用任继愈先生的话说即是墨子和他的学派

---

① 谭戒甫.墨辩发微[M].北京：中华书局，1964，第30页。

反映的是当时小生产者和劳动者阶层的愿望,[①]墨家学派成员一般是由底层社会上升而来,与儒家孔孟、道家老庄等由贵族社会跌落下来的士人是不同的,这也是他们建立学说的不同旨趣所在之一。墨家汉代以后逐渐湮没不彰,与社会演变以及其自身学术都有莫大关系,以下将从诸子对墨家的批评从符号学角度来探讨其学说的利弊得失,并对其符号学思想做一评述。

二、有见于齐无见于畸:取消差异性的矛盾

一般认为《墨子》一书中墨子的"十诫"代表着墨子的核心思想,《墨子·鲁问》记载:"凡入国,必择务而从事焉。国家昏乱,则语之尚贤、尚同;国家贫,则语之节用、节葬;国家憙音湛湎,则语之非乐、非命;国家滛僻无礼,则语之尊天事鬼;国家务夺侵凌,即语之兼爱、非攻。故曰:择务而从事焉。"这里面论及的《尚贤》《尚同》《节用》《节葬》《非乐》《非命》《天志》《明鬼》《兼爱》《非攻》被学界视作墨学纲要,是墨子学术思想的核心,梁启超《墨子学案》也将兼爱视作墨子学术的根本观念[②],所以这个核心中的核心则是"兼爱"。墨子认为当时社会的纷乱起源于"不相爱"(《墨子·兼爱上》),因为不相爱,所以损人利己,引起纷乱:"臣子之不孝君父,所谓乱也。子自爱,不爱父,故亏父而自利;弟自爱,不爱兄,故亏兄而自利;臣自爱,不爱君,故亏君而自利,此所谓乱也。虽父之不慈子,兄之不慈弟,君之不慈臣,此亦天下之所谓乱也。父自爱也,不爱子,故亏子而自利;兄自爱也,不爱弟,故亏弟而自利;君自爱也,不爱臣,故亏臣而自利。是何也?皆起不相爱。"(《墨子·兼爱》)概而广之,盗贼因为爱自己家不爱别人家,故而入室为盗,亏人自利,诸侯爱己国,不爱他国,才有攻伐征战,所有这些纷乱的起源皆是因为不相爱,因此墨子提出要"兼相爱"。所谓"兼",许慎《说文解字》谓:"并也。从又持秝。"其字形为一手持二禾。当然这个字形来源也有不同的解释,如徐中舒认为《说文》字形乃是篆字所本,根据其甲骨文和金文字形,禾为"矢"形,"两矢同发,乃谓之兼"。[③]然而无论是"禾"形还是"矢"形,皆是象征同时并存,一视同仁,不分轩轾,本乎此,就可知道"兼爱"即是一视同仁之爱的意思。在墨子看来,兼爱即是:"视人之国

① 任继愈.墨子与墨家[M].北京:商务印书馆,2005,第7页。
② 梁启超.墨子学案[M].张品兴主编,梁启超全集(册11),北京出版社,1999,第3265页。
③ 李圃.古文字诂林(册六)[M].上海:上海教育出版社,2003,第668页。

若视其国，视人之家若视其家，视人之身若视其身。是故诸侯相爱则不野战，家主相爱则不相篡，人与人相爱则不相贼，君臣相爱则惠忠，父子相爱则慈孝，兄弟相爱则和调。天下之人皆相爱，强不执弱，众不劫寡，富不侮贫，贵不敖贱，诈不欺愚。凡天下祸篡怨恨可使毋起者，以相爱生也。是以仁者誉之。"（《墨子·兼爱中》）这里描画了一个平等团结的大同社会模式，人与人兼爱了，社会就没了争夺、祸乱和怨恨。所以墨子说"今吾将正求兴天下之利而取之，以兼为正"（《墨子·兼爱下》），将兼爱视作为政而求天下之利的办法。

因为"兼爱"，所以反对不义战争，也即"非攻"，春秋战国之际，礼崩乐坏，诸侯争霸，到战国则演变为大规模的兼并战争，都想一统天下，战乱纷起，这也正是墨子认为的爱己不爱人所导致的，因此在兼爱的主张下，非攻也就成为止乱息争的必然要求。

当然，以墨子为代表的墨家是从其出身中下层人民这一视角来立论的，战争攻伐，首先受到伤害的也是他们这个阶层。他们将下层社会的互助互爱提升到为政治国的高度，是有其理论根据的。但是这一点又与儒家的礼乐制度系统有很大的不同。

我们知道，西周王朝的建立和政权的巩固，在制度形式上是狠下了一番功夫的。周本为殷商的附属国，蕞尔小邦，但是其创立期的数代统治者皆励精图治，并不断积蓄力量，最终对殷商发动战争并取得小国对大国的作战胜利，"武王克商纣之后，立武庚、置三监而去，未能抚有东土也"，[①]王国维所言亦是实情。西周统一政权建立未稳之际，接连遭遇内忧外患。对内而言，武王新逝，成王接替，但资历、威望和政治能力等方面皆相应不足，尽管有周公摄政，但是内部多有猜忌，如管叔蔡叔对周公的猜疑和叛乱；对外而言，殷商大国，殷之遗民甚多，也是存在的政治隐患，武庚的叛乱亦是明证，此《史记·周本纪》亦有详细记载：

　　成王少，周初定天下，周公恐诸侯畔周，公乃摄行政当国。管叔、蔡叔群弟疑周公，与武庚作乱，畔周。周公奉成王命，伐诛武庚、管叔，放蔡叔。以微子开代殷后，国于宋。颇收殷余民，以封武王少弟封为卫康叔。

---

　　① 王国维.殷周制度论[A].三国维.观堂集林[C].石家庄：河北教育出版社，2003，第231页。

因为人口较少，周人只能建立据点，作为守卫，鉴于亲族之间也有可能产生不稳定因素，周公对分封进行了调整，"昔周公吊二叔之不咸，故封建亲戚以蕃屏周"（《左传·僖公二十四年》），将忠于职守的亲族和功臣分封到地方起到守土之责，从政治军事领域对国家的安全进行了巩固。另外一项重要的内容，就政治文化制度的建设，这在王观堂的《殷周制度论》中亦有总结："周人之制度之大异于商者，一曰立子立嫡之制，由是而生丧服之制，并由是而有封建子弟之制、君天子臣诸侯之制；二曰庙数之制；三曰同姓不婚之制。其旨则在纳上下于道德，而合天子、诸侯、卿、大夫、士、庶民以成一道德之团体，周公制作之本意，实在于此。"[1]据王观堂考证，周代之前，最高统治权力的继承问题，并不十分严格，有子承父业，也有兄终弟及，周公创立立子立嫡之制，"立适以长不以贤，立子以贵不以长"[2]这样就有效解决了权力继承中出现的矛盾和动荡，也即观堂所言的"所以息争"的真意。在解决核心权力的继承问题之后，必须继续解决相应的权力组织架构问题，这即是观堂所言的封建子弟之制，君天子臣诸侯之制，形成一种拱卫模式，拱卫天子的核心权力与领导地位。这种权力等级之制度上的体现，还有丧服制，庙数制等。丧服制，通过丧服（符形）的差别来区别亲疏（符义），"亲亲以三为五，以五为九。上杀、下杀、旁杀，而亲毕矣"（《礼记·丧服小记》），通过丧服制实现其亲亲的政治目的。而庙数亦有严格的等级规定："天子七庙，三昭三穆，与太祖之庙而七。诸侯五庙，二昭二穆，与太祖之庙而五。大夫三庙，一昭一穆，与太祖之庙而三。士一庙，庶人祭于寝。"（《礼记·王制》）《礼记·祭法》亦云王七庙，诸侯五庙，大夫三庙，其目的也是"乃为亲疏多少之数"，这种严格的等级制度是通过丧服、庙数等一系列的文化制度体现出来的，而这一系列的文化制度，则统称为礼乐制度，简称礼制。礼制不仅仅是一些礼仪仪节的问题，它实际上是西周以周公为首的统治者创制的一整套政治文化制度。晏子说"礼之可以为国也久矣，与天地并。"（《左传·昭公二十六年》）作为治国之道的礼，当然不仅是一些礼节仪式的问题，而是将整个政治生活、社会生活都纳入到这套文化体系之内，在这套文化系统内部，通过礼仪仪式的差异，来区别身份地位亲疏远近的关系，《礼记·坊记》云："夫

---

① 王国维.殷周制度论 [A].王国维.观堂集林 [C].石家庄：河北教育出版社，2003，第232 页。

② 李学勤.十三经注疏·春秋公羊传注疏 [M].北京：北京大学出版社，1999，第 13 页。

礼者，所以章疑别微，以为民坊者也。故贵贱有等，衣服有别，朝廷有位，则民有所让。"礼的差别体现的是政治等级的差别，人伦日用，无不在礼的范围之内，而这种内部秩序则是通过礼容的差异性体现出来的。也就是说，西周统治者利用一系列的礼容仪节来实现对政治制度、宗法等级等方面的信息传播的，并通过礼容仪式等来实现对社会的控制、监督，从天子到士人，各种行为皆有相关的礼的约束规定，西周的政治制度亦通过礼而实现了传播与反馈。"政治传播是政治传播者利用意义符号，通过媒介向社会成员传播政治信息的行为过程"，① 准此而论，各种规格的礼器就是媒介，礼器的规格等级即是"意义符号"，所谓"藏礼于器"，就是将礼义蕴藏在礼器等媒介之中，通过这种媒介规格等级的差异来实现礼的符号意义。

　　索绪尔的符号学有两大关键点，也即任意性和差异性，符号与意义的关系是任意的，经过约定俗成而固定。这个在其《普通语言学教程》中有明确表露："一个社会所接受的任何表达手段，原则上都是以集体习惯，或者同样可以说，以约定俗成为基础的。例如那些往往带有某种自然表情的礼节符号（试想一想汉人从前用三跪九叩拜见他们的皇帝）也仍然是依照一种规矩给定下来的。强制使用的礼节符号正是这种规矩，而不是符号的内在价值。"② 这里索绪尔还专门指出了中国古代给帝王行礼的礼仪仪式，这种仪节正是强制实现符号形式，但它们本身并不是符号的内在价值。所谓"价值"，索绪尔亦有申述："价值的概念就包含着单位、具体实体和现实性的概念。"③ 即是价值其实是具体的实体或者现实单位在语言符号系统中体现出来的相互关系，也即是符号的意义，符号的意义是通过与其他符号的差异体现出来，"在词里，重要的不是声音本身，而是使这个词区别于其他一切的声音的差别，因为带有意义的正是这些差别"。④ 礼仪仪式的价值其实就在于它们背后承载的亲疏远近尊卑贵贱的意义关系，这些在儒家经典三礼中多有反映。以周公为首的西周初期统治者，通过创立一整套礼乐文化制度，来巩固了西周政权，正如笔者曾经指出的："这种模式的核心是以礼乐文化符号系统建立起来的等级制度。等级制度是维护统治秩序的根本，分封制和宗法制分别是国家结构的模式和权力继承的法则，它们作为两翼共同维护以等级为中心的西周政治制度，

① 段鹏.政治传播：历史发展与外延[M].北京：中国传媒大学出版社，2011，第30页。
② 索绪尔.普通语言学教程[M].高名凯译，北京：商务印书馆，1980，第103页。
③ 索绪尔.普通语言学教程[M].高名凯译，北京：商务印书馆，1980，第156页。
④ 索绪尔.普通语言学教程[M].高名凯译，北京：商务印书馆，1980，第164页。

奠定的中国数千年的立国之基。"① 礼乐文化建立起来的是一整套等级制度体系，但又不是那种武力性质强制推行的等级，而是如王观堂所言的"纳上下于道德，而合天子、诸侯、卿、大夫、士、庶民以成一道德之团体"，具有极强的伦理性和人文性。

　　周公等周初历代统治者共同创立的礼乐制度有效维系了西周的政治稳定，但是到了东周之后，特别是春秋战国以降，礼崩乐坏，"礼乐征伐自天子出"变成"礼乐征伐自诸侯出"，(《论语·季氏》)，统治阶层之间的兼并战争，最先受到冲击的还是墨子这类出身下层的人，此墨学专家方授楚早有辨析：

　　盖墨子为一平民（贱人），压抑于贵族政治封建社会之下，久矣。适在春秋之末，经济、社会、政治，均呈动摇变革之现象，贱人亦欲有所作为。故以战争于平民有损无益，则倡《非攻》，既已非之，何以易之？则兼爱是已。以政治为贵族把持，平民无由上达，则倡《尚贤》。列国分立，《非攻》则无由统一，故继之以《尚同》，所以救《兼爱》之失，此于，政治方面之主张也。②

　　战争的残酷，孟子有过形容："争地以战，杀人盈野；争城以战，杀人盈城"(《孟子·离娄上》)，像墨子这类出身的民众是首当其冲的，故而墨子为首的墨家倡导"非攻"学说。《墨子·非攻上》采用逐层推论的说理方式，窃人桃李，攘人鸡犬等，为众所非，而攻人国家，杀人如麻，却被认为是义举，"今小为非，则知而非之；大为非攻国，则不知而非，从而誉之，谓之义。此可谓知义与不义之辩乎？"墨子认为这是黑白不分，概念混乱。在《墨子·非攻中》里面，墨子对战争给平民阶层带来的伤害多有申述："今师徒唯毋兴起，冬行恐寒，夏行恐暑，此不可以冬夏为者也。春则废民耕稼树艺，秋则废民获敛。今唯毋废一时，则百姓饥寒冻馁而死者，不可胜数。今尝计军上，竹箭、羽旄、幄幕、甲盾、拨劫，往而靡弊腑冷不反者，不可胜数；又与其矛戟戈剑乘车，其列住碎折靡弊而不反者，不可胜数；与其牛马肥而往、瘠而反，往死亡而不反者，不可胜数；与其途道之修远，粮食辍绝而不继，百姓死者，不可胜数也；与其居处之不安，食饭之不时，饥饱之不节，百姓之道疾病而死者，不可胜数。丧师多不可胜数，丧师尽不可胜计，则是鬼神之丧

---

　　① 祝东.仪俗、政治与伦理：儒家伦理符号思想的发展及反思 [J].符号与传媒，2014 (2)。
　　② 方授楚.墨学源流 [M].北京：商务印书馆，2015，第 82 页。

其主后，亦不可胜数。"这里墨子连用九个"不可胜数"（不可胜计亦是同义）来总结战争给民众带来的伤害，伤害如此之大，解决之道自然是"非攻"，而如何做到"非攻"，如方授楚之言，只有兼爱，才能非攻。

如前文所言，墨子认为战乱的原因在于人们"不相爱"，爱己而不爱人，所以损人利己，于是墨子倡导"兼以易别"，"以兼为正"（《墨子·兼爱下》），那么，兼和别的差别在哪里呢？梁启超认为承认私有权为别，不承认私有权为兼。因为向来的教义都是以自己为中心，逐层外推，孔子的泛爱即是由此而来的，但是孔子与墨子有根本不同，即孔子有"己"的观念，己与他相对，其间是有差别的，"亲亲之杀尊贤之等"说的就是这个意思。但是墨子却认为这种差别的观念是社会动乱的根源，如果把这种私有的观念破除的话，那么社会趋于安定："藉为人之国若为其国，夫谁独举其国以攻人之国者哉？为彼者由为己也。为人之都若为其都，夫谁独举其都以伐人之都者哉？为彼犹为己也。为人之家，若为其家，夫谁独举其家以乱人之家者哉？为彼犹为己也。然即国都不相攻伐，人家不相乱贼，此天下之害与？天下之利与？即必曰天下之利也。"（《墨子·兼爱下》）如果彼与己不分，则彼犹己也，己犹彼也，如此则不会相乱相侵。所以梁启超总结说："把一切含着'私有'性质的团体都破除了，成为一个'共有共享'的团体；就是墨子的兼爱社会。"[①]墨子的兼爱理论，理论上消除了因为己他之间的利益冲突带来的矛盾，但是实际上私有制是国家建立的基础。而且前文已述，西周统治阶层建立的礼乐制度其实就是一种有差别的等级制度，而儒家学术思想，是以等级制尊尊为基础，通过血缘关系亲亲为纽带，逐层推广的。墨家的兼爱其实是在理论层面上否定了礼乐制度的等差秩序，这正是儒家学者所极力反对的，如孟子对墨子的批评：

圣王不作，诸侯放恣，处士横议，杨朱、墨翟之言盈天下。天下之言不归杨，则归墨。杨氏为我，是无君也。墨氏兼爱，是无父也。无父无君，是禽兽也。（《孟子·滕文公下》）

荀子对墨子的批评：

---

① 梁启超. 墨子学案 [A]. 张品兴主编. 梁启超全集（册 11）[C]. 北京：北京出版社，1999，第 3266 页。

墨子有见于齐，无见于畸；……有齐而无畸，则政令不施。(《荀子·天论》)

不知壹天下、建国家之权称，上功用，大俭约而僈差等，曾不足以容辨异、县君臣。然而其持之有故，其言之成理，足以欺惑愚众，是墨翟、宋钘也。(《荀子·非十二子》)

孟子认为墨家兼爱，不分亲疏，否定对父亲尽孝，就是目无父母，是为禽兽，因为在孟子看来，"父子有亲"(《孟子·滕文公上》)，兼爱之论否定了亲疏远近之爱，自然也否定了父子之间的孝道亲情；荀子批评墨家只看到兼爱齐同，而没有看到贵贱等差，如果没有尊卑等级，那么政令则难以发号，而且荀子进一步认为君臣等级以及人与人之间的差异是正常的，墨家崇尚功用、轻视等差，却不懂得礼乐制度是统一天下、建立国家的重要制度。总体而言，这种批评是比较中肯的，但是这种批评的内容其实并非墨家学术的全部，前文已经援引方授楚的观点指出墨家其实已经体察到非攻、兼爱之失，并用"尚同"等来补救其失漏之处。墨家认为，里统一于里长，乡统一于乡长，国统一于国君，天下统一于天子，最后达到"天下之百姓，皆上同于天子"(《墨子·尚同上》)，也即是说墨家其实并未彻底否定等级制，但是其尚同是有预设的，也即预设里长、乡长、国君、天子都是"仁人"，是贤者，天子不是周礼宗法社会规定的嫡长子继承而来的统治者，而是"选天下之贤可者，立以为天子"，等而下之，三公，里长，皆是从"天下之贤可者"中选出来的，而不是先天血缘关系决定的，其分层是"尚贤"的结果，而不是以宗法血缘关系为依据，在这一点上其颇同于法家，"意在打破以血缘关系为纽带的封建贵族特权制"①，这也许是平民进入政治领域的理想愿景，"官无终贵，民无终贱"，"举义不辟贫贱"，"举义不辟疏"(《墨子·尚贤上》)，也即必须打破以先天血缘关系为基础的用人制度。

准此而论，墨家并未全面取消等级名位制度，他们在提倡兼爱的同时，也有"尚贤""尚同"之论，而尚贤的结果其实还是建立有等差的社会秩序，下位与上位同，而能够"济事成功"也唯有"尚同为政者"(《墨子·尚同中》)。社会要寻求道德共识则首先要尊重差异性，符号系统内部，各部分因为差异才有不同的意义，所以李源澄曾指出："故位者分也，人与人间之分界。

---

① 祝东.礼与法：两种规约形式的符号学考察 [J].上海大学学报，2017 (5)。

人与人之间，既有自然之秩序，即有自然之道德。父子、君臣、朋友，皆位也；父慈子孝、君仁臣忠、友信，皆德也。……故一切道德以是为根本，己位不定，则无人位，混然一物，不可名状也。"①

先秦诸子皆务为治，面对礼崩乐坏的社会现实，诸子百家都从不同角度提出了自己的观点，墨子也不例外，《墨子·尚贤中》有云："今大人欲王天下，正诸侯，将欲使意得乎天下，名成乎后世，故不察尚贤为政之本也？此圣人之厚行也。"其立论的出发点是为了"大人"也即统治者"王天下、正诸侯"重建秩序的，如史华兹言："关于秩序——包括宇宙秩序和人类秩序——的基础问题，墨子大胆抛出了一种极为不同的通见，他本人坚定地相信，这种通见是以很古老的宗教传统的真正本质为基础的。事物之间不存在任何先天的内在的秩序。人类社会的秩序，产生和维持有赖于一个有目的的合作过程。……这一合作必须持续下去，不能间断。必须将秩序强加于混乱格局之上。"②墨家学者看到了社会秩序失序的原因在于"不相爱"，但其兼爱的观点又与其"尚贤""尚同"等论点之间存在矛盾冲突，而尚贤、尚同之中又重新确立了社会的等级名位秩序，所以学术史上对其"有见于齐，无见于畸""推兼爱之意，而不知别亲疏"是有一定道理的，但是这种批评却又没有照顾到墨家学术的全部。墨家学术体系存在一定的矛盾性，这种矛盾又是其自身的历史局限性所决定的，人毕竟不能跳出自己的历史语境来建构自己的理论体系。

三、蔽于用而不知文：过度去符号化的弊端

如上文所言，墨子倡导兼爱，实际上在理论层面否定了儒家礼乐制度的等差性质。墨子对以三代礼乐文化自居的儒家学术理论"亲亲有术，尊贤有等"进行了批评，墨子及墨家学者因其出身而决定了他们的学术旨趣不同于儒家学者。从墨家的角度来看，厚葬、奢靡的生活，繁复的礼乐，皆是劳民伤财之举，因此墨家提倡节用、节葬、非乐。

前文已经分析过，墨子受到儒家学术的影响，但是对儒家之礼的繁文缛节有不同的看法，礼仪仪节本是表达一定意义的仪式规范，但是到了春秋时期，礼崩乐坏，礼容演变得越发复杂，但是礼义却往往不存，礼容沦为"空

---

① 李源澄.诸子概论 [M].上海：华东师范大学出版社，2010，第6—7页。
② 史华兹.中国古代的思想世界 [M].程刚译，南京：江苏人民出版社，2004，第146页。

洞能指"。墨家学者从自身立场看到的礼容只是浪费钱财的表现:"夫弦歌鼓舞以为乐,盘旋揖让以修礼,厚葬久丧以送死,孔子之所立也,而墨子非之。"(《淮南子·泛论训》)所以墨家从"节用"的角度来看待礼容仪节:

> 其为衣裘何?以为冬以圉寒,夏以圉暑。凡为衣裳之道,冬加温、夏加清者,鲜且(从孙治让注)不加者去之。其为宫室何?以为冬以圉风寒,夏以圉暑雨,有盗贼加固者,鲜且(从孙治让注)不加者去之。其为甲盾五兵何?以为以圉寇乱盗贼,若有寇乱盗贼,有甲盾五兵者胜,无者不胜,是故圣人作为甲盾五兵。凡为甲盾五兵,加轻以利,坚而难折者,鲜且(从孙治让注)不加者去之。其为舟车何?以为车以行陵陆,舟以行川谷,以通四方之利。凡为舟车之道,加轻以利者,鲜且(从孙治让注)不加者去之。凡其为此物也,无不加用而为者,是故用财不费,民德不劳,其兴利多矣。(《墨子·节用上》)

从墨家的角度来看,衣服是御寒保暖的,其艳丽色彩于保暖无益,故可去之;房子是用来抵御风寒、躲避风雨、防守盗贼的,其外表华美于其功用无益,亦可去之,推而广之,铠甲兵器是作战之用的,车是陆地行走之用,船是水上航行之用,因此,一切与其实用价值无关的东西,都可以去除。这刚好和三代以来的礼制不合,如在衣饰上,三代之礼往往是以文为贵:"礼有以文为贵者:天子龙衮,诸侯黼,大夫黻,士玄衣纁裳。天子之冕朱绿藻,十有二旒,诸侯九,上大夫七,下大夫五,士三。此以文为贵也。"(《礼记·礼器》)甚至色彩文饰还是区分身份等级的符号:"玄冠朱组缨,天子之冠也。缁布冠缋緌,诸侯之冠也。玄冠丹组缨,诸侯之齐冠也。玄冠綦组缨,士之齐冠也。"(《礼记·玉藻》)不仅衣饰有严格的符号分层,而且宫室、器用等,无不如此,以周礼为中心的宗法等级制度,将人伦日用等全部纳入其等级系统之内,概莫能外。

罗兰·巴特在论及物与符号的转化关系问题时指出:"衣服是御寒用品,食品是营养物,虽然它们也可以作为符号来使用。我们拟将这些原本是实用和功能性的符号学称作符号–功能体。这些符号–功能体证实存在一种必须分开的双重运动。在第一阶段意义渗入功能。这种语义化过程是不可避免的:

只要存在社会，每一种使用都会转变为一种符号。"①人类初期，文明尚未开化，生活极其简朴："昔者先王未有宫室，冬则居营窟，夏则居橧巢。未有火化，食草木之实，鸟兽之肉，饮其血，茹其毛。未有麻丝，衣其羽皮。后圣有作，然后修火之利，范金合土，以为台榭、宫室、牖户，以炮以燔，以亨以炙，以为醴酪；治其麻丝，以为布帛。以养生送死，以事鬼神上帝。皆从其朔。"（《礼记·礼运》）茹毛饮血的时代，自然难得有文饰之闲暇，然而随着人类社会的发展，台榭宫室的建造，丝麻布帛的使用，并且开始以此"事鬼神上帝"，如此则宫室器物等超出了其自身使用的范围（如保暖避寒、遮风挡雨等），成为向鬼神表达敬意的符号，成为一种罗兰·巴特意义的"符号-功能体"，实现了初步的符号化。当人类的文明继续发展进步的时候，人造物（包括自然物）在社会文化中被逐渐赋予了更多的超出其自身的很多意义，这就是实物的符号化过程。如上文援引《礼记》文献中论及的衣物等，当它们的形式被确定为具有区分身份等级的功能的时候，他们就成为礼乐系统中的礼器的一部分，置于礼的符号系统之中，其解释项即是身份等级和亲疏远近的一种宗法关系。儒家总结的礼学意义也正在这些方面。然而墨家学者从实用性角度出发，这种礼器（如衣物宫室）进行符号降解，使之物化，成为作为生活实用品的纯然之物，衣物保暖，宫室防寒，使之回归其器物性本身的功能，也即是物化为使用物。这自然遭到儒家的反对，因为儒家所尊奉的礼乐制度正是一套符号化的等差系统。

在人伦日用之中，墨家反对礼乐文饰，在丧葬礼制中，墨家亦是如此。墨家站在其出身之立场来看待统治阶层的厚葬侈靡之风，并进行了猛烈批评：

今虽毋法执厚葬久丧者言，以为事乎国家。此存乎王公大人有丧者，曰棺椁必重，葬埋必厚，衣衾必多，文绣必繁，丘陇必巨。存乎匹夫贱人死者，殆竭家室。乎诸侯死者，虚车府，然后金玉珠玑比乎身，纶组节约，车马藏乎圹，又必多为屋幕，鼎鼓、几梃、壶滥，戈剑羽旄齿革，寝而埋之，满意。若送从，曰天子杀殉，众者数百，寡者数十。将军、大夫杀殉，众者数十，寡者数人。……细计厚葬为多埋赋之财者也，计久丧为久禁从事者也。财以成者，扶而埋之。后得生者而久禁之，以此求富，此譬犹禁耕而求获也，富之说无可得

———
① 罗兰·巴特.符号学原理[A].赵毅衡.符号学文学论文集[C].天津：百花文艺出版社，2004，第285页。

焉。(《墨子·节葬下》)

墨家学者严肃批评了厚葬的习俗，甚至还要杀人殉葬。厚葬久丧不仅摧残身体，而且耽误不同身份等级者的工作，其落脚点还是埋没财富，耽误工作，劳民伤财。然后，墨家学者继续对厚葬久丧的弊病进行了分析，如不能增加认可数量，扰乱政务和治理工作，使小国变得更加弱小，更容易遭受大国欺凌，不能得到上帝赐福等。随之墨家学者又虚构了古代圣王节葬的原则："'棺三寸，足以朽体；衣衾三领，足以覆恶。以及其葬也，下毋及泉，上毋通臭，垄若参耕之亩，则止矣。'死则既以葬矣，生者必无久哭，而疾而从事，人为其所能，以交相利也。"逝者已逝，存者之生活还需继续，还需尽己之力，交相互利，并以尧、舜、禹等先圣薄葬来否定厚葬是"圣王之道"，而今之王公大臣的厚葬久丧无法做到使贫者富、寡者众，亦不能使危者安、乱者治，相反，这种做法会使国家贫穷，人口减少，政务繁乱，同与桀纣，进一步否定了厚葬久丧的合理性。最后据此得出墨子的丧葬之法："棺三寸，足以朽骨；衣三领，足以朽肉；掘地之深，下无菹漏，气无发泄于上，垄足以期其所，则止矣。哭往哭来，反从事乎衣食之财，佴乎祭祀，以致孝于亲。"并认为这种丧葬之法兼顾了生者和死者的利益。显然，墨家始终是站在生产者的角度来看待丧葬礼仪的，他们看到的是丧葬的实用性问题，而不是其背后涉及的文化符号内容。这一点，道家学者早已洞若观火："古之丧礼，贵贱有仪，上下有等，天子棺椁七重，诸侯五重，大夫三重，士再重。今墨子独生不歌，死不服，桐棺三寸而无椁，以为法式。以此教人，恐不爱人；以此自行，固不爱己。"(《庄子·天下》)丧礼棺椁的分层实际上就是一种符号操作方式，通过对表达面的分节（七重、五重、三重）实现对身份地位的区分（天子、诸侯、大夫），以此实现贵贱、上下的等差区别。

从人类的丧葬发展来看，确实有一个由薄葬到厚葬的过程，《礼记·檀弓上》有云："有虞氏瓦棺，夏后氏墍周，殷人棺椁，周人墙置翣。周人以殷人之棺椁葬长殇，以夏后氏之墍周葬中殇、下殇，以有虞氏之瓦棺葬无服之殇。"从有虞氏到夏商周，棺椁发展是一个逐渐繁复的过程，孙希旦《礼记集解》引孔氏注谓："古之葬者，厚衣之以薪，葬之中野，有虞氏造瓦棺，始不用薪。然虞氏瓦棺，则未有椁也。夏后瓦棺之外加墍周，殷则梓棺以替瓦棺，又以木为椁，以替堲周，周人更于椁傍置柳、置翣扇，是后王之制以渐加文也。"①
特别是到了西周之后，丧葬亦纳入礼乐制度之中，此在儒家礼学文献中多有
记载，如《礼记·丧大记》云："君大棺八寸，属六寸，椑四寸。上大夫大棺
八寸，属六寸。下大夫大棺六寸，属四寸。士棺六寸。"宗法制度下的亲疏远
近贵贱尊卑是通过礼容来表征的，也即是说丧葬礼容规格是用来表征宗法内
容的符号，丧葬礼容的等差系列体现的宗法制度中的尊卑亲疏，《礼记·礼器》
论及礼之以大者为贵时就曾指出"棺椁之厚，丘封之大"皆是"以大为贵"。
此外，在棺椁的用漆、用钉以及用绸等方面，皆有相应的等差，以此来区别
其身份地位等级。无论是生者还是死者，其享用的器物皆有等差，"俎豆、牲
体、荐羞，皆有等差，所以明贵贱也"（《礼记·燕义》）。墨家从实用性角度
出发，取消了丧礼仪容的差异性，实际上也是将丧礼"去符号化"，将其符号
意义降解，伴随的是取消了丧礼的宗法等级性质，这自然也会遭到儒家的反
对。

　　需要注意的是墨家尽管反对厚葬久丧之礼，但并没有彻底取消丧礼，在
墨家看来，"丧虽有礼，而哀为本焉"（《墨子·修身》），丧礼仪式固然重要，
但更为重要的是临丧之哀，丧礼礼容是表达面，而哀戚悲痛之情则是内容面，
这其实与儒家孔子提倡的"丧，与其易也，宁戚"（《论语·八佾》）是相通的，
林放也看到了礼的形式越来越繁复，因此对"礼之本"提出了质疑，这在孔
子看来也认为是很重要的，故有"大哉问"之赞。《论语·雍也》篇中孔子告
诫子夏曰："汝为君子儒，无为小人儒"当时确实有儒者贪于名利，《荀子·非
十二子》中有谓"偷儒惮事，无廉耻而耆饮食，必曰君子固不用力，是子游
氏之贱儒也"，此类大抵即是小人儒。《墨子·非儒下》中亦对此类儒者提出
了批评："夫夏乞麦禾，五谷既收，大丧是随，子姓皆从，得厌饮食，毕治数
丧，足以至矣。因人之家翠，以为，恃人之野以为尊，富人有丧，乃大说喜，
曰：'此衣食之端也'"，说的就是这种懒于劳动、靠乞食、给人操办丧葬礼仪
谋生的一类儒生，即"小人儒"。墨家批评他们是"繁饰礼乐以淫人，久丧伪
哀以谩亲"（《墨子·非儒》），这种用纷繁礼乐迷惑世人、用久丧假哀以骗人
的儒者，也是墨家反对的，于他们而言，套用一个符号学论点即是符号在场
（丧礼）意义（哀戚）缺失。

　　在反对儒家"繁饰礼乐"的基础上，墨家进一步否定了儒家倡导的乐舞

---

①　孙希旦. 礼记集解 [M]. 北京：中华书局，1989，第 172 页。

文化。在《墨子》中墨家学者正式提出"非乐"的主张,墨家非乐的文献应是三篇,现在只留传下来一篇,即是《非乐上》。在这篇文章里,墨家学者从民生发展的角度来看待礼乐:

是故子墨子之所以非乐者,非以大钟鸣鼓、琴瑟竽笙之声以为不乐也,非以刻镂华文章之色以为不美也,非以牛刍豢煎炙之味以为不甘也,非以高台厚榭邃野之居以为不安也。虽身知其安也,口知其甘也,目知其美也,耳知其乐也,然上考之不中圣王之事,下度之不中万民之利。是故子墨子曰:为乐非也。(《墨子·非乐上》)

在墨家学者看来,钟鼓、琴瑟、竽笙、干戚等乐舞之属,不能禁暴止战,王公大人为乐,既不能解决老百姓的衣食问题,又不能改变天下纷争混乱的局面,而且制造乐器,排练乐舞,观看乐舞,都会浪费大量的人力财力,男不能耕,女不能织,是"亏夺民之衣食之财以拊乐"。而人不同于动物,动物有皮毛御寒,逐水草而饮食,可以不事耕织,老百姓不劳动就解决不了生存的问题;于王公大人而言,悦乐而听,就会荒废政务,会导致"国家乱而社稷危"的局面,最后得出的结论即是:"今天下士君子,请将欲求兴天下之利,除天下之害,当在乐之为物,将不可不禁而止也。"这即是全面禁乐。

三代礼乐经周初统治者增删损益之后,成为政治伦理的一部分,乐对陶冶性情、培养君子人格等均有重要意义,"乐由中出,礼自外作",礼与乐,相互为用,乐在调和情感、影响人伦实践等方面皆有重要的意义,[①] 但墨家学者从实用性的角度全部否定,确实有些矫枉过正了。因此也遭到儒家学者的批评:"墨子之非乐也,则使天下乱。"(《荀子·富国》)所以《淮南子·说山训》说:"墨子非乐,不入朝歌之邑。""墨子回车"成为讽刺故作姿态者的成语,自然也代表了后世学者对墨子非乐这一问题的普遍观点。

乐在三代,通于政治伦理,即使在礼崩乐坏的时代,孔子依然重视礼乐形式背后的政治伦理意义,《论语·阳货》中记载孔子之言曰:"礼云礼云,玉帛云乎哉?乐云乐云,钟鼓云乎哉?"礼非玉帛,乐非钟鼓,其中更为重要的是礼乐背后的意义。意义必须经由符号传达,符号的作用就是传达意义的,墨子将礼乐符号降解,自然看不到其背后的政治文化意义。李源澄指出:"盖

① 祝东.礼与乐:儒家符号思想的伦理进路[J].贵州社会科学,2017(8)。

礼乐之文，有时而穷；礼乐之情，则万古不渝。"① 这或许可以代表另外一种对礼乐符号系统的态度。

墨子由于反对过度符号化，其后学走向了极端，反对一切纹饰，对文辞亦是如此，崇尚质实而反对华采，《韩非子·外储说左上》记载了一个墨家弟子田鸠与楚王的对话：

> 楚王谓田鸠曰："墨子者，显学也。其身体则可，其言多而不辩，何也？"曰："昔秦伯嫁其女于晋公子，令晋为之饰装，从文衣之媵七十人。至晋，晋人爱其妾而贱公女。此可谓善嫁妾而未可谓善嫁女也。楚人有卖其珠于郑者，为木兰之柜，熏以桂椒，缀以珠玉，饰以玫瑰，辑以羽翠，郑人买其椟而还其珠。此可谓善卖椟矣，未可谓善鬻珠也。今世之谈也，皆道辩说文辞之言，人主览其文而忘有用。墨子之说，传先王之道，论圣人之言以宣告人。若辩其辞，则恐人怀其文忘其直，以文害用也。此与楚人鬻珠、秦伯嫁女同类，故其言多不辩"。

楚王问墨家后学田鸠为何墨子的学术显赫其言辞却乏文采，田鸠用秦伯嫁女和郑人买椟还珠的比喻来说明华丽的文辞往往迷惑了听众，进而使得听众忘记了其应表达的内容。故而墨家学者认为要传先王之道，无须注重文辞，害怕因辞忘意，以文害用，所以其文辞多不华丽。墨家后学关注实用本身而忽略了文辞符号与表达内容之间其实是一种相互作用的关系，在儒家学者看来，言之不文则行而不远，所以荀子批评墨家学者谓"墨子蔽于用而不知文"（《荀子·解蔽》），可谓精到之论。

墨家从实用主义的角度出发，看到的只是眼前的实利，而相应地缺乏政治文化层面的思辨。而实际上礼器、礼仪等，从西周至春秋战国，绝不仅是一种简单的器物和仪式，相反，"礼仪是礼义的载体，礼义的信息通过礼仪传播出来。"② 而礼义即是宗法政治等级文化，所以无论是日用礼器、丧葬规格礼仪还是乐舞文化，都不能简单地视为无用之事，相反，它们承载着西周以来的宗法政治文化，在人伦日用之中具有重要的政治传播功能，政治传播被

---

①　李源澄.诸子概论 [M].上海：华东师范大学出版社，2010，第 12 页。

②　孙旭培.华夏传播论：中国传统文化中的传播 [M].北京：人民出版社，1997，第 162 页。

认为是"指特定政治共同体中政治信息扩散和被接受的过程"①,西周以来的宗法等级政治文化是通过一整套礼乐符号系统来扩散和传播的,并在这一文化共同体内得到接受和认同,也即是说兼顾符号过程的发送(意图意义)——符号(文本意义)——接受(解释意义)三个环节,完成一个政治传播的符号过程,但墨家学者从接收者的角度出发,拒绝了解释意义这一环,将符号降解,这种"有意味"的交流因此而终止,共同体的组织过程亦因此而终结,如赵星植所言:"任何传播都是借助符号表达意义、建立意义关系、确立意义社群的过程,"②墨家学者因为"蔽于用"而不知其"文",实际上否定了"文"的符号意义,由礼乐文化建立的意义社群自然也被墨家所否定。

结　语

自西周以来的社会结构政治秩序是在礼乐文化符号系统的建构之中产生的,又通过这种符号系统的交流传播在社会中扩散开来,在沟通中取得共识,进一步巩固这种秩序结构。儒家学派的学者深谙宗法礼乐符号的等差及意义,并进行了创造性的改造,如郭沫若就认为有关西周的很多等级制度,可能都是儒家构想的产物,其在《金文所无考》中研究指出,《禹贡》《职方》等畿服制乃后人伪托,金文无畿字,服字虽有,但是并不是地域区划之义;《孟子·万章下》《礼记·王制》等五等爵禄说,亦是周末儒者托古改制之所为,将旧有的名称赋之以等级之义,③而就彝铭中可以考见的诸侯称谓而言,也没有等级,这些在古器物中都是有物证的,所以郭氏总结说"等级之制只是后世儒家的依托",④这种观点或许还需要进一步的物证,但至少说明儒家于等级政治符号系统的建构传播具有重要的推动作用。相反的是,墨家学者从其自身的阶级立场和学术旨趣出发,对儒家倡导的礼乐等级制度尽行否定,他们于政治设计而言,是要取消宗法等级制度,但是于政治秩序的架构而言,又提出了一个绝对的"尚同"等级秩序,只不过其对政治统治者的选择是"尚贤"制,通过选贤举能来否定宗法血缘为主的权力继承制,这实际上是对宗法等级制的消解,自然也遭到儒家学者的反对批判。

---

① 荆学民,施惠玲.政治与传播的视界融合:政治传播研究五个基本理论问题辨析 [J].现代传播,2009(4)。
② 赵星植.皮尔斯与传播符号学 [M].成都:四川大学出版社,2017,第39页。
③ 郭沫若.金文丛考 [M].北京:人民出版社,1954,第36—42页。
④ 郭沫若.十批判书 [M].北京:人民出版社,2012,第10页。

　　此外墨家学者还从纯粹实用角度出发，将礼乐政治符号系统降解，彻底消解其符号 – 功能体的作用，降解为物，也即是斩断了符号交流过程中符号意义认知过程这一环，这种过度的去符号化，实际上是从接受的一端将这种政治传播消解。而礼乐丧葬文化系统在传播西周政治伦理观念、建构道德共识等方面都具有积极意义，"我们能够和平共处的规则就是我们首先要寻求的道德共识"①，从这个角度而言，墨家"蔽于用而不知文"的符号思想其实于社会共同体的形成不利。与之相应的是，现代社会要寻求道德共识则首先要尊重差异性，符号系统内部，各部分因为差异才有不同的意义。准此而论，墨家的符号思想从反面为我们的政治传播提供了认知价值和理论意义，墨家学术在汉代以后湮没不彰，也是由其政治传播中的不足而决定的。

---

① 何怀宏 . 伦理学是什么 [M]. 北京：北京大学出版社，2008，第 103 页。

三、华莱坞电影与中华文化

【主持人语】什么是文化？人类学家也许最有发言权，但即便在人类学内部，关于文化的见解也是众说纷纭，莫衷一是。

不妨借用人类学家格尔茨在《文化的解释》中所举的一个例子（来自哲学家吉尔伯特·赖尔）来说明。挤眼（wink）和眨眼（twitch）在表面上都是快速地张合眼睑，但前者是有意的交流，而后者则是无意的动作。确切地说，挤眼是"以一种准确而特殊的方式在交流"："（1）有意地；（2）向着特定的某人；（3）传达特殊的信息（a particular message）①；（4）按照社会通行的信号密码（a socially established code）②，以及（5）没有受到其他在场者的察觉。"③赖尔讲述的故事还有更复杂的层次，除了眨眼和挤眼，还有假挤眼、模仿假挤眼以及

① Clifford Geertz. *the interpretation of cultures : selected essays*, New York: Basic Books, Inc.,1973, p6.

② Clifford Geertz. *the interpretation of cultures : selected essays*, New York: Basic Books, Inc.,1973, p6.

③ [美] 克利福德·格尔茨 . 文化的解释 [M]. 韩莉译 . 南京：译林出版社，2008. 第 7 页。

练习模仿假挤眼等。但在一台相机或一个激进的行为主义者看来，这几种情况的眼睑张合没什么区别。这正是文化的关键部分，格尔茨承接马克斯·韦伯"人是悬在由他自己所编织的意义之网（webs of significance）[1]中的动物"的说法，认为"文化就是这样一些由人自己编织的意义之网"，"对文化的分析不是一种寻求规律的实验科学，而是一种探求意义的解释科学"。[2]

在这个意义上，中华文化也可以说是中华"意义之网"，但不只是沉睡在故纸堆中的"四书五经"，更应在当下中国人乃至华人的日常生活中，正所谓"道在人伦日用中"。而连接两者的，正是源远流长的注疏传统和当下的研究实践。威廉斯说得妙："传统不是过去，而是对过去的一种解释。"[3]如果说四书五经、唐诗、宋词、元曲和明清小说是昔日中华文化的旧载体，那么电影就是当下中华文化的新载体。而且，电影或许是唯一兼具经典性和大众性的大众媒介，这是其他大众媒介无法比拟的。

华莱坞电影既有着吸纳与诠释中华优秀传统文化的能力，又有着面向世界广泛传播的媒介特性。邵培仁教授说："华莱坞是电影、是产业、是空间，也是符号、文化、精神和愿景。换言之，华莱坞乃华人、华语、华事、华史、华地之电影也，即它以华人为电影生产的主体，以华语为基本的电影语言，以华事为主要的电影题材，以华史为重要的电影资源，以华地（包括大陆和台港澳地区）为电影的生产空间和生成环境。"[4]"华莱坞电影与中华文化"专栏就有这样一种愿景：以华莱坞电影为依托，探讨中华优秀传统文化的传承、传递与接受。当然，我们既关注"意义之网"的内涵，也关注"意义之网"的"编织"和"使用"。

---

① Clifford Geertz. *the interpretation of cultures : selected essays*, New York: Basic Books, Inc.,1973, p5.
② [美]克利福德·格尔茨. 文化的解释[M]. 韩莉译. 南京：译林出版社，2008. 第5页。
③ [英]雷蒙·威廉斯. 现代悲剧[M]. 丁尔苏译. 南京：译林出版社，2007. 第7页。
④ 邵培仁. 华莱坞的想象与期待[J]. 中国传媒报告. 2013（4）：第1页。

"华莱坞电影与中华文化"专栏的第一期有三篇论文：一是姚锦云的《银幕华夏传播论：作为中华文化新载体的华莱坞电影》，探讨"华莱坞电影能给世界电影提供什么优秀价值""世界能从华莱坞电影中获得什么启示"问题；二是周岩的《新时期以来华莱坞城市电影的空间呈现与流变》，通过一系列流变的城市空间图景展现了华莱坞电影对国人、国事、国史的共同记忆；三是施晓娟、付永春的《华莱坞电影消费史：以1897—1917上海观众为例》，是一项实证性的文化研究，主要考察了1897—1917年间上海本土观众的电影消费情况。

　　总之，我们期待更多研究者能加入"华莱坞电影与中华文化"研究，共同探讨"作为中华文化新载体的华莱坞电影"。

　　（暨南大学新闻与传播学院讲师，新闻传播学博士，华夏传播研究会副会长　姚锦云）

银幕华夏传播论：
作为中华文化新载体的华莱坞电影

姚锦云 *

（暨南大学，新闻与传播学院，广州，510632）

摘　要：电影或许是唯一兼具经典性和大众性的大众媒介，这是其他大众媒介无法比拟的。换言之，华莱坞电影既有着吸纳与诠释中华优秀传统文化的能力，又有着面向世界广泛传播的媒介特性。华莱坞电影能给世界电影提供什么优秀价值？世界能从华莱坞电影中获得什么启示？这只能通过与世界电影的对话与交流来实现，而不是单向的传递与宣传。而华莱坞电影的灵魂就在于其建构的理想世界以及对人性的深层思考。

关键词：华莱坞；电影；华夏传播；中华文化；媒介

基金项目：教育部人文社科青年基金项目（编号 17YJC860031）；2018 年广东省高等教育教学改革项目

一、引言

中华文化博大精深，但中华文化在哪里？她应该不仅仅沉睡在浩如烟海的古代典籍里，更是贯穿于中国人的日常生活中。那么，西方人眼中的中华文化在哪里？很多西方人既不会中文，也没来过中国。不妨换位思考一下，中国人是如何了解西方文化，尤其是美国文化的？好莱坞电影恐怕是一种重要的渠道。尽管新闻报道也是了解美国文化的重要窗口，但在注意的强度与感受的深度上，阅读一百篇报道可能远不如观看一部电影。而美剧下载与字

---

　*　姚锦云（1980—），男，浙江长兴人，暨南大学新闻与传播学院讲师，新闻传播学博士，主要从事华夏传播与华莱坞电影研究。

幕组的结合使得更多的中国人能够更直观地领略美国文化，尽管影视中的文化只是文化的呈现（presentation）而已。比起美国电影、电视对中国人的影响，中国电影对美国人的影响就要相形见绌了。① 然而时过境迁，中国电影开始进入 4.0 时代——从民国电影 1.0（1948 年前）到民族（国族）电影 2.0（1949—1971），再到华语电影 3.0（1972—2012）和今天的华莱坞电影 4.0（2013 至今）。② 可以说，"华莱坞"的概念体现了中国电影研究者对自己电影的新想象与新期待③，当然也离不开业界电影人的努力耕耘。在中国导演和电影不断得到世界电影界认可的时代，我们能否期待华莱坞电影也能够在西方"飞入寻常百姓家"？④

二、作为中华传统文化新载体的电影媒介

如果从传播史与媒介史的视角看，电影与中华文化的结合是意义非凡的。

首先，作为内容的中华文化相对于西方文化而言，其"性格"是"内向"的⑤，而"传播性格"则是"受"重于"传"⑥。很多中国古代思想家也更重视"受"而非"传"，如庄子、慧能、王阳明。⑦ 汤一介先生还曾提出过这样的传播问题：第一，"为什么在汉唐时期（甚至到以后各朝各代），为什么印度

---

① 罗西克认为，西方开始了解中国电影主要是在 1949 年之后，但从 1949 年到 1979 年，中国电影仍然只是在苏维埃政权国家和一些亚洲国家内部传播。以陈凯歌、张艺谋为代表的第五代导演则开启了一种新的电影表现方式，所以西方评论家开始对这种新型中国电影产生兴趣。参见塞尔日·罗西克. 中国电影的国际影响 [J]. 瞭望新闻周刊. 2005：51.

② 王昀、潘戎戎. 中国电影进入 4.0 时代，华莱坞版图走向融合 [J]. 东南传播. 2015（8）：18-19.

③ 邵培仁. 华莱坞的想象与期待 [J]. 中国传媒报告，2013（4）：1.

④ 自 2011 年以来，北京师范大学中国文化国际传播研究院启动了"中国电影国际影响力全球调研"。调研发现，相对美、英、法、日等电影输出大国，中国电影文化的国际影响力与文化大国的地位还不相称，在电影故事、字幕翻译、宣传推广等方面还存在许多问题。但是外国观众普遍认为中国电影文化的国际影响力在逐渐增长，中国电影在电影故事、电影音乐、电影哲学等方面有较高的辨识度，具有独特的魅力。参见黄会林、封季尧、萧薇、罗军. 2012 年度中国电影文化的国际传播研究调研分析报告（上）[J]. 现代传播. 2013（1）：8—18. 到 2017 年，中国电影在北美地区的传播呈现积极态势，中国电影整体上反映着正面的中国形象，观看中国电影对受访者评价中国形象有着积极的影响。参见黄会林、孙子荀、王超、杨卓凡. 中国电影与国家形象传播——2017 年度中国电影北美地区传播调研报告 [J]. 现代传播. 2018（1）：22—28.。

⑤ 余英时. 中国思想传统的现代诠释 [M]. 南京：江苏人民出版社，1992. 第 1—48 页.

⑥ 姚锦云、邵培仁. 华夏传播理论建构试探：从"传播的传递观"到"传播的接受观"[J]. 浙江社会科学，2018（8）：120—159.

⑦ 邵培仁、姚锦云. 传播受体论：庄子、慧能与王阳明的"接受主体性"[J]. 新闻与传播研究. 2014（10）：5—23.

佛教经典被大量译成汉文，而中国的经典和著述却没有被译成梵文（或印度的其他文字）在印度流传，并对印度社会生活产生影响呢？"①第二，"20世纪前半个世纪，……都是我们向西方学习，主动地或被动地接受西方文明，而我们很少主动地向西方传播中国文化，这又是什么原因？"②汤一介的回答是："我们国家无论在强盛时期（如汉唐），还是在衰弱时期（如清末），在与外国的文化交往中基本上都是'拿来'，而很少把我国的文化主动地'送去'。"③"中国人在吸收外来文化上有较强的自觉性和主动性，而在向外传播自己的文化上则缺乏自觉性和主动性。"④无独有偶，当李济之还在哈佛大学读书的时候，有些美国朋友也问过他类似的问题。"欧美许多的人跑到中国传基督教天主教，为什么你们没有人到我们这儿传孔教？"⑤

　　其次，电影作为媒介，其特殊性在于兼具经典性和大众性，尤其适合跨文化传播。在各种现代媒介（报纸尤其是广播、电视、电影与互联网）中，没有一种媒介能像电影一样具有如此强大的传播能量，尽管它们的"性格"都是"外向"的，其"传播性格"也是"传"重于"受"。从传播范围来说，报纸有相对固定的读者和发行区域，广播有相对固定的听众，电视也有相对固定的观众，但电影的传播能量却远远大于前者。对一个普通人而言，我们依然愿意去欣赏 20 年前的外国经典电影，却很少去看 20 年前的外国电视剧，基本不会去看 20 年前的外国报纸，更不会去听 20 年前的外国广播。因此，尽管现代媒介都具有大众性、通俗性，却似乎只有电影还保留了传统媒介的"经典性"。换言之，电影与（承载小说的）书籍等传统媒介一样，"用虚构的想象性满足更深沉的心理情感与欲望"，这是电影媒介区别于新闻媒介的重要特征。⑥这里蕴含着重要的传播问题：电影既具有"外向"和"传重于受"的

---

①　汤一介．汉学名家书系·总序 [A]. 沈清松：沈清松自选集 [C]. 济南：山东教育出版社，2005. 总序第 3 页。

②　汤一介．汉学名家书系·总序 [A]. 沈清松：沈清松自选集 [C]. 济南：山东教育出版社，2005. 总序第 5 页。

③　汤一介．汉学名家书系·总序 [A]. 沈清松：沈清松自选集 [C]. 济南：山东教育出版社，2005. 总序第 5 页。

④　汤一介．汉学名家书系·总序 [A]. 沈清松：沈清松自选集 [C]. 济南：山东教育出版社，2005. 总序第 8 页。

⑤　杨联陞．中国文化中"报""保""包"之意义 [M]. 贵阳：贵州人民出版社，2009. 第 140 页。

⑥　陈林侠．跨文化背景下电影媒介建构国家形象的重要功能 [J]. 社会科学．2011（4）：178—183。

现代媒介特性，又能够吸纳"内向"和"受重于传"的传统文化内容。

因此，电影既具有面向世界的传播能量，又具有传承传统文化的传播能力，是"书于竹帛"的传统媒介在现代的延伸，因而与"内向"和偏重于"受"的中华文化有着高度的匹配性。每个时代都有自己的文化样式，唐诗、宋词、元曲、明清小说，都是"江山代有才人出，各领风骚数百年"。而这个时代应该是电影的时代，电影在形式上和以往文化样式有着重大区别，但在本质上却是一脉相承的。电影和诗词小说都提出了一样的问题：怎样更好地成为一个人？什么样的生活是好生活？什么样的人生是幸福的人生？这个世界还有哪些缺憾？我们应该如何面对和克服？因为人文科学和社会科学虽然都在研究人，但如何展现人及其生活，在这个时代的任务就落在了电影身上。虽然小说曾经在展现人性上风靡世界，但现代社会已经进入了图像时代，视觉语言成为人们更乐于接受的媒介形式。① 也许诗、词、曲、小说在其流行的唐、宋、元、明清时代，也算是一种雅俗共赏的大众艺术。但唐诗宋词元曲和明清小说却从来没有成为一种世界性的大众艺术，一种雅俗共赏的世界作品。而当代的电影，既有着吸纳与诠释经典文化的能力，又有着面向世界的传播特性。正是在这个意义上，华莱坞电影与中华文化的深度结合是意义重大的。

三、人性与价值：华莱坞与好莱坞及世界电影的对话

华莱坞电影的灵魂在于其建构的文化世界。她如果想走得更远，那就必须具备任何时代"独领风骚"的文化样式所具备的灵魂——理想的可能世界，即价值世界。人与动物的重要区别，就是人不仅生活在"既予的现实世界"，更生活在"理想的可能世界"。"人性不是一种属于本能范畴内的'既成事实'，而只是一种'有待实现'人之为人的可能性。"② 那么，透过华莱坞电影，我们能给世界电影提供什么优秀价值？世界能从华莱坞电影中获得什么启示？如果我们对美国价值的获得与认同，更多的是通过好莱坞大片获得的，那么同样地，中华优秀传统文化也可以在华莱坞电影中广泛传播。

华莱坞电影如何才能在西方"飞入寻常百姓家"？笔者以为，价值世界的对话与交流不可或缺，而单向的传递与宣传反而步履维艰。如果说华莱坞

---

① 好电影离不开好小说，但好小说也需要改编成好电影而走向大众。
② 徐岱. 审美正义论 [M]. 杭州：浙江工商大学出版社，2014. 第 255 页。

电影要发出"中国声音"，那么就不能只唱"独角戏"，而要寻求"两种声音"的融合。伽达默尔说："谈话改变着谈话双方……以至它不再是我的意见或你的意见，而是对世界的共同解释。正是这种共同性才使道德的统一性和社会统一性成为可能。"① 罗伯特·考克尔就认为电影是一种对话，"电影对我们具有情感和精神作用"，"它们要求我们作出情感的回应，并且用道德法则去思考这个世界，去假定这里有好人和坏人，有符合伦理的行为和不符合伦理的行为。它们甚至对我们在世界上应该如何为人处世的各种问题提出合乎伦理的解决办法"。② 如果要让谈话持续，应该有一个最低条件或共同的起点，它应该是人性。一旦用视觉语言洞察出人性的深度，那么就会像荣格说的那样，"仿佛有谁拨动了我们很久以来未曾被人拨动的琴弦，仿佛那种我们从未怀疑其存在的力量得到了释放"③。

很多西方好电影在人性方面提出了很多好问题。例如意大利电影《美丽人生》，就用喜剧的方式描写了一个悲剧，用另外一种形式让观众看到了战争的残酷。无独有偶，另一部意大利电影《西西里的美丽传说》也描写战争，同样刻画得入木三分。它是从一个少年对一个军官妻子的"偷窥"视角开始的：由于军官"阵亡"，这个美丽的妻子无依无靠，很多人用一夜情跟她交换食物，到最后该地区沦陷，她被迫沦为了妓女。战争结束后，那些原本羡慕她容颜的妇女，终于忍不住将羡慕发展为嫉妒，将嫉妒变成了恨，在广场上滥用私刑，当众折磨她。影片最后，军官神奇归来，西西里岛又恢复了往日的平静，这个美丽的妻子又像往常一样在菜场买菜，对着那些写折磨过他的人相视一笑，就像什么都没发生过一样。但接受微笑的人则回以一种尴尬的笑！战争的残酷和人性的悲哀由此可见一斑。

与意大利人一样，擅长思考的德国人同样很会拍电影，例如著名的《窃听风暴》。影片描述了柏林墙倒塌前，东德国家安全局的人监控一位艺术家的故事。这位风光无限、忠诚可嘉的艺术家，在这位久经沙场的老牌监听者眼中，恰恰是一个充满嫌疑的对象。监听者二十四小时监控他，发现了很多不为人知的秘密。他跟当时著名的女艺术家在谈恋爱，而那个女艺术家则成了

---

　　① 汉斯-格奥尔格·伽达默尔. 诠释学Ⅱ：真理与方法 [M]. 洪汉鼎译. 北京：商务印书馆，2013. 第 234 页。
　　② 罗伯特·考克尔. 电影与文化（上）[J]. 北京电影学院学报. 郭青春译. 2002（5）：82。
　　③ 卡尔·古斯塔夫·荣格. 心理学与文学 [M]. 冯川、苏克译. 南京：凤凰出版传媒集团，2011. 第 85 页。

一位大官员的床上花瓶。为了保护男艺术家，也为了保住自己的艺术前途，这位女艺术家就不得不定期私会大官员。因此，这位女艺术家很痛苦，那位男艺术家知道后也很痛苦，甚至连背后的监听者也很痛苦——他在痛苦之中经历了犹豫和混乱，最后，他居然改变了要告发艺术家的初衷，甚至还帮他隐瞒了艺术家有违当局的行为。当然，他付出了很大代价——从一位安全局的高级官员变成了在地下室收信的勤杂工。最后，柏林墙倒塌，那位男艺术家也发现家里布满了窃听器。他通过查档案发现了一切真相：不是没有人窃听他，而恰恰是窃听人保护了他。因此，他创作了《好人的奏鸣曲》一书，开篇就向这位好人致谢，而名字恰恰是这个人在国家安全局的特工号。而这本书和这个号码，最终被这个当初的窃听者看到了，如今落魄而平凡的他决定买下这本书。店员问他："送人吗？"他回答："买给我自己。"这就是德国人的好电影，催人泪下的好电影！

在这方面，华莱坞电影显然要学习的还有很多。吴宇森导演说得透彻，外国人只知道我们有武侠片、功夫片，还有香港枪战片，以为除了"江湖杀戮"和"高手过招"，似乎就没有其他的了，"我们的文化精神、我们做人、做事的态度、我们最基本的价值观外国观众很少知道"。因此吴宇森自问："我们有一些好的真实生活里感人的故事，我们做人、做事的道德标准，是不是可以通过一个电影，让人家更容易感动、更容易了解呢？"①

那么，怎样才能让别人感动呢？或者说，什么样的电影才是华莱坞好电影？笔者以为，好电影并非都有相同特征，但彼此之间应有相似之处，正如维特根斯坦所说的"家族相似性"。首先，有些好电影具有原型之真。原型即历史上反复发生的经验形式，是在漫长的人类活动中逐渐形成的，它为我们的行为和行动提供了一定的"形式"。好电影虽然允许虚构，却有着原型的真实，而不是"为虚构而虚构"。其次，有些好电影具有形式之美，包括感官之美和思维之美，前者如视觉效果、音乐等，后者如猜谜式的推理电影，以精巧的叙事吸引观众。第三，有些好电影具有隐喻之善，即电影的言外之意，反映了民族文化的深层意蕴，乃至人类价值的理想世界。这就是好电影的"家族相似性"：原型之真、形式之美和隐喻之善。三者可以相通，因为大美即

---

① 贾磊磊、许力勇. 用电影传播中国文化的精神——吴宇森导演访谈录[J]. 当代电影. 2010（10）：43—47.

大善，大善即大真。①

在通往好电影的道路上，华莱坞电影人的确一直在努力。即便是拍武侠片、功夫片，也已经从尔虞我诈与快意恩仇的叙事中寻找突破，建构自己的理想世界。香港功夫电影就经历了一次文化转型，从以暴易暴走向心灵救赎，从快意恩仇走向生命伦理，从江湖社会回归家庭本位。《功夫》（2004）、《霍元甲》（2006）、《叶问2》（2010）从各自的视角分别进行了反思与转型。如果说《功夫》（2004）将结尾定格在小男孩和小女孩的纯真欢笑中，预示着功夫片的返璞归真；那么《霍元甲》（2006）则完成了心灵的救赎。"武术没有高低之分，习武之人有强弱之别。通过竞技我们可以发现和认识一个真正的自己，因为我们真正的对手，可能就是我们自己。"《叶问2》（2010）则将此转型定型："我不是想证明中外拳术孰优孰劣，而是想证明，人虽有地位之高低之分，但人格不应有贵贱之别，希望从此以后懂得相互尊重。"影片结尾，当记者提问"叶师傅现在最想做什么"时，叶问一句"最想回家"似乎预示着浪子回头般的回归家庭。②

实际上，华莱坞电影人曾经拍过一些耐人寻味的老电影，尽管未必能称得上"好电影"。例如，关于亲情、友情和爱情，就有《笔中情》（1982）、《李清照》（1981）和《王勃之死》（2000）等。如果说《笔中情》（1982）描述了一种诗情画意的爱情，那么《李清照》（1981）和《王勃之死》（2000）就寄寓了文人雅士的友情。尽管也有"我本将心向明月，奈何明月照沟渠"的惆怅，以及"落花有意随流水，流水无心恋落花"的无奈，但这无法抹去人们的终极理想。一方面，"身无彩凤双飞翼，心有灵犀一点通"，"莫愁前路无知己，天下谁人不识君"；另一方面，"金风玉露一相逢，便胜却人间无数"，"两情若是久长时，又岂在朝朝暮暮"。③

四、结语

电影或许是唯一兼具经典性和大众性的大众媒介，这是其他大众媒介无法比拟的。换言之，华莱坞电影既有着吸纳与诠释中华优秀传统文化的能力，

① 姚锦云. 真善美：好电影的"家族相似性"[J]. 山东理工大学学报（社会科学版）. 2016（4）：87—93。

② 姚锦云、邵培仁. 华莱坞"功夫电影"文化变迁的香港镜像———以 1970—2010 年票房冠军价值观分析为例 [J]. 江苏师范大学学报（哲学社会科学版）. 2014（4）：58—64。

③ 姚锦云. 华莱坞电影与中华文化 [A]. 邵培仁主编：华莱坞电影概论 [C]. 杭州：浙江大学出版社，2017. 第 94 页。

又有着面向世界广泛传播的媒介特性。华莱坞电影能给世界电影提供什么优秀价值？世界能从华莱坞电影中获得什么启示？这只能通过与世界电影的对话与交流来实现，而不是单向的传递与宣传。而华莱坞电影的灵魂就在于其建构的理想世界，以及对人性的深层思考。

新时期以来华莱坞城市电影的空间呈现与流变

周　岩*

（国防大学文化学院，北京，100081）

摘　要：新时期以来的华莱坞城市电影在呼应现代转型的时代主题同时，表达着转型过程中的城市体验。从"都市里的村庄"与工厂并置，到现代城市空间，再到城市边缘空间，最终回归于多元多彩空间的共同展现，这一系列流变的城市空间图景展现了"华莱坞"电影对国人、国事、国史的共同记忆。

关键词：城市电影；新时期；空间呈现；流变图景；转型体验

城市题材影片中的城市想象是通过具体人物形象在城市中的感受与体验来呈现出来的，因此影片中对城市空间的展现对人物的行为与经历有着重要的形塑作用。近40年来的华莱坞城市电影对城市空间的建构，不仅展现出中国社会发展的巨变，更表达着国人对社会转型的体验。基于体验去审视光影城市空间图景的流变，可以探析国人心中对城市的感受，从而体现出"华莱坞"电影对国人、国事、国史的共同记忆。

一、改革题材影片："都市里的村庄"与工厂的共现

"都市里的村庄"是20世纪70年代末到80年代中期很多城市题材影片中所呈现出的城市。从现实的角度来看，改革开放之初的中国城市发展还很不够，现代城市的功能大都不够完善，而居住在城中的居民区基本是胡同、里弄，人际关系则是传统社会的"熟人"。随着城市化的推进，很多地方出现了"城中村"，这些都是社会转型过程中不可避免的阶段性现象。新时期初的

---

*　周岩（1980—　），男，江苏徐州人，国防大学文化学院讲师，传播学博士，主要从事华莱坞电影研究。

影片在展现城市日常生活场景时，基本以半村落式的老屋、平房影像为主。如《夕照街》（1983）中的老胡同，《都市里的村庄》（1982）中的城乡接合部，《逆光》（1982）中的逼仄弄堂，等等。但是，在那个改革剧盛行的年代，展示现代化城市的特征是影片从空间建构现代化图景的重要手段，因此这些影片均将镜头集中于工业部门的展现。所以，新时期初的改革影片中之所以特别强调工业部门的展现，不仅因为影片主题的框限，还在于当时城市结构相对简单，城市功能还有待于进一步发展。在当时的一系列改革影片中，直接取景于工厂的占了大多数，如《钟声》（1981）中的电机厂，《当代人》（1981）中的拖拉机厂，《血，总是热的》（1983）中的印染厂，《在被告后面》（1983）中的机械厂，《生活从这里开始》（1983）中的化工厂，《瞧，这一家子》（1979）、《街上流行红裙子》（1984）中的纺织厂，《赤橙黄绿青蓝紫》（1982）中的钢铁厂，《快乐的单身汉》（1983）、《都市里的村庄》（1982）中的造船厂，等等。以厂代城、以工业代表城市成为当时城市题材影片在空间展现方面的重要特点，因此城市被置换为工业，而工业则代表着现代化，这一逻辑与当时的"现代化预设"语境是完全一致的。此外，"村庄"式的生活空间与现代的事业空间常常被影片同时展现，如《逆光》（1982）中破败的小弄堂和工厂里的大吊车等重型机械，《海滩》（1984）中的传统渔村和现代化工城，《都市里的村庄》（1982）中的城中村和大型厂房中的轮船，等等，通过这些景观之间的对比形成了转型城市中截然不同的传统与现代空间，从而潜移默化地传达了影片对现代化发展的阐释。

　　情感建立于人们对事物的体验之上，是时间性、空间性和社会性的统一①，所以电影对城市体验的情感表达也会集中于具体时代的具体城市中。综合以上对城市主导改革者和改革模范的影片，改革开放之初的那些工业基地特别是重工业基地的城市成了主要的情感空间指涉。进一步分析可以发现，在书写主导改革者的影片中，城市的具体名称大都是被虚化的，或简单称之为"北方某城市""南方某城市"，或者以假名进行代替［如《最后的选择》（1983）中的清川市，《他在特区》（1984）中的虎口经济特区，等等］。这一虚化方式印证了这些影片对工业、工厂的强调和对广阔城市生活的忽略，突显改革发展主题同时也渗透着对现代转型的简单理解。20世纪90年代兴起

---

　　① 邵培仁. 时间、空间、社会化——传播情感地理学研究的三个维度 [J]. 中国传媒报告. 2011（1）：17—18。

的反腐文学继而热映的反腐类城市电影［如《生死抉择》（2000）、《生死界限》（2004）、《暖秋》（2011）、《国土资源局长》（2012）］则更是将城市虚化为北方、南方某市，以避免过度地映射现实中的贪污腐败案例，在突显主旋律的同时规避不必要的政治风险。

在书写城市响应发展的改革模范书写中，无论是对体制内的劳动模范呈现还是对个体户中的优秀代表书写，均在正面烘托改革开放新时代的城市面貌同时，展现了当代的城市生活。因此，与书写城市主导改革者的影片不同，这些影片大都展现了具体城市的广阔社会空间。比如《小字辈》（1979）中对于上海公路和高楼大厦的展示，《都市里的村庄》（1982）开头对上海外滩的展示；《瞧，这一家子》（1979）中对北京广阔市容市貌、公园场景的展示，《二子开店》（1987）中对北京天桥、胡同等的展示；《雅马哈鱼档》（1984）中对广州传统茶楼、市场的展示；等等。经统计，这些展现城市改革模范的影片中，北京和上海是出现频率最高的两个城市。展现北京的影片有：《瞧，这一家子》（1979）、《苏醒》（1981）、《锅碗瓢盆交响曲》（1983）、《珍珍的发屋》（1987）、《二子开店》（1987）等，展现上海的影片有：《小字辈》（1979）、《他俩和她俩》（1979）、《快乐的单身汉》（1983）、《逆光》（1982）、《都市里的村庄》（1982）、《街上流行红裙子》（1984）、《大桥下面》（1983）等。其他还有些影片对城市进行虚化处理，如《当代人》（1981）中所用的"南方某城市"，《女人的力量》（1985）中的"珠山市"，等等。影片之所以选择北京、上海等城市，应归于这些城市的工业相对发达、人口稠密，城市建设成熟，更具有现代气息，因此更适合展现改革发展新气象；同时，北京和上海均拥有电影厂，取材和拍摄的便捷性也是现实题材影片创作的重要考虑因素。此外，广东是改革开放的前沿，对个体经济的书写是其应有之义；同时，珠江电影制片厂的很多影片都立足于本地区，也有反映区域发展状况和文化特色的考虑。

可以看到，"憧憬型"体验的具体情感空间集中于工业特别是重工业发达城市。具体看来，书写城市主导改革者的影片基于各种现实考虑大都虚化具体城市，呈现城市改革模范的影片大都集中于北京和上海，而这两个城市正属于中国重要的工业城市之列，同时这两个城市的社会生活也是中国最为丰富和耀眼的，对此二城市的展现有助于论证现代化预设和烘托"憧憬型"的现代性体验。于是，新时期初的影像北京和上海就成为改革开放之初电影建构憧憬想象的具体的光明之城。

二、第五代导演的现代城市展现

20 世纪 80 年代后期到 90 年代，第五代导演的华莱坞城市电影逐渐走出对城市工业的狭窄视角，转向展现更为广阔的城市空间。《太阳雨》（1987）中繁华而喧闹的街道，《给咖啡加点糖》（1987）中展现的广州街头铺天盖地的广告牌、清晨的海珠桥上涌动的自行车、灯红酒绿的歌舞厅、咖啡厅等场景渲染出一幅现代化城市的图景。当时的城市发展情况是"旧的还没去掉，新的已经开始成长，这两个点在同一时期并行"[①]。黄建新的影片中，既有大型工业区的呈现［如《黑炮事件》（1985），《埋伏》（1996）］，也有大城市中的楼宇、街道、艺术馆、饭店、茶馆、高级宾馆、现代旅游景点［如《轮回》（1988），《站直啰，别趴下》（1992）］等现代城市的空间设置，同时在《背靠背，脸对脸》（1994）和《红灯停，绿灯行》（1995）中还展现了旧式办公楼、古城墙、小市场等传统城市场景。这种传统与现代空间并置的城市还是取决于以黄建新为代表的很多第五代导演对中国城市的认识，即"中国没有真正的城市。中国城市大量是农业思想基本构架的反映，是在农业文化基础上的相对商品化的地方。所以中国的城市电影应该表现的是中国城市向城市化迈进过程中中国城市的尴尬"[②]。所以，作为城市变迁思考者的黄建新在其作品中大都基于传统社会秩序与道德对新出现的各种新社会身份和社会乱象进行反思和批判。这种态度同样出现在张泽鸣和孙周的早期电影中，《太阳雨》（1987）以繁华而喧闹的街道和安静、有序的图书馆作为主人公亚曦的生活中两个截然不同的生活空间，构成了"东边日出西边雨"的两个世界，表达出导演对城市"乍晴乍雨"的不安和忧郁。《给咖啡加点糖》（1987）以现代城市的繁荣经济与丰富多彩的娱乐生活，展现出与繁华共生的躁动，主人公刚仔总想游离于城市，表现出其内心基于传统对初识现代城市空间时的疑虑与焦躁。此外，周晓文影片中的"疯狂都市"则以城市中的犯罪空间同样展现出当代城市的焦躁与绝望。可见，第五代导演在基于传统看待现代转型的过程中，对现代城市空间选取的主要视野是普通人群的生活空间，在现代城市特色展现的同时，也包含着对这些现代符号的反思。

张泽鸣和孙周的早期作品所涉及的具体城市主要集中于广州。《绝响》（1985）作为新时期初城市体验的一部力作，广州的深巷成为传统文化的隐

匿之处，供市民喝茶、吃饭、打牌的饭店和艺人在街头的表演以及傍晚市民聚集于胡同口切磋琴技等，将城市文化生动地展现出来。此外，影片中大量出现市井的音响，如街头叫卖声、收音机传出的广播节目、嘈杂的街头人语、孩童的半夜啼哭等则拓展了人们对城市空间的想象。《太阳雨》（1987）和《给咖啡加点糖》（1987）的取景也在广州。广州作为改革开放初期的发展前沿，城市生活的迅速变迁引起了张泽鸣、孙周等导演的关注，成为初识现代社会之时游离体验的具体指涉空间。此外，同样表现出飘忽游离之感的《最后的疯狂》（1987）和《疯狂的代价》（1988）也将故事的发生地置于南方某海滨城市，这与南方地区作为对外开放的窗口有密切的关系。

以传统道德与价值回瞥现代转型是黄建新的城市思考基点，他的电影大都取景于西安，如《黑炮事件》（1985）、《站直啰，别趴下》（1992）、《背靠背，脸对脸》（1994）、《红灯停，绿灯行》（1995）、《埋伏》（1996）、《睡不着》（1997）等。这与黄建新在西安长大有关系，他认为西安是一个比较典型的中国城市，带有很强的农业文明中城镇的风貌。西安的这一特点恰恰又符合了黄建新认为中国没有真正城市的判断，因此影片中代表现代城市的高楼大厦、广告霓虹等并不多见。此外，《轮回》（1988）指涉的城市是北京，《谁说我不在乎》（2001）取景于大连，《求求你，表扬我》（2005）取景于南京。在空间表达上，黄建新影片中出现最多的是古城墙，其次是对称的古建筑和低矮平房，这些场景的选取再次印证徘徊于现代与传统之间的"两分"体验。

夏刚、彭小莲、冯小刚等导演一直关注从情感角度，李少红、宁瀛、孙周等在20世纪90年代中期以来的作品中也体现出情感取向。在这一类影片中，北京是最主要的选择。《一半是火焰，一半是海水》（1989）、《大撒把》（1992）、《无人喝彩》（1993）、《一见钟情》（2001）、《四十不惑》（1992）、《红西服》（1997）、《无穷动》（2005）、《有话好好说》（1996）、《和你在一起》（2002）、《顽主》（1988）、《甲方乙方》（1997）、《不见不散》（1998）、《没完没了》（1999）、《大腕》（2001）、《手机》（2003）等一大批电影均取景于北京。作为政治、经济和文化的中心，北京不仅拥有现代城市风貌，也有广泛的民间社会空间，以上这些电影正是利用了北京的多维景观展现了当代中国的社会景象。此外，《上海纪事》（1998）、《假装没感觉》（2001）、《美丽上海》（2003）等影片通过取景于民间上海，亦展现出南中国的风土人情。

三、新生代导演早期作品中的边缘城市空间

新生代导演作品早期中大都是城市边缘人群，因此这些剧中人的活动空间自然属于城市边缘。《北京杂种》（1993）的取景大多在破厂房、小胡同、小饭店、昏暗的居民楼、废弃的铁道线等；《东宫西宫》（1996）则聚焦于肮脏的公共厕所之中；《冬春的日子》（1993）中东子躲藏灵魂之处是一间逼仄小屋；《小武》（1997）中展现的混乱狭窄街道、街道两边的小饭店、小发廊、路边摆设的桌球台以及时不时开过的拖拉机扬起的灰尘，影片末尾那根锁住小武的街边电线杆也是人物身份象征的重要边缘空间；《长大成人》（1996）中简易搭建的破旧临时房是主人公周青的成长之地。同时，这些影片中的正常城市空间依然可以展现出边缘城市的感觉：《北京杂种》（1993）中，镜头中淅淅沥沥的雨雾中依次扫过天安门广场、人民大会堂、人民英雄纪念碑和天安门城楼，伤感的音乐随着摄影机的缓慢横移渐起，崔健的《最后的抱怨》开始演唱："……我们要发泄所有的感觉，我们只有迎着风向前；我们要忘记曾经被伤害，我们只有迎着风向前；我们要结束这最后的抱怨，我们只有迎着风向前。"歌舞厅本来应是高消费的浮华之地，但《扁担姑娘》（1998）中的阮红身在其中却是个典型的边缘人物，因为她是个一贫如洗的歌女。《十七岁的单车》（2001）中的小贵虽然驰骋在北京的大街小巷，但他只能面对马路两边的高楼大厦"饱饱眼福"，因为他根本无法进入城市的实质——建筑物之中。可见，新生代影片中的城市边缘空间展现不仅有公认的城市边缘地带，同时也有边缘人眼中的边缘空间，人赋予空间的认识和情感才是对城市想象的空间建构的关键。

这些影片中的一部分指涉到具体的现实城市，可以大致地分成两类。一类是对北京、上海等大城市的边缘空间展现，如《北京杂种》（1993）中的昏暗胡同和逼仄楼房等，《东宫西宫》（1996）中的公共厕所，《十七岁的单车》（2001）、《头发乱了》（1994）中的贫民聚集地，《长大成人》（1996）中的贫民棚屋，等等，这些边缘空间营造出一个边缘的、异化的北京；《苏州河》（1999）则通过上海城市中的破旧老房、肮脏的河水、河边堆积的垃圾和混乱小街中的昏暗歌舞厅呈现出一个破败的、异化的上海，这些影片中的北京、上海和人们平日想象中的大相径庭。另外一类是欠发达的边缘城市、城镇，如《小武》（1997）、《站台》（2000）中的汾阳，《任逍遥》（2002）中的大同，《安阳婴儿》（2001）中的安阳（实为开封），土灰的城墙、狭窄的街道、破旧

的小医院、逼仄的小旅馆、昏暗的洗头房等是这些影片常表现的场景，形成了社会边缘人的活动空间。

四、90 年代末以来的多彩城市空间展现

20 世纪 90 年代末以来，华莱坞城市题材电影对城市空间呈现多元丰富的特征。整体来看，由于影片对多元人群的展现，城市的各个空间几乎都被呈现于银幕：从大型中心商业区、购物中心、高级写字楼、银行、股市、证券公司等商业、公务空间到茶馆、酒楼、酒吧、夜总会等现代娱乐空间，从别墅、高档住宅区等现代生活空间到老胡同、弄堂中的老平房等传统生活空间，再到贫民聚集地、破败楼房、农民工板房等边缘生活空间，从各种大工厂、工业基地到各色民间小作坊，当然还有飞机、地铁、出租车、火车、长途汽车、轮船等现代交通工具，等等。社会生活的各个角落呈现着不同人群的多元城市体验，共同呈现于影像之中。在此阶段，从现代城市空间入手进行城市反思的影片开始出现，城市空间对人们行为的形塑作用被强调出来。

新生代导演张杨在《洗澡》（1999）中以传统澡堂为核心展开了对传统生活方式的展现。澡堂对于国人来说，不仅是洗浴这样的基本物质效用，更重要的是其作为社区的公共空间所起到的连接社会的人际交往作用。在这一交往过程中，传统社会的人们可以进行有效的相互沟通，达成情感的连接和社会身份的自我确认和相互确认。影片对传统的以"澡堂"为代表的生活方式的认同态度和 80 年代影片对"都市里的村庄"的态度截然不同，那种"先进代替落后"的观念在《洗澡》中已经转变为对传统生活的正面肯定和眷恋，并认为这种近乎"乡村式"的传统中有非常值得保留的有价值部分，其中包含着国人所向往的基于伦理的和谐人际关系，这是应当得到延续的价值追求和国人期待的精神家园。

张一白在《开往春天的地铁》（2001）中从现代城市的交通工具入手，进而以城市交通的空间形构来隐喻当代人的感情世界。影片中男主人公建斌在失业后每天都游荡在地铁上，他在各个不同的城市空间不断转换却无处可去，作为空间转换工具的地铁不会给他目的地，只能展现出他内心的彷徨与暂时的逃避。地铁的快捷交通特性和城市人心的难以沟通形成了强烈反差，地铁本身的无目的性则隐喻了现代城市情感世界的迷惘与惶惑，一个物理空间交通便利却难以实现心灵沟通的城市被建构出来。

《好奇害死猫》（2006）中的现代高档住宅楼隐藏着主人公郑重对事业、

财富的欲望，崎岖山路之中的传统老屋则隐藏着他狂热的情欲，通过现代建筑与传统老屋的对比，现代人的虚伪与欲望的膨胀得以展现。《双食记》（2008）中陈家桥给情人 Coco 买的房子是他欲望膨胀的标志，同时也是他招致大难的地方；陈家桥与妻子燕子的家曾是他温馨之地，也是他最终的毁灭之地。现代城市的飞速发展让城市物欲横流、道德沦丧，张一白则通过揭示建筑中隐藏的欲望表达对当代社会道德与情感的反思。

在具体城市指涉方面，《爱情麻辣烫》（1997）、《洗澡》（1999）、《昨天》（2001）、《向日葵》（2005）、《阿司匹林》（2005）、《我和爸爸》（2002）、《杜拉拉升职记》（2010）、《独自等待》（2004）、《开往春天的地铁》（2001）、《失恋 33 天》（2011）等都将北京作为取景城市；《美丽新世界》（1998）、《玻璃是透明的》（1999）、《泥鳅也是鱼》（2006）、《夜。上海》（2007）、《恋爱地图》（2005）中的《再见》部分等则以上海城市展开故事；《好奇害死猫》（2006）、《秘岸》（2008）、《双食记》（2008）、《疯狂的石头》（2006）、《日照重庆》（2009）将镜头对准了重庆，这些影片以重庆特有的气候、地貌、交通等隐喻于剧情之中，将西南中国的人文地理空间进行了艺术再现。此外，杭州 [《非诚勿扰》（2009）]、南京 [《求求你，表扬我》（2005)]、武汉 [《江城夏日》（2006）、《生活秀》（2003）] 等城市在影片中均有一定的展现。

综上，新时期城市基于现代性体验的感受集聚地的分布呈现如下："憧憬型"体验中的城市基本被匿名为南方某市、北方某市，这在地理分布上是比较均匀的；惊慌与彷徨是真实体验到现代转型之初的"震惊"感受，主要集中在以广州为中心的南方沿海城市；以传统道德衡量现代转型是一种"回瞥型"感受，这一体验主要被附着于西安，北京、大连、南京也被指涉；被放逐的边缘感的空间展现呈现出两极趋势，一方面是展现在北京、上海等大城市的底层空间，表现出发达城市的阴暗角落；另一方面则是如汾阳、大同、开封等中西部欠发达城市、城镇；以情感建构当代城市的影片所指涉的城市分布较为广泛，主要有北京、上海、重庆、武汉、杭州、南京等，体现出多元和丰富性。北京是各种类型影片呈现最多的城市，其次是上海，可见对同一城市的不同空间的取景呈现出完全不同的城市图景，编织出彼此迥异的城市想象。归根结底，这些城市想象的差异还是基于不同时代、不同创作者对不同社会阶层、人群的艺术呈现，表达出不同电影人各异的社会思考与审美关照。

五、时代语境与影片主创者的城市想象

华莱坞电影中的城市想象是影片主创者对于城市认识与思考的影像呈现，影片中人物的城市经历与体验是主创者对城市想象的具体建构，在这一过程中，城市空间的表现也对城市想象的表达起到重要作用。30多年来，不同导演群体在不断变化的具体社会语境中突显出了一些基本相同的城市思考与认识，主要呈现出了美好憧憬中的光明之城、五味杂陈的市井之城、无望漂泊的异化之城和多元多味的五彩之城。影片主创者的城市想象并不是简单的自由思维发散，而是对各阶段具体社会语境中的多种影像因素的回应。

首先要肯定的是一代代城市电影创作者们对中国社会转型的强烈关注意识与态度，这是城市电影艺术价值的前提和保证。导演们纷纷基于艺术理想，以鲜活的艺术形象传达着对城市转型的思考，以艺术真实再现中国社会的发展与城市的变迁。正是这种真挚的感情和高尚的艺术理想，支撑了当代中国现代转型中城市想象的艺术魅力和作为影像记录的历史意义。

其次，新时期以来的社会语境不断变化，不同阶段的社会主题有所不同，反映城市转型的现实题材影片自然要随着社会变迁而不断呼应新主题。因此，在改革开放初期，当改革前景不甚明朗、改革成效还未显露的时候，改革影片呼应时代而生，这些影片对工业的书写自然地涉及城市，于是便呈现出了作为工业现代化前沿的城市图景，这一图景是基于"现代化预设"的，因此必定是光明的、具有美好前景的。80年代末，改革开放的成效已经开始显示出来，同时城市发展过程中的各种问题与现代城市本身的弊病逐渐显露，对于现代城市的反思逐渐开始。在现实中，对现代转型感触最深的还是广大城市中的普通人，面对着生活周围不断崛起的高楼大厦和不断消失的胡同、里弄，他们既惊诧于现代发展又怀旧于传统生活，面对现代社会的新规则和现代转型中的道德乱象，他们既彷徨于难以一时适应的新秩序，同时也尴尬地面对着失落的传统道德。因此，以黄建新等为代表的第五代导演反映了城市普通人生活中的诸多滋味，呈现出了五味杂陈市井之城。任何社会现实都不容被忽略，当新生代导演在他们的早期作品中呈现出城市的边缘人群之时，长期被遮蔽的城市角落逐渐为人们所认知。对边缘人城市体验的呈现本身就很具有意义，同时这些"无父一代"的导演们在影片中所呈现出的茫然、无望这一情绪，则多少反映了80年代末社会动荡对这一代人的深刻影响。因此，无望漂泊的异化之城具有基于90年代初期的现实社会语境。新千年以

来，中国经济社会进一步长足发展，多样化的社会现实和逐渐富足的国民状况给了城市电影创作以更为多元丰富的题材和展现对象，城市的各个群体、各个部分都被呈现出来，其中对情感的关注成了追求生活品位的广大民众的共同口味，于是多元多味的五彩之城成为当前城市想象的主流图景。

第三，不同时期电影业内的诸多因素也会影响到电影人对城市的呈现。新时期初，第三代、第四代电影人重新回到电影业的中心，以积极的态度放眼现实社会，对新历史时期报以无限的期待，这种创作热情也是这些老一批导演重新在业内获得话语权的内心写照。电影业对市场的顾及从 80 年代后期就逐渐开始，周晓文、李少红等第五代导演拍摄的"疯狂城市"影片可算得上是电影界迎合市场的初步尝试。90 年代初，新生代导演发现他们很难在现有电影体制内获得执导电影的资格，于是纷纷转向"地下"，并通过出国评奖来获得国内话语权和名誉。因此，边缘城市图景的呈现满足了西方对于中国另一面真实的想象，于是大小各种奖项接踵而至。可见，在文化全球化的时代，电影人的发展是多元化的，其作品中必然存在着多种权力话语的建构，这一点在 2000 年之后的华莱坞电影中体现得更为明显。随着电影产业化的不断推进，面向观众、迎合市场是当今绝大多数导演的共识，所呈现出的多元多彩城市图景也是满足了诸多需求的混合体，其中国内观众的娱乐需求当然是主要的，此外西方视域中的跨国想象（如《洗澡》《不见不散》等）也是华莱坞影片主创者必须为海外市场所考虑的要素之一。

综观近 40 年来的华莱坞影片中对城市空间的展现，从"都市里的村庄"与工厂并置，到现代城市空间，再到城市边缘空间，最终回归于多元多彩空间的共同展现，而影响影像城市空间这一呈现流程的因素中有中国社会语境和城市变迁的现实情况，有电影业自身的变化，当然也有国际化的影响，等等。诸多因素影响了华莱坞电影创作者对城市的认识与思考，呈现出了不断变迁的城市想象图景。

华莱坞电影消费史：以 1897—1917 上海观众为例

施晓娟　　付永春[*]

（浙江大学宁波理工学院，华莱坞电影研究中心，宁波，315000）

摘　要：本文意在通过对 1897 年至 1917 年上海本土观众的电影消费情况的考察，分析早期上海电影观众的阶层变化。由于 1897 年是电影最早介绍到中国大陆的时间点，而 1917 年则可看作上海正式进入专业化电影院的开端，因此选择这二十年的上海影戏院作为研究对象。学界对上海早期电影发展的研究各个方面多有涉猎，但大多数是从文化研究的角度，缺乏实证的支持，并未做更深入的研究。本文以《申报》登载的大量电影广告及相关新闻报道为样本，对其中相关史料进行梳理，重新考察上海影戏院的发展，把握其影院位置分布、票价的关系，分析影戏院地理位置的变化和票价所反映的阶级变化等问题，探讨 1897—1917 年间，上海本土观众的电影消费情况。

关键词：上海；影戏院；地理位置；票价；电影消费

一、引言

从当前来看，国内对早期上海电影的发展史研究较为充分。黄蓓在《上海早期电影院分布及其原因探讨》中对早期上海电影院地址分布的特点进行了多方面的分析。她指出："由于虹口的区位优势和美租界的建设使该区域具备黄金地段的价值和多元化的移民社会特点，因此 20 世纪 20 年代以前，上海的电影院主要分布在苏州河以北的虹口及其附近地区。"[②]孙黎在《在上海

---

　　* 施晓娟 (1995—)，女，福建泉州人，浙江大学宁波理工学院学院华莱坞电影研究中心科研助理，主要从事华莱坞电影史研究。付永春（1981—），男，山东潍坊人，浙江大学宁波理工学院华莱坞电影研究中心主任，副教授，新西兰奥克兰大学电影学博士，主要从事电影史研究。
　　② 黄蓓.上海早期电影院分布及其原因探讨 [J].上海文化，2016（4）。

"制作"观众——民国时期的电影与"共同体"想象》一文中通过早期上海影戏院的票价，分析其观众阶层，指出"早期中国电影的观众构成经历了一个'由上层到下层再到中上层'的过程"。① 但是这些研究多采取文化研究视角，或缺乏实证的支持，或研究样本偏大，对地理位置的研究和票价的探索都是点到为止，并未做更深入的探讨，更少有细致的梳理。

本文意在为重新考察 1897 至 1917 年上海影戏院的发展历程，探讨电影进入中国的前 20 年间上海本土观众的电影消费情况。本文主要基于 1897—1917 年间《申报》登载的大量电影广告及相关新闻报道为数据支撑来源，通过对相关史料的梳理，以放映场所类型为标准，将上海影戏院分成五大类，分别为：花园和游艺场、茶园、新式改良剧场、专业影院和其他社会组织机构或商业机构。使用"地图慧大众平台"制作将 1897—1917 年间的影戏院分别在地图中一一标志其位置，利用可视化试图观察其位置变化。

二、影戏院的五大类型

根据从《申报》中所整理出来的信息，笔者以放映场所类型为标准，将上海影戏院细分成五大类，分别为：花园和游艺场、茶园、新式改良剧场、专业影院和其他社会组织机构或商业机构。这与学界的主流分类略有不同。何莲在《申报里的早期上海电影（1896—1915 年）》一文中，将早期上海电影放映场所分为"传统戏园、花园、茶园新式剧场"。② 而赵莹莹则是通过对影戏院"花园电影、夜花园电影、茶园电影和茶楼"的分类，进行票价分析。③

（一）花园和游艺场

根据黄德泉先生在专著《中国早期电影史事考证》中的《电影初到上海考》一文可知，"1897 年 5 月，电影初次来到上海，22 日在礼查饭店首演，并于 1897 年 6 月 4 日（光绪二十三年五月初五日）移至张园安垲大洋房内放映"。④

而在此之后，1897—1917 年间在《申报》上可以看到各家花园刊登的电

①　周奇.传播视野与中国研究 [M].上海：上海人民出版社，2014.第 474 页。
②　何莲.申报里的早期上海电影 (1896—1915 年)[J].新闻大学，2011 (2)。
③　赵莹莹.寄人篱下——上海早期电影传播 （1897—1908) [J].电影艺术，2014 (1)。
④　黄德泉.中国早期电影史事考证 [M].北京：中国电影出版社，2012.第 15 页。

影放映广告：1897年徐园、奇园；1898年，徐园、张园、西园；愚园；1899年，徐园；1900年，徐园；1901年，徐园、张园；1902年，张园；1903年至1905年，虽然电影广告在《申报》不知何故消失了，但是在《字林西报》上张园的电影广告依然在刊登；1906年，张园的广告再次在《申报》中出现；1907年，留园、澹园花园、怡园；1908年，张园、群园大花园；1909年，徐园、张园、愚园、留园、余邨园、日商怡情园；1910，张园、亨白避暑花园；1911年，张园、西园、爱俪园（哈同花园）；1912年，张园；1913年，张园、法商/德商留园夜花园、亨白避暑花园、1914年，张园、愚园、亨白避暑花园、文明花园；1915年，愚园、奥商新留园、亨白避暑花园、亨白夜花园、大世界；1916年，张园、愚园、大世界、天外天、楼外楼、云外楼屋顶花园、绣云天大游戏场；1917年，新世界、天外天、绣云天大游戏场。

其中，除了徐园、愚园、颐园等经营性私园之外，还出现了诸如西园、留园、余邨园等的夜花园。它们是在中西文化混合、并存的特殊状态下，集合休闲活动、社会活动、政治活动为一身的公共活动场所。

1913年以后，天外天屋顶、楼外楼、新世界等新型花园式大型综合游艺类娱乐场所层出不穷。

（二）茶园

几乎与此同时，上海还出现了除了花园之外的另一个放映场所，即茶园。

1897年7月26日，《申报》上刊发了两则《天华茶园》的广告（广告如下页图）。

由此可见，天华茶园是上海最早放映电影的茶园。至此，电影拉开了在茶园放映的新篇章。此后，1898年，天华茶园、同庆茶园；1901年，群仙茶园；1906年，秋月楼；1907，天仙茶园、鸿禄茶园；1908年，丹凤茶园相继开始放映电影，并在《申报》上刊登广告。1909年，同益茶楼在《申报》上出现了最后一则电影广告，至此，《申报》关于茶园为放映场所的电影广告消失匿迹。

（1897 年 7 月 26 日《申报》）

（三）新式改良剧场

在电影还没传入上海以前，中国传统的戏剧、戏曲和杂耍等表演几乎占据了晚清都市文化生活的全部。"光绪三十四年（1908 年），上海第一座华人兴建的仿欧洲、日本的新式戏曲演出场所，上海新舞台建成，这也是上海地区第一个改良剧场。"[1] 之后以新舞台为基本样式，上海建了一批新式剧场。

根据《申报》的广告可以得知，1908 年 12 月 3 日，家叙乐戏戏园刊登了第一则电影广告。广告如下：

① 贤冀青.民国时期上海剧场研究 (1912—1949)[D].上海戏剧学院，2014。

（1908 年 12 月 3 日《申报》）

除此之外，1908 年华美戏园也在《申报》上刊登了电影广告。之后，1909，谋得利戏馆；1910 年、1911 年，商办新舞台；1912 年，大舞台；1913 年，北京大曲院、商办沪舞台；1914 年，商办开明公司新舞台、南市新舞台（由商办新舞台迁移新建后改名为"商办开明公司新舞台"，并将原址改名为"南市新舞台"，两台同时开幕）、振华舞台、新华园、春柳剧场、妙舞台；1915，谋得利影戏园（由"谋得利戏馆"改名）；1916 年，笑舞台等新式改良剧场的电影广告也相继在《申报》上出现。

这些新式改良剧场，不仅在舞台、观众席、剧场设施、结构上和以往茶园式的环境大不相同，其合理的布局和文明程度的增加，也为观众观影提供了更好的外部条件。

（四）专业影院

有学者认为，1908 年由西班牙商人雷玛斯在上海投资创建的虹口影戏院开幕，这是上海建造的第一座正式影院，也是中国境内第一座正式电影院。[①]但是郑君里则认为"1909 年兴起的幻仙影戏园才是已经'脱离茶园'而开始具备一种'独立的商业底规模'"。[②]

姑且不论上海第一座专业电影院是前者还是后者，仅从《申报》上的广告来看，1911 年 3 月出现了第一则专业影院的广告，即 1911 年 3 月 29 日的

① 薛峰. 雷玛斯与上海电影产业之创立 [J]. 电影艺术，2011（2）。
② 郑君里. 中国现代电影史略 [M]. 上海：良友图书印刷公司，1936. 第 8—9 页。

幻仙义记影戏园（即"幻仙影戏园"，后改名为"幻仙戏园"），广告如下：

（图片截自 1911 年 3 月 29 日《申报》）

　　1911 年 9 月 8 日，幻仙影戏园改名"群乐戏园"，兼映电影，并在《申报》上刊登电影广告。

　　之后的 1912—1917 年间，《申报》上刊登的电影广告不在少数：1912 年，维多利亚外国戏园；1913 年，群乐戏园、东京活动影戏园、幻梳外国大影戏园、爱伦活动影戏园；1914 年，群乐影戏园（由"群乐戏园"整顿改良后改名，专演影戏）、维多利亚影戏园（由"维多利亚外国戏园"改名）、东京活动影戏园、爱伦活动影戏园、大陆活动影戏院、夏令配克影戏园；1915 年，维多利亚影戏园、爱伦活动影戏园、夏令配克影戏园、域多利影戏园、东和活动影戏园、幻影电光影戏院、虹口活动影戏园（由"东京活动影戏园"改名）、共和活动影戏园、海蜃楼影戏园；1916 年，维多利亚影戏园、爱伦活动影戏园、夏令配克影戏园、虹口活动影戏园、共和活动影戏园、海蜃楼活动影戏园（由"海蜃楼影戏园"改名）、共和新剧影戏园、法兰西影戏院、爱普庐活动影戏院；1917 年，维多利亚影戏园、爱伦活动影戏园、夏令配克影戏院、东和活动影戏园、共和活动影戏园、法兰西影戏院、万国活动影戏院。

（1911 年 9 月 8 日《申报》）

不难看出，这些专业影院名字的变化，除了正名，比如把"东京"变成"虹口"之外，它的后缀名也随着潮流的变化而变化。对于此，黄德泉先生在《民国上海影院概观》中介绍："从'活动影戏园（院）'到'影戏园（院）'到'戏院'到'大戏院'等，而鲜有'电影院'"，并无实不同。"

（五）其他社会组织或商业机构

根据 1897—1917 年间上海《申报》刊登的电影广告来看，放映电影的地点除以上四种之外，还有一些社会组织和商业机构。

1. 礼查饭店：1897 年 5 月 22 日，电影首次在 Astor House（礼查饭店）放映。然而，有关礼查饭店的电影广告直至 1913 年才第一次在《字林西报》出现，在此之前均不曾在报纸上看见过有关它的广告。

2. 浦滩规矩堂："规矩堂"是"'共济会俱乐部''新总会''拜经堂'在中国的名称，专门操办娱乐与联谊事业"。①

1905 年 3 月 8 日，《申报》上出现了一则"浦滩规矩堂"放映电影的广告，称"西人开演影戏"，"有德人之由旅顺来沪者，有所照该处形胜及炮台战垒与日俄鏖战时之影片甚多，日前已在浦滩规矩堂开演，西人士之往观者无不鼓掌称善，今拟于租界繁盛之处择地开演，俾华人亦得一恢眼界如置身于战阵间也。"

3. 中国青年会：旧时中国各地的基督教青年会在当地都被统称为"中国青年会"，而上海中国青年会自成立以来便广泛开展以传播西方文化为主体的活动，电影放映就是其一。

———————————
① 马学新. 上海文化源流辞典 [M]. 上海：上海社会科学院出版社，1992. 第 247 页。

　　自 1907 年中国青年会在《申报》刊登放映电影的广告起，随后的 1908 年、1909 年、1910 年、1911 年、1913 年、1914 年、1915 年都能在《申报》上看到它的电影广告。

三、地理位置分布及其变化趋势

　　笔者从《申报》广告中整理出 1897—1917 年间，上海各类影院的地址如下：

影院类型	时间	影院	地址	对应的现在地址
花园	1897	徐园	闸北唐家弄	潼路山西北路附近
	1897	奇园	英大马路坭城桥下跑马厅	人民广场
	1898	张园	静安寺路之南，同孚路之西	南京西路之南，石门一路之西
	1898	西园	西门外斜桥之东	陆家浜路
	1898	愚园	静安寺西首赫德路 8 号	常德路 8 号
	1907	留园	法租界实昌路口南首营盘地内从南坭城桥朝南	徐家汇路
	1907	澹园花园	静安寺巡捕房后面相近曹家渡劳勃生路十号	长寿路
	1907	怡园	斜桥洋务局西首就颐园故址厅楼亭	

	1908	群园大花园	愚园北首胶州路华十六号	
花园	1909	余邨园	徐家汇福开森路	今武康路
	1909	日商怡情园	静安寺后胶州路中	
	1910	亨白避暑花园	徐家汇9号	华山路9号徐家汇路与制造局路西南转角附近
	1911	爱俪园	延安中路铜仁路口	
	1914	文明花园	跑马厅对面	
	1915	新世界	大马路泥城桥	南京西路4号西藏路口新世界商厦
	1915	亨白夜花园	徐家汇路12号	
	1916	天外天	上海三马路浙江路口	汉口路浙江路口
	1916	楼外楼	英二马路大马路大新街嘴角	九江路
	1916	云外楼屋顶花园	新北门外民国路中国租界	新北门外人民路处
	1916	绣云天大游戏场	四马路大新街口	福州路湖北路口
茶园	1897	天华茶园	四马路胡家宅	福州路乎望街口
	1897	同庆茶园	虹口大桥脚礼查酒店	虹口区黄浦路15号
	1901	群仙茶园	棋盘街	河南中路、广东路至延安东路段
	1906	秋月楼	四马路	福州路
	1907	天仙茶园	石路满庭芳原址	福建中路近广东路口
	1907	鸿禄茶园	三马路大新街口	汉口路湖北路街口
	1908	丹凤茶园	大新街三马路口	湖北路汉口路
	1909	同益茶楼	福佑路	
新式改良剧场	1908	家叙乐戏戏园	位于法界二洋泾桥南块	
	1909	华美戏园	法界十六铺外滩铁洋房内	十六铺外滩
	1909	谋得利戏馆	英租界大马路东口路北第三号门牌	南京路和平饭店所在地
	1910	商办舞台	上海十六浦外滩	
	1912	大舞台	三马路	汉口路
	1913	北京大曲院	三马路	汉口路

	1914	商办开明新舞台	城内九亩地大境路	露香园路与大境路东北转角
新式改良剧场	1914	妙舞台	沪南十六浦	
	1914	振华舞台	北京路江西路转角大利影戏园原址	北京东路江西中路转角
	1914	新华园	愚园路西	武胜路
	1915	谋得利戏馆	英租界大马路东口路北第三号门牌	南京路和平饭店所在地
	1916	笑舞台	广西路中汕头路口	
专业影院	1911	幻仙义记影戏园	英大马路坭城桥堍原天然有音戏馆旧址	南京东路与西藏中路交叉口西北角附近
	1912	维多利亚外国戏园	美租界被四川路转角的海宁路二十四号	海宁路四川北路东北转角的海宁路北
	1913	东京活动影戏园	上海美租界乍浦路中西书院北首第一百十二号	海宁路与乍浦路东南转角的乍浦路东
	1913	幻梳外国活动大影戏园	北四川路横浜桥北首	四川北路与海伦路交叉口附近
	1913	爱伦活动影戏园	美界海宁路鸣盛梨园原址	虹口海宁路与江西北路东北转角
	1914	大陆活动影戏院	上海英租界江西路自来水桥下南首	江西中路与南苏州路交叉口附近
	1914	夏令配克影戏院	静安寺路卡德路转角	南京两路与石门二路东北转角的南京西路 758 号之汇银大厦所在地
	1915	东和活动影戏园	上海武昌路四号东洋庙隔壁	武昌路与乍浦路西北转角附近
	1915	幻影电光影戏园	城内九亩地	露香园路和大境交叉口附近
			四马路青莲阁东隔壁	福州路湖北路口附近
	1915	共和活动影戏园	华界西门外方板桥	中华路与金家坊的东北转角之绿地
	1915	海蜃楼活动影戏园	城内九亩地新舞台北首	露香园路与大境路东北转角附近
	1916	法兰西影戏院	法界郑家木桥南凤舞台原址	福建南路与金陵东路西南转角，属福南小区一部分

专业影院	1916	爱普庐活动影戏院	北四川路海宁路北首五十二号	四川北路与海宁路西北转角的海宁路北
	1917	万国活动影戏院	上海虹口中虹桥塥庄源大弄东首	东长治路与旅顺路西北转角的原东长治路 367 号
其他社会组织	1905	浦滩规矩堂	延安东路 1 号（原亚细亚大楼）到 29 号	黄埔公园对面，原东方汇理银行大楼
	1907	中国青年会	四川路	今四川中路
	1913	礼查饭店	外白渡桥北塥东侧	虹口区黄浦路 15 号

从表可以看出，关于花园，除了聚集在静安寺区和徐家汇区的诸如张园此类私家花园之外，1915 年以后还开始出现了一种新型花园式的游乐场所，它们多集中在横穿四川路与西藏路之间的四条马路，即大马路、二马路、三马路和四马路。

上海最早放映电影的茶园是天华茶园，紧随其后的是同庆茶园、天仙茶园、鸿禄茶园、丹凤茶园。茶园类影戏院在 1897—1908 年间均分布在四川路南部偏西的大马路、三马路和四马路之间。

自 1912 年，茶园剧场衰落后，新式改良剧场出现，这也是海派京剧演出的主要剧场类型。不难看出其位置主要集中分布在西至广西路，东至黄浦滩，北至海宁路，南至吉祥街所成之范围。但是它位置分布广泛，有的甚至位于吉祥街东偏东以南外马路上的老太平码头。

1909—1912 间的专业影院零星出现，它们集中在四川路西侧的两条马路和四川路以北的海宁路。而 1913 年以后，专业影院进入高速发展阶段，其位置分布主要在东至乍浦路，西至静安寺路，北至北四川路，南至城内小九亩地，以此框定的范围内，向四周扩散，其中尤其集中在四川路以西的位置。

总的来说无论是从时间还是影戏院类型来看，电影放映场所的范围都在扩大，四川路作为上海公共租界中区的一条南北向干线，影戏院主要以此为轴，向四面八方扩散，但还是集中在四川路以西的位置。

综上所述可以得知，虽然影戏院的类型不同，可能会造成其位置不同。但从总体上看，"上海的首轮豪华影院几乎都集中在南京路、静安寺路一带"。[①]而这豪华影院的代表，诸如张园、徐园此类的花园类影戏院则主要位于静安寺路（今南京西路）附近，这与当时"静安寺路一带城市化的迅速发展，形

---

① 石川 . 虹口为何曾是上海的观影中心 [N]. 文化报，2017-6-23（16）。

成了上海最早一片高级住宅区"有关。① 除此之外，其他类型影戏院包括后来的大世界等新型花园式大型综合游艺类娱乐场所，都主要分布在偏离了上海租界中心的苏州河以北的虹口地区，这其中又以北四川路、海宁路、乍浦路一带分布最为集中。

追其原因，首先，"从交通建设来看，虹口地区交通线路便利，方便市民前来观影；其次，从地租价格来看，虹口地区相对于当时开发完善且人口密度集中的公共租界中区和西区，其地租较为廉价"。② 而这也造成了其居民结构的多元化。"数量庞大的人口推动了虹口地区的生活和消费，使北四川路一带成为南京路之后上海又一大繁华商圈"。③

显然，庞大的消费群体能够带动经济的发展，由此可见，影院的位置分布，与该地区的消费水平也有密不可分的关系。

四、从影戏院票价看观众阶级

民国时期，人们不用出国，就能见到上百种货币。"民国初期市面流通货币共分银圆、台伏、小洋、铜圆、铜钱五种"。④ 货币种类之繁杂多样，不仅名称不一、长相不一，换算方法也各有不同。

但不管多么混乱繁杂，"像'袁大头''孙大头''龙洋'和'鹰洋'这四种银元，还是可以被全国各地甚至海外居民所认可，而且不管后来纸币发行量有多大，它们的购买力并没有发生剧烈的变动，自始至终都很'值钱'，且自始至终都被买家和卖家所欢迎"。⑤ 而这四种银元，就是民国时期人们所谓的"大洋"。

那时的上海，民间把"一个银圆称为大洋一元；一个银圆的十分之一，称为大洋一角。起初银角十角等于一元，后因铸造过滥、成色降低而贬值，银圆一元通常可兑换十一二角。此后银角就称小洋，小洋一角一二分合大洋一角。通用银圆一元得换铜钱一千零二十二文，小洋每角得换铜钱九十六文，

① 上海市静安区土地规划和管理局组编.静安地名追踪[M].上海：复旦大学出版社，2013.第104页。
② 侯凯，石川.上海虹口地区的影院空间建构（1896—1937）[M].虹口电影史料汇编.上海：上海科学技术文献出版社，2017.第103—110页。
③ 石川.虹口为何曾是上海的观影中心[N].文化报，2017-6-23（16）。
④ 蔡小军.福建银行及其发行的纸币[J].中国钱币，2008（1）。
⑤ 李开周.一块大洋能买什么[J].文史博览，2013（2）。

铜圆每枚得换铜钱八文"。[①]

由此可以得出大洋、小洋、铜圆和铜钱的换算公式为：

1 大洋 =11 银角 =1.1 小洋 =8.8 文铜圆 =105.6 元铜钱

根据《申报》上各影戏院所登广告注明的票价，按照当时大洋和小洋的换算率进行换算，其票价表如下：（单位 / 大洋）

影院类型	影院 年份 场别 位等级		特等座		一等座		二等座		三等座		四等座	
			日场	夜场	日场	夜场	日场	夜场	日场	夜场	日场	夜场
花园	徐园	1898			0.8		0.4		0.2			
		1899			0.8		0.4		0.2			
		1900			起码 0.2、绿票 0.4、红票 0.8							
	张园	1901			2		1		0.5			
		1902			1		0.6		0.4			
		1906			1		0.6		0.3			
		1908			每位游资五角							
		1909			1							
		1910			0.6		0.3		0.2			
		1911			0.2							
		1913			0.5		0.3					
		1914			0.2							
		1916			0.5							
	西园	1898			2		1		0.5		0.3	
		1911	0.3	0.4	0.2	0.3	0.1	0.2	0.06	0.09		
	愚园	1898			0.4							
		1909			0.1							

① 李娜 . 基于汉语大词典的民国词汇研究 [D]. 山东大学，2011。

类别	名称	年份					
茶园	留园	1907	取游资 0.5				
	怡园	1909	长票每张十五元可用四月半				
		1907		1	0.6		
	日商怡情园	1909			1		
	哈同花园	1911			1		
	文明花园	1914	1	0.5	0.3	0.2	
	天华茶园	1897		0.5	0.4	0.2	0.1
		1898			0.4		
	同庆茶园	1897		0.4	0.2		
		1898			0.3		
	群仙茶园	1901		0.8	0.5	0.3	0.2
	天仙茶园	1907			0.1		
	丹凤茶园	1908		0.8	0.5	0.3	
新式改良剧场	家叙乐戏戏园	1908		1.5	1	0.6	
		1909			1	0.6	
	华美戏园	1909	0.5	0.3	0.15		
	谋得利戏馆	1909	2	1.5	1	0.8	0.6
		1915			1	0.7	0.5
			0.3	0.2	0.6	0.3	
	商办新舞台	1913	0.1	0.2			
	南市新武台	1914		0.1	0.2		

新式改良剧场	大舞台	1912		0.3		0.2	
	北京大曲院	1913	日戏 包厢 0.2；正厅 0.1		夜戏 包厢：头等 0.2；二等 0.2 正厅：头等 0.2；二等 0.1		
	商办新沪台	1913	0.1				
	妙舞台	1914	0.3	0.2	0.1	0.08	
	振华舞台	1914	0.4	0.8	0.3	0.6	0.2	0.3
			0.8		0.6		0.3	
	笑舞台	1916	夜戏 月楼：0.6 包厢：特厢 0.5；头厢 0.2 厅：特厅 0.4；头厅 0.3		日戏 月楼：0.4 包厢：特厢 0.3；头厢 0.1 厅：特厅：0.2；头厅 0.1		
专业影院	群乐戏园	1913	0.8	0.6	0.4	0.2	
	维多利亚影戏园	1914		2	1	0.5	
	东京活动影戏园	1914	日戏 楼上 0.2 楼下 0.1		夜戏 头等 0.3 二等 0.2 三等 0.1		
	幻梳外国活动大影戏园	1913		1	0.6	0.3	
	爱伦活动影戏园	1913	登楼 特等 0.5；头等 0.4		正厅 头等 0.3；二等 0.2		

专业影院	爱伦活动影戏园	1915	登楼 特等 0.3；头等 0.2		正厅 头等 0.2；二等 0.1		
	大陆活动影戏园	1914	0.4		0.3	0.2	
	夏令配克影戏园	1915	日戏 登楼 1.2；正厅 0.4		夜戏 1.7		
	东和活动影戏园	1915	日戏 楼上 0.2；楼下 0.1		夜戏 头等 0.3；二等 0.2；三等 0.1		
			1		0.7		
		1916	0.3		0.2	0.1	
	共和活动影戏园	1915	登楼 0.2；正厅 0.1				
	海蜃楼活动影戏园	1915	0.3		0.2	0.1	
			正厅 特等 0.5；头等 0.3		包厢 特别 1；头等 0.7		
		1916	登楼 0.1；正厅 0.09				
		1916	0.9	1.8	0.9	0.7	
		1917		0.2	0.1	0.5	0.75
其他社会组织	礼查饭店	1913	2		1	0.5	
	中国青年会	1908	2		1		
		1911	1		0.6		
		1914	0.3				
		1915	0.36				

首先，可以肯定的是，1897—1917，20 年间各个电影院自身的票价变动并不大。其次，从上表看，各影院座位分类多种多样，除了有特等座、头等座、二等座、三等座、四等座之分外，个别影院还有"楼上""楼下""正厅""包厢"之分，新式改良剧场和专业影院更是有日戏和夜戏之分，且票价都不相同。为了方便统计，笔者根据表格所统计的票价，将各影戏院的位置进行再次分类，分别为优等座位（包括所有的特等座、头等座）、中等座位

（包括所有的二等座）、普通座位（包括所有的三等座及以下）。

平均各类影院票价，优等座位票价为 0.795 元，中等座位票价为 0.516 元，普通座位票价为 0.29 元。

花园类影戏院最高票价为张园和西园，达到 2 元。花园优等座位平均票价为 0.86 元，中等座位平均票价为 0.48 元，普通座位平均票价为 0.27 元。

茶园类影戏院最高票价是群仙茶园和丹凤茶园，达 0.8 元。茶园优等座位平均票价为 0.42 元，中等座位平均票价为 0.4 元，普通座位平均票价为 0.22 元。

新式改良剧场最高票价为谋得利戏馆，也高达 2 元。其优等座位平均票价为 0.48 元，中等座位平均票价为 0.41 元，普通座位平均票价为 0.4 元。

专业影戏院最高票价为夏令配克影戏园，为 1.7 元。其优等座位平均票价 0.5 元，中等座位平均票价为 0.43 元，普通座位平均票价为 0.2 元。

其他社会组织中，中国青年会和礼查饭店最高票价均达到 2 元。优等座位平均票价为 1.7 元，中等座位平均票价为 0.86 元，普通座位平均票价为 0.4 元。

显然，从票价上来看，不同身份的人，通常聚集于各自特定的场所观看影片。

考虑到票价的复杂多样，并无法对每个影戏院一一比较研究，所以笔者将五类影戏院的优等座位平均票价与所有电影院优等座的平均票价做对比，不难看出除了花园和社会组织的优等座位平均票价在平均票价之上，其他三类茶园、新式改良剧场和专业影戏院优等座的平均票价均低于总平均票价的一半。

除此之外，花园的中等座位票价与茶园、新式改良剧场和专业影院的优等座位票价相差无几。由此可以猜测，花园类影戏院的观众定位和其他影戏院的观众定位或许是存在差别的。

然而从另一方面看，花园的普通票价又与茶园和专业影院相当，且低至 0.27。基于前面的推断，花园类型影戏院定位应该是高于其他影戏院的。同一时间，花园的票价差距如此之大，是否意味着电影一经传入上海，就迅速融入这个国际大都市之中，上至富人，下至平民均有能力去观看电影？

电影票价在同一时间内有这么大的跨度，反映的是电影在上海的发展速度并不是循序渐进地"先在上层阶级崭露头角，继而慢慢转向中产阶级，最后平民化、普及化"，相反的，它从一开始就打入了整个社会阶级，包揽了上海各阶层的人。更有甚者还会给妇女、儿童、学生给予票价上的优惠，打出诸如"孩子减半"的广告，而这一举措，也有利于电影迅速在上海发展。

　　上文中提及，1915 年开始出现了一种新型花园式的游乐场所，即新世界、天外天、楼外楼、云外楼屋顶花园、绣云天大游戏场，其票价在形式上与上述的影院有很大差别。经笔者对比，这类新型花园式游乐场所票价形式大同小异，且每年价格变化都不大，因此不一一赘述。仅以新世界为例，摘自其1915 年在《申报》上刊登的广告图片如下：

（1915 年 8 月 3 日《申报》）

　　广告中讲道："（门票）每位两角听书看影戏戏法听滩簧弹唱各种游玩一应在内；（公司大菜）每位一元吃大菜看影戏听滩簧看戏法听说书一应在内不收门票。"

　　这类影戏院改变了上述五种影戏院类型单一的票价形式，采用的是"套票式"购票方法。其中最常出现的就是像新世界这样的"门票影票一体式""饭票影票一体式"。从上面的数据看，0.2 元甚至低于各类影戏院普通座位的票价，且娱乐方式除了看影戏之外，一应俱全。

综上所述，不难看出影戏院确实在走向大众化。诚然，电影一开始的出现不是从一个阶级向另一个阶级过渡，但毋庸置疑的是，它的发展趋势是从上层阶级向下层阶级扩散的。

五、早期上海各阶层市民的消费水平

由于当时的社会复杂性，货币也是多种多样。为了方便研究，笔者已经将票价单位一致换算成大洋。但是基于物价不同，社会环境不同、各阶层的收入和消费水平也不相同，单从票价上看，并不能得知当时的电影票的定价符合哪个阶层的消费水平。因此，了解当时大洋的购买力和各阶层的收入情况是很有必要的。

截取陈明远在《历史上银圆的购买力》一文中所统计的"1912 年—1917 年上海市银圆购买力（跟 1912 年标准的 1 银圆相比）涨落幅度表"。[①] 表格如下：

年度	物价指数	银圆比价	合 1995 年人民币	合 2009 年人民币
1912 年	100.0	1 圆	44 元	88 元
1913 年	106.0	9 角 4 分 3	41 元 5 角	83 元
1914 年	113.6	8 角 8 分 0	38 元 7 角	79 元 4 角
1915 年	102.9	9 角 7 分 2	42 元 8 角	85 元 6 角
1916 年	111.6	8 角 9 分 6	39 元 4 角	78 元 8 角
1917 年	105.5	9 角 4 分 8	41 元 7 角	83 元 4 角

（陈明远，《历史上银圆的购买力》）

关于 1 块大洋在当时的购买力，香港名医陈存仁在《银元时代生活史》中记载："1914 年的上海，一块大洋能买 44 斤大米，也可以供 5 个人去中档的西餐厅吃一顿大餐。"[②]

由此可知，从大体上看，电影票是比较昂贵的。对于张园之类特等座票价高达 2 元的影戏院，看一场电影相当于大部分人好几个月的饭钱。

那么，1 块大洋，对于那个时代不同阶级的人来说，又有怎样的差距？

由于旧中国的统计资料缺乏系统性，关于 1897—1917 年间收入分配的研究更是不多，笔者找到了杜恂诚根据 1933 年上海各阶层的人数和收入比所作

---

① 陈明远. 历史上银圆的购买力 [J]. 社会科学论坛，2010（2）。
② 李开周. 一块大洋能买什么 [J]. 文史博览，2013（2）。

的"1933 年上海城市社会的排序表"和"各等级人均收入及倍数"[①]：

第一等级（上）	第二等级（中上）	第三等级（中下）	第四等级（下）	第五等级（下）
特权官僚	一般工商业者	办事员	工人	城市贫民
上层工商业者	一级政府职员	低级职员		

	一	二	三	四	五
人均年收入（元）	68 439	2 009	400	202	101
倍数（第五等为 1）	677.6	19.9	4.0	2.0	1.0

（单位 / 大洋）

（杜恂诚，《1933 年上海城市阶层收入分配的一个估算》）

综上可知，价格昂贵的花园式影院，几乎是第一等级这些人均年收入高达 68439 银圆的、恩格尔系数低的人群的专属娱乐场所，他们有足够的时间、金钱和精力去看电影。但几乎在同一时间，也不乏票价低至 0.1 元的，诸如天华茶园的影戏院出现。这或许可以推断出电影一经传入上海，就迅速融入这个国际大都市之中，上至富人，下至平民均有能力去观看电影。

但是，结合票价和收入水平看，第四等级的工人人均年收入 200 银圆，即平均每天只有 0.5 银圆，显然 1897—1917 年间，哪怕是低如茶园的 0.1 元的电影票，对于他们来说都称得上是一笔不菲的开销。第三等级的人群虽然年均收入比其多了一倍，但高于 0.5 银圆的电影票也并不是他们能够随意承受得起的。

就这点来看，虽然电影院在 1913 年以后如雨后春笋多了起来，高消费的花园式影院变少了，较为"平价"的专业性影院增多了，但是这种"平价"很明显是相对而言的，第四、第五等级的人群依然没有经济能力进电影院看电影。这与上面所说的影戏院位置分布于其地区的消费水平有关并不矛盾，虹口地区虽然聚居了许多的普通市民，也有许多底层民众，这为其影院的后续将朝着"大众化"的方向发展，打下了强大的"群众基础"。

可以肯定的是，就这 20 年间的影戏院票价来看，其观众构成并不像孙黎在《在上海"制作"观众——民国时期的电影与"共同体"想象》一文中所说的"早期中国电影的观众构成经历了一个'由上层到下层再到中上层'的过程"。[②]就笔者从《申报》广告中所整理的票价来看：时间维度上来说，

①　杜恂诚 .1933 年上海城市阶层收入分配的一个估算 [J]. 中国经济史研究，2005（1）.
②　周奇 . 传播视野与中国研究 [M]. 上海：上海人民出版社，2014. 第 474 页。

1897—1917 这年间，上海各类影戏院的票价并没有明显的变化趋势，即各类电影院的定位一直都很明确；根据各类影院票价的横向对比，高阶级与中阶级电影院几乎在同一时间出现，并不存在"从上到下"的变化。之后随着专业电影院的盛行，票价基本保持在中等水平，变化不大。然而，这并不意味着电影院的"阶级特征"变得模糊，相反，各影院座位分配的复杂多样，从另一角度也体现了电影院"阶层"的泾渭分明。

去影院看电影，是那个时候上海许多人喜爱和梦想的娱乐方式，而作为电影消费重要空间的影戏院和作为见证着电影行业发展成果的票价，都是见证上海政治、经济、文化与社会变化的重要载体。《申报》作为当时上海影响最大的大众传媒，登载了大量的电影广告及相关新闻报道，而沉睡在《申报》里的电影信息，更是帮助了解中国上海早期电影史的一笔巨大的财富。

四、贤文化与组织传播

【主持人语】以儒家文化为主体的中国传统文化，在长期的发展过程中，已经成为中华民族的文化基因和内在动力。这种文化基因体现在生产和生活的各个方面，对各行各业的发展产生文化的自觉作用、价值的指向作用和行为的推动作用。儒家倡导人们努力修身，建功立业，成就内圣外王之志，并由此形成培养贤者、尊重贤者、成就贤者，追求成圣成贤的精神动力和文化成果——贤文化。这种以成圣成贤为最终目标的文化追求对中国历史的发展和中华民族精神的形成产生着持久的影响和推进作用。

几千年的封建时代是以农业为主的社会。以农为本对于解决人们对衣食的最基本需求起着积极的作用。在农业发展的不同时期，剩余产品和生活中的各种需要使交换成为不可缺少。这种以交换为基本行为的活动促进了商业的发展。自古以来，商品交换的发展催生了商业的产生和商人队伍的形成。受儒家文化影响的中国，商人在从事交易活动时不忘成就圣贤之志，坚守仁道，保持礼节，通权达变，利人利己，诚信无欺，形成独具中国文化特色的儒商精神。这种儒商精神在历史上留下可歌可赞的功绩，在今天仍旧成为民族精神的代表和时代经济发展的推动力。

张洁博士的《子贡的儒商精神及当代价值》以孔子的杰出弟子子贡为代表，以文献史料、经典案例为依据，全面展示子贡的儒家思想特征和儒商形象，从以人为本、见利思义，敏而好学、富而好礼，内诚于心、外信于人，通权达变、兼济天下等四个方面论述了子贡的儒家人格特征和儒商精神形象，突出了子贡崇仁尚德、富而好礼，聪慧勤奋、好学深思，言行一致、诚实守信，救济贫困、心怀天下的儒商精神。并且结合时代特征论述了新时期儒商精神的表现和社会意义，认为以德修身、自强不息，以人为本、诚信经营，博施济贫、经世济民正是儒商精神的当代价值之所在。这种由古及今的视角能够把儒家文化及儒商精神的历史意义和当代价值贯通起来，给儒家文化以准确的认识和客观的评价，给儒商精神以系统的总结和精准的提炼，在严谨而平实的论述中给"商"与"儒"的结合展现了明确的道路。

李刚博士与张鑫、陈莹燕等人合作的《贤文化研究综述》，以调查研究和现有成果为基础，对当前国内的贤文化建设状况及贤文化研究成果做了较为全面的总结，把历史上的贤文化成果和当今国内贤文化建设案例分为地方城镇社区"贤文化"、学校教育"贤文化"和商帮历史"贤文化"等几个方面，阐述了地方社区"贤文化"建设的内容和特点，介绍了学校教育"贤文化"建设的部分案例，并且结合史料和影视作品回顾了商帮历史"贤文化"中的部分典型代表，分析贤文化建设的历史意义和时代价值。文中详细介绍了对中盐金坛公司贤文化建设进行调研和分析的材料，把中盐金坛公司贤文化建设作为研究个案，在阐述中盐金坛公司贤文化建设的过程中，分析了贤文化对于企业员工、企业自身发展的积极作用，论述了贤文化建设的时代意义和社会价值。并且通过分析推理和逻辑论证得出结论：贤文化为当代企业乃至当今社会提供源源不断的文化养分和生生不息的精神动力。

（中盐金坛公司《贤文化》副主编　孙鹏）

子贡的儒商精神及当代价值

张 洁*

（中国传媒大学，传播研究院，北京，100024）

摘 要：子贡作为儒商鼻祖，一生亦儒亦商，将儒家学说与经商之道相结合，无论是为学、为商还是为官，都取得了卓越的成就。本文以《论语》《史记》等文献之中关于子贡的记载为基础，还原其历史文献中的儒商形象，探求子贡身上所体现的儒商精神并思考其当代价值。

关键词：子贡；儒商精神；当代价值

封建时期的商铺中常悬挂"陶朱事业，端木生涯"的牌匾，其中，"陶朱事业"指的是陶朱公（范蠡）弃政从商，"端木生涯"指的是端木赐（子贡）学儒经商的事迹。范蠡、子贡二人有着广泛的社会影响，商界至今还流传着"即在黎阳学子贡，何必南越法陶朱"的佳句。端木子贡师从孔子，并被推举为"孔门十哲"之一，他成功地将儒家学说与经商之道相结合，儒家精神贯穿其整个经商生涯，被后世尊为儒商之祖。

周生春、杨缨认为："儒商在春秋、战国之际就已出现，但'儒商'一词最早出现于清康熙间人杜浚所撰《汪时甫家传》中，而与'儒商'含义相同的'儒贾'一词最初见于嘉靖时期汪道昆所撰的《范长君传》中。"[②]"商"在社会分工中较早出现，常常用来指称做买卖或从事私营工商业的人。早在先秦时期的文献中，就存在"士、农、工、商"四类阶层的划分，如《春秋·谷

---

　* 张洁（1990—），女，山东高密人，中国传媒大学传播研究院 2017 级博士研究生，主要从事传统文化视听传播、华夏传播研究。

　② 周生春、杨缨. 历史上的儒商与儒商精神 [J]. 中国经济史研究，2010(4)。

梁传》中云："古者有四民：有士民、有商民、有农民、有工民。"①《管子·小
匡》云："士农工商四民者，国之石民也。"②"儒"这个概念可以追溯到《周
官》，《周官》中言："儒，以道得民。"③将身怀六艺且能教民之人称作儒。"儒"
与"商"的结合，在当时称之为"良商"或者"诚贾"，如《管子·乘马》篇
云："非诚贾不得食于贾。"④《战国策·赵策三》曰："夫良商不与人争买卖之
贾，而谨司时。"⑤这是"儒"与"商"的初步结合，也是中国儒商文化的萌
芽。

　　但仅仅具备文化知识并不能称之为"儒"，仅是有文化的商人不能称之
为"儒商"。所谓"儒商"，应是深受中国传统文化、特别是儒家文化影响的
商人，将传统文化理念和儒家精神贯彻其经营活动之中，以正当手段谋求经
济利益，同时具备较高的道德修养和文化水平，从而形成其特有的经营哲学、
行为规范、价值追求的商人。作为儒商鼻祖的子贡，多次出现于《论语》《史
记》等历史文献之中，透过这些文字记载，我们可以还原一个形象具体、生
动鲜活的儒商形象。

一、子贡的儒商形象

　　子贡，姓端木，名赐，字子贡，春秋时期卫国人。他生于商人家庭，十
七岁拜孔子为师，此后担任过卫国、鲁国的宰相，齐国的大夫。孔子对学生
子贡的评价颇高，不仅把他比作"瑚琏"之器，还评价说："赐之敏贤于丘。"⑥
（《孔子家语·六本》）认为子贡比自己还要机敏聪慧。仅《论语》一书中，就
有57次提到子贡。作为孔子的得意门生，子贡不仅用自己经商所得的财富资
助孔子周游列国，还积极宣传孔子的思想学说，"夫使孔子名布扬于天下者，
子贡先后之也"⑦（《史记·货殖列传》）。他一生亦儒亦商、亦官亦商，无论为
学、为官还是为商，都具有卓越成就。

① 承载.春秋·谷梁传译注 [M].上海：上海古籍出版社，2012.第 436 页。
② （春秋）管仲.管子 [M].郑州：中州古籍出版社，2011.第 122 页。
③ （宋）王安石.周官新义附考工记解（卷一）[M].北京：中华书局，1983.第 17 页。
④ （春秋）管仲.管子 [M].郑州：中州古籍出版社，2011.第 50 页。
⑤ （西汉）刘向.战国策 [M].北京：中华书局，2012.第 615 页。
⑥ （三国）王肃.孔子家语 [M].郑州：中州古籍出版社，1991.第 273 页。
⑦ （西汉）司马迁.史记 [M].北京：中华书局，2006.第 752 页。

（一）以仁为本，见利思义

儒学以"仁"作为人格的基本要义和根本准则，一切行为规范和道德修养皆由其而生。"人而不仁，如礼何？人而不仁，如乐何？"①（《论语·八佾》）"志于道，据于德，依于仁。"②（《论语·述而》）"知及之，仁不能守之；虽得之，必失之。"③（《论语·卫灵公》）这些都说明了"仁"是儒家人格修养的本质与核心。子贡多次向孔子请教什么是"仁"、如何成"仁"，孔子告诉他："工欲善其事，必先利其器。居是邦也，事其大夫之贤者，友其士之仁者。"④（《论语·卫灵公》）追求仁德、仁义，就要敬重一国之中贤能的大夫，与士人中的仁者交朋友。李泽厚认为："'仁'即非常高远又切近可行，既是历史责任感又属主体能动性，既是理想人格又为个体行为。"⑤对于"仁"应该是主动的追求，而不是被动的要求，"为仁由己，而由人乎哉？"⑥（《论语·颜渊》）"仁远乎哉？我欲仁，斯仁至矣。"⑦（《论语·述而》）求"仁"的过程是自觉而真诚的。因为，"仁"是社会生活中处理好个体与自我、个人与他人关系的原则，仁德的培育是通过培养内在的道德素养来强化其外在的人格修养。个体在自我追求"仁"的过程中，在加强自身道德修养基础上，还要做到"仁者爱人"，并且能够"推己及人"。"夫仁者，己欲立而立人，己欲达而达人。能近取譬，可谓仁之方也。"⑧（《论语·雍也》）这是从积极方面主动践行"仁"的行为，"己所不欲，勿施于人"则是消极层面的恪守"仁"的方法。孔子告诉子贡自己并非"多学而识之者"，而是有一个基本观念来"一以贯之"，这个一以贯之的"道"便是"忠恕之道"。冯友兰先生指出："所谓的忠恕之道就是仁道，行仁就是在履行社会的责任和义务，这就包括了义的性质。因而忠恕之道就是人的道德生活的开端和终结。"⑨

追求仁义并不意味着排斥利益，儒家认可追求物质财富的正当性"富与贵，是人之所欲也。"⑩（《论语·里仁》）连孔子都坦然承认："富而可求也，虽

---

① 杨伯峻.论语译注[M].北京：中华书局，2007.第24页。
② 杨伯峻.论语译注[M].北京：中华书局，2007.第67页。
③ 杨伯峻.论语译注[M].北京：中华书局，2007.第169页。
④ 杨伯峻.论语译注[M].北京：中华书局，2007.第163页。
⑤ 李泽厚.中国古代思想史论[M].北京：生活·读书·新知三联出版社,2013.第21页。
⑥ 杨伯峻.论语译注[M].北京：中华书局，2007.第33页。
⑦ 杨伯峻.论语译注[M].北京：中华书局，2007.第31页。
⑧ 杨伯峻.论语译注[M].北京：中华书局，2007.第66页。
⑨ 冯友兰.中国哲学简史[M].北京：北京大学出版社,2013.第45页。
⑩ 杨伯峻.论语译注[M].北京：中华书局，2007.第36页。

执鞭之士，吾亦为之。"①（《论语·述而》）他和弟子一起出访卫国时，感慨卫国人口稠密，弟子向他请教：若是国家人口足够稠密，然后又该怎么办？孔子回答说，接下来就应该采取措施，使人民富裕。富裕之后再进行礼义教育，"富而后教"一语即由此而来。正所谓仓廪实而知礼节，衣食足而知荣辱，利与义，并非是对立矛盾的关系，但是不能一味追求财富而放弃仁义。"富与贵，是人之所欲也；不以其道得之，不处也。贫与贱，是人之所恶也；不以其道得之，不去也。君子去仁，恶乎成名？君子无终食之间违仁，造次必于是，颠沛必于是。"②（《论语·里仁》）无尽的财富和显贵的地位，是人人都想要得到的；但是用不正当的方法得到它，就不应该接受。穷困的生活与低贱的地位，是人人都厌恶的；但是用不正当的方法去摆脱它，就不去摆脱它。君子若是抛弃了仁德，便不能称其为君子，真正的君子没有一顿饭的时间背离仁德，哪怕在最紧迫的时刻也必须按照仁德办事，在颠沛流离的时候，也一定会与仁德同在。儒家主张"见利思义，见危授命，久要（约）不忘平生之言。"③（《论语·宪问》）见利而思义，见危则挺身而出，守诺而不食言，便是具有了"成人"的品格，故"君子义以为质"④（《论语·卫灵公》）。见利思义也是子贡处理义利的基本原则，在取利益前要考虑到道义原则、伦理规范，不取不义之财。"放于利而行，多怨。"⑤（《论语·里仁》），如果做事只以个人利益为出发点，唯利是图，必将陷于不仁不义境地，从而招来怨恨和恶果。如果不能从正常、正义渠道取得利益，就宁可不要而坚守道义原则。因为，"君子喻于义，小人喻于利。"⑥（《论语·里仁》）《吕氏春秋》曾记载"子贡赎人"的事迹，鲁国有法律规定，如果鲁国人在其他诸侯国沦为奴隶，若有人能把他们赎出来，便可到国库领取赎金。而子贡在国外赎回了一个鲁国人，回国后拒绝收下国家赎金。由此，其仁德之心可见一斑。

（二）敏而好学，富而好礼

孔子以"文、行、忠、信"教授弟子，有"孔门十贤"扬名后世，"德行：颜渊、闵子骞、冉伯牛、仲弓。言语：宰我、子贡。政事：冉有、季路。

---

① 杨伯峻.论语译注[M].北京：中华书局，2007.第69页。
② 杨伯峻.论语译注[M].北京：中华书局，2007.第36页。
③ 杨伯峻.论语译注[M].北京：中华书局，2007.第149页。
④ 杨伯峻.论语译注[M].北京：中华书局，2007.第166页。
⑤ 杨伯峻.论语译注[M].北京：中华书局，2007.第38页。
⑥ 杨伯峻.论语译注[M].北京：中华书局，2007.第39页。

文学：子游、子夏。"①（《论语·先进》）其中，子贡以善于言辞而著称。孔子认为子贡"告诸往而知来者"②（《论语·学而》），充分肯定他的聪慧睿智，并将其比作"瑚琏"之器。"瑚琏"是我国古代祭祀时宗庙里所用的尊贵器皿，孔子把子贡比作瑚琏，是将其视为国之重器。子贡非但聪慧而且也极为好学："好仁不好学，其蔽也愚；好知不好学，其蔽也荡；好信不好学，其蔽也贼；好直不好学，其蔽也绞；好用不好学，其蔽也乱；好刚不好学，其蔽也狂。"③（《论语·阳货》）只是拥有仁、智、信等美好的本质，若不通过勤奋好学来匡正自己，最终也可能出现愚昧无知、轻浮放荡、偏激尖刻、狂妄自大等弊病，因而学对于自我提升具有重要意义。子贡既有"学如不及，犹恐失之"④（《论语·泰伯》）的好学态度，也要有"知之者不如好之者，好之者不如乐之者"⑤（《论语·雍也》）的乐学精神。子贡曾求教孔子"孔文子何以谓之'文'也？"⑥孔子告诉他"敏而好学，不耻下问，是以谓之文也。"⑦（《论语·公冶长》）因此，勤学好问也正是好学深思的表现。《论语》一书中多次记载了子贡向孔子请教的事迹，如子贡问政、问士、问仁、问交友、问君子等等。《论语·颜渊》中子贡向孔子求教怎样治理国家。孔子告诉他说："足食，足兵，民信之矣。"⑧在此基础上，子贡进一步请教："必不得已而去，于斯三者何先？"孔子曰："去兵。"子贡曰："必不得已而去，于斯二者何先？"曰："去食。自古皆有死，民无信不立。"⑨子贡曾向孔子请教如何评价一个人，问曰："乡人皆好之，何如？"子曰："未可也。""乡人皆恶之，何如？"子曰："未可也；不如乡人之善者好之，其不善者恶之。"⑩（《论语·子路》）由上面两段对话可以得知，子贡的好学善思，并不是一味地胶柱鼓瑟、因循守旧，而是在学习的过程中善于发问、不断思考，积极与老师进行互动。子贡学习的内容也十分广泛，在《论语·学而》篇中，子贡曰："贫而无谄，富而无骄，何如？"子曰："可也；未若贫而乐，富而好礼者也。"子贡曰："《诗》云，'如

① 杨伯峻.论语译注[M].北京：中华书局，2007.第110页。
② 杨伯峻.论语译注[M].北京：中华书局，2007.第9页。
③ 杨伯峻.论语译注[M].北京：中华书局，2007.第184页。
④ 杨伯峻.论语译注[M].北京：中华书局，2007.第83页。
⑤ 杨伯峻.论语译注[M].北京：中华书局，2007.第61页。
⑥ 杨伯峻.论语译注[M].北京：中华书局，2007.第47页。
⑦ 杨伯峻.论语译注[M].北京：中华书局，2007.第47页。
⑧ 杨伯峻.论语译注[M].北京：中华书局，2007.第127页。
⑨ 杨伯峻.论语译注[M].北京：中华书局，2007.第127页。
⑩ 杨伯峻.论语译注[M].北京：中华书局，2007.第142页。

切如磋，如琢如磨'，其斯之谓与？"子曰："赐也！始可与言《诗》已矣，告诸往而知来者。"① 子贡除了懂得"富而好礼"的道理之外，还由此融会贯通领悟"如切如磋，如琢如磨"的内涵。

　　子贡是孔子弟子中最为富有的学生，他"束帛之币以聘享诸侯，所至，国君无不分庭与之抗礼。"②（《史记·货殖列传》）他除了敏而好学之外，对孔子所说的"富而好礼"也是躬行实践。而这里的礼，不单单是形式上的礼仪，更是源自内心的礼义，是根植于心灵深处的谦卑之心、敬畏之情、仁义之礼。"圣人之制富贵也，使民富不足以骄，贫不至于约，贵不慊于上，故乱益无。"③（《礼记·坊记》）礼是在尊重人性的基础上，依据人的情性而预设的，用来预防百姓的越轨行为。使富裕的人不足以骄横，贫穷的人不至于潦倒，取得一定社会地位的人不至于对上级不满，对犯上作乱的行为防微杜渐。贫而好乐、富而好礼，才能消除社会动乱的根源。孔子曾经与子贡讨论，他与颜回哪个更加优秀，子贡回答说曰："赐也何敢望回？回也闻一以知十，赐也闻一以知二。"④（《论语·公冶长》）子贡认为，自己不敢与颜回比肩，颜回听到一件事就可以推知十件事；而自己，知道一件事，只能推知两件事。子贡的地位与财富远在颜回之上，学识与颜回不相上下，孔子也认为"回也其庶乎，屡空。赐不受命，而货殖焉，亿则屡中。"⑤（《论语·先进》）但是子贡非但没有骄傲自大、跋扈自恣，反而一直谦逊低调、虚怀若谷。陈子禽认为子贡太过谦虚，他认为子贡比孔子更加贤良，子贡却回答说："君子一言以为知，一言以为不知，言不可不慎也。夫子之不可及也，犹天之不可阶而升也。夫子之得邦家者，所谓立之斯立，道之斯行，绥之斯来，动之斯和。其生也荣，其死也哀，如之何其可及也？"⑥（《论语·子张》）子贡评价孔子的高不可及，犹如青天是不能够顺着梯子爬上去一样，孔子如果得国而为诸侯或得到采邑而为卿大夫，那就会像人们说的那样，教百姓立于礼，百姓就会立于礼；要引导百姓，百姓就会跟着前进；安抚百姓，百姓就会归顺；动员百姓，百姓就会齐心协力。可见，子贡的富而好礼，不是固守礼仪的繁文缛节，而是对礼义的力学笃行。

---

①　杨伯峻. 论语译注 [M]. 北京：中华书局，2007. 第 9 页。
②　（西汉）司马迁. 史记 [M]. 北京：中华书局，2006. 第 752 页。
③　杨天宇. 礼记译注 [M]. 上海：上海古籍出版社，2004. 第 679 页。
④　杨伯峻. 论语译注 [M]. 北京：中华书局，2007. 第 45 页。
⑤　杨伯峻. 论语译注 [M]. 北京：中华书局，2007. 第 115 页。
⑥　杨伯峻. 论语译注 [M]. 北京：中华书局，2007. 第 205 页。

（三）内诚于心，外信于人

儒家重视诚信，讲求以诚立身，以信取人。"唯天下至诚，为能尽其性；能尽其性，则能尽人之性；能尽人之性，则能尽物之性；能尽物之性，则可以赞天地之化育；可以赞天地之化育，则可以与天地参矣。"①（《礼记·中庸》）只有至诚恳切之人，才能将天赋本性发挥到极致，能尽自己的本性，则能尽知他人本性；能尽知他人的本性，就能尽知万物的本性；能尽知万物的本性，就可以与天地同参。简而言之，至诚则能尽性，尽性则能化育天地。儒家将诚信视为一种自律的德性要求，将诚信视为人生所必然，是安身立命的根本。"言忠信，行笃敬，虽蛮貊之邦，行矣。言不忠信，行不笃敬，虽州里，行乎哉？"②（《论语·卫灵公》）言语忠信，行事笃敬，纵使到了蛮貊地区，也可以行得通。说话不忠信，行事不笃敬，就是在本乡本土，也无法通行。《周易·乾卦》曰："君子进德修业。忠信，所以进德也；惰辞立其诚，所以居业也。"③

讲求诚信，首先要内诚于心，"人而无信，不知其可也。大车无輗，小车无軏，其何以行之哉？"④（《论语·为政》）一个人不讲信用，是无法在社会上立足的。就好像大车没有安装横木的輗，小车没有安装横木的軏一样，是无法行走的。在立诚于内就要做到信守诺言，"吾日三省吾身：为人谋而不忠乎？与朋友交而不信乎？传不习乎？"⑤（《论语·学而》）明确提出与朋友交往要讲求诚信，要做到言而有信。孔子也一再指出只有"敬事而信""谨而信""主忠信""朋友信之"，才能安身立命，只有言行一致，才能外信于人。"始吾于人也，听其言而信其行；今吾于人也，听其言而观其行。"⑥（《论语·公冶长》）这正是基于有人言行不一致而得出的结论，也是对言行不一的抨击。子贡向孔子求教具体怎样才能做到诚信，孔子认为"君子耻其言而过其行。"⑦（《论语·宪问》）作为君子要言行一致，不宜言过其实、言不符实。"君子欲讷于言，而敏于行。"⑧（《论语·里仁》）要勤劳敏捷的躬行实践，而不是天马

---

①　杨天宇. 礼记译注 [M]. 上海：上海古籍出版社，2004. 第 705 页。

②　杨伯峻. 论语译注 [M]. 北京：中华书局，2007. 第 162 页。

③　黄寿祺、张善文. 周易译注 [M]. 上海：上海古籍出版社，2007. 第 9 页。

④　杨伯峻. 论语译注 [M]. 北京：中华书局，2007. 第 21 页。

⑤　杨伯峻. 论语译注 [M]. 北京：中华书局，2007. 第 3 页。

⑥　杨伯峻. 论语译注 [M]. 北京：中华书局，2007. 第 45 页。

⑦　杨伯峻. 论语译注 [M]. 北京：中华书局，2007. 第 155 页。

⑧　杨伯峻. 论语译注 [M]. 北京：中华书局，2007. 第 41 页。

行空的夸夸其谈。"古者言之不出，耻躬之不逮也。"① (《论语·里仁》) 言语不轻易出口，唯恐自己不能实现承诺，一旦许诺就要"言必信，行必果"② (《论语·子路》)。

（四）通达权变，兼济天下

季康子曾向孔子询问："赐也可使从政也与？"孔子对曰："赐也达，于从政乎何有？"③ (《论语·雍也》) 孔子认为子贡通达事理，懂得权变，对于管理政事没有困难。他主张"君子之于天下也，无适也，无莫也，义之与比。"④ (《论语·里仁》) 君子对于天下之事，没有规定要怎样干，也没有规定不要怎样干。只要不墨守成规，按照义去做，干的合理恰当就可以了。子贡虽为商人，但也有强烈的社会责任感，以济困扶危为己任。子贡问孔子："如有博施于民而能济众，何如？可谓仁乎？"孔子回答说："何事于仁！必也圣乎！尧舜其犹病诸！"⑤ (《论语·雍也》) 子贡想知道若是能够广泛地给民众以实惠，从而济众扶危，帮助人民改善生活，应该算得上是仁吧。孔子对此大加赞赏，指出这不仅是仁，简直可以谓之"圣"了。

儒家以天下为己任，主张"穷则独善其身，达则兼济天下"⑥ (《孟子·尽心上》)。《史记》中关于子贡存鲁之事的记载，很好地佐证了子贡兼济天下的胸怀抱负。"昔者，陈成恒相齐简公，欲为乱，惮齐邦鲍、晏，故徙其兵而伐鲁。鲁君忧也。孔子患之，乃召门人弟子而谓之曰'诸侯有相伐者尚耻之，今鲁，父母之邦也，丘墓存焉。今齐将伐，可无一出乎？'颜渊辞出，孔子止之。子路辞出，孔子止之。予贡辞出，孔子遣之。"⑦ (《史记·仲尼弟子列传》) 田常欲叛齐，但忌惮鲍、晏两族势力强大，就派他们去攻打鲁国。地微人寡的鲁国危在旦夕，鲁国是孔子的父母之邦，因担心家乡遭荼毒，便召弟子商议。颜渊、子路都表示愿意前往止齐攻鲁，孔子都未允诺，子贡请求前往，孔子马上答应，显然这是因为子贡有折冲樽俎的才能。事实也正是如此，子

① 杨伯峻.论语译注 [M]. 北京：中华书局，2007. 第 40 页。
② 杨伯峻.论语译注 [M]. 北京：中华书局，2007. 第 140 页。
③ 杨伯峻.论语译注 [M]. 北京：中华书局，2007. 第 58 页。
④ 杨伯峻.论语译注 [M]. 北京：中华书局，2007. 第 37 页。
⑤ 杨伯峻.论语译注 [M]. 北京：中华书局，2007. 第 65 页。
⑥ 杨伯峻.孟子译注 [M]. 北京：中华书局，2007. 第 236 页。
⑦ （西汉）司马迁.史记 [M]. 北京：中华书局，2006. 第 417 页。

贡"行已有耻，使于四方，不辱君命"①（《论语·子路》）。他先对田常说鲁国地狭城薄，国君愚而不仁，大臣伪而无用，不如伐吴；而又说吴国城高地广，重器精兵尽在城中，又有精通军事的将领把守，因此说不易于攻伐。田常忿然作色说，鲁国容易攻破，却不建议我去攻打；吴国势力强大，胜负难辨，却主张我去进攻，是何居心？子贡解释说，忧在内者攻强，忧在外者攻弱，今君忧在内，故应攻强。你如打败了鲁国，齐国国君因此而骄傲，齐国大臣因此而尊贵，你未统兵前往，自然没有丝毫功劳，这样下去，国君就会疏远你。国君骄傲时会为所欲为，大臣骄傲时会争权夺利，既然国君和大臣都讨厌你，你在齐国便无法立足了，因此我才劝你伐吴。田常怦然心动，表示此计虽好，但已发兵攻鲁，不易中途撤兵。子贡说：君按兵无伐，臣请往使吴王，令之救鲁而伐齐，君因以兵迎之。于是，子贡南下游说吴王伐齐，又说服越王勾践发兵助吴，再赴晋国游说晋国国君；吴国如果打败了齐国，必然以兵威胁晋国，晋国国君甚为惊恐，子贡又劝他"修兵休卒以待之"。结果便是，吴国大破齐师，然后乘战胜余威加兵于晋，晋人大败吴师，越王勾践得知吴国兵败，涉江袭吴，吴国撤回攻晋的军队，与越军战于五湖，三战皆北，越军围王宫，杀夫差而戮其相，破吴三年，东向而霸。司马迁赞之"子贡一出，存鲁，乱齐，破吴，强晋而霸越。子贡一使，使势相破。十年之中，五国各有变。"②（《史记·仲尼弟子列传》）

我们在子贡身上不难发现崇仁尚德、富而好礼、聪慧勤奋、好学深思、言行一致、诚实守信，救济贫困、心怀天下的儒商精神。

二、儒商精神的当代价值

综观子贡儒商精神的历史意蕴和丰富内涵，可以发现，其不仅与当今世界发展规律并行不悖，而且对于在社会主义市场经济条件下从事各种商业活动亦具有重要的现实意义。虽然在农耕文化和宗法等级制度双重约束下的封建社会，其经济行为主体、经济交往原则、市场环境等等都不能与现代市场环境相提并论。但些儒商精神的核心价值取向，却是迈古超今的。儒商精神的基本内核，有着不朽特性和恒常价值，其当代价值可以表现在如下几个方面：

① 杨伯峻. 论语译注 [M]. 北京：中华书局，2007. 第 140 页。
② （西汉）司马迁. 史记 [M]. 北京：中华书局，2006. 第 417 页。

（一）以德修身，自强不息

就儒商的个体而言，要以德修身，加强自身道德修养。儒家倡导"仁、义、礼、智、信"五德。所谓，"仁"指的是仁者爱人，是确立人际、人伦之间关系的基本理念。"义"是"仁爱"基础之上的"仁义之心"，也是义利观的重要组成，要求人们见利思义、以义制利。"礼"是人与人之间进行交往的行为规范，是自身道德修养的表现。"智"是区别是与非、善与恶，做出准确决策判断的智慧。"信"教导人们要诚实守信、履行承诺。现代儒商是有文化、有道德、有修养、有能力、有情怀的企业家，因此，儒家的"五德"对于当代儒商来说，仍然具有重要的价值和意义。

其次，当代儒商应具备自强不息的进取精神。"天行健，君子以自强不息。"① （《周易·乾卦》）当下经济环境纷繁多变，社会发展日新月异，企业家要积极主动地适应这种环境，时刻保持积极进取的精神。第一，要有一定文化涵养，具备持续学习的能力。深厚的人文修养是儒商有别于其他商人的显著特征，现代儒商除了具备温文儒雅的风度之外，还要不断地学习探索，紧跟时代步伐，在经营全过程充分利用现代科学技术，并善于将现代科学技术不失时机地转化为现代生产力并渗透到产品之中。第二，要有敬业精神。《论语》中有子路问政的记载，孔子回答说："先之，劳之。"请益。曰："无倦。"② （《论语·子路》）为政如此，从事企业经营管理也应如此。"先之"是对企业的经营有一定的预见性，对企业发展做出合理性的规划，所谓"凡事预则立，不预则废"。"劳之"是不辞辛劳，勤勉努力。"无倦"则是说，要保持持续的工作热情，不能贪图安逸、不能松懈怠慢。既在其位，便谋其政，要有团结和带领员工发展企业的责任，也要能够担负起社会与员工的信任。

（二）以人为本，诚信经营

在企业经营管理中，当代儒商可以推行"以人为本"的管理模式。"以人为本"是儒家思想内核之一，也是儒家对人在宇宙中的地位和价值的充分肯定。孟子认为"民为贵，社稷次之，君为轻"③ （《孟子·尽心下》），从理论上肯定了人民在国家中的重要地位。荀子进一步从宇宙观的高度，充分阐述了人的重要价值，指出"水火有气而无生，草木有生而无知，禽兽有知而无义，

① 黄寿祺、张善文.周易译注 [M].上海：上海古籍出版社，2007.第 5 页。
② 杨伯峻.论语译注 [M].北京：中华书局，2007.第 133 页。
③ 杨伯峻.孟子译注 [M].北京：中华书局，2007.第 258 页。

人有气有生有知,亦且有义,故最为天下贵也。"①(《荀子·王制》)在他看来,人之所以贵于万物,不但因为人具有知识价值,而且还因为人具有道德价值。当代儒商根据企业生产发展的需要,将儒家的"以人为本"的思想运用于企业管理,把"以人为本"作为企业的管理法则。确立人在管理过程中的主导地位,继而围绕着调动企业中人的主动性、积极性和创造性去开展企业的一切活动。与此同时,在人事安排上应该遵循用其所长的原则,让合适的人做适合的事。"取诸人以为善,是与人为善者也。故君子莫大乎与人为善。"②(《孟子·公孙丑上》)要善于发现员工的长处,并使他的长处得到充分的发挥,实现企业经营管理的互利双赢。

诚信是企业在市场经济活动中立身处世的根本,以德治商、以儒兴商是儒商的重要品格,千百年来早已作为一种基本的经济伦理观念深入到中国人的传统意识中。这也是企业稳步发展的必要前提和条件,诚信对于企业而言是一种无形资产。近年来的食品安全问题、医药安全问题,都是企业诚信缺失的结果,暴露出了企业唯利是图、急功近利的弊端,这种唯利是图的行为终会使企业走向灭亡,没有诚信做根基的企业更是危如累卵。当代儒商要以诚为本、诚信经营,主动地遵守法律法规,根据法律规定来制定决策和进行经营活动,为企业提供一个良性健康、平等有序的生存和竞争环境,通过合法手段取得利益,杜绝各种欺瞒诈骗和违法犯罪行为。

（三）博施济贫,经世济民

儒家以"穷则独善其身,达则兼济天下"为理想人格追求,当代儒商兼具经济责任与社会责任,其价值观和意识形态对社会有着潜移默化的引导作用。作为拥有一定数量的财富、掌握了一定社会资源、有一定社会影响的群体,若是能够热心公益,关注社会上的弱势群体,既实现和提升了自身价值,又对维护社会和谐、弱化社会矛盾有重要意义。当代儒商的热心公益、经世济民的途径不再是简单的捐款捐物,而是要以工商实业富国兴邦,以公益福利事业富民养邦,以文化教育强民振邦。

首先,救济的方式从"授之以鱼"转向"授之以渔",博施济贫不仅仅是被动、消极的缓解现有贫困,而是帮助社会弱势群体从根源上解决贫困。可

---

①（战国）荀况.荀子[M].北京:中国纺织出版社,2007.第133页。

② 杨伯峻.孟子译注[M].北京:中华书局,2007.第61页。

以通过设立基金会提供持续性的帮助，也可以为贫困群体提供技术培训、工作岗位、就业机会，来增加其收入，保障基本的生存需求，解决其生存困境。其次，物质帮助和精神帮扶并举。一方面可以以在各大高校设立贫困助学基金，资助品学兼优的贫困学生完成学业。此举，不但致力于改善社会弱势群体的物质生活，也可以促使该群体文化水平和知识素养的提升。另一方面，通过给予科研项目、学术会议等科研活动资金支持，不断提升社会整体的科技水平，增强社会幸福指数，实现科教兴国。第三，将慈善活动团体化、事业化、组织化和系统化。利用商帮群体、行业协会等组织机构，凭借资金实力和专业优势，设立福利性质的养老院、医院、图书馆，更好地完善社会的基础设施建设。

儒家的思想观念与价值追求在商业经营活动之中的成功运用，形成了源远流长的儒商精神。在儒商长期的商品经营实践过程中，儒家文化与商业经营中，互相沟通、逐步转化，又在社会经济、政治、文化等诸多因素交互作用下，随着时代的前进和社会形势的变化而不断地发展演化。儒商精神历久弥新，其合理内核，在今天仍充盈着活跃的生命力，对当代商业经营活动具有积极的理论借鉴价值和实践指导作用。当代商人应当大力倡导和弘扬儒商精神，努力塑造良好的人格形象，以提高社会地位和名誉声望。只有这样，商业经营才能够获得源源不断的精神动力和强大的智力支持。

贤文化研究综述

张　鑫　陈莹燕　李　刚[*]

（厦门大学，厦门，361005）

摘　要："贤文化"建设在中国有多种尝试，既有社区、学校等实践，也有从历史商都角度进行研究。对比来看，中盐金坛的"贤文化"通过理念架构，培育了员工良好的心性；通过"反求诸己、三才相通"等思维方式，提升了组织协同能力；通过"敬天尊道，尚贤慧物"的核心价值观，帮助企业实现经济价值与社会价值的双重创造，达到了"双赢"的治功效果。

关键词：贤文化；敬天尊道；尚贤慧物

自古以来，圣贤思想在中国备受推崇，以成圣成贤为追求的社会实践和文化成果形成历史悠久、源远流长的"贤文化"。贤文化内涵丰富，涉及的范畴极其广博。若从企业文化建设"由内至外"的角度剖析"贤文化"，则其突出表现为对"贤人"的仰慕，对"贤德"的推崇，对"贤治"的追求。进入现代社会，随着中国国力日渐强大，优秀传统民族文化的影响力日趋全球化，"贤文化"作为曾经在历史上发挥巨大作用的社会文化，重新焕发出生生不息的活力。根据调查研究，近年来，全国有不同区域和行业着手探索"贤文化"建设路径。位于长三角地区的中盐金坛公司将"贤文化"作为企业文化的重要组成部分，致力于通过传承与弘扬中国优秀传统文化，培育符合企业发展的核心价值观，在企业中树立起"敬天尊道、尚贤慧物"的核心价值理念，从而影响和改善全体员工行为，实现企业经营价值与社会价值的双重创造。

---

　　*　张鑫（1995—），男，四川省泸州市人，主要从事法学研究；陈莹燕（1999— ）女，福建省龙岩市人，主要从事哲学研究；李刚（1971—），男，福建省厦门市人，厦门大学哲学系博士研究生，主要从事中国哲学及道家道教研究。

一、"贤文化"概况

根据当前的研究资料，我们进行收集整理分析，除了中盐金坛公司以贤文化作为企业文化的核心以外，国内其他单位或区域将"贤文化"作为主推的存在形式有三种，即地方城镇社区"贤文化"、学校教育"贤文化"和商帮历史"贤文化"。

地方社区"贤文化"以上海奉贤区为代表。相传春秋时代孔子"七十二贤人"中的言偃曾来此讲学，奉贤也因"敬奉贤人"而得名。奉贤区将以敬奉贤人、见贤思齐的"贤文化"作为自己的地方特色文化。根据相关新闻信息，2017 年，奉贤区首发了区本教材《奉贤·贤文化》。"贤文化"课程将分别在小学三年级、初中六年级和高中一年级开设，安排在一学年中完成。奉贤区政府大力推动贤文化的弘扬传播，建造与贤文化相关的城市标志，将此作为城市文化的标签。贤文化为当地经济社会健康持续发展提供了重要动力。

类似的还有云南玉溪市红塔区弘扬传承"敬奉贤人、见贤思齐"的"贤文化"。红塔区在人民音乐家聂耳、铁面御史陈表、护国名将李鸿祥等名人乡贤的故里建起纪念馆、村史馆，让人们以家乡优秀传统文化为荣，遵照名人乡贤的教诲，保持良好的乡风民俗。与此同时，选举新乡贤，让一批既能带领群众致富、又具备道德示范作用的新乡贤脱颖而出。

此外，据已有信息，乔贤镇深入挖掘民族民俗的遗传文化，把"贤文化"作为当地特色文化，不断继承和发展贤文化的内涵。乔贤人把乔贤的"贤文化"归纳为"热爱生活、自强不息、行善积德、男女平等、尊老爱幼"，即为"贤孝、贤德、贤善、贤惠、贤义、贤礼"等思想。

学校教育"贤文化"案例如下：

内蒙古乌兰浩特市第四中学开展"尚贤文化"德育活动。他们主打的"尚贤文化"德育教育活动以"仁爱、义勇、尚礼、明智、诚信"即"五贤"教育为根基，在传承传统文化的同时创新发展"尚贤文化"。乌兰浩特市第四中学除了通过早会学习、专题讲座、主题班会、校园广播等方式进行德育教育和活动推广以外，还采取了一些新的措施，如"五贤拳"团体操队、百人"古筝"队等，充分展示中华文化千年积淀，打造特色校园文化。

苏州市吴江区思贤实验小学以"见贤思齐"为校训，号召师生一切向贤。学校除了要求学生见贤思齐以外，还要求教师们树立起"贤文化"的价值取向。他们通过两个方面打造教师贤德、贤良的操守：一是培育贤师，进行师德熏陶，每学期分批组织教师前往特殊教育学校进行别样的体验，感受特殊教育人的爱心，写下心得体会并作为自我反思的标杆；进行"最美贤师"评选，和每一位教师进行深度交流，锻炼每一位教师。二是贤书共阅计划，给予教师读书经费和读书奖励，开展读书交流会等，鼓励广泛阅读优秀传统文化著作，创造良好的阅读条件，营造读书氛围，促进师生人文素养的提升和良好阅读习惯的形成，打造和强化学校"贤"的力量和"贤"的文化氛围。

广东省广州市从化希贤小学打造出以"贤文化"为学特色的校园文化。构建尚贤教育模式，以贤立校，以贤治学，成为希贤小学内涵发展、品位提升、特色发展的现实选择。学校经过反复讨论、反复推敲，构建了独具特色的校园贤文化体系。这一体系的内容包括多个方面：教育特色——尚贤教育，校园文化——贤文化，德育理念——树贤人，校风——尚贤进取、阳光和美，教风——博学树人、厚德育贤。学校以这种科学的"内涵发展理念体系"统筹学校整体教育教学工作，让希贤的学子崇尚先贤，传承贤德、贤能，见贤思齐，向自尊顽强、求实创新、放眼世界、着眼未来的历史贤人学习，促使希贤小学的学子成为志气高远、品德高尚、不折不挠、勇于创新的新一代贤人。学校还专门编写了《尚贤教育》校本教材。以"习贤致远、成就人生"为核心，引导学生"见贤思齐"：思贤、习贤、尚贤。

商帮历史的"贤文化"以晋商乔氏的"尚贤"思想为典型。在古代，晋商稳居全国商帮之首，称雄商界 500 余年。在晋商这个显赫群体中，晋商八大家赫赫有名。乔家就是对中国经济有重大影响力的巨商之一。电视连续剧《乔家大院》就是讲述山西晋商乔家的故事。晋商乔氏有"尚德""尚贤"的人才战略和经营管理中的宗族传统。乔家在人事管理方面吸收了儒家"贤贤"思想，突破了亲缘和乡缘的局限性，实施任人唯贤的用人原则。

从晋商尚贤思想中诞生的一个典型商业组织代表就是山西票号。山西票号在五百多年的时间内雄踞一方，并且其票号创立时间之早，延续年代之长，票号数量之多，网点分布之广，资本实力之雄厚，首开中国民族银行业之先河，创造了汇通天下的奇迹，被梁启超称为"执中国金融界牛耳"。从晋商乔氏可以发现，山西票号建立了一套"尊贤型"高绩效人力资源系统。其所倡导的人力资源管理理念包括"经商之道，首在得人""事由人举，人存事兴"等。通过"慎重选人、充分授权、培育员工、共享利益、多维约束"等手段，山西票号的"尊贤型"人力资源系统，创造了高效的组织绩效。山西票号的成功之处在于：在中国文化强调个体道德修为的背景下，"尊贤型"高绩效人力资源系统对"贤"的强调与中国文化情境更契合。

二、中盐金坛"贤文化"建设

中盐金坛的"贤文化"建设是在企业高层管理者坚定决策、全力支持以及以企业文化部为核心的相关职能部门高效执行下进行的。以 2013 年 8 月 25 日《贤文化纲要》的正式发布为企业文化的成型之里程碑，中盐金坛公司企业文化走上以贤文化为特设的建设之路，在中盐金坛公司创立以来的三十年历程之中，尚贤理念一直是企业人才思想的核心，德才兼备、以德为先成为中盐金坛公司选人、用人和培养人才的一贯原则。"贤文化"一直存在于中盐金坛公司生产经营和发展理念之中。

中盐金坛贤文化核心理念是"敬天尊道、尚贤慧物"，其理想中的贤者，是德才兼备、德才过人、博学厚德、知行合一的人格典范，是浸润了中国优秀传统文化风骨、同时又兼具现代文明素养的时代精英。贤文化以儒家"仁"的思想为核心，并且将儒家"仁"的理念分为三个层次，分别为：克己复礼，仁者爱人，仁者爱物。在此基础上，提出企业应具备的道德性、他向性、社会性。"贤文化"在思维方式上体现出对传统文化的批判性继承，具体表现为"反求诸己""三才相通"。反求诸己的思维方式源于孟子。"仁者如射，射者正己而后发，发而不中，不怨胜己者，反求诸己而已矣。"[①]（《孟子·公孙丑》）这里是说孟子把成就仁德比作射箭，先端正自己然后把箭射出去；射不中不能抱怨别人超过自己，而应找自己的不足，强调的是反省自身的思维方式。三才想通中"三才"，是指天地人，"三才相通"与科学发展观提倡人与自然和谐发展观念有异曲同工之妙，着重强调天地人和谐共存，协调发展的理念。在中盐金坛公司的实践上，具体体现为对自然资源的合理开采及对环境保护的严格把关，这与"敬天"思想相呼应。

中盐金坛"贤文化"把培育企业贤才、厚实企业道德资本、建立贤文化管理模式作为贤文化建设三个层次的目标。从时间上看，中盐金坛的贤文化建设过程分可为三个时期：1988—2006 年为积蕴期，2007—2012 年为成长期，2012 年末至今为成熟期。贤文化建设在中盐金坛公司经营管理机企业发展等方面取得了成效，具体表现为员工价值理念得到统一和提升，经济转型和回归盐业本质的进程提速，敬畏生命的安全文化理念深入人心，管理的人

---

① 方勇 译注 . 孟子 [M]. 北京：中华书局，2013. 第 46 页。

文特色和精细化水平明显提升，技术研发成果数量持续增长，市场"贤商"团队建设成绩斐然，员工的组织公民行为更加自觉。

从学术视角分析，要理解中盐金坛贤文化的要义，首先要了解中盐人对"贤"的理解。在中盐金坛贤文化中，儒家价值理念是其形成之基础，其对于"贤"的理解也基于儒家对"贤"这一概念的理解与解释。中盐金坛的贤文化首先从"贤"的字义入手诠释了他们对于何为"贤"的理解。据许慎《说文解字》，贤字从贝，其本义是"多财也"。段玉裁《说文解字注》在注解"贤"字时说："贤，本多财之称，引申之凡多皆曰贤。人称贤能，因习其引申之义而废其本义矣。"①《左传·文公六年》中的"使贤者佐仁者。"范宁《集解》注释道："贤者多才也。"随着时代的变迁，贤的引申义渐成通义。引申义在使用的过程中，也有了多重衍变：一是"超过"义。韩愈《师说》："弟子不必不如师，师不必贤于弟子。"二是意为"善"。《礼记·内则》："若富，则具二牲，献其贤者于宗子。"郑玄注："贤，犹善也。"三是"尊重"义。《论语·学而》："贤贤易色。"贤文化之贤，取"德才兼备、德才过人"之义，同时兼具"善、尊重、超过"之意②。

除了儒家哲学的理论角度分析之外，墨家学派认为：贤良之士"应厚乎德行，辩乎言谈，博乎道术"，即贤良之士首先应具有敦厚的道德操守，其次要有辩才无碍的表达，再者需要具备广博的知识与执行方法。这与中盐金坛贤文化中"德才兼备，德才过人，博学厚德，知行合一"的人格追求是一致的。

另外，在如何培养贤才以及使那些担任管理者的贤士在职位上尽其职责，墨家学派也有精辟的论述，这能够为中盐金坛贤文化的未来发展以及落地提供思路或一定的借鉴作用。具体体现在如何育贤，如何使贤者尽其才、履其职，如果贤者未能履行好自己分内之职如何处理等方面。

对于培养贤才，墨家经典《尚贤》给出了精辟的总结：即富之，贵之，敬之，誉之。也就是说除了使贤者富有，保证其劳有所报，在社会上还必须赋予贤者崇高的地位，受人尊敬，有好的名声。这在企业管理中也同样适用。对于一名优秀的职工，除了要满足其物质追求，也要照顾其精深追求。每个人都渴望被重视，被尊重，被赞美，贤士也不例外。因此，当某一员工德才

① （清）段玉裁.说文解字注[M].许惟贤整理，南京：凤凰出版社，2015.第1216页。
② 钟海连.儒家价值观与企业管理的结合及其成效——以Z公司"贤文化"管理为例[J].南京晓庄学院学报，2017（3）。

兼备之时，除了要予以丰厚的物质奖励，更要对其在精神上予以嘉奖，在公司范围内予以公开表彰，这不仅是对该员工本身的肯定，也是对其他员工向优秀工作者看齐的号召。

对于如何使贤者尽其才，履其职，《尚贤》篇指出"三本"："何为三本？曰爵位不高则民不敬也，蓄禄不厚则民不信也，政令不断则民不畏也。故古圣王高予之爵，重予之禄，断予之命，夫岂为其臣赐哉，欲其事之成也。"①具体而言，即是除了对贤良之士贵之，福之以外，还必须赋予其工作责任以及执行任务的权力，如此百姓才会尊敬，信服。正所谓有责任才有动力。仅予财而不予责，会使人贪得无厌，游手好闲；仅予责而忽略财，则会使人心生不满，倍感压力。责任，在某种程度上也是对员工的一种激励与肯定，正所谓能者多劳，将某一责任重大的工作交于某一员工，从侧面也体现出企业对员工的信任，会使得员工身负使命感，从而在责任与报酬的双重支持下，更出色地完成工作任务。

至于如果贤者未能履行好自己分内的职责应如何处理？《尚贤》也指出："官无常贵，而民无终贱，有能者则举之，无能者则下之。"②这里墨家强调的是明确责任的归属分配，使得奖罚分明，将责任落实到人，建立起严明的责任追究制度。这对涉及安全生产问题的大型工厂企业尤为重要。安全无小事，对安全的重视应重于一切，因此，对安全风险的管控也应做到尽善尽美，严格把控。对此，我们调查了解到，中盐金坛公司发布了"敬畏生命，居安思危，重在防范，安于未然"的安全生产理念，并确立执行；落实了老员工值班、新员工轮班的值班制度。公司盐厂自建厂 11 年来，未发生安全事故，累计安全生产超过 3000 余天，值得学习借鉴。

总而言之，中盐金坛贤文化以儒家价值观念为核心，融合中国优秀传统文化思想并结合现代企业生产经营和管理的实际，从企业发展及社会需要的角度来看，具有很大的历史合理性。

三、中盐金坛"贤文化"的启示

由中盐金坛公司"贤文化"建设及国内相关案例可以看出，"贤文化"建设历程是从内至外、由上而下的过程。所谓"由内至外"是指"贤文化"要

---

① 方勇 译注．墨子 [M]．北京：中华书局，2013，第 76 页。
② 方勇 译注．墨子 [M] 北京：中华书局，2013，第 65 页。

从理念、价值观入手，然后慢慢影响到具体执行者的行为，再后则产生制度化、组织化的效果。所谓"由上至下"是指"贤文化"建设必须由高层领导高屋建瓴地规划设计，然后由具体职能部门执行落地，最后体现在具体每一名员工身上。这种模式契合《左传·襄公二十四年》所提到的"太上有立德，其次有立功，其次有立言，虽久不废，此之谓不朽"之思想，也就是众所周知的"三不朽"。中盐金坛公司贤文化"植根于现代企业生产经营的实践，从积淀深厚中国传统文化中汲取养分，融合了对生命意义、人与自然之关系、企业长久之道等诸多问题的思考，凝聚着对天地的敬畏之情和社会责任的担当精神，诞生于践行'以人文本，科技兴盐'的中盐金坛公司，志在探索现代企业人'立德、立功、立言'的管理之道。"①

从中国哲学角度分析，中盐金坛"贤文化"给我们很多启示，较为重要和关键的是育化了员工"贤的心性"，生发了集体"贤的作为"，圆满和完善了企业"贤的治功"。

所谓育化员工"贤"的心性，是指通过信念培养，将"敬天、尊道、尚贤、慧物"等企业价值理念注入员工的心中，使之成为原则性的修养律令。中盐金坛的各种传播刊物，持续强化宣传"贤文化"核心价值观，逐渐塑造和培养员工"贤"的心性。员工心性的"贤化"程度稳定提升，尤其表现在情志方面。中盐金坛全体员工，从高层决策者到中层管理者乃至基层执行者，待人接物，均表现出彬彬有礼的谦和之风，"贤者"的君子之风由内而外自然流露出来。

所谓生发集体"贤"的作为，是指中盐金坛通过引导，促使职能部门、基层班组等集体的协同能力增强，组织绩效提升。从哲学的维度分析，则是将"贤"的"知"与"贤"的"行"相统合，以此促成具体行为"贤"的效果。这里的"贤"所激发的"知行合一"行为包括职业行为以及由职业行为延伸出来的其他行为。中盐金坛组织集体的职业行为提升，表现为部门分工协作时的高效执行，从而提高生产率创造更多的经济价值。延伸行为表现为受"贤"影响的工作之余，同事之间的关系和谐，员工家庭生活和谐。

所谓圆满和完善企业"贤"的治功，是指中盐金坛通过整体运作，不断创造价值，以企业为主体，实现人与自然的"天人和谐"，即所谓"治功"。"贤"的治功不仅包括企业本职范围的经营经济价值创造，还包括社会价值创

---

① 孙鹏.贤文化管理：现代企业"立德立功立言"之道[J].中国盐业，2016（5）。

造。经济价值创造要求企业持续盈利，创造税收以强大国家实力，为员工带来薪资以保障生活幸福。社会价值创造则是通过弘扬与笃行中国优秀传统文化，以企业为轴心扩展开来，在一定区域内形成良好的社会环境氛围，并通过企业主体行为的运作，将传统文化优秀部分，如"贤"文化影响到更为广泛的领域。

综上所述，中盐金坛"贤"文化建设在经历了时间的检验之后，取得了员工、企业和社会多方满意的成果。

本文按照"中国古今贤文研究—中盐金坛贤文化整理—中盐金坛贤文化启示"的研究思路，通过研究贤文化在中国传统文化中的渊源与表现以及中盐金坛贤文化发展，由面及点，由广泛到具体，以贤文化本身为逻辑思路，较为全面地展示了中国传统文化中的贤文化在历史进程中的发展与革新。

其中，中盐金坛贤文化以"敬天尊道、尚贤慧物"为核心理念的价值主张，"反求诸己、三才相通"的修养模式，"知行合一"的阶段运作以及"天人合一"的人与自然关系处理，在当代对传统文化的批判性继承中独树一帜，将中国传统贤文化理论与现代文明素养结合起来，提出了一套适应现代社会与企业发展的当代贤文化发展模式。

总而言之，贤文化博大精深，源远流长，其体现在从古至今社会生活的各个方面。中盐金坛公司贤文化传承中国古代圣贤文化之精要，以此为基础发展出企业对贤文化的理解，并以此作为公司的核心文化加以贯彻落实，以此从贤文化中获得生生不息的精神养分与文化支持。

五、盐文化传播研究

【**主持人语**】"中国盐文化传播研究"刚刚起步，甚至可以说很薄弱。然而，中国盐文化却是一个延续千年的文化现象。笔者认为，在这一研究领域需要提及两个关键词：本土资源与问题意识。中国盐文化的资源不可谓不丰富，首先要进行的就是资源的发掘整理，继而才能进行相应研究。此外，中国盐文化传播研究要在中国文化体系构架内进行，这就有别于做单纯的介绍阐述性工作，因此，此种研究具有很强的在地性，它与研究者的生存空间和文化场域紧密相连。问题意识也非常重要，盐文化传播研究的方向指向人与社会，是基于社会问题所产生的一种要求，因此，其研究不仅仅是知识衍生出的对于现象的表述，更应该承担关乎价值的判断及深层次效应。

中国盐业历史中有众多名标史册的人物，本期祝涛博士的《范仲淹盐业事迹考论》很好地发掘了本土资源。范仲淹"先天下之忧而忧，后天下之乐而乐"被人熟知，但他一生的功绩与盐密不可分。他与盐相关的大量政绩使人们发现，他不光是廉洁奉公、仁政治国的清官能臣，还具备智可安邦、谋可平患的将相之才。通过考述盐在范仲淹修身齐家、治国安邦中的作用，既能更深入地探究盐业史，又可更全面地认识古圣先贤，这无疑具有极大的理论价值和现实意义。

《中国盐文化题材纪录片述略》一文的问题意识在于：纪录片如何反观盐与历史、社会、人生。在以盐文化为题材的纪录片中，既有历史文化纪录片、人文社会纪录片，又有人类学纪录片。这些纪录片以其厚重的历史感和风格多样的人文特征，丰富了汉语纪录片的形式与内容，也从民族志影像角度展示了盐业人的生存样态，同时也是一种发现、建构、传承中华民族历史文化的载体。

（《中盐人》副主编，文学硕士　郑明阳）

范仲淹盐业事迹考论

祝　涛*

（厦门大学人文学院哲学系，厦门，361005）

摘　要：宋代良相范仲淹在其一生中，多次因盐而获得盛名。与盐相关的一些事迹让人们认识到，范仲淹不仅是刻苦为学、修身立德的学子，而且是厉行节俭、齐家立业的名士。也正因为与盐相关的大量政绩使人们发现，他不光是廉洁奉公、仁政治国的清官能臣，还具备智可安邦、谋可平患的将相之才。通过考述盐在范仲淹修身齐家、治国安邦中的作用，既能更深入地探究盐业史，又可更全面地认识古圣先贤，这无疑具有极大的理论价值和现实意义。

关键词：范仲淹；修身齐家；廉俭治国；边疆盐政

在中国盐业的发展过程中，范仲淹是值得探究的著名人物之一。虽然被誉为北宋著名政治领袖、军事奇才、文学大家的范仲淹，已经引起学术界的广泛关注和大力研究，但对于他和盐的关系，还有待深入探微。历史上，作为人类日常必备品的食盐，不仅与民众生活息息相关，而且还涉及国家的吏制兴衰、税务利益等方面，甚至还左右着民族交往与天下局势。因此国家政府及其官僚系统，在处理盐务过程中的举措，会对民族的关系、政权的治乱、百姓的忧乐，产生重大且深远的影响。范仲淹在管理地方盐场的过程中，能以廉洁奉公的作风为民除害、忠君报国；在奏请减免盐税的政务中，能以仁政爱民的品格为民谋利、惠及百姓；在调整边疆盐政的谋略中，能以卓绝当世的智慧为民平患、安定天下。再加上他本人于修身齐家的实践中，还流传出与盐有关的佳话，因而，他在短暂的一生中，多次因盐而获得盛名。所以，

---

　　* 祝涛（1987—　），男，陕西安康人，厦门大学哲学系中国哲学专业博士研究生，主要从事中国哲学、管理哲学、艺术哲学研究。

从盐这一角度，深入探微范仲淹的相关事迹，不仅能使中国盐业史的研究成果更加丰富，而且可以使人们对宋代名相范仲淹形成更全面的认知。

一、盐齑家风，厉行节俭以修身

范仲淹自幼便和盐结缘。"范仲淹，字希文，苏州人……公元989年10月1日诞生在河北正定，其父亲范墉当时担任北道重镇成德军节度掌书记。"[1]当时正值北宋初期的端拱二年，虽然天下刚从五代十国的动乱中恢复过来，但年幼的范仲淹可能是注定要遭受磨难的考验。一年后的宋太宗淳化元年（公元990年），范仲淹便遭遇了生命旅途中的一大坎坷——其父亲范墉因病离世，尚不到两岁的稚子范仲淹从此变成孤儿。

由于其生母谢氏只是范墉的小妾，在范家地位低下，因而在父亲范墉归葬苏州后，这对母子的生活逐渐陷入困苦。幸好范墉的同僚朱文翰此时被调任到苏州，当他了解到范墉妻儿的孤苦境况后，便收留下谢氏这对孤儿寡母。自谢氏改嫁给朱文翰后，年幼的范仲淹便改名为朱说，从此在继父家日益成长。因继父朱文翰家，原本也还有子女，因而众口之家的生活也并不富裕。年少的范仲淹为了励志求学专心读书，曾在继父的家乡附近，寄居山东长白山的醴泉寺苦读数年。家境贫困的他，为了能将寄居寺院的求学生活坚持下去，他长期以盐齑佐粥这种极为朴素的生活，维系着最基本的生存。对此，《东轩笔录》曾有记述：

"公与刘某同在长白山醴泉寺僧舍读书，日作粥一器，分为四块，早暮取二块，断齑数茎，入少盐以啖之，如此者三年。"[2]

在三年"断齑划粥"的读书生涯里，虽然生活水平极低，但范仲淹对这种清苦生活毫不介意，并把全部精力用于为学致知。正因为这段艰苦的生活经历和这种刻苦求学的精神境界，与颜回居于陋巷、箪食瓢饮、怡然自得的境况非常相近，所以范仲淹此后对借助"孔颜之乐"、践行修身之道形成深刻的体悟。而且这段艰苦的生活经历，不光使他积累起渊博的常识，还帮他磨炼成克服艰难险阻的坚韧心性，助他涵养成抱朴惜福节约的俭朴品质。这种盐齑佐粥的生活经历与吃苦节俭的品格，后来导致他因反对朱家兄弟的浪费习惯而离家出走自立门户，并逐渐在自家树立起"盐齑家风"。据史载："公

①　方健：范仲淹评传 [M].南京：南京大学出版社，2001，第16页。
②　范仲淹.范仲淹全集 [M].李勇先、王蓉贵校点.成都：四川大学出版社，2007，第887页。

为人外和内刚……终身非宾客食不重肉。"① 可知，范仲淹一家长年以盐所腌制的咸菜为食，他带动妻子儿女厉行节俭以修身立德、齐家立业。对此，后人盛赞曰："奎璧文明世，如公有几人……咀嚼齑盐淡，哦吟幽车深。"②

二、振兴盐场，廉政奉公获美名

古代中国，政府历来对盐业高度重视。自先秦时期开始，政府就管控着食盐的生产、分配、销售等环节，并通过经管盐业，实现国家的税收征集、吏制调整等要务。对此，管仲曾说："使君施令曰：吾将籍于诸君吾子，则必嚣号。今夫给之盐策，则百倍归于上，人无以避此者。"③ 可见，盐业因牵涉着天下百姓的忧乐，从而关系到国家经济的兴衰和社会局势的治乱。

宋仁宗天禧五年（公元 1021 年）时，入仕为官刚满五年的范仲淹，开始担任江苏泰州西溪盐场的盐仓监官，主要负责监管盐税的征收储运工作。对于求学苦读历经艰辛的范仲淹来说，这是一个很好的机会，因为盐业是一个非常富裕的行业，很多盐官只要稍微以权谋私，就会发家致富。不过，范仲淹不仅拒绝贪腐坚守清廉，而且还以公而忘私之心为民兴利，以廉洁守法之心忠君报国。在任期间，他发现西溪盐场濒临黄海且地势低洼，由于附近海堤年久失修颓坏不堪，导致海潮泛滥时，盐业生产与民众生活深受其害。很多百姓背井离乡外出逃荒，于是范仲淹建议上级修复海堤预防潮灾。

虽然修堤救灾不是盐官范仲淹当时的职责，但他认为潮灾不仅迫使百姓逃亡，而且导致盐业萎靡，因此要想保障盐业兴盛，必须修堤救灾，以便民众能在安居乐业的境况中积极煮海煎盐。经过不懈申请后，范仲淹于天圣二年（公元 1024 年）亲率数万民众开动筑堤工程，并逐步克服了众多挫折。"经过将近四年的努力后，竣工的海堤，终于能有效阻挡海潮的肆虐。很多背井离乡的百姓得知后，又陆续重新返回家园，过上安居乐业的生活。"④ 海堤修复后，潮灾终于平息，且农业、盐业日益兴盛。可以说，正是清廉盐官范仲淹的积极动员，才实现了海堤的修复，保障了西溪盐场的生产，最终促进了江苏盐业的振兴。

---

① 朱熹 . 朱子全书 . 五朝名臣言行录 [M]. 李伟国校 . 上海：上海古籍出版社，2002，第219 页。

② 范仲淹 . 范仲淹全集 [M]. 李勇先、王蓉贵校点 . 成都：四川大学出版社，2007，第1638 页。

③ 李山译注 . 管子 [M]. 北京：中华书局，2012，第 195 页。

④ 任红 . 范仲淹：治水者的忧乐 [J]. 中国三峡，2010（10）：93。

三、减免盐税，仁政善举利百姓

在担任盐官保护盐场的政绩中，范仲淹所展现出的廉洁作风与治国远见，深受世人的赞扬。一方面，当时的盐民基于感恩之情，为范仲淹建造祠堂以表追思，史载曰："公监西溪盐仓之日，遂筑捍海堰，横截潮水。自后盐农俱受其赐，为此立祠于西溪，岁时致祭。"[1] 另一方面，后世不断有人对范仲淹的功绩予以歌颂，即使到了数百年后，明代的吴嘉纪还赋诗致敬曰："西腾发稻花，东火煮海水。海水有枯时，公恩何时已。"[2]

此外，考察范仲淹的执政实践还可以发现，盐务工作，不仅为他提供了践行廉政的机缘，而且还使他因仁政而青史留名。因为他曾为辖区百姓申请减免盐税，其仁政善举为百姓营造了巨大福利。正如范仲淹所言："外兼济于黔首，内尽忠于王者。行爵出禄，但见其圣人养贤；论道经邦，讵闻乎君子在野。岂不以天下之政也，惟贤是经；天下之情也，得贤而宁。"[3] 在他看来，为官执政者应有贤良的品德，也正因如此，范仲淹不仅努力以清正之心拒绝贪腐，而且积极以恻隐慈心为民兴利。其仁政惠民的实践和爱民如子的理念，在奏请皇帝减免盐税一事中，得到过充分的体现。

宋仁宗明道二年（公元 1037 年），范仲淹被调任于江宁府，负责辖区的各项管理工作。执政期间，一心为民谋利的范仲淹，为当地百姓做出了著名的仁政，其中尤为突出的事迹为，撰写《上元五县盐钱事奏》申请减免盐税：

据本府分析及体问得，始属江南伪命之时，有通、泰盐货给散，计口纳钱入官。后来淮南通、泰最属朝廷之后，江南自此无盐给散，所以百姓至今虚纳钱，并更折纳绵绢，未曾起请。今江宁府有新旧逃亡七千三百，宣州五千五百，太平州四千四百。缘江南东路诸邑租税甚多，地薄民贫，欲乞朝廷调度指挥江南东路：主户所纳税赋内丁口盐钱，以本处见卖盐价上纳，定升合数目，逐春更与米盐吃用。随夏税送纳，一色见钱，更不折纳。不赐纳绢，可减去疾苦，招携逃亡。所有客户名下盐钱，盖是浮浪之人，起移不定，每到春初，被乡司、里正、户长抄箚浮户，配纳盐钱，逐旋坡走移。其客户盐钱不多，望朝廷特与

---

① 范仲淹．范仲淹全集 [M]．李勇先、王蓉贵校点．成都：四川大学出版社，2007 年版，第 1152 页。

② 吴嘉纪著．杨积庆笺校．吴嘉纪诗笺校．范公堤 [M]．上海：上海古籍出版社，1980，第 316 页。

③ 范仲淹．范仲淹全集 [M]．李勇先、王蓉贵校点．成都：四川大学出版社，2007，第 569 页。

除放。①

　　此乃范仲淹任职于江宁府期间，给皇帝寄送的一封奏折。其奏折指出，由于此地在历史上属于南唐政权管辖，当时的政府将北边泰州地区的食盐运到此地售于百姓，并向百姓征收盐税；然而自宋朝政权占领北边的泰州等地后，旧有的食盐供应链就不复存在，但百姓的盐税却一直没被废止；因此这项不合理盐税的多年存续，已为当地百姓造成巨大损失，于是范仲淹上奏申请停止此项税务。在申请免除盐税外，细心负责的范仲淹发现，辖区内地薄民贫但租税很多，以致很多百姓生活艰难只好逃亡，因而他又建议皇帝酌情减免部分租税。由此可见，范仲淹奏请减免江宁地区盐税的活动，显得非常可贵，在为民谋利、造福百姓的执政实践中，其仁政爱民的品格显露无遗。

　　四、调整盐政，不战便能克敌军

　　更令人称奇的是，范仲淹还把边疆盐政运用于平定天下、保境安民的军事战略中。当宋朝的西北边境遭受西夏的军事侵略时，心怀天下安危的范仲淹奔赴边疆领军御敌。在抗战过程中，他调动高超智慧，调整边疆盐政、辅助军事行动，对西夏政权形成巨大压制，最终迫使外敌息兵求和，实现西北边境的安定。追溯宋代历史可知，"康定元年（公元1040年）正月，元昊以北宋拒绝对其册封为由，挑起宋夏全面战争，意欲夺取更多的土地"②。面对气势汹汹的西夏军，众多官员不愿前往西北抗敌，例如韩琦推荐李丕谅任西边，"丕谅不乐，引疾自陈"③。不过，范仲淹在此危急情形下，一接到任令，就立即带着长子从越州跋山涉水奔赴前线，对此史载："延州危，公自请捍边。"④

　　范仲淹到达西北边境后，一边整饬军队伺机进攻，一边修复城寨严防死守，很快就稳定了局势。在与西夏相持期间，经过深入调查后，他发现食盐是西夏的经济命脉。其境内的多个地区，有天然盐池，盛产青盐，以致西夏很多地方所需的粮食、茶叶、绢布等日常用品，都依靠盐和宋人交换。对此，

　　① 范仲淹.范仲淹全集[M].李勇先、王蓉贵校点.成都：四川大学出版社，2007，第811页。
　　② 韦祖松.北宋国家安全问题研究[D].暨南大学博士论文，2006，第7页。
　　③ 武香兰.范仲淹的儒学价值观与驭边之术[D].宁夏大学硕士论文，2005，第1369页。
　　④ 范仲淹.范仲淹全集[M].李勇先、王蓉贵校点.成都：四川大学出版社，2007，第1627页。

范仲淹的同僚包拯曾指出："西夏数州之地，财用所出，并仰给于青盐。"（《包拯集．论杨守素》）① 于是范仲淹将"守边城，实关中"的治边方针与"借盐制敌"的战略手段结合起来，不光很快实现军事上无懈可击的状态，还逐渐达到"经济上拖垮敌人的效果"②。为了达到"借盐制敌"的战略目标，范仲淹向皇帝申请由他调整西北边境的盐政，他认为：

> 禁青盐，欲以困西贼。非困贼之要，却有所害……今兵士处于穷边，冒矢石，负星霜，若饮食失所，更禁绝盐味，何以聊生？
>
> 乞于诸寨置榷场，用足帛等博买熟户将到青盐。只于庆、环二州添起一倍价钱出卖，收得一色见钱，籴买粮草，及支诸军请受。

从《乞于沿边诸寨置榷场奏》可以发现，虽然范仲淹深知盐是西夏的经济命脉，但他认为盲目地取缔边境市场，简单地禁止青盐交易，很难获得打压西夏的效果。在他这篇奏折看来，民间的情形相当复杂，简单盲目的行政做法并不可取，应该施行更加周密且更人性化的盐政。因为单纯地禁盐，不仅其成效难以保证，而且会损害宋境军民的利益。他主张放松盐禁以便有利于宋境的军民，同时，他提倡在宋境设立榷场，由宋军将边境熟户的青盐用低价收购，然后运到庆州等内地销售给宋境的民众，并购买回宋朝边防军所需的粮草。

这种更完善的盐政，首先能使宋境的军民获得物美价廉的食盐，其次能使守卫边疆的军队拥有更充足的粮草。再次，由于边境交易的榷场位于宋境的城寨，新的盐政可以吸引边境流民，将大量民众笼络到宋境充实宋朝的实力，同时从兵源、粮草等方面，实现削弱西夏政权的效果。可见，范仲淹对边境盐政予以调整后，可以收获一举多得的战略良效。也正因如此智慧高明的举措，使侵略军面临多种困境，导致难以为继的西夏政权国力日渐枯竭，其首领元昊只好求和。"不久后，宋夏签订"庆历和议"，双方结束敌对状态"。③ 兵法认为："不战而屈人之兵，善之善者也。故上兵伐谋……"④ 从范仲

---

① 张田编．包拯集 [M]．北京：中华书局，1963，第 118 页。

② 许友根、孙炳元．范仲淹与盐 [J]．江苏商论，2008（8）：175。

③ 逯海燕．北宋仁宗时期对夏政策研究 [D]．华中科技大学 2010 届硕士学位论文，第 9 页。

④ 陈曦译注．孙子兵法 [M]．北京：中华书局，2011，第 7 页。

淹抗击外敌平定边患的惊世功业可以看出，在"不战而屈人之兵"的军事艺术中，其调整边疆盐政的谋略具有值得后世借鉴的高明智慧。

综上可知，在青年时期，家境贫困的范仲淹为了能求学读书，长期以盐齑维持着朴素的生活，并逐渐形成盐齑度日的俭朴家风。在壮年时期，为官各地造福百姓的范仲淹，因盐务机缘，在振兴盐场、减免盐税等治国活动中，做出了忠君的廉政和惠民的仁政。在晚年时期，镇守边疆抗击西夏的范仲淹，以高超智谋完善边疆盐政，在平定边患中获得了"借盐制敌"的奇功。可见，由于范仲淹善于运用食盐这种物资，因而他不仅能在修身、齐家、治国的活动中，取得名扬四海的成就，而且还在领军征伐平治天下的过程里，建立彪炳史册的不朽功业。正是盐，使得范仲淹陆续成为刻苦为学修身立德的学子、厉行节俭齐家立业的名士、廉洁奉公仁政治国的清官能臣乃至智可安邦谋可平患的名将军师。因此，可以说，范仲淹善于运用食盐的智慧，值得每朝每代的民众深入学习。

中国盐文化题材纪录片述略

郑明阳　刘永红[*]

（中盐金坛盐化有限责任公司，常州，213200；中盐上海市盐业有限
公司，上海，200062）

摘　要： 以盐文化为题材的纪录片中，既有历史文化纪录片、人文社会纪录片，又有人类学纪录片。这些纪录片以其厚重的历史感和风格多样的人文特征，丰富了汉语纪录片的形式与内容，也从民族志影像角度展示了盐业人的生存样态，同时也是一种发现、建构、传承中华民族历史文化的载体。

关键词： 盐文化；纪录片；文化载体；生存样态

盐文化题材纪录片，概而言之是指通过纪实手法展现盐业人生存状态、生活方式以及多面向的盐业历史文化和社会变迁的一种影像形式。从1938年第一部盐文化题材纪录片《自贡井盐》问世，到《咸说历史》《天下逐盐》《盐婆婆的香火》《盐号》《扬州盐商》《井盐纳西人》《舌尖上的中国》等与观众见面，这其中既有知名导演的电影纪录片，也有电视专题片和独立纪录片导演的作品；既有历史文化纪录片、人文社会纪录片，也有人类学纪录片。盐文化题材纪录片以其厚重的历史感和风格多样的人文特征，丰富了汉语纪录片的形式与内容，也从民族志影像角度展示了盐业人的生存样态，同时也是一种发现、建构、传承中华民族历史文化的载体。

---

　　* 郑明阳（1987— ），男，安徽阜阳人，文学硕士，《中盐人》副主编，研究方向：盐文化研究与传播。刘永红（1976— ），女，江西南昌人，文学学士，经济师，中盐上海市盐业有限公司高级专员，研究方向：盐业经济史、现代盐业管理。

一、咸说历史：历史文化纪录片中的盐

历史文化纪录片是 20 世纪 80 年代以来备受瞩目的一种纪录题材，我国的纪录片工作者虽在 80 年代初就开始拍摄此类型的作品，但历史文化题材真正有所改观源于新世纪，其标志性作品就是至今余温未尽的《故宫》。

然而，给历史文化纪录片一个明确的界定，却非易事。1989 年，《广播电视简明辞典》给出了这样的定义："历史文化纪录片是指大量运用录像资料、历史影片、照片、图片、文物等真实地再现和评述过去重大的历史事件。历史纪录片要求尊重史实，具有历史感和文献感。"① 学者欧阳宏生在其《纪录片概论》中认为历史文化纪录片是指"利用影像形态对历史遗迹、文化器皿、文化景观的纪录和表达，并以此来折射当代人对民族历史和文化的深刻认识、体验与反思。具有十分明显的文化意味。"② 概而言之，历史文化纪录片即是运用纪录片拍摄手法，从历史和文化的视角出发，对历史进行记述、反思和关照。中国盐业文明历史悠久，给了纪录片工作者大量可供用影像演说的"历史"。

2007 年，由中国盐业总公司和文物出版社联合推出的《咸说历史》在央视播出。该片共 6 集，分别是《黄土地上的白金》《为盐而战的民族》《改变地球的产业》《战争中兴旺的城市》《梦幻之城》和《无色的精灵》，通过"盐"的故事和"盐"的知识，探寻围绕盐而产生的文化内涵、文化现象。该片除了采用介绍文物及遗迹、邀请专家讲解等形式，每集还用一个大的历史命题统概。比如，《黄土地上的白金》讲述了山西运城有一个大盐湖，这里出产著名的池盐。古往今来，运城一直都是中原地区重要的食盐产地，加上当地优越的自然环境，所以它也是黄河文明的重要发祥地之一。同时，有学者研究认为，运城的池盐还与著名的晋商有关，因为从经商传统来说，盐商可能是中国最早的商人。同时，该片按照不同种类盐的分布，讲述了山西运城略带苦味的池盐、重庆三峡地区日渐消亡的盐泉、四川自贡的井盐、扬州的海盐和其他地方出产的岩盐等，全方位展示了盐业传说、盐业故事、盐文化最新研究成果、古代盐业科技及由盐而派生演绎出的各种文化艺术等，实际上就是一部中国盐业文明史和发展史。

10 年后，一部专门介绍海盐的纪录片也登上了央视，那就是 2016 年央

---

① 广播电视简明辞典编辑委员会.广播电视简明辞典 [M].北京：中国广播电视出版社，1989，第 76 页。

② 欧阳宏生.纪录片概论 [M].成都：四川大学出版社，2004，第 96 页。

视纪录频道制作的 5 集纪录片《海盐传奇》。该片将目光聚焦在中国历史舞台中一个重要且难以替代的角色——海盐，但该片并非从自然科学的角度来进行关注，片中的海盐也绝不是一种简单的调味品，而是自春秋以来，一种关乎历代王朝命运的税收工具，其相关制度更是不断改变，背后均与历史风云的变幻大有关系。《海盐传奇》以小见大，以历史人物和故事为载体，选取盐业发展过程中的重要历史节点，围绕盐史、制盐、盐税、变革和精盐 5 个主题，全方位描摹、全景式呈现发源于我国东部两淮地区五千年的海盐历史，透视、解读积淀丰厚的海盐文化，以客观真实的历史态度，独特细腻的文化视角和深刻理性的思辨意识，系统梳理海盐起源、制盐工艺发展和盐政改革的历史脉络。①

同年，央视制作完成《天下逐盐》，从国际化的视野看待盐在世界各个角落创造的色彩斑斓的人类生活史：盐的贩运编织了庞大的商业帝国，建立了一座座城镇；盐的开采造就了苦难也催生了科技；盐维系了一个个帝国的统治，也诱发出一次次的"造反"和革命；对盐所带来的巨额财富的管理，成为最重要的治国技巧等。

2017 年，由陕西安康镇坪县广播电视台为配合镇坪古盐道的考古发现而摄制的《镇坪古盐道》也录制完成。该片仅 30 分钟，采用画面加解说的方式展开叙述。其实，早在 2008 年，以"盐道"为题材的纪录片就已经出现。这一年，由日本 NHK 和韩国 KBS 联合摄制了关于世界上最古老的商路的系列高清纪录片《茶马古道——另一条丝绸之路》，以丰富的影像记录了这条盐道近千年的历史。2009 年，美国投资拍摄的英语纪录片《最后的盐道》，全长 53 分钟，展现了往来于云南、西藏之间的"盐道"（也即"茶马古道"）的历史与现在。2010 年出品的纪录片《大理》，其中第 6 集《茶盐古道》也对此进行了影像记录。然而，《茶马古道——另一条丝绸之路》《最后的盐道》虽然取材于中国古盐道，但都是国外投资拍摄，本文暂不详述。

2018 年 4 月由重庆盐业集团与重庆电视台科教频道联合打造的两集纪录片《巴盐传奇》在央视栏目《探索·发现》中首播。该片延续了《咸说历史》《海盐传奇》的拍摄手法，形象地展现 5000 年巴盐的不朽传奇，探寻巴盐对重庆及周边省份经济、社会、文化的重大影响，弘扬了巴渝本土文化。

① 张成军.说盐史流转 话国运春秋——纪录片《海盐传奇》评述[J].电视研究，2016(12)：57。

而 2018 年《中国影像方志·思南·盐号》，则从一家盐号开始讲起。清道光年间，周家盐号最初的主人周镐璜花费 3 万银圆，用了 3 年时间，在思南建造了这座大大的宅院，以守护他的爱情和子孙。周家盐号坐落在思南县的安化古街上，这条街早在隋唐时期就是一条商业街道。镜头中既有民俗又有历史，时空流转，山城码头昔日的繁荣逐渐隐退，留存下这座百年老宅周家盐号，如同一位历经风霜的老者，默默地见证着中国盐运的悠悠历史。对于盐运的介绍，在纪录片《京杭大运河》中也有所涉及。

我们知道，"盐商"是中国历史上一个特殊的群体，他们的故事至今流传。

2011 年一部反映"盐商"的纪录片《扬州盐商》在央视纪录频道播出。该片共 4 集，即《吴盐胜雪》《风流商贾》《官商之间》《衰落之谜》。每集都以一个问题引出。比如第 1 集，"据清代史料记载，乾隆年间有一个皇子睡了懒觉，耽误了第二天的读书，乾隆皇帝知道后非常生气，他斥责这个皇子说你既然这么贪图安逸享乐，就应该去做扬州盐商的儿子，而不应该生在我的家里，那么，乾隆皇帝为什么会产生这样的印象呢？扬州盐商又是一个怎样的群体呢？"① 继而从历史的角度铺展开来，具有很强的故事性，对重要盐商的记述比较详细。而反映盐商的纪录片并不在少数，《徽商》《江南》《淮河六章》等纪录片中都有"盐商"的众生相。

其实，盐文化题材历史文化纪录片的出现是在国内历史文化题材纪录片数量井喷式增长的背景下产生的。其一，盐业史料丰富。中国是盐业大国，盐业文化历史悠久，具有众多的文献、文物古迹，盐业人物众多，掌故趣事也被大量记载，且有专门的盐业研究专家学者可以作为顾问或者出镜。所以，这就给了纪录片编导很多可供开发的空间。其二，盐业企业的支持。从以上纪录片的分析可以看出，国内盐业公司投入了大量资金支持盐文化的研究和盐文化题材纪录片的拍摄。其三，观众的喜好。《故宫》的热播，调动了观众对于历史文化纪录片的热爱，而这种热爱至今未减。其四，文化传承的需要。新世纪，中国盐文化的传承方式也需要创新，而纪录片这一独特的形式正好可以将历史与现代进行有效的串联。因为，历史文化类纪录片，是对一个国家或者地区文明、历史、人文景象的折射与映照，同时，也跨越国度、跨越时空、跨越民族，可以以人类社会历史文化为题材，从更广阔、深入的角度

---

① 《扬州盐商》解说词。

认识世界、传承文明。[1]盐文化题材历史文化纪录片是中国盐文化精神和观念的影像化表达，是现代社会阐释中国盐业文化、解释历史和通达古今的强有力的手段。

然而，制作出优秀的盐文化题材历史文化纪录片也并非易事。笔者认为，进入自媒体时代，那种静态、平面地展示古代文明成果的老套路已经落伍了，慢三拍的叙事节奏、画面加解说的表达方式也会让受众敬而远之。传承发展中华盐业传统文化，就要顺应时代的变化，改变传统的表达方式，创作出思想精深、艺术精湛、雅俗共赏的优秀纪录片。第一，需要纪录片工作者既忠于史实，依据文献资料，又不能为了娱乐观众而随意虚构、歪曲历史。这是一个底线。虽然纪录片也是"创作"，但其"真实性"依然是其本质。第二，盐文化题材纪录片需要当代性建构。历史文化纪录片时间之久远、内容之庞杂、资料之浩瀚、驾驭难度之大，完全超乎一般人想象，要实现真正意义上的当代表达谈何容易。很多时候，历史文化纪录片导演的最大难题是：内容很学术，但必须用艺术的方式呈现出来；文化很古老，但必须和现代人发生关联。更关键的是，我们手里大都只有静止的文物、文献，而电视需要活色生香的活动图像。[2]第三，注重中华文化当代传承和国际传播。盐文化题材纪录片创作要打通古今，连接中外，寻找传统文化与中国历史的联系、古代文明与当代生活的联系，用符合网络时代观众要求的、丰富多样的艺术表达方式来展示中国文化之美，做到学术性和艺术性的高度统一，把隐形化、基因化、碎片化的学术观点和历史资料变成具象化、可视化、故事化的视听表达，从而唤醒民族记忆，传承中华文化基因。

二、盐观社会：人文社会纪录片中的盐

所谓人文社会纪录片，是特指那些以普通人和当下的社会现实为记录对象，主要从人文的角度去反映和展现的纪录片。[3]首先，人文社会纪录片记录了社会人生。每个年代都有不同的见证者，纪录片作为见证的一种媒介，能更好地记录和表现普通老百姓的生活。上海电视台纪实频道的《纪录片编辑室》的热播就是一个最好的例证。纪录片的创作者深入社会，体验百姓人生，真实的记录，把生活的每一个细节都原汁原味地还原，这给观众和百姓切实

① 贾洪涛.浅析历史文化类纪录片的创作理念 [J].电视研究，2017（12）：70。
② 安秋.历史文化纪录片的当代表达简论 [J].中国广播电视学刊，2017（5）：87。
③ 欧阳宏生.纪录片概论 [M].成都：四川大学出版社，2004，第 80 页。

的真实感。而镜头深入人们的内心，也体现了人文社会纪录片的核心价值所在。其次，关注现实世界。在纪录片发展的最初时期，创作者的拍摄就开始关注现实的生活，面对这些发生在自己身边的人物故事，观众被深深地吸引。反观盐，它是百味之首，飞入寻常百姓家，与人最近，也与社会现实靠的最近，理应成为纪录片镜头所关注的对象。

1938 年，盐业人孙明经拍摄《自贡井盐》时，正值国难当头。该片虽仅仅 24 分钟，但详细记录了 20 世纪 30 年代自贡盐场的地理人文环境，凿井、汲卤、输卤、熬盐、运盐的生产全过程，重点介绍了蒸汽机车在生产中的应用。孙明经认为，这是中国现代工业的开端。纪录片主要拍摄场地在大坟堡、郭家坳、土地坡，还拍摄了贡井的笕号，真实再现了自贡盐场在“增产加运”中新旧工厂一起开工，新式、老式机器一起开动，人力、畜力、机械动力同时工作的场景，给人生产繁忙、同仇敌忾的效果，让国人知道，即使没有海盐，自贡的井盐照样可以保证供给，以事实破除了国内投降派和日本侵略者的谣言恐吓，树立了国人抗战必胜的信心。①

《自贡井盐》之后，关于盐的人文社会纪录片几乎停滞。直到新世纪，才又有新作出现。

2005 年，重庆电视台制作的《巴渝古道·盐殇》，获得国家广电总局金帆奖。该片意在通过展现废墟遗址及老盐工的回忆，筹建盐业博物馆的活动，感叹重庆市巫山县宁场镇这个曾经繁荣鼎盛的盐都，而今却已衰败消亡的景象。这种由极盛到极衰的转变是由于随着社会生产力的发展，落后的生产方式必然被淘汰所致。②片中介绍宁厂镇的兴衰历史时，镜头是盐场废墟的剪影，背景群山茫茫，蓝天白云，靓丽的背景上，残垣断壁的遗址剪影就显得更加刺目。古镇在茫茫大山中，小河之傍，盐厂、古寨、古庙的断垣残壁，突出了它的险要和破败荒凉。片中讲到，古镇盐厂的老工人们，成了这座曾经辉煌而今破败苍凉的盐都废墟的守望者。画面上的老人们静静地聚在一起晒太阳，抽旱烟。烟雾安静地升腾，消散，老人们目光深邃，有的还牵着不安分的猫猫狗狗，偶尔几声咳嗽——这一切似乎很“静”，其实表现更多的是古镇盐场老工人们对过去的怀念，为后来老人们决心组建盐业博物馆埋下伏笔。

---

① 豆瓣网.《自贡井盐》内容介绍 [OL]. https://movie.douban.com/subject/25851806/。
② 惠愚、张银波.纪录片也需要有艺术性——《巴渝古镇·盐殇》声音制作体会 [J]. 现代电视技术，2006（3）：40。

　　同样将镜头对准老盐厂的，还有同名纪录片《盐殇》。该片介绍的是辉煌不再的自贡市张家坝制盐工厂的现实与历史。1938 年 9 月 18 日，"九一八"事变七周年，在四川富荣盐场的张家坝，发生了一件划时代的大事件——久大盐业公司自贡模范食盐厂正式开工制盐。其时，仅有三口大平锅，每口锅蒸发面积约 90 平方米，日产花盐两百担。而当时自贡盐场沿用的是厚度达 1 寸多、蒸发面积仅 1.3 平方米的铸铁圆坦锅，少则两天半多则七八天，才成盐一锅，仅七八担。就是这三口（后增至七口）在今天看来是再简单不过的、用 3 厘米厚钢板电焊而成的、长 56 尺宽 12 尺深 1 尺半的煎盐大平锅，结束了盐都自贡 1900 多年来井盐生产的原始工艺历史。久大自贡模范食盐厂，后被简称为"久大川厂"，由此而成为四川盐业敞锅制盐技术革新的先导。张家坝，也由此而成为自贡工业近代化的发祥地。而镜头里，却是荒凉的老盐厂以及老盐工还满怀深情的回忆。

　　浙江镇海电视台历时 7 年摄制的纪录片《晒盐人》荣获 2011 年度浙江省纪录片政府奖一等奖，并夺得 2012 年第八届中国纪录片国际选片会"十大纪录片奖"的殊荣，2013 年又荣获"金熊猫"奖国际纪录片评选活动社会类入围奖。《晒盐人》共有"劳作""无奈""希望""出路" 4 个篇章，综合讲述一代晒盐人的转型遭遇，既有晒盐人起早贪黑在烈日下十几年甚至几十年劳作生活常态的整体展示，也有各自独立的小故事，彼此独立，却又组成了不可分割的统一体。后三个篇章的小故事分别独立展示晒盐人在劳作中的典型经历，其中迎战雷雨、台风是晒盐人必须面对的天灾，劳作的目的是为了家庭尤其是子女的出路，最后的职业转型则是宣告了一个传统时代的终结。每个小故事虽然没有解说词，依靠现场同期声和简单的画面提示字幕推动情节发展，中间剪辑设计了矛盾冲突，完全符合故事逻辑性，让人一看就明白，一听就有进一步探视究竟的欲望。可以说，无论看哪一个篇章，都是一个相对完整的小故事，而从头看完四个篇章则就能回答劳作艰辛的缘由、转型困难所在等一系列问题，时代感明显。[①]

　　2012 年由陈晓卿执导的《舌尖上的中国》横空出世。主题围绕中国人对美食和生活的美好追求，用具体人物故事串联起讲述了中国各地的美食生态。第一季中，讲述了诺盐及"诺邓火腿"的制作过程。"在云南大理北部山区，

---

　　① 刘云，李颖. 纪录片创作"当随时代"——以作品《晒盐人》为例 [J]. 视听纵横，2015（2）：77。

醒目的红色砂岩中间，散布着不少天然的盐井，这些盐成就了云南山里人特殊的美味。老黄和他的儿子树江在小溪边搭建一个炉灶，土灶每年冬天的工作就是熬盐。云龙县的冬季市场，老黄和儿子赶到集市上挑选制作火腿的猪肉，火腿的腌制在老屋的院子里开始。诺邓火腿的腌制过程很简单，老黄把多余的皮肉去除，加工成一个圆润的火腿，洒上白酒除菌，再把自制的诺盐均匀地抹上，不施锥针，只用揉、压，以免破坏纤维。即使用现代的标准来判断，诺邓井盐仍然是食盐中的极品，虽然在这个古老的产盐地，盐业生产已经停止，但我们仍然相信诺邓盐是自然赐给山里人的一个珍贵礼物"；[1] 关于诺盐，2010 年推出的纪录片《大理·茶盐古道》中也详细记录了诺盐的制作及历史。不过，相对于《舌尖上的中国》对诺盐制作的"情景再现"，《大理·茶盐古道》中对此的记录显得较为薄弱。

　　同样在《舌尖上的中国》第一季中，浙东海盐的制作过程被呈现出来。"在中国的烹饪辞典里，盐是百味之首。粤东海边，村民世代以晒盐为生。不下雨的日子里，阿刘每天都要在盐田里忙碌。晒盐的收入微薄，一年不到一万元，阿刘还要做电工和捕鱼贴补家用。村子里的人大多外出打工，大片的盐田已经荒废，阿刘依然选择留守。"片中，阿刘自述时说："说起来，盐是历史。"他选择的留守是在保护历史。

　　镜头感最足的，要数第二季中关于自贡井盐的制作。盐工在生产车间，汗流浃背。而对自贡市内唯一保留的传统井盐作坊——桑海井的讲述，则将保护传统手工制盐这一工艺传递给受众。

　　2014 年，西安美术学院学生制作的《咸的过客》，虽然名气不大，但其将盐与人紧密相连，讲述了"盐农"张喜华与盐的生活。片中讲道：在毛乌素沙漠边缘，被视为最不适合人类居住的地方，却盛产这一种亮晶晶的东西，它就是盐。很久以前，周边的人们就是靠往外输送盐粒糊口。多年后的今天，盐湖似乎被慢慢淡忘了。然而有这么一批人，却依旧在这里繁衍生息。他们的名字叫作"盐农"。张喜华应该算是手工打盐的最后一代传人，他木讷，却有着自己生活的小小技巧；他无能，却用自己的双手为儿子构建了一所大房子。

　　社会文化纪录片，探求人和人的生存为宗旨，所以"纪录片提供的是一

---

　　① 《舌尖上的中国》解说词。

种关照，由关照对方而对照自身"①。《自贡井盐》关注当时的制盐生产，提振民族自信；《盐殇》对照社会发展中的老旧工厂凋敝的现状，留给人们以反思；《舌尖上的中国》《咸的过客》中阿刘、张喜华在盐田孤单的背影，带给人们一个大的社会命题：传统手工制盐是否需要离开历史舞台；而盐与美食的结合，除了感官上的愉悦，还需要我们回望生活与盐的紧密关系。

从某种意义上，盐文化题材纪录片，关照了盐行业的人们的生存诉求和情感方式，它让盐业人进入当代中国历史之中，体现中国社会的转变以及人的转变。如果说盐文化题材的历史文化纪录片关注于宏大的历史叙事，那么盐文化题材的人文社会纪录片，在呈现了一个"失落的群体"，甚至是"边缘人群"。这种纪录片情怀给予的反思，带有浓重的忧患感。即便是在《舌尖上的中国》如此火爆的情势下，浙东沿海留给人的印象还是"大片盐田荒芜"，阿刘不得不靠打鱼、做电工来贴补家用；自贡燊海井的手工制盐，也只是在"表演"一种技艺的存在。

所以，盐文化题材人文社会纪录片和其他类人文社会纪录片一样，关注的是社会问题的存在，有其身后复杂的历史背景和原因以及不同的时代给社会留下了独有的记忆——社会记忆。每一部片子中所聚焦的现实问题，社会记忆不仅是记录与见证，也给生活以思考与进步。期待更多盐文化题材人文社会纪录片的诞生，用影像叙述承载着社会记忆，探寻社会记忆的构建过程中，影像叙述带给我们的最为真实的力量。

三、留存最后的背影：盐文化人类学纪录片

在大部分的纪录片分类中，都有人类学纪录片这一类别。人类学纪录片显然包含了两个维度：人类学和纪录片，两者密不可分。作为纪录片类型之一，人类学纪录片是以记录影像形态存在的民族志，是文化人类学理念和影视媒介的结合。……它是人类学学者或纪录片创作者经过长期的田野调查拍摄出的影像化的学术成果，属于专业性较强的片种。②此外，人类学纪录片的价值在于它是人文精神和终极关怀的载体和媒介，它的责任和使命是关注一个人、一个民族和一种文化的命运，对人类文化作传承性的记录。

《盐婆婆的香火》拍摄于 2002 年，编导孟子为是西北大学新闻系教师。

①　张俊德主编. 当代广播电视新闻学 [M]. 上海：复旦大学出版社，2001，第 148 页。
②　李文英. 中国人类学纪录片叙事表达机制探微 [J]. 现代传播，2017（11）：102。

该片记录了西部古镇盐官延续了两千多年的熬盐技术；展现了社会变迁时期处于边缘和底层的盐工黄老汉一家的内心世界与生存状态。作者运用人类学的观察视角，以"参与观察"的原则，进行了"原生态"的记录拍摄。技法上常常采用长镜头以保证完整性。以原生态记录的方法，包含了很丰富的文化信息：真实的人，本色的话语、言谈、举止，仪式活动等等。该片在史料价值、文献价值、原生态记录以及强调客观真实等方面都颇具特色。西部拥有极其丰富的文化资源，这就需要更多的人以人类学的观点、方法和纪录片的形式对其进行实地调查和记录整理。①

《盐巴女人》将镜头对准了青藏高原中的秘境。该片讲述拉措一家的故事，来展现这群特殊的盐巴女人，在传统和现代相矛盾的今天，她们如何将古老工艺传承下去。其中，盐巴女人用生命和信念延续这一古老传统，令人印象深刻。其实，早在数千年前，先民就发明了古老的汲水熬盐法，而这一古老技艺也在这个偏远的河谷中保存到现在，最终，这里成了世界上仅存的手工汲水熬盐地。

2010 年，广东台山电视台制作的《盐井纳西人》凭借完美的摄影技术和关注女性少数民族社会生存状态的主题，夺得半岛国际电视节中篇纪录片评委会大奖。《盐井纳西人》是 2009 年完成的一部人类学纪录片，作品以一户祖孙 3 代纳西女人晒盐为主线，表现了西藏芒康地区纳西民族的生活状况以及多元的宗教信仰，具有较高的人文历史文化价值。

从目前所推出的盐文化题材人类学纪录片来看，有几个共同点：一，镜头集中在偏远或少数民族地区。这和人类学研究的兴趣一致。二，关注女性。盐神"盐婆婆"、盐巴女人、纳西女人，是一群与盐相关的女性。人类所需用盐，由"盐婆婆"赐予，但"盐婆婆用铁链锁着"，敬神还是亵渎，值得思考；女人晒盐、熬盐，女性即是盐的赐予者，又是盐的制作者——这是最苦的生活——也是生存状态。三，类同的叙述逻辑。即每部作品都在展示原生态与现代的矛盾，盐婆婆的"香火"是一个文化符号，香火能否延续的设问，也就意味对一种行将消逝的生活方式将成为历史记忆的提醒与关注。

人类学纪录片强调镜头的记录本性，要求真实、自由、民主地揭示现实。将一定视野里的人与自然的关系以及人的命运如实地收入镜头，以保持时空

---

① 薛永健.留存最后的背影——纪录片《盐婆婆的香火》的人类学意义 [J].三月风，2003(8):30。

的客观真实性，从而用影像来捕捉生命，保存生命现象，这也是巴赞理论中的人类本体意义所在。① 与盐打交道，虽然在大多数地区都已经工业化，变得不足为奇。然而像藏地这些偏远的地方，却还是人们生命与生活中最重要的活动和仪式，值得人类学工作者探索的空间很大。

纪录片所留存的影像记录，已经越来越受到大众的关注。而盐文化题材纪录片不仅丰富纪录片的内容，还在为相关的人类行为和变化着的生活方式留存可视听的影像文化记忆。通过视频等媒介所塑造的盐与人，是一种对现实世界的映照和再现，在其塑造过程中既有大传统话语体系意识形态的锻造，也有民间社会小传统力量的互动营造。透过盐文化题材纪录片中的影像，对于中华文化认同感和民族向心力的建构具有重要意义，并将在全球背景下找到其价值。

---

① 薛永健.留存最后的背影——纪录片《盐婆婆的香火》的人类学意义 [J].三月风，2003（8）:31。

六、传统文化视域下的现代传播研究

【**主持人语**】从传统到现代文化承继，这需要一个不断探索的过程。面对时代变动过程中，我们更需要一种本土文化传承的探索自信。因此，本栏目围绕传统与现代文化承继展开，长安佛教文化传播在"丝路文化传播"研究的热潮下，在实现"文化自信"的征途中，于不久的未来成为一代显学。同时，根据儒家始者孔子所提出"兴观群怨"之说，分析当下新媒体的分众传播态势中亦有所体现，在移动短视频领域尤为明显。新的技术手段和商业推广激发了在群体中共享短视频的"新需求"，通过追踪用户行为和个人信息，基于智能算法和大数据实现对不同用户的精准推送，更有助于"群"的聚集和实现。所以，无论在哪一个国度，哪一种学术研究都需要回归到本土文化中汲取优秀的养分，探索当下问题，照亮未来路径。

（西南政法大学副教授　刘大明）

"兴观群怨"之"群"与当下移动短视频传播

王晓通[*]

（广州大学，人文学院，广州，510000）

摘　要：孔子提出"兴观群怨"之说，在中国诗学领域产生深远影响。其"群"的思想在当下新媒体的分众传播态势中亦有所体现，在移动短视频领域尤为明显。新的技术手段和商业推广激发了在群体中共享短视频的"新需求"，通过追踪用户行为和个人信息，基于智能算法和大数据实现对不同用户的精准推送，更有助于"群"的聚集和实现。同时，在共享内容方面，各类群体虽有不同的内容倾向，但总体看来，大都具有"热闹"和"奇观化"的特点，滑稽搞笑的喜剧类短视频通常占有较高比例。从短视频群体主体构成来看，发布者、传播者与接受者经常是三位一体的关系，这更有助于短视频集群效应的形成。

关键词：短视频 群 奇观化 算法

基金项目：广东省哲学社会科学"十三五"规划 2016 项目（GD16YYS03）

关于"兴、观、群、怨"，魏何晏《论语集解·阳货篇》引用孔安国的解释说：群，"群居相切磋也"。梁皇侃遵循疏不破注的原则，解释"'可以群'者，《诗》有'如切如磋，如琢如磨'，是朋友之道，可以群居也。"后世又有许多不同的见解[①]。但总体看来，大都是从"社会功能"的角度来解释这一现象。在当下融媒背景下，随着自媒体的勃兴和传播市场的进一步细分，面向细分受众的分众传播以及用户自发的集群现象越来越普遍，这在移动短视频领域尤为明显。

---

[*]　王晓通（1983— ），男，山东临沂人，广州大学人文学院讲师，主要从事影视艺术、传媒文化研究。

①　王齐洲. "兴观群怨"新解 [J]. 文艺理论研究，2016(6):115。

移动短视频，亦称"微视频""小视频""移动社交视频"等，最早出现在美国，随着国内电信产业于 2013 年 12 月进入 4G 时代，各类短视频平台得以迅速发展，涌现出快手、抖音、"秒拍"、"美拍"、"一直播"，"火山小视频"等短视频应用。

目前有关微视频的研究，主要集中在产业现状分析和传播学研究这两个角度：一是对社交平台微视频行业现状的分析：此类研究侧重从产业发展和资本市场的角度对新媒体社交平台的微视频行业进行研究，也是目前针对微视频的研究中最为热门的角度，其中包括了专业投资和咨询机构的产业报告，例如易观智库与艾瑞咨询都会发布年度短视频行业发展报告等。另外一种是从传播学视角对微视频所进行的研究：如李玥的《微视频传播的发展模式探析》、周菲乔的《移动互联网时代下短视频 APP 的传播模式和传播策略研究》等，这些论文主要是应用传播学理论，对微视频这一新现象进行分析研究。另有部分学者将微视频作为一种文化现象，从社会文化思潮的角度，运用符号学、现象学、精神分析等文艺学美学研究方法，对社交平台的微视频作品进行分析与解读，但较之前两大类的研究，目前这一类论文较为少见。

一、"群"的流媒体语境："新需求"的制造与分众集群的出现

19 世纪初法国经济学家萨伊（Say）认为人们的欲望无穷，消费是生产的自然结果，"供给创造需求"，这一理论被称为"萨伊定理"，是 20 世纪初西方国家自由主义经济政策的理论基础①。这一派理论认为，生产不仅满足消费，而且制造消费。消费是生产的自然结果。在移动短视频领域，也是现出这一特点。在移动短视频这一新形式出现以前，人们并没有借助短视频进行交流的需求，在继口语、文字、图片这些形式之后，短视频的出现让人们有了新的沟通、展示的渠道。随着照相技术的发明和数字化图片的普及，人们可以借助于图片更具体、形象、直观地进行交流，比单纯依靠文字有更丰富的表现力。

较之于文字、图片，短视频可以还原真实环境中动态的、连续的影像流，更加接近人们在日常生活中所感受到的"真实"。传统上，影视拍摄设备昂贵，而且需要较高的技术门槛，通常被专业制作机构和专业团队所垄断，而

---

① 贾康、苏京春.探析"供给侧"经济学派所经历的两轮"否定之否定"——对"供给侧"学派的评价、学理启示及立足于中国的研讨展望 [J].财政研究，2014(8):3.

随着智能手机的普及，影像拍摄成为不需要成本的附加功能，一般用户可以直接通过手机来拍摄高清甚至 4k 级别画面，并借助简单、易上手的软件来完成剪辑制作，虽然这一类视频的制作远未达到"艺术"的水准，但使得视频制作的门槛迅速降低，甚至到了一个全民狂欢的阶段。同时，随着移动通信技术的迅速发展，4G 网络逐渐普及，并即将进入 5G 时代，有了足够的流量和带宽，移动短视频得以走出个人的手机，成为人与人之间交流、展示的渠道。

正是由于数字化影像拍摄和移动网络两方面的普及和发展，为人们通过短视频进行交流、展示提供了技术支撑。再经由各大视频平台的精心策划、商业运作和强力推广，短视频不再局限于个人手机或少数熟人之间的分享，逐渐扩展至更广的社交网络，甚至进入了一个全民狂欢的阶段。艾媒咨询 2018 的调查数据显示，37.3% 用户愿意采用短视频代替文字交流，另有41.3% 用户持"看情况"的观望态度①。现实生活中素未谋面的用户通过短视频"观看"别人的生活，发布者也在这种展示中获得了类似于"网红心态"的满足感，一般的用户也越来越多地习惯于借助短视频来展示和分享，除了专业的短视频 app，内嵌于微博、微信、QQ 这些较为"正统"的社交平台的短视频应用也迅速发展，可以说，这种新需求的萌生、培育和迅速蔓延是技术和商业双方面合力的结果，在新技术的普及和商业助推、造势之前，人们并没短视频方面的需求，这一"新需求"正是被技术和商业的合力共同"制造"出来的。

视频平台所提供的内容和围绕它所聚集的用户群体之间，构成了一种双向互动的关系，由于在短视频领域，内容发布者、传播者和接受者的三位一体，用户往往就是视频内容的发布者，围绕视频平台所聚集的用户群体势必影响其内容的提供，而该视频平台提供的内容又会吸引某一类型的用户聚集，二者之间形成一种双向互动的关系。特别是各类 APP 平台普遍采用了依据用户浏览痕迹、区域位置等大数据信息所进行的智能推送，更容易因用户的群体特征而影响到内容的供给，形成供给内容与用户群体之间的双向互动。

例如在快手和火山小视频这一类平台中的发布者中有很大一部分是乡村和小镇青年，他们在主流话语中较少被关注，但有着蓬勃的生命力、"热闹"

---

① 艾媒咨询 . 2018 年中国社交类短视频平台专题报告 [DB/OL]. http://www.iimedia. cn/61347.html，2018 年 8 月 16 日。

的生活，有着跟都市群体不同的朋友圈和生活方式，在短视频平台，他们更容易找到自己的圈子，更能得到共鸣，并且能在视频发布中获得被关注的满足感。而在"抖音"之类的视频平台中，则聚集了更多的都市群体，甚至拍摄和发布短视频成为年轻人中的一种时尚，这反映出不同 APP 平台在用户定位上的差异。虽然他们都是短视频的分享平台，也由智能算法向观众推送短视频，但是短视频内容的倾向性却有着的不同，也因而聚集了不同的用户群。

　　二、"群"的传播内容：奇观化展示与插科打诨

　　目前，各类平台所发布的短视频题材多样，内容庞杂，而且随着 app 用户定位的不同又呈现出集群化的现象，例如城市用户聚集的抖音小视频与乡村、小镇用户较多聚集的快手、火山小视频在内容方面也有着明显的不同，但同时又呈现出某些类似的趋势和特点：

　　从技术层面看，各类 App 和供给的短视频多为手机拍摄，由于用户竖屏使用手机的习惯，拍摄也多采用竖屏，而在传统的影视制作中通常都是宽大于高的横屏拍摄。另外，这些短视频大都一镜到底，但这并非是因为有着"长镜头"之类的美学追求，而是由于多数手机用户并不熟悉影像叙事的技巧，不曾想用镜头切分、剪辑来完成叙事，通常都是用手机"随手一拍"，但也正是由于这种不事雕琢、现场记录式的"一镜到底"，使影像给人更加真实、原始态的生活质感。

　　从美学层面上看，首先，这类短视频通常追求"热闹"的在场，而极少表现诗意、悲伤，因此，博人一笑的喜剧类型在各大短视频平台中通常占有最高比例。其次，这些短视频较少展示平淡的日常之美，而是追求极致化、奇观化及新奇感，在短视频提供者看来，并不是所有的内容都适合传播，许多日常片段，即使拍了也少有点击，能够广为传播的一般都有其新奇的"特别"之处。

　　从短视频的内容方面看，主要呈现出以下几个方面的特点：

　　(1)插科打诨的喜剧段子占较高比例。在各类短视频平台中，都有着大量的搞笑类短视频，有些平台甚至主打滑稽搞笑的喜剧视频（如被关停的"内涵段子"等）。这些搞笑视频其实并不能称为真正意义上的"喜剧"作品，因为时长限制，无法借助叙事和人物关系的精巧建构来营造戏剧情境，甚至没有对白，而只是通过肢体动作博人一笑的滑稽片段，经常采用的搞笑手法有：肢体动作、身份错位、带有惊奇感的反转，不同人对同一个"梗"的反复表

演等。

弗洛伊德用精神分析理论对人类的"笑"进行了分析，他在《诙谐及其与无意识的关系》一书中，他强调笑对人被压抑的欲望的宣泄作用，并且分析了玩笑、喜剧和幽默之间的区别，认为幽默除了跟玩笑、喜剧一样"有某种释放性的东西"，不仅表示了自我的胜利，而且表示了"快乐原则的胜利"①，滑稽、搞笑的短视频内容之所以受到如此广泛的欢迎，正是由于其释放、舒缓压力的功能。在现实生活中，短视频用户经常感受到来自财富、性、"面子"和自尊等方面的压力，而喜剧视频能够让用户感受到一种美妙的放松。英国著名哲学家、心理学家詹姆斯·萨利认为，在"笑"的情境中，"约束有时非常严格，例如讲述滑稽故事的人都懂得怎样把我们的恐惧情绪调动到恰当的程度，以使我们发笑时感到美妙的精神放松。在这种情况下，我们的笑里包含着摆脱了神经紧张状态的快乐"②。喜剧这段视频之所以占有如此高的比例，从侧面反映了这部分用户普遍感受到的物质需求、性的压力、"面子"的需要、身份压力、文化的变迁与冲突、伦理的规范与失衡等。

(2)"奇观化"的技艺展示

中国人历来注重"技艺"，在漫长的历史过程当中涌现出大量技艺过人的能工巧匠，这一类视频在老百姓中间有着广泛的接受基础。短视频中分享频率较高的一大类是生活技巧的展示，发布者向展示过人的技能，或者是一些新颖的生活技巧、分享一些有趣的小巧思，获得人们的关注与分享。尤其是在管理部门强化了对短视频内容的监督和管理以后，展示各类劳动技艺和生活技巧的视频内容被推送的频率大大提升，因为这类内容大都能够满足人们的好奇心而且"无害"，带有鲜活的生活气息。

总体看来，各类短视频平台所展示的技艺通常可以分为"实用性"和"奇观化"两种类型：实用性的技艺解决的是我们在实际生活中所遇到的各种问题，向我们展示其娴熟的技能或者新颖的"巧思"，而"奇观化"的技艺展示则跟大多数人的生活相距较远，因为能够满足人们的好奇心而获取关注。总体看来这些技艺具有明显的"草根"气质，其中很多是农村和小镇生活的鲜活反映，观看者被带入工厂、田间、工地或者是各类小作坊，观看如何钓鱼、

---

① [奥] 西格蒙德·弗洛伊德. 诙谐及其与无意识的关系 [M]. 常宏、徐伟译，北京：国际文化出版公司，2007，第158页。

② [英] 詹姆斯·萨利. 笑的研究：笑的形式、起因、发展和价值 [M]. 肖聿译，中国社会科学出版社，2011，第120页。

撒网、使用挖掘机、焊接船舶、压制板材、喷漆、砌沼气池、用竹筒蒸饭、烤鱼等等，这些大都不是公众刻板印象中那种富有文化、审美价值的民间技艺，不能满足城市观众的想象性期待，如果不是借助于短视频平台，这些技艺可能永远都不会出现在公众视野中，但它们是当下中国农村与小镇生活的再现，具有在底层群体中共享的基础，让我们看到一个生动活泼的民间社会里的各种劳动与生存技能。

三、"群"的主体构成：发布者、传播者与接受者的三位一体

移动短视频的提供者多为普通用户，他们不以此为职业，也并不希望通过发布视频获得经济利益，但随着短视频市场的迅速成长，逐渐有职业制作者参与，这些职业人士有的是单打独斗的个体制作者，有的则是集中团队优势的专业制作者。

（一）短视频发布者的构成：

1.普通用户的非职业拍摄

随着智能手机的普及，影像拍摄成为不需要成本的附加功能，在技术方面自动曝光、一键调色等功能也使影像制作不再让人望而却步，人们拿出手机就可以完成影像拍摄，这为普通的非职业拍摄提供了技术可能。

非职业短视频制作者并没有直接的利益诉求，普遍具有"玩"的心态，他们发布视频的出发点并非是从中获利，而只是觉得"新奇好玩"，想要与别人分享，或满足其表演欲或表现欲，进而被关注、被认可，甚至发展为一种类似"网红"心态，在被关注进而成为"焦点"的状态中，得到他们在日常生活中难以得到的满足，这是人作为一种群体动物很自然会被激发起的心理状态。也是由于这些非职业拍摄者的广泛参与，使得移动短视频市场呈现出大众狂欢与全民参与的特点。

值得注意的是，有部分短视频发布者起初只是出于兴趣偶尔为之，但是随着点击率的提升，高流量的视频内容为他们赢得了关注，并有可能带来一定的经济利益，使其慢慢被培育起"网红心态"并转化为职业拍摄者，甚至有广告公司或专业团队主动联系他们寻求合作，从而完成了从最初"随性所致"的非职业状态到"有意而为之"的职业拍摄之间的过渡。

2.有利益诉求的职业拍摄者

由于短视频市场的迅猛发展，其庞大的用户数量和超高的流量吸引了许

多专门以此为职业的制作团队。其中有些是专门的影视制作公司，他们看到了短视频行业的商机，有专业团队写作脚本、完成拍摄，而另外一些则是以此为业的"草根团队"或者单打独斗的个体"网红"。这些职业制作的短视频以引发关注、追求高点击率为第一诉求，他们追踪热点话题，揣度用户心理，主动迎合大众的猎奇心理或低层次需求，甚至打尺度上的擦边球，在表演方面通常夸张、卖力而略显做作，但有些草根团队在表演方面往往比职业演员更"拼搏"、投入，一些短视频包含了大量危险或者"疼痛"的动作，以吸引观众的注意和围观。

在加强对短视频的内容管理时，目前主要的着力点也正是这些职业发布者。由于他们的利益诉求，在缺乏有效监管的情况下，为了引发关注、追求点击率，很容易通过提供一些品格不高乃至恶俗的视频内容来满足人的低层次需求，以获得哗众取宠的高点击率，"内涵段子"中很多低俗的内容即为职业发布者提供。而普通的非职业发布者在短视频中不仅是一个"表演者"，还是他们"自身"，会有更多的顾虑与考量，因为没有经济利益的驱动，通常不会放下"颜面"或"身段"在低俗的道路上走得太远。

比较视野下长安佛教文化传播研究的分野与进路

杜超凡　李红岩[*]

（西安工业大学，西安，710000）

摘　要：长安佛教文化八宗汇流、本正源清，不仅是重要的优秀传统文化资源，其传播历程更是中外文明跨文化传播的标志性表征。时值传媒巨变，媒介技术革新和泛娱乐化倾向共筑新的文化传播语境，基于对国内外相关研究分野的考查，长安佛教文化的现代性转换及现代化表达将是相关研究的关隘。考虑长安佛教文化的文化特质，将其简化为"简约、节制、健康、有序"的生活观，并以此作为长安佛教文化在新语境下的现代化表达。理性看待移动传播，突出并利用场景传播的优势使"简约、节制、健康、有序"的生活观在传播中演化成佛教文化博大、遍在的人文挂怀与生活智慧，而这也不失为此方研究的新途。

关键词：比较视野；长安佛教文化；文化传播；研究分野；研究进路

　　佛教文化奔突于神圣和世俗之间，是中国传统文化的重要支脉。佛教文化的传播历程同样是中外文明跨文化传播的标志性表征。孙昌武教授把"佛教看作一个总的范畴，其核心部分是有一定的徒众（僧伽、居士）、一定的信仰对象（佛、菩萨）和教义（佛法）的宗教集团及其信仰实践，这也是决定佛教本质的部分，而为这一核心服务的、在这一核心影响下产生的文化成果，如思想、学术、文学、艺术、伦理、风俗、中外文化交流等诸多方面，则都

---

　　* 杜超凡（1991— ），男，辽宁沈阳人，新闻与传播硕士，西安工业大学人文学院，研究方向：文化传播。李红岩（1970— ），男，陕西榆林人，文学博士，教授，硕导，院长，西安工业大学人文学院，研究方向：文化传播及技术。

包含在佛教文化范围之内"①。

　　笔者结合孙昌武的定义将佛教文化的概念归纳为："佛教文化是一个总的概念，其核心是有一定的徒众（僧伽、居士），一定的信仰对象（佛、菩萨）和教义（佛法）的宗教集团及其信仰实践，佛教文化是围绕这个核心，包含思想、学术、文学、艺术、伦理、风俗、中外文化交流等诸多方面的一种文化成果。"

　　历史上，长安是佛教文化传播的枢纽，既是西行求法的起点，早期也是佛教东传布道的终点，汉传佛教八大宗派中的六支在这里开枝展叶。长安"曾五次成为全国的译经中心，佛教最重要的经论如《法华经》《阿弥陀经》《药师如来本愿经》等都在长安译出"。②印度总理莫迪、尼泊尔公主夏娜·拉玛、德国前总统克里斯蒂安·武尔夫等都曾造访西安的重要寺庙。对于中国，长安是汉传佛教文化的源头；对于世界，长安则是代表中国佛教文化乃至华夏文明的重要地理坐标。现今的长安佛教已然成为一个专有学术概念，"从广义上来讲，长安佛教是指从古到今存在于长安以及后来称之为西安的行政辖区内以及以关中为核心的周边地区的佛教"③。王尧先生认为："中国人对佛教的接受和阐扬经历了长时间的磨合，可以说，佛教到了长安也就成了型——印度佛教正式成为中国佛教，是在长安，中国佛教走向盛世，仍然还是在长安"④。

　　从一定意义上来说，长安佛教象征着汉传佛教之正宗。对长安佛教文化传播展开探究将益于我们窥寻中国佛教文化传播的行迹和概况，也将在一定程度上实现对跨文化传播、本土文化建设和文化产业发展的理论观照。

一、长安佛教文化传播研究的内外之别

　　国外涉及长安佛教文化传播的研究肇始于1930年的 *The Spread and influence of Buddhism in Asia*（《佛教在亚洲的传播与影响》）。从1930年至2018年的88年间相关研究在相当长的时间内不受重视，研究成果稀少、方向单一、基础薄弱，仅在传媒业急速发展的近十年才受到国外学界的关注。

---

① 孙昌武.关于佛教文化的研究[J].佛学研究，1995(4):10。
② 杜超凡、李红岩.西安佛教文化传播方式的嬗变[J].新闻知识，2017(9):34。
③ 增勤.长安佛教历史进程概论[A].会议论文，陕西省民族宗教文化交流协会[C].2009:52—72。
④ 王宏涛.长安佛教学术研讨会综述[J].世界宗教研究，2010(1):180。

诸如 *The Mediatization of Buddhism in Digital Media：The Contemporary Reflection of Uisang's Hwaom Thought*（《佛教在数字媒体化下对华严思想的现代反思》）和 *Internet Use Among Religious Fo-llowers:Reliougioius Postmodernism in Japanese Buddhism*（《宗教信徒的互联网使用：日本佛教的后现代主义研究》），深具代表性。

基于检索出的 44 份文献可发现研究主题大致可以分为 9 类，分别是：佛教文化传播史、佛教文化传播理念、佛教文化的区域传播、藏传佛教传播、佛教文化传播媒介、宗教传播对比研究、佛教文化传播生态、丝路宗教传播、佛教的跨文化传播。

其中主流研究主题为佛教文化传播媒介、丝路宗教传播和佛教文化的区域传播。相对冷僻的研究主题为佛教文化传播理念和藏传佛教传播。

国内有关长安佛教文化传播的研究始于 1988 年的《佛教文化的传播与僧佑〈出三藏记集〉》。①从 1988 年至 2007 年论文数量稳步增长，这说明相关研究在国内受到广泛关注，学者对其抱有着持续的热情，这一时段主要研究佛教文化传播史、佛教文化传播现状，也有一些研究涉及佛教符号和佛教跨文化传播。然而 2008 年至 2012 年相关论文陡然下降，研究主题多集中在佛教文化的传播方式上。其原因可能有二：第一，这期间国内佛教文化传播研究同质化严重，选题出现饱和；第二，2008 年北京举办夏季奥运会，2010 年上海举办世博会，宗教问题相对敏感。

自 2012 年起佛教文化传播论文数量激增，随着国内大众传播业的发展和网络时代、自媒体时代的来临以及"一带一路"建设的驱动，国内相关研究更具时代性，丝路佛教文化传播、佛教跨文化传播、佛教文化传播生态等主题兴起并快速发展。

国内相关研究所涉主题共有 14 个（见图 1）。检索出的 237 份文献都广泛涉及长安佛教文化传播，其中围绕"佛教文化传播生态"自然环境、人文环境、媒介情况、受众情况四大系统的论文所占比重最大。另外两个主流研究主题为佛教文化传播方式、西安佛教文化传播。虽然"西安佛教文化"主题文献占比为 11%，但它却为其他主题文献带来启迪和借鉴，或溯源出新，或借鉴引证，或对比归纳，或择一深研。

---

① 路林.佛教文化的传播与僧佑《出三藏记集》[J].武汉大学学报（社会科学版），1988(3):116—120。

国内长安佛教文化传播研究主题分布

佛教文化受众 2%
西安佛教文化佛教传播史 佛教文化传播
传播11% 3% 策略6%
佛教文化传播
研究综述5%
丝路佛教文化
传播5%
佛教文化传播
方式18%
佛教文化的区
域传播7%
佛教文化资源
开发
4%
佛教文化内涵
2%
佛教文化的功
能与效应
2%
佛教的跨文化佛教文化传播
传播8% 现状3%
佛教文化传播
生态
24%

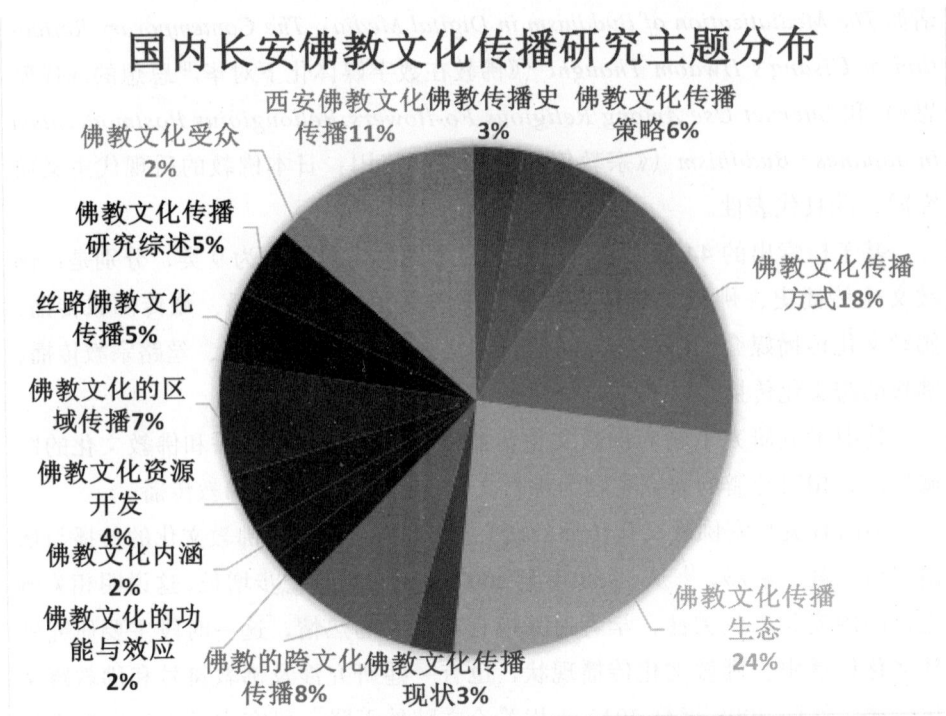

图 1　国内长安佛教文化传播研究主题分布图

综合比对国内外相关研究成果，双方的研究分野一目了然，具体体现在以下三个方面（见表 1）：

第一，国外相关研究起步较早，但长期以来并未受到学界的重视，发展迟缓。对国外学界来说，佛教文化传播依然是一个新的研究领域，有待进一步深入探索。国内研究相较国外起步稍晚，但发展迅猛，成果丰硕。

第二，从研究主题上来看，国内的核心研究主题是佛教文化传播生态、佛教文化传播方式、西安佛教文化传播；国外的则是佛教文化传播媒介、丝路宗教传播、佛教文化的区域传播。国内外在核心研究主题上存在明显的分化，其背后原因值得深思。

第三，从研究方法上来看，国外相关研究多用量化研究方法，而国内则多用质化研究方法。虽然研究方法上的分野是国内外社会科学研究的常态，但研究方法上的创新的确会成为长安佛教文化传播研究的重要突破口。

文献类别	国内文献	国外文献
起始年	1988 年	1930 年
数据库	中国知网；维普；万方；读秀	EBSCO 大众传播全文数据库；SSCI 社会科学引文索引；SAGE 人文社科期刊数据库；中国知网；读秀
文献量	专著（18）；论文（219）	专著（4）；论文（40）
核心研究主题	佛教文化传播生态；佛教文化传播方式；西安佛教文化传播	佛教文化传播媒介；丝路宗教传播；佛教文化的区域传播
研究方法	量化研究：12 部 质化研究：225 部	量化研究：25 部 质化研究：19 部

表 1　国内外长安佛教文化传播研究对比简表

　　麦克卢汉的"媒介讯息论"畅谈媒介所开创的一个时代中的传播可能性，诚然，国内外的相关研究也的确在媒介技术革新的加持下高歌猛进，然而，佛教文化的传播生态复杂，在"法门无量誓愿学"的理念影响下，媒介技术仅是传教的手段，是导线而非主要驱动力；国家宗教事务局于 2018 年 9 月 10 日发布《互联网宗教信息管理办法＜征求意见稿＞》，首次制定互联网宗教信息服务的相关规定，把关人在其信道和文本上的把关上越发审慎。佛教文化既是重要的传统文化资源，又是宗教文化，因此，将佛教文化传播嵌套于媒介技术难免会落入传统的研究范式，从而忽视佛教文化及其传播生态的特殊性。也正因如此，笔者认为只有在国内外相关研究的分野上追根溯源，或能为长安佛教文化研究的未来进路拓宽视野。

　　二、长安佛教文化传播研究分野的三维审视

　　综合国内外有关长安佛教文化传播的研究现状，我们发现国内外在研究进境、研究主题和研究方法三方面存在明显分野。笔者将从跨文化传播的视角以文化认知、文化地位、学术传统三大维度来探寻研究分野的成因。其中文化认知取决于某种文化于所在区域的传播效果；文化地位决定某种文化于所在区域的生长空间；学术传统则影响研究思维、风格与路径。

（一）文化认知角度

阿育王时代的佛法业已盛行，传播到了印度以外的欧、非各国。而南怀瑾先生在《中国佛教发展史略》中认为佛教传入中国"最足征信的记述，而且有史料可考的，当在汉末和三国时期"①，对中外双方来说佛教文化都是外来文明。然而，两方对佛教文化的认知却存在巨大区别。国外视其为典型的异质文化，而对于中国，在短暂的文化僵持之后，佛教文化汇流于本土文化。笔者认为传者差异、传播境遇与文化环境是产生此种区别的土壤。

1. 传者差异

佛教文化在早期以人际传播作为主流传播方式，广义的人际传播包括群体传播和组织传播在内，形成了亲身、群体、组织三个人际传播层次。②但是人际传播在依托口语实现信息流动的过程中信息的含义易发生改变。佛教文化对中外的传播中方式相同，传播者却存在差异。

将佛教文化传播至欧非的主要是印度高僧、学者和佛教移民，其中学者为主力。公元前3世纪孔雀王朝的阿育王遣高僧对外传播佛法，虽然传播的范围已过小亚细亚以西，却未对欧洲产生深刻影响。公元前4世纪后半叶，"由于著名的怀疑主义者皮浪等哲学家随军进入印度，有人推测，这些人有可能把佛教思想带回西方"，"佛陀的本生故事仍通过中亚穆斯林学者的介绍传入欧洲，在西欧和东欧的很多地区广泛流传"。③由学者将佛教文化带向欧洲致使它长期存在于学术、思想领域，并未深入世俗产生普遍化影响，因此，西方人仅视其为一种宗教文化而已。佛教移民同样是传播佛教文化的一支力量，他们在接收国建立佛教文化团体，例如越南人民在巴黎建立的"法国佛教联盟"，然而，这只是佛教移民维系自身文化认同的一种方式，并未给所在国家带来文化震荡，从接收国的角度来看，佛教文化依然是一种边缘文化。

佛教文化东传中国的传播者包括商人、印度传教士和中国皈依者，其中印度传教士和中国皈依者为传播主力，"中国皈依者最为得力，他们在印度研习佛教，然后回国努力说服同胞信仰佛教，取得很大成功"。④与晚清时期外国传教士刻意地"附会儒学"不同，中国的高僧名士远赴印度用本土语言结合本国语境转述佛法，既保留佛法真意又符合中国的语义空间，玄奘所译的

---

①　南怀瑾．中国佛教发展史略 [M]．上海：复旦大学出版社,2007，第68—71页。

②　童兵、陈绚．新闻传播学大辞典 [M]．北京：中国大百科全书出版社,2014，第113页。

③　张晓华．佛教文化传播论 [M]．北京：人民出版社,2006，第169页。

④　张晓华．佛教文化传播论 [M]．北京：人民出版社,2006，第28页。

《般若波罗蜜多心经》正是采取这种翻译手段和传播策略才会有如此的传播广度，诚然，佛教文化之所以能在中国兴盛并成为本土文化，全赖中国皈依者和此种传播策略。

2. 传播境遇

佛教文化对欧非的传播可谓道阻且长、境遇艰难。

从信源角度上讲，自阿育王时代后，佛教在印度的地位起起伏伏，佛教文化的对外传播时间上无法持续，传播力度上不能从一而终。

从信宿角度上讲，欧非地区存在固有信仰，希腊有多神信仰传统，传播的必经之路上以拜火教为国教的波斯帝国给佛教文化传播造成极大阻碍。后期其他宗教文明的扩张也使佛教文化在欧非地区既无传播空间也无生长环境。

从传播策略上讲，佛教文化以渐进、和平的方式传播，相较基督教的"十字军东征"，这种文化传播漫长而脆弱。

然而，佛教文化在中国的传播境遇却出现逆转。

从信源角度上来看，竺法护、鸠摩罗什等西域高僧持续不断地涌入长安布道译经，曾现"八百狮子吼秦川"的盛况，外僧来华皆受皇家礼遇。诸如朱士行等中国皈依者西行求法，变中国的佛教文化传播从被动接受到主动求取，产生的传播效果自然不同。

从信宿角度上来看，佛教文化与中国本土文化有着天然的相适性，二者之间并未出现强烈的冲突，甚至作为中国古代政治、经济、文化中心的长安曾五次成为全国译经中心，由信宿转变为新的信源。

从传播策略上来看，佛教文化在中国以神异传播开路，即通过神通和佛教圣物进行推广从而获得认可和信奉。佛教正是通过类似方术的神异传播手段打开中国的大门，一时堂内堂外信众如潮。

3. 文化环境

国外的文化环境存在这样一种现实：战乱之后，要么是胜者文化统治占领地文化；要么是胜利方接受并运用占领地文化，就如日耳曼蛮族攻陷罗马后接受基督教文明。这些地区的文化包容性和多元性欠缺，且主要受制于基督教文明和伊斯兰文明，对于这两大文化圈内的国家来说，佛教文化是异质文化，在文化内质、文化理念上多有冲突，受到天然的排斥。

然而，中国自古是多民族国家，各方文化相伴而生，整体上并未出现断裂，其文化环境具有包容、融合、改造外来文化的自然属性。佛教文化在这里进行改造，终成本土文化的重要支流。

（二）文化地位角度

中外佛教文化的地位可从文化归属、属性流变、支持力量三方面探究。

1. 文化归属

在国外，佛教文化是一种仅存在于学术、思想领域的异质文化，后因佛教移民的特殊身份又附加上边缘文化的标签。

在中国，佛教文化是本土文化。它在三教合流后融入中国的学术、思想领域，这拓展了它的文化张力；在佛教世俗化后转化为中国人的日常生活，也因此跻身古代中国的主流文化之列。

2. 属性流变

在国外，佛教文化早期仅有宗教属性，它只在哲学思想上产生一定影响，余波并未渗入其他领域。伴随地理大发现，它具备了工具属性，演变为探视东方的工具和研究东方文化的窗口，成为后期殖民扩张的理论先导。

在中国，佛教文化具有政治工具属性、宗教属性和文化属性。古代中国佛教文化是神赋王权和拱卫王化之治的政治工具，一直以来都受到中国官方的重视，尤其是象征汉传佛教源头和辉煌的长安佛教文化。隋文帝曾宣称"我兴由佛法"为自己的统治极尽粉饰。同时，它在民间起到安抚人心、春风化雨的教化作用，身具政治工具属性和宗教属性。"文化"一词源自拉丁文，早期经典文化学说源自 1871 年英国文化学者泰勒的《原始文化》，故而古代中国并没有原则上"文化"概念，文化属性更无从谈起。近现代起，佛教文化政治工具属性逐渐消解，除却宗教属性外，文化属性更为突出，它兼跨学术、世俗两界，充分彰显于文学、医药、艺术、礼俗等众多领域，并形成文化产业，产生文化效益。

3. 支持力量

"一种外来文化能否在一国传播，或一国需要引进什么文化，绝不是哪个人或集团的主观意愿所能左右的，从传播学角度看，必须是传播客体有所需，而传播主体又能满足这一需要。"① 依据这一文化传播规律，国外有深湛的哲学思想维护精神堡垒，有本土信仰教化人心，文化环境对异质文化有天然排斥，因此对佛教文化并无需求。佛教文化传播的支持力量只有其内在的驱动力、印度传教士心中的愿力以及当时孔雀王朝澎湃的国力别无其他。

而佛教文化在中国传播的支持力量来自官方、知识分子阶层和民间，近

---

① 张晓华．佛教文化传播论 [M]．北京：人民出版社，2006，第 2 页。

乎是自上而下的全社会支持。

首先，中华文明虽然悠远深厚但信仰上不成体系，佛教是系统化的宗教，它的到来正好弥补缺陷。

其次，古代中国朝代更迭频繁，各朝官方为体现政权合法性或保持思想上的平衡维护统治急需一个可以匹敌儒、道的宗教文化，佛教文化应时而来，由此，中国佛教文化的传播总有官方推动的背景，"汉明帝夜梦金人项有日光，傅毅始以佛对，帝遣郎中蔡愔、博士秦景宪等使于天竺"。①长安是佛教文化传播的枢纽也是汉传佛教的发祥地，作为十三朝的政治中心，难出其右的佛教文化自然而然地受到官方的重视。同时，中国化的佛教还实现了文化输出，演化成沟通丝路各国的文化和外交纽带。如今，它更是成为我们构筑文化自信的强大力量，2014 年，习近平在联合国教科文组织总部首次以国家领导人的身份全面论述了佛教中国化的历程和意义，②更加彰显佛教文化在中国的文化地位。

再次，知识分子阶层在古代即是士大夫阶层，他们把谈佛论道看作时尚，是"名士生活"的缩影；现代知识分子阶层将佛教文化尤其是禅文化归为"精英文化"，是高雅生活的代表，广受推崇。

最后，佛教文化在中国还有极为广泛的群众基础，尤其是构成长安佛教六大宗派中的净土宗。中国历史上战乱多于太平，佛教在战乱和太平盛世中都被需求，战时安抚人心，太平时劝导修德培福。佛教世俗化后彻底渗透进百姓生活，获得民间的大力支持。

（三）学术传统角度

学术源流、治学目的、思维方式是构成学术传统的三大因素。学术传统上，中国重"人文性"和道统，西方重"科学性"和思想自由。这直接影响中外有关长安佛教文化传播研究的方法、路径和思路。

1. 学术源流

古希腊是西方文明的滥觞，西方学术在文艺复兴、宗教改革、科学革命、启蒙运动的影响下，强调"理性、科学、进步"，其人文社会学科基本都建立在自然科学的基础上，"在自然科学的影响下，西方许多学者都以自然科学的

---

① 韩长耕 . 佛教传入中国论考 [J]. 湘潭大学（社会科学学报）.1981(1):47。
② 黄崑威 . 2015 丝绸之路经济带宗教交流报告 [A]. 任宗哲、白宽犁、谷孟宾主编 . 丝绸之路经济带发展报告 2015-2016[C]. 北京：社会科学文献出版社 ,2015，第 331—347 页。

方法研究人类文化"。①

中国的学术源自先秦诸子百家，以文史哲为基础，具有强烈的人文性传统。

2. 治学目的

西方的治学目的在"求知"，即凝结概念、探索规律、构筑理论。在"文以取仕"的传统下，中国治学的主要目的在"求用"，即尽身所学为个人生涯或社会带来改变，实现经世致用。

3. 思维方式

"中国人的思维方式是关联性思维或整体性思维，而西方是分析性思维。"②整体性思维导致中国的学术研究背后都有深厚的学术积淀、交错的学术勾连，依靠磅礴的知识储备治学。分析性思维致使西方学术研究需要依靠科学、准确、可重复的方法。

三、长安佛教文化传播研究的进路

长安佛教文化传播的状况是其研究的内在支撑，因此，思考长安佛教文化传播研究的进路也必然要着眼于长安佛教文化传播。长安为汉传佛教的源头，长安佛教可视为汉传佛教之正宗，本正源清、宗派并立、体系完备、传承清晰。而长安佛教文化整体上则可分为两个层面，其一是"八宗汇流"的宗教文化；其二是渗入世俗而成的"附佛文化"。

现今，媒介技术变革和传播的泛娱乐化倾向已然成为当下文化传播的时代语境。在此种时代语境的围拥下，长安佛教文化中的宗教文化和"附佛文化"在框架、内容、形式、目的上各有不同。但统一的是，对变革中的媒介技术只是理性搭载而非工具依赖，且都难脱离泛娱乐化的迷局。宗教文化若实现娱乐化传播必有失神圣，必被传统话语所不容，若不迎合泛娱乐化倾向便很难在如今的世俗环境中打开传播的新格局。"附佛文化"虽然不像宗教文化那样壁垒繁多，但一旦转化不充分，又很难与神秘的宗教文化相区别，并将承受同宗教文化一样的限制。

佛教文化传播的传统话语视佛教文化为一种存在于山林间的清净无染理想化存在，并认为应竭力维持原始佛教教义。该理念显然混淆了现今佛教文

① 何星亮 . 中西学术研究之异同 [J]. 社会科学管理与评论 . 2003(3):26。
② 艾兰、汪涛、范毓 . 中国古代思维模式与阴阳五行说探源 [M]. 南京：江苏古籍出版社 ,1998。

化的定位，忽视了宗教文化的发展规律，将佛教文化绑定在宗教属性上，更多地探讨信仰和制度层面，极大地限制了佛教文化的张力与活力。首先，从本质上讲，佛教文化归根结底是一种遍及"三界六道"的博大关怀；其次，从属性上讲，佛教是"人"的宗教，是"社会的"宗教，佛教文化是在"社会的人"之间传播的一种社会文化，其发展同样遵循社会发展规律；再次，从事实上来讲，原始佛教早在 12 世纪末便已经灭亡，反而是传入中土不断中国化的佛教成就如今的大乘气象，这足以说明发展着的、融合着的文化才有生命力。由此可见，"在当代急速变迁的时代，传统文化传播的原教旨主义并非明智之举"。①

佛教文化是中华优秀传统文化中的弘流，我们理应将其定位为重要的优秀传统文化资源，对佛教文化的传播即是对优秀传统文化的资源化开发。在此理念下，长安佛教文化因教派并立所带来多样化特征却成了其传播中的重要障碍，传播内容和渠道的分散化难以形成一个有关长安佛教文化的完整、清晰、丰满的印象，因此，应整合长安佛教文化的两个层面，抽离出既能彰显长安佛教文化内涵又能实现佛教对社会博大关怀的因素作为传播和资源化开发的内容。"传统文化为适应时代语法，去除（或弱化）其意识、思想、观念等内涵，而简约为现代知识。"②长安佛教文化在弱化宗教色彩、去意识、去思想、去观念的作用下，简约成的现代知识即"简约、节制、健康、有序"的生活观。该生活观正是长安佛教文化精神内涵的集中体现，融合了律宗的"戒"、唯识宗的"智"、净土宗的"简"、禅宗的"清净"、密宗的"庄严"。

如今移动传播大行其道，据 CNNIC 2018 年第 42 次中国互联网络发展状况统计报告显示，截至 2018 年 6 月我国手机网民规模达 7.88 亿，网民中使用手机上网人群的占比由 2017 年的 97.5% 提升至 98.3%。移动传播为传统文化打开更为广阔的传播格局。然而，佛教文化及其传播的特质不容忽视。首先，国家宗教事务局发布《互联网宗教信息管理办法＜征求意见稿＞》，已经着手对互联网中的宗教信息传播展开系统化管理；其次，网络传播具有"由个体性传播转向圈层化传播"③的规律性，这也促使佛教文化在传播实践中涌现出"圈层化"现象。所谓"圈层化"是指在各类圈子中进行分层抽离，进

① 晏青.移动传播视阈下传统文化传播逻辑与策略[J].理论月刊.2018(4):171。
② 晏青.中国传统文化的媒介化生存：知识转换、国家认同与政治合法性[J].内蒙古社会科学.2014(4):145。
③ 丁柏铨.浅议网络传播规律[J].中国地质大学学报.社会科学版.2017(6):132。

而形成一个个内核稳定、连接紧密的社群。① 佛教文化网络传播中"圈层化"现象是佛教文化现实"圈层化"的虚拟空间再现，但由于如今网络传播的移动化、碎片化、社交化倾向，这种虚拟空间中的"圈层化"在不断加固佛教文化传播的现实圈层，使佛教文化越发成为狭窄、孤立、封闭的"圈层文化"，这与推广长安佛教文化"简约、节制、健康、有序"的生活观，实现佛教文化广大、遍在的人文关怀的目标相背离，移动传播显然并不十分适合长安佛教文化的传播。

生活观的推广与传播更需要的是实像、实体与实感，所以，笔者认为场景化传播或成长长安佛教文化传播的恰当之选。如今，场景成为继内容、形式、社交之后媒体的另一种核心要素，空间与环境、实时状态、生活惯性、社交氛围是构成场景的四大基本要素。② 场景为大众提供眼、耳、鼻、舌、身、意的真实感受，具体来说，长安佛教文化的"简约、节制、健康、有序"的生活观可通过智媒化技术形成真实化印象，目前厦门南普陀寺、陕西扶风法门寺均在此方面做出尝试。之后，着力打造小而精致的长安佛教文化生活观体验馆、体验店，对产品和服务做垂直化开发，覆盖大众衣食住行，让实像、实体、实感相辅相成，使大众在行、住、坐、卧中真实地感受、践行、共塑"简约、节制、健康、有序"的生活。

科研与实践偕行，长安佛教文化简化为"简约、节制、健康、有序"的现代生活观，并以智媒化技术构筑虚拟场景，以实体空间构建现实场景，实现长安佛教文化的场景化传播，学界对长安佛教文化传播的研究似乎在以下三个方面着手更能实现科研与实践对接，更好地指引长安佛教文化的传播实践。其一，应当以汉传佛教八宗核心典籍为基，系统整理长安佛教文化中的传播观和媒介观，诸如"因声入道"的媒介观，探究长安佛教文化中的传播智慧，为此方向研究奠定理论基础；其二，面对新的传播语境，应着力于研究长安佛教文化的现代性转化和现代化表达；其三，在实践层面上，应集中在长安佛教文化，尤其是"简约、节制、健康、有序"生活观的传播策略及传播效果的研究上，并考量传播效果的测量标准和分析向度。

---

① 王梓涵. 自媒体时代"网红"的社群化思考 [J]. 戏剧之家. 2017(12):264。
② 付玉辉. 言论集纳 [J]. 对外传播. 2015(4):79。

七、媒介空间与文化想象

【**主持人语**】1980 年，联合国教科文组织发布《多种声音，一个世界》（又称"麦克布莱德报告"），其中指出，"在整个历史进程中，人类一直在设法改进其对于周围事物的消息情报的接受能力和吸收能力，同时又设法提高自己本身传播消息情报的速度、清晰度，并使方法多样化。"如果按法国学者阿兰·图海纳的说法，社会学是作为现代性的意识形态建立起来的，那么或许可以类推地说，传播研究就是围绕着现代性语境中人类沟通能力的自我认知和自我加强而展开的。

问题是，"现代性"的起点在哪里？又是否站得住脚？还是想想传播思想史大家约翰·彼得斯在《对空言说》中的话吧，人与人之间是无限遥远的距离，交流则是没有保证的冒险。因此，一种对传播能力扩展的期许和深远广袤的交流的无奈之间的张力就产生了。

这个张力空间就是人类不断"冒险"的过程，抑或说是不断想象的边界。从媒介的技术与介质形态，到传播符号的变换与生长，无一不是那个爱上自己的美少年那喀索斯，顾影自怜，并且绵延不息。

本专栏的三篇文章都隐隐指向这样一个具有深层次意涵的命题。严晓蓉博士聚焦的是黑白色调纪录片，试图剖析其对记忆的建构和可能的美学追寻。众所周知，纪录片常常被视作最能与现实勾连的影像形态，而黑白色调又赋予了其独到的还原性，那么，照此思路，黑白色调所建构的记忆是否就可以水到渠成地与"本真性"（authenticity）对应起来呢？如其文章标题中用的一个短语，"往昔此在"，时空错位的呈现是否反倒是一种颠覆（或逆转）性的解读呢？

深圳大学王琛博士的研究则落脚于虚实相生的网络空间。毫无疑问，社交媒体是当下这个时代最具有话题性的技术性条件，其中的各种"群"又仿佛让我们看到了公共生活的另一种样貌。如凯文·凯利充满激情地抒怀："当我们创造和使用技术时，我们实际上是参与了某个比我们自身更大的事件。我们扩展着创造生命的那同一种力量，加快向未来进化的速度，我们增加着一切的可能性。"我们或许不会同意凯利的狂放，但一定乐见"生活的改造"，尤其是尝试公共生活的多种可能性。值得一提的是，王琛博士有着人类学背景，所以本文采用的是"在线民族志"的研究方法，或许我们可以借此看到"改造"的细部及其中的绵密之处。

事实上，惊心动魄的历史不就是由一个个的细部构成吗？甚至于稍显化约地说，谁能够否认"祸兮福之所倚，福兮祸之所伏"，谁又能够否认"蝴蝶效应"？又甚至于，即便是一个"历史的细节"，也同样会带来多样的解读，其背后则或许是福柯所谓的"微观权力"。武汉纺织大学的周辉博士就选择了一个热点民生新闻事件在不同网站评论区的呈现，做了语义分析和对比，让我们看到了传播影响力与新闻推荐、推送机制之间的复杂关联，所谓"洞察幽微，别开生面"，正可以形容于此。

托克维尔曾经痛心疾首，"每个人都只顾自己的事情，其他所有人的命运都与他无关"。这，应该是全人类的共同沉痛，以至于empathy（同理心）一直是历代哲人的执着呼唤。交流即便只是冒险，也必须进行，"人与人之间最多只能实现手拉手，永远没法实现心连心"，我们也一往无前。在这个媒介化时代，这应当是共识。

所以，横亘的难题是，"你如何能够立即成为一个你从来没有见过的人的朋友呢？"——当年的卢梭这样问，现在的我们即便没有全部的答案，也不会哑口无言吧？

（浙江传媒学院　洪长晖）

黑白色调纪录片中的记忆建构及其美学探究

严晓蓉[*]

（浙江传媒学院，杭州，310000）

摘　要：黑白色调以其强烈的对比性及随之而来的话语力量感，在影像的记忆建构过程中起到了特别的表意与喻指性作用。黑白色调的独立纪录片以黑白二元色建构起影像的表意框架，并主要以两种路径建构记忆：其一以黑白色调达成记忆书写底色，并基于此描绘社会记忆的基本表情与轮廓；其二通过黑白主调与少量色彩的切换建构独特的时间通道来建构记忆；独立纪录片中以黑白为基调的色彩运用，使得色调成为通向影像记忆空间建构的多向路径，也由此拓宽了独立纪录影像美学建构的可能性。

关键词：黑白色调；独立纪录片；记忆建构；美学探究

基金项目：2017 年度浙江省哲学社会科学规划后期资助项目（17HQZZ24）

近年来，随着媒介技术的推进和发展，自媒体的普泛化使得影像创作越来越成为一种更为日常性的存在。就纪录片而言，其总体创作呈现出更丰富和更具开放性的状态，基数庞大的个体创作使得独立纪录片建构起一个充满张力、极具伸展性的空间，其间由影像凝结的记忆对于一个超速发展的时代来说尤为可贵。而当我们面对这样的一个影像空间，并试图进一步去探索其间形塑的记忆时，色彩似乎是天然的研究维度。

从电影美学理论的结构来看，色彩研究是重要的组成部分。色彩是影像中最直观的视觉要素之一，色彩本身所具有的宽阔表意性令它成为影像语言单元里最富活力的部分。在纪录电影创作中，色彩对影像建构所起的重要作

---

　　* 严晓蓉（1976— ），女，浙江衢州人，浙江传媒学院文化创意学院讲师，博士，主要从事媒介记忆、城市文化、新媒体影视研究。

用同样令人难以忽略。

但相较于剧情电影在创作时运用色彩的自由性，如导演在演员服装、道具及画面构图上的精心设计安排及其自然而然的合理性，纪录电影创作时所囿的纪实或者需关注反映现实的原生性属性以及纪录片尤其是独立纪录片相对的资金缺乏等问题，使得纪录片中的色彩运用大不同于剧情片。因此，即使是在创作过程中部分的虚构或搬演被认为是必要手段的情况下，创作者们也通常不能也无法做到自由地规定和选择被摄对象的衣着、物品、背景等颜色，更不要提在很多即时影像的抓拍过程中，根本无法预先进行画面色彩的精心构思等诸如此类的限制。因此，在纪录影像特别是独立纪录影像创作中对色彩的运用更多地呈现在影片整体的色调安排上。在此，首先有必要对"色调"作简要阐释。根据《电影色彩学》中对电影色调的多种划分方法，按色彩明度分为暗调与亮调，按色彩饱和度分为浓调与淡调，按色性分为暖调与冷调①。对于无法在人物、背景及其他细节上进行具体颜色选择的独立纪录片来说，若要从色彩角度确定影片的基调或者进行隐喻式的主题意指，那么，选择一个能表意的画面色调相对来说会更容易做到，这在涉及影像对记忆空间的构成时也是如此。它可以在拍摄时相应选择同类色调的场景进行拍摄，更多数的情况是在后期剪辑过程中进行相应的色调安排和调整，对于独立纪录片相对窘迫的资金状况及创作者专业背景构成的多样化来说，数码科技时代的非线性编辑技术条件使得这种色调编辑变得更容易做到。

因此，当我们从色调这一基点去考察当下独立纪录影像中记忆空间的建构时，可以发现很多有意蕴的切合点：许多独立纪录片创作者通过对画面不同色调的安排为记忆的表达铺陈出最基本的底色框架，最常用的方法是以主体想要传达的情感或主旨为底色在画面中铺陈相应的色调，如徐童《老唐头》的开首部分，在老唐头开始回忆自我人生历程的段落里，画面铺满了一种夕阳的柔色金光，这种暖黄色调与老人洪亮的叙述声音一起构成一个充满原始生命力的人生记忆，也同时传递出导演对老唐头的温暖同情；除了部分纪录片中这种相对零碎的对记忆场景的色调铺陈外，若以"色调"一词为关键词搜索独立纪录片影像库，可以发现从众多的独立纪录影像作品中快速浮现并突显在我们眼前的、以色调为记忆建构线索的作品，更为集中地呈现在以黑白色调为表意框架的这类作品中，如《乡愁》《三元里》《现在是过去的未来》

---

① 梁明、李力. 电影色彩学 [M]. 北京：北京大学出版社，2008. 第 211 页。

《梦游》等一批作品。

在此，我们将探讨黑白调纪录片如何利用黑白建构独特的记忆空间以及黑白色调如何拓宽独立纪录影像的美学呈现路径，并进一步形成相应的美学风格。基于这样的思路，让我们先从色彩美学理论中关于黑白和彩色的论述、黑白色调在经典影像中的运用路径开始：

一．回溯：黑白·彩色·影像

从电影理论中色彩美学观念的发展过程来看，最初的黑白片以深深浅浅的黑白两色来建构影像世界，黑白二元色对现实多彩世界的屏离作用被鲁道夫·爱因汉姆认为是电影艺术生命的源泉①。随着时间流逝，当以百分百的自然色彩在银幕上复现世界不再能激起更多的新奇感后，人们开始注意到色彩本身的喻指性，并逐渐在电影中运用色彩来增加影片的艺术表现力，这在美学上表现为电影中色彩的半现实、半象征主义。这种色彩局部象征主义的发展，推动人们进一步延展色彩在电影制作过程中艺术表现力的广度与深度，其中，以爱森斯坦为代表的电影创作者们在蒙太奇理论基础上所做的努力，提升了色彩在电影创作中的艺术表现力，电影色彩的技术运用层次向上提升了一大步，他们不仅注重以单幅画面的色彩构图表意，更以镜头间的组接来完成色彩在整部影片中的某种基调配置作用，并以此直接影响和决定整部影片贯通一致的流动气韵和情感倾向。爱森斯坦曾对电影中色彩的作用做如下阐述："除非我们能感觉出贯穿整个影片的彩色'运动'线索像贯穿整个作品运动进程的音乐线索那样可以独立地发展，否则我们就不能对电影中的彩色有所作为。"②如爱森斯坦所述的色彩成为电影中独立"运动线索"的观点，在基耶斯洛夫斯基经典的《红》《白》《蓝》三部曲中可以找到很好的阐释，红、白、蓝三色分别构成了三部电影的叙事基调，尤其是在《蓝》一片中，深深浅浅的蓝色幽光在片中很好地铺垫出那种忧伤的情绪，片中弥漫的色彩感将整部电影包蕴在一种统一而并不单调的情感空间里，并令电影呈现出一种诗一般的流动气韵。作为一种视觉艺术的电影，色彩充分融汇在电影史的进展脉络中并构成其艺术生命力的重要部分。

---

① ［德］鲁道夫·爱因汉姆．电影［A］．李恒基、杨远婴：外国电影理论文选［C］．北京：生活．读书．新知三联书店，2006.第232—240页。

② ［苏］谢尔盖·爱森斯坦．爱森斯坦论文选集［C］．魏边实等译．北京：中国电影出版社，1982.第440页。

若再及色调在经典影像的运用，可以看到黑白色调在时空表意性上似乎有着无尽的潜力，尤其是在对时光屏离和变异感的建构上有着特殊的力量。阿仑·雷乃的经典作品《去年在马里昂巴德》似乎可以很好地诠释黑白色在影像中对现实所能起到的阻隔和变异作用。这是部通过解构记忆来分解当下的影片，片中黑白基调的设置将影像带离现实中的时空通道，营造出一个游离梦境般曲折难解的叙事空间：男主人公 x 与女主人公 a 在一场戏剧演出场景中相遇，这个戏剧场相遇的场景本身就带着梦幻和不真实感。在 a 本来的记忆中与 x 并不相识。尔后，a 被 x 不停地重复告知去年他们曾在此见面并约定一年后重逢的事实，a 开始并不相信 x 所说的事，但在 x 大量关于去年见面时场景的细节描述及反复地回忆性倾诉后 a 开始慢慢怀疑自己的记忆，并在 x 的重复中渐渐相信和接受 x 所说的一切。影片画面在现实与记忆间穿行，有时画面与旁白所述内容并不一致，大量并不对位的镜头使得影像有种梦境般的晕眩感，而黑白色调在其间的作用主要呈现在两点：其一是以黑白世界屏离彩色的现实世界，不仅于此，阿仑·雷乃在片中不断穿插的具有雕塑感的黑白静态画面，构建出远离现实的时空感；其二是在 x 对过去回忆的讲述中，以不同颜色标注时间，展现细节，提点记忆，如片中以 a 的衣装颜色来代表去年与今年的两个时间维度，白色衣装与黑色衣装呈现出两个时空语境下的人物状态，并以此点点印迹提示观者让其不致在迷宫般的影像里迷失。

如上所述，彩色与黑白在影片中的经典凝结，显现出了色彩作为一种影像语言的力量：时间与情感的表意通道。

二．基于黑白色调的影像记忆建构：色彩切换与底色书写

总体来看，在一批以黑白为主色调的独立纪录片中，通过色调表意并进而建构独特影像记忆的基本路径主要有两种：其一是整部片子以黑白色调来达成为记忆书写确认底色的目的。由此，我们可以发现很多黑白纪录影片，如《乡愁》《现在是过去的未来》《三元里》《梦游》《姑奶奶》《三里洞》等，都强调以黑白为影片定下基本的书写基调，在此基础上通过色调深浅、浓淡、明暗调配等形式进行相应的影像表意，描绘所载社会记忆的基本表情与形廓；其二是影片以黑白与彩色画面的交替，来构建相应的时间通道，如徐辛《克拉玛依》等，但从总体来看，这种黑白影像世界中以彩色跳切来转换时间与情感的纪录片相对较少。下面就分而述之：

　　首先，相对而言，黑白二元色在独立纪录影像需要直接呈现现实、反映现实的原生属性上，是相对更具诗性的一种色彩表意路径。因此，在很多具有怀旧意味的题材中，创作主体为了更好地表达怀旧式的情感，通常会以黑白调来为整部影片定调，典型的如舒浩仑的《乡愁》；此外，在一些具有实验性的纪录片中，以黑白调屏离现实的自然属性，来营造出一般近乎荒诞的空间与时间感，使之与现实偏离，但同时又与纪录片的现实属性撞击，建构起一种特别的影像空间，如带着金属冷色的《三元里》，及近于荒诞的《梦游》等。

　　其二则是以色彩转换为表意路径的纪录片创作，通过黑白二元色与彩色画面的切换来呈现时间通道或是人物心境的转换是电影较常使用的手法之一。如伍迪·艾伦《开罗的紫玫瑰》中呈现的两个色彩空间，影片里戏中戏的银幕空间与现实空间分别以黑白和彩色隔离开来，两种色调在片中的交叉转换构成影片不同的叙事语境，也代表着虚幻与现实间的轮换；著名的《辛德勒名单》一片中有着以色彩切换来表意的典型段落，由于此片主题的沉重和严肃性，斯皮尔伯格用近乎纪录片的方式拍摄并主要以黑白色调结构全片。黑白覆盖着一切：犹太人居住区里潮湿的矮墙、砖块、来往奔逃的犹太人、拿着机枪扫射的士兵……在全盘的黑白色里唯一有色彩的部分是一位身着红衣的小女孩，在集中营一片黑白萧瑟的大屠杀氛围里，这个红衣女孩的二次出现成为德国商人辛德勒心路历程转变的提点：第一次女孩奇迹般毫发无损地出现在街上，身上的红色小衣服在一片黑白色里宛若一朵开放的脆弱小花；第二次出现是小女孩穿着红衣躺在运尸车上被送往焚烧炉；影片以黑白色指征那段历史的沉重，红色在黑白世界的短暂跳跃到消逝同时指向辛德勒对纳粹暴行的彻底认知并最终转向拯救犹太人的内心路程。色调的跳转切换促成影像中不同时空通道的形成，这些通道赋予影像不同的时空背景、人物状态、言语方式，并由此在叙事层面上获得一种表意的自由性，也同时搭建起记忆的多向通道。

　　在现有独立纪录片作品中，其基本色调在黑白与彩色之间切换的作品相对来说并不太多，但这些作品仍以对色彩的应用拓宽了纪录片中记忆书写的影像语言空间。以徐辛的《克拉玛依》为例，它以对多年前的一场火灾事件的重访为主线，这是一个关于过去的叙事。对于纪录片而言，如何处理时间关系成为这个影像表达的重点。徐辛将当下时间里的走访观察以及逝去时间里的现场资料重现设置为影像的两个叙事层次，在《克拉玛依》中的影像表述中，以黑白与彩色调的切换建构出两个时间通道，在黑白与彩色画面的切换和交汇之间，两个不同时空通道里发生的事实、存在的情感，在同一个影像空间里各自发生，并相互映照。在此，色调达成了时间与情感的复杂纽带，它是阻隔，也是联结。

黑色与彩色的切换，在色彩的交汇处突显出过去与现实、记忆与遗忘两个层面的距离。独立纪录片影像通过黑白与色彩的切换建立起一种新的表意路径，它呼唤记忆走入时间深处并延伸开去，在色调交汇处激荡起对于历史与现实的思考。

三. 黑白色调与影像记忆空间的审美表达

在电影百年历史上，黑白默片在很长一段时间内代表着电影的声像美学范式，这也使黑白影像似乎拥有一种回望源头般的怀旧况味。但黑白色调的表意宽度却并不只宥于怀旧情感表达的层面。若以时间为其表意的基本坐标，除以怀旧或是历史重现中心的对逝去时间的情感表达外，黑白二元色的强烈对比性及由此带来的话语的力量感，令黑白影像在传递主体对社会现实观感的维度上拥有特别的表现力。在当下独立纪录片里一批以黑白为影像基调的作品里，有怀旧的作品如《乡愁》系列，但更多的是以黑白色为社会现实喻指框架以承载现时记忆的作品，如《三元里》《现在是过去的未来》《三里洞》等，这些黑白影像使纪录片中记忆空间呈现出一种特别的审美特征，在此试讨论之：

近年来，也许是过快的变化速度令怀旧感成为四处蔓延的情绪，这种怀旧在影像生产上的直接反映便是色彩使用的变化。"影视色彩除了本身的表层自然属性外，更重要的是其深层的象征性。色彩即感情。不同色彩或同一色彩的不同运用能引起不同的情感反应，产生相应的情绪效果。"[①]2012 年黑白片《艺术家》被认为是向上世纪好莱坞三四十年代的默片致敬的作品，它毫无悬念地获得奥斯卡奖，也似乎从侧面印证了这股怀旧潮的到来以及黑白色调在怀儿情感表达上的力量。在剧情电影之外，纪录片中也常以黑白色调设定影像的叙事时空基调，并以表达怀旧情感。在当下独立纪录片中，以怀旧为表征的纪录片并不太多，舒浩仑的《乡愁》系列可称为其中的代表作品。在《乡愁》系列片中黑白色构成其影片的情感基调，它与片中泛着岁月光晕

---

①　潘晓伟. 影视色彩的象征意义 [J]. 电影文学，2008(7)。

的老照片、儿时学校的广播操音乐、上课铃声一起，构成一个具有浓浓情意的怀旧氛围。在记录当下镜像的同时，舒浩仑还以黑白色调的搬演再现过往时光，从老人的口述中追寻过往记忆，逝去时光的点点滴滴流淌在声音里，复现并构建起具有故乡感的过去。镜头里的黑白影像画面将弄堂里的过去绵延至看似无边的尽头，它们与面临消逝的当下影像两相比对，在深深浅浅的黑白镜头里，时间仿佛在此夹缝里重重画下了戛然而止的转音符。

但怀旧远非黑白色调独立纪录片所要呈现的记忆世界的全部。在更多的以黑白为主调的独立纪录片里，虽然在黑白色的运用细节上不太可能如剧情片中的那样经过细致的设计，但以黑白调构建的纪录影像也呈现出的一些特别的美学特征，如以黑白这种二元色调的强烈对比性帮助铺展出一种现实荒诞感；或以黑白色调为所要记录的当下社会设定对应的时代表情和肤色，并以此延伸至影像中所承载现实的记忆底色；或者将对于过去的记忆形象以色调的方式准确地投射到影像中。

这种充分利用黑白色的对比性及特殊表意性而营造的荒诞感和现实的变异感，在更具实验性质的独立纪录片《梦游》《三元里》《现实是过去的未来》等作品中都有展现。如《梦游》里晦暗的黑白底色营造出一个宛若梦魇般的叙事空间，片中的四个艺术家基本只在光线暗淡的室内活动，在只有幽暗光线的半封闭式空间里，他们争吵、喊叫，做着各种怪诞的行为，日夜颠倒没有节制的生活状态在影像中显现为模糊而沉落的黑白画面。在影片呈现出的混沌空间里，黑白本有的明朗强硬的色调对比在此洇化为边界模糊的影像画面，这使它不再具有气质鲜明和强烈的表意轮廓，也正是这种黑白画面的边界模糊性进一步突显出颓废艺术家们"梦游"般的生存状态和内在心理上的虚无及茫然，颜色的意指性契合着影像所要传达的内在意蕴。

与《梦游》中显得相对含混的黑白色调框架不同，在《三元里》和《现实是过去的未来》这两部具有城市交响曲气质的纪录片里，黑白色调的对比性清晰分明。这两部片子不仅在题材上都巧合般地聚于广州这个现代化大都市，在影像的表达方式上也有诸多共同点：快速的节奏、片段影像的拼贴式连接、都市外在的繁华景观、都市侧面或内里相对晦暗的景观，这些在城市空间多向维度上的细节使得影像能够呈现和勾勒出具有后现代风格的都市图景，高度密集和抽象化的画面、黑白的冷峻色调则进一步加强了广州这座后现代大都市带有后现代的金属般冰冷的质感。若从两部片子呈现的空间差异点来看，《三元里》影像中呈现出的广州城中村的这一特殊乡村与城市混合、繁华与疏落映照的空间特质，折射出纠结矛盾的现代城市特质；《现实是过去的未来》里以广州为中心的周边景观群落的空间特质，无序的地点包括高速公路、水管、街道等的无序影像也呈现出都市繁华、喧嚣、狂躁、冷漠的多面性。事实上，如《三元里》和《现实是过去的未来》这样的影像所呈现出的都市图景，正是高速转型期的中国社会的侧面写照，而黑白色调在设定了后现代的时代底色之外，冷色调也给予观者一种思考维度上的屏离，让我们有可能冷静的、保有距离地深度体察身处的这个时代，并以此打开个体在现实与未来之间体验及观望的记忆通道。

在另一部黑白片《三里洞》（林鑫）中，黑白色调设置也为影像框定了记忆的基本底色，它将创作主体对于过去的记忆形象以色调的方式准确地投射到影像中，并传递主体所欲传递的情感。《三里洞》主要追寻导演父辈们曾经经历的生活和时代，它以记录当年从上海到铜川支援煤矿建设的20多位依然健在的老人对于人生过往经历的方式来呈现过去，全片用被访者的口述来结构那段鲜为人知的历史记忆。从影像的整体风格来看，相对暗沉的黑白色调呈现出完全的现实主义风格，在谈到影片剪辑与美学风格的时候，林鑫认为："风格的考量，必须臣服于内容和生活的逻辑。相对以阐述事件为主的交叉剪辑，我更倾向于像罗丹的雕塑《加莱义民》那样，用一个个不同的个体肖像来塑成一组群像，影片的粗粝风格和黑白影调均由内容决定。"[①]确实，在林鑫大部分的纪录片作品中都没有精巧的结构和平滑精致的剪辑，也没有流畅的叙事，对历史和苦难的严肃探询、确认、呈现构成了林鑫作品的基本态度，在影像形式上通常以多个个体影像的直接和简单的叠加形成，如《三里洞》《同学》等片皆是如此。但在《三里洞》片中，就其美学风格而言，黑白的色调设置正好契合了林鑫对于那段成长于煤矿的记忆，黑色煤矿是"父亲"那一代人逼仄的人生舞台，这个色调不仅覆盖了父辈的生活，也向下深度延伸到子一代的记忆里。这种黑色的记忆在影像中用黑白色调表达出来，沉重如梦魇般的记忆在黑白的色调氤氲间挥之不去，两者间互相贴合没有突兀的间离感，这种色调的设置赋予《三里洞》一种形式上的精确性，它确认了立于当下的主体对于过去的记忆，并将之从影像中将那种情绪传递出来。

就独立纪录片现阶段的美学倾向而言，强烈的社会性特征经常会压过纪

---

① 引自 Shadows 影展林鑫关于《三里洞》的问答 .[DB/OL]. http://blog.sina.com.cn/s/blog_53cb04eb0100cijl.html。

录片本身作为一种影像艺术的属性，这使得纪录片创作中通常存在着这样的观点即：如果在影像制作过程中强调表达技巧、画面美感、精致剪辑，就可能会有损独立纪录呈现社会现实的自由性，削弱影像展现真实的力量，就其承载的记忆而言，也可能减损影像记忆的可信度。

事实上，关于当下独立纪录片的社会性与艺术性之间应有关系之辩，很难有边界分明的论断。但在这个关系之中，我们又可以发现一个有些许矛盾的地方，在独立纪录片相对小众的情况下，若以为独立纪录片只需要做到真实和客观为由而完全地视影像的艺术性表现，则可能因艺术性缺失而进一步流失受众，进而影响到独立纪录片以影像承载、构建和传播社会记忆的作用。因而，黑白调独立纪录片在影像记忆建构上的独立性，提示了色调在影像表达上的可能性，也由此拓宽了独立艺术片的表达路径。若从纪录片美学的角度来说，对这些表达路径的认知和探索，也同时构成独立纪录片美学探索的一部分。

社交媒体时代中国城市社区网络空间的公共生活与群体文化

王 琛[*]

（深圳大学传播学院，深圳，518060）

摘 要：运用在线民族志方法，本研究探讨了社交媒体时代城市社区关系的复归与在线公共生活。本文首先梳理了城市社区网络空间的历史过程，主要从媒介的终端属性、平台属性、社会属性与文化属性等角度进行分析，揭示出社区网络空间从社区论坛、QQ群乃至社区微信群，社交媒体的社区嵌入性逐步深入，口语化趋势得到强化。进而聚焦城市社区群空间的日常化互动、社会过程以及接龙集体仪式，展现社区群成为承载城市社区互动和公共生活载体的媒介机制。最后，本文从媒介文化的角度探讨社交网络中的群体文化，指出社交媒体所催生的次生口语文化，是同时激扬口语文化和书面文化的两极性文化，主要在社交语境、个体—群体维度和自我认知效应上形成两级性张力，彼此增强也互为解构。

关键词：在线城市社区；公共生活；群体文化；两极性

一、研究缘起与研究问题

"星河会"，是深圳市星河小区的社区微信群。一大早，异常路况的在线播报开始了：

邻居 DX：雅贝隧道两货车相撞，大塞车。南光路一路堵。

邻居 TZ：堵从何处开始？

---

[*] 王琛（1968—），河南南阳，深圳大学传播学院副教授。研究领域：媒介与文化。

邻居 CV 发了一张路况图：至少要半个小时通过。

邻居 HJ：谢谢好邻居每天早上的交通实时播报，现在已经习惯了每天早上来群里看你的消息，规划路线。

邻居 ZY：出门要早，我早上一路顺风顺水。

邻居 YF：6:40 出门，37 年不变，不堵车，省汽油，心情好。到单位回笼觉 1 小时，受益匪浅

……

这个由业主们自发组建的 500 人的微信群里，像这样七嘴八舌的聊天大家早已司空见惯、习以为常。居住在同一小区的邻居们线上互联、离线互助，仿佛紧密的生活共同体。值得关注的是，近年来随着社交媒体和移动互联网的飞速发展，国内像"星河会"这样基于城市地缘关系的微信"在线社区"大量涌现。

社区作为人类的群体结合方式一直处于变迁中，自滕尼斯用"社区"（有译作"共同体"的）与"社会"来区别乡土社会和城市社会两种不同的人类群体生活类型[1]之后，西方社区理论先后出现的"社区消亡论""社区幸存论"以及"社区解放论"，都无不折射出城市社区的式微：以沃斯（Wirth，L）等为代表的"社区消失论"从城市性出发揭示了城市生活方式带来的人际疏离与非情感化[2]；甘斯（Gans，H）等人的"社区继存论"试图从移民社区和亚文化社群中发现紧密的社会生活圈和有意义的小团体[3]；20 世纪六七十年代以来由费舍（Fischer，C）为代表的"社区解放论"不再从地域社区寻找社会团结和共同感，而将城市社会关系网络视为社区，运用社会网络分析方法揭示高流动社会背景下"个人社区"的非地域性与疏松分化，社会团结和社会整合也不再是地域性社区的必要功能[4]。随着工业化与全球化的发展，地域社区关系的衰落成为令人关注的现象。普特南曾用"独自打保龄"来警惕美

①（德）裴迪南·滕尼斯. 共同体与社会 [M]. 北京：商务印书馆，1999。

② Wirth，L.，Urbanism as a Way of Life. *American Journal of Sociology*. 1938, 44(1).

③ Gans，H. J，*Urbanism and Suburbanism as Ways of Life: A Re-evaluation of Definitions*，*in Callow*，A. B. Jr.(ed.)，*American Urban History*，*2nd ed.*，London: Oxford University Press,1977.

④ 张应祥. 社区、城市性、网络：城市社会人际关系研究 [J]. 广东社会科学. 2006(5).

国社会"社会资本库存"（stock of social capital）的加速下滑[1]。社区的衰退，同样也是我国社区研究关注的焦点问题之一，许多学者讨论了我国城市社区邻里关系的衰微与冷漠、社区参与水平的低下[2]。

近年来随着媒介技术的快速演进，人类进入了互联网传播时代。社交媒体、移动 4G 及智能手机的普及，将人与人、人与群体无时无地连接起来。中国城市社区普遍先后出现了在线社区论坛、社区 QQ 群以及社区微信群、业主群等社区网络空间。从媒介环境学派的观点来看，媒介是社会一直变迁的动力。从口语到文字、印刷术的发明乃至电子网络，每一场传播革命深刻影响人们的思维和行动方式，也同时创造着全新的社会关系。

学者们对互联网与实体社区关系的关注，在互联网发展的早期，主要有汉普顿和韦尔曼等学者对加拿大内维尔（Netvill）社区的邮件列表的使用进行考察，研究指出互联网并没有损害和削弱社区，相反，它克服了社区组织的时间、空间与社会障碍，降低了成本，提高了社区集体行动的速度，有助于公民参与[3]，对社会资本也有积极影响[4]。进入社交媒体时代以后，西方学者关注的议题主要是 SNS（如 Facebook、Tweeter、Myspace 等）对社会资本与公共参与，尤其是跨地域抗议运动的作用[5]。我国一些学者也指出，社区网络平台和信息化的搭建有助于社区参与和自组织，尤其是邻避运动中的社区

---

① Robert D. Putnam. *Bowling alone：The collapse and revival of American Community*. New York: Simon & Schuster, 2001.

② 孙健. 城市社区邻里关系陌生化困境的路径选择 [J]. 哈尔滨学院学报. 2010(4)；桂勇、黄荣贵. 城市社区：共同体还是"互不相关的邻里"[J]. 华中师范大学学报（人文社会科学版）.2006（6）；董焕敏等. 新时期城市社区邻里关系的现状及对策分析 [J]. 山西青年职业学院学报. 2011（4）；等。

③ Keith Hampton, Barry Wellman, Neighboring in Netville: How the Internet Supports Community and Social Capital in a Wired Suburb, *City & Community* 2(3). 2003, 277-311.

④ Barry Wellman, etc., Does the Internet Increase, Decrease, or Supplement Social Capital? Social Networks, Participation, and Community Commitment. *American Behavioral Scientist*, Vol. 45. No. 3,(2002).pp. 436-455.

⑤ Gerbaudo, Paolo, *Tweets and the Streets : Social Media and Contemporary Activism*, Pluto Press, London,2012.

动员和组织，为社区赋权^①；网络还将社区服务和社区治理的功能重归社区^②，对失序乡村秩序的维系有积极的意义^③。

　　总体来看，我国学者对于城市实体社区网络的研究还处在探索阶段。其中一个被普遍忽略的领域是，当互联网尤其是社交媒体"嵌入"城市社区时所引发的社区交往与社区生活的变化，尤其是基于内部视角、对于实体社区的在线公共生活及虚拟公共文化的探究。从日常生活批判理论来看，琐碎、重复的"日常生活"并非毫无意义，它作为人类各种专业化与技术化高级活动所留下的剩余物，隐含着深刻的内容，它是一切活动的纽带与共同根基，是各种各样的社会活动和社会关系得以萌生与成长的土壤和滥觞^④。从对意义与认同建构的影响来看，在建构认同方面，社群日常化的互动交流比互联网集体行动更为有意义。因而，对于社区公共生活的研究有助于理解社交媒体环境下的城市社区关系，社区过程及社区意识等的深刻变化。

　　本文关注的问题有，互联网出现以后，地域社区的虚拟交往空间经历了怎样的发展变化？当下流行的社区微信群具有怎样的媒介属性和文化语境？它如何影响或塑造地域社群关系与互动文化？通过对这些问题的探讨，还可以深化关于媒体与社会文化的相关，同时丰富移动互联网时代社区共同体的理论研究。

　　在中国，小区在当前依然是有意义的社会单位^⑤。本研究的个案 SZ 市星河小区是一个典型的城市商品小区。该小区为万科旗下的楼盘，小区内有 6 栋高层住宅以及双拼别墅 40 余套，陆续于 2011 年至 2012 年间开盘。经过 6 年左右的发展，现在星河小区入住有 600 余户，入住率近 90%。小区物理空间相对封闭，房子基本上是业主自住，相对稳定，流动性小，会随着时间和

---

　　① 郑中玉. 基于互联网的都市社区自组织：以北京 H 虚拟社区再地方化过程为例 [D]. 中国人民大学,2008；闵学勤、王友俊. 移动互联网时代的在线协商治理——以社区微信群为例 [J]. 江苏行政学院学报. 2017（5）；卜玉梅，从在线到离线：基于互联网的集体行动的形成及其影响因素——以反建 X 餐厨垃圾站运动为例 [J]，社会.2015(5)；王斌、古俊生. 参与、赋权与连结性行动：社区媒介的中国语境和理论意涵 [J]. 国际新闻界.2014（3）；黄荣贵、桂勇.互联网与业主集体抗争：一项基于定性比较分析方法的研究 [J]. 社会学研究.2009(5).

　　② 魏淑娟. 后单位时代脱域社区的再地域化 [J]. 江汉学术. 2015（1）；黄辛蕾. 建起"微信群"为老服务也时髦 [J]. 社区.2016（16）；等.

　　③ 牛耀红. 在场与互训：微信群与乡村秩序维系——基于一个西部农村的考察 [J]. 新闻界. 2017（8）.

　　④ Henri Lefebvre：Critique of Everyday Life，trans，John Moore，Verso，1991.

　　⑤ 桂勇、黄荣贵. 社区社会资本测量：一项基于经验数据的研究 [J]. 社会学研究.2008（3）.

生活的累积沉淀出地方性和邻里关系。小区的公共网络平台主要是 QQ 群和微信群，日常沟通互动频繁。QQ 群建于 2012 年 4 月，是早期入伙的业主们交流互助、维护权益的主要渠道。微信出现以后，一位业主发起建立了"星河会"微信群。微信群人数增长很快，一直保持在 500 人的群规模。新搬入的邻居越来越多，他们可能并不知道星河 QQ 群，但通常都会很快知道微信群的存在并加入。社区日常化的在线互动频繁，有可持续观察的社区过程。

笔者经朋友帮助于 2015 年 9 月加入星河小区的微信群"星河会"，近三年时间里尽可能地加入了小区各个圈层的群空间，运用在线民族志方法进行观察记录；线下也参与了多次邻里社交活动，如聚餐、烘焙、健身、购物；并与群里一些业主加为好友聊天访谈，其中包括十多位元老、活跃人士和业主，获取了大量真实、自然而难得的社区内部一手资料。出于学术伦理，本文对地域社区和所涉人物进行了匿名处理。

二、网络化的社区：技术发展与语境变迁

由互联网技术连接起来的实体社区，被称为"网络化的社区"（Networked Community），社区居民通过技术手段进行互动以维持社区生活[1]。以计算机技术为媒介的交流 (CMC，Computer-Mediated Communication) 是网络化社区互动的主要方式。随着互联网及信息技术的不断迭代出新，社区互动平台也不断转移：从早期的在线社区论坛、业主论坛、到社区 QQ 群乃至当下流行的社区微信群。以下从媒介属性、社会属性和文化属性等角度，对社区论坛、QQ 群和微信群三类社区网络形式进行比较分析，揭示社区网络的发展与语境变迁。

1. 媒介终端与使用

从媒介使用角度来看，无论是社区论坛，还是 QQ 群或微信群，都是社区交流交往的平台和空间。但不同类型的媒介，提供的功能和可能性是不同的，会形成不同的使用方式和规律。

社区论坛和 QQ 群的终端是 PC 端即计算机。受制于固定地点，社群互动与群内的活跃有着比较明显的时间规律。研究显示，社区论坛的在线人数呈现两个高峰，高峰分别呈现在中午 12—13 点和晚上 22—24 点之间，而双休

① Park and SungBok. Reconfiguration of Communities in Cyberspace, in Goran D. Putnik, Maria Manuela Cruz-Cunha, Encyclopedia of Networked and Virtual Organizations (3 Volumes), 2008, pp. 1349-1356.

日业主登陆社区论坛的频率则低于平常时间①。这说明，在工作日期间社区成员对社区论坛的参与是在工作之余，与工作时间不冲突；二是在周末休息日，居民则会从事休闲娱乐或其他活动，所以不会坐守在电脑前参与论坛和QQ群聊。

与前两者相比，微信（WeChat）诞生最晚，2011年初问世后迅速成为国民级互联网社交产品，至2018年2月全球微信用户月活数已突破10亿大关。它以智能终端手机为载体，不仅随身携带、操作简便，将互动沟通从地点固定的计算机PC端解放出来，打破时间和空间的制约，实现了移动实时。而且，手机媒体集即时通讯、社会交往与社会传播三大功能于一体②，为它带来极大的"破壁"能力和兼容性：在工作期间突破了工作与非工作的边界，在休闲时间打破了休闲与非休闲的边界。对"星河会"的在线互动进行观察，除了作息的规律外，一天之中随时有人发言和回复；一周中，周末更加活跃。突出的随身性和日常性使之成为社区日常化互动的媒介环境。

2. 社区媒介的平台属性

从媒介作为平台来看，社区在线论坛，借助于网页进行板块设计，通常有若干内容模块构成，在平台规划时往往围绕着社区生活方方面面的内容安排，有直观分类和指引，各部分内容能够相对固定、各就其位。比如，建于搜房网上的"华南新城社区论坛"首页，就包含了"运动休闲""业主维权""宠物故事""女人话题""育儿天地""原创文学"等多个固定栏目，每个栏目下面有诸多的帖子排列。就版面形式来说，图文并茂、条理整饬，类似于报纸版面。

微信群，包括QQ群，更偏重于交流对话分享，是虚拟的FtF（Face to Face）的社区群聊。它在内容构成上以对话为主，在时间上则线性发展。它首先构建出一个共在参与的实时虚拟空间，与社区事务相对应或"呼应"。

通常来说，这种时间线性的虚拟互动在现实中是不足够的，它不能满足社区生活的现实需要。其原因在于线性堆叠造成内容混杂，会带来沟通的困难和效率的低下。"星河会"里每天都充斥着各种话头、询问、求助、分享和团购，如一波波的信息洪流，在讨论社区公共事务的时候，需要经常"爬楼"查看，就很难集中主题和话题。因此，社区虚拟空间的功能性衍生分化几乎

---

① 王丽娟.广州市基于居住关系的网络虚拟社区发展及其影响研究[D].中山大学.2006.
② 魏超、张骁.微信的功能和属性分析[J].出版广角.2014 (12).

是必然的。"星河会"其实是社区微信群的总称，它包含了母群（小区人称为"大群"）和众多子群。500 人的大群是规模最大、也最热闹的公共空间。社区多样化的交往需求和社区事务的专门化要求，在大群的"母体"上陆续生产出若干"小群"，成为叠床架屋般多圈层群空间生态（如图 1）。

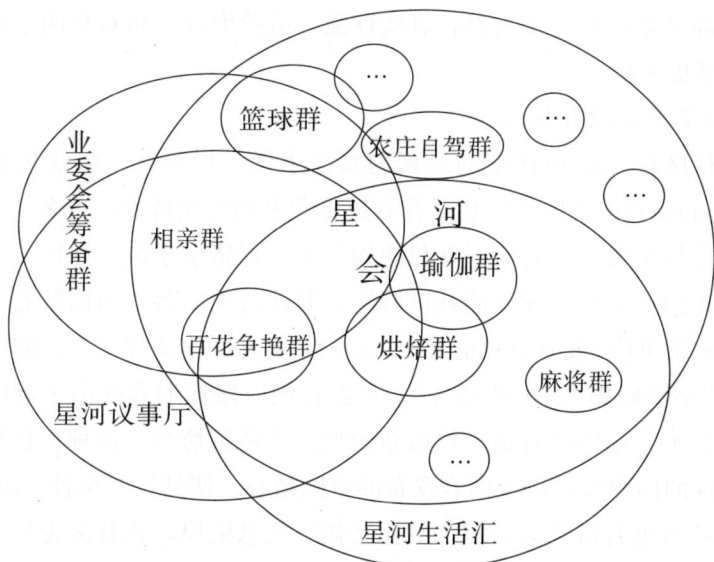

图 1 网络化的社区虚拟空间

群空间的生产和多圈层增长是社区群空间的普遍特点。在其他城市，如南京市许多小区社区微信群都有若干个二级三级小群"成员"和多种兴趣群[①]。总之，社区论坛是空间呈现为主的媒介，空间构架中包含时间要素；而社区群（QQ 群）是时间流媒介，在线性发展中经历空间分化过程。

3. 社区媒介的社会属性

早期出现的社区网上论坛，多依托于房地产门户网站，如搜房网、房产网所设立的"业主社区"栏目，这些社区论坛大体起步于 2000 年，至 2003 年得到快速发展，这一方面得力于房地产网站兴起带来的技术支持，另一方面也源于居民意识的属性[②]。就用户边界来看，大多数的社区 / 业主论坛都比较开放，并非只有业主能参与，这同时也具有一定的匿名性和符号性，在一定程度上削弱了它的社群性。

---

① 于洁尘等 . 微信群，让社区更温暖时尚 [N]. 南京日报 .2017-2-27(8).
② 王丽娟 . 广州市基于居住关系的网络虚拟社区发展及其影响研究 [D]，中山大学 .2006。

业主 QQ 群的兴起稍晚，在用户边界上开始明确和封闭，有产生"内群体"意识的作用。微信本身是更具有强化社会关系的媒介偏向。微信基础上的交往主要基于各种社会群体，即有着内在关系的群体，既包括血缘、地缘等初级群体，也包括业缘职业等次级群体。对于实体社区形成的社群来说，入群成员都是业主拉业主入群，真实性强，信赖度高、相对封闭，地缘内群体的归属感更突出。

4. 社区媒介的文化属性

对于社区论坛这种在空间呈现的媒介来说，栏目化、版块化和异步性（Asynchronous）使社区论坛相对具有更多的书面文化特点，更多文字化与表达上的理性与思考，相对富于文化建构。如"野猪乐小镇"社区论坛，是广州雅居乐花园业主自主建立的社区网络。网站首页的背景画面随着季节和节日的到来应景更换，页面中间是五个主要栏目："小镇名人堂""小镇焦点""小镇风情""小镇版图""小镇公告"，页面右侧以路标形式列出了新旧八大版块：小镇杂事、小镇体育馆、娱乐新天地、心情茶坊等。这种板块栏目的设计、逻辑性的内容安排以及内容发布的审慎精心，使其具有某种"出版印刷"的气质。虽然也有讨论区，但"书面文化"气息浓厚，该社区论坛已成为社区的精神家园。

社区群（包括 QQ 群）以社群沟通互动为主要目的。日常化的具体情境、多圈层交往关系、浓厚的社交属性、时间轴线性流动的对话和口语表达，实时与同步性（Synchronization）等，给社区群带来了突出的口语文化特点。

综上，社区论坛、QQ 群和微信群都属于社交媒体，但媒介技术上的日趋时空无羁和便捷简单，社区网络空间也向着移动实时、具体贴近、内部封闭与口语化日常化的方向发展。

三、社区过程：在线日常生活与社区事件的形成机制

互联网学者菲利普·霍华德（Philip Howard）将互联网称为"嵌入式媒体"（embedded media）[①]：人们越来越以互联网来进行一系列的日常活动。社交媒体的嵌入程度更甚。这是由于它的交互性，人们不仅消费媒体，而且进行内容生产[②]。社区群的"媒体嵌入性"无疑是全面和深入的。这既表现在新

---

① Philip Howard, Society Online: The Internet in Context. Sage, 2004.

② Crispin Thurlow, Laura Lengel, et，Computer Mediated Communication：social interaction and the Internet，Sage, 2004.

的传播工具实时嵌入社区生活，也表现在社区的日常生活也全面深入地嵌入社交新媒体。社交网络嵌入实体社区，带来社会交往与社区公共生活的复归，促成社区环境包括人际环境、信息环境并带来物理环境的重构。

（一）功能空间：社区生活的多维面向

如前所述，社区个体层面和公共层面的需要，促使社区微信群的多圈层功能分化。"星河会"里，专门为社区公共事务设立了"星河议事厅"和"业委会筹备群"两个子群，规定不得发布广告等商业性内容，每户仅一人入群，以便最大幅度地将小区业主容纳进来。此外就是众多的兴趣群，如篮球群、烘焙群、瑜伽群、相亲群、团购群以及为某一项活动组建的临时群。新群在成立时通常会在"大群"里发个通知和二维码，愿意加入的直接扫描入群。

根据群的性质（综合/专门）、人群覆盖面（跨楼栋）、规模等几项指标，可将星河社区的群空间生态划分三个级别，情况如表1（人数截止到2018年3月8日）：

表1：星河小区各层级在线公共空间（不完全列举）

群名称	规模（人）	功能与描述
星河会	500	一级综合大群，传播面最广，具有综合性，最为活跃。
业委会筹备群	253	二级专门群，每家仅一人进入，阶段性活跃。
星河议事厅	163	二级专门群，商讨社区公共事务空间，阶段性活跃。
星河生活汇	243	二级，引入商家、方便社区团购的专门空间，非常活跃。
星河 X 栋大家庭	228	三级，同楼近邻，具有综合性和专门性，日常性活跃。
星河百花争艳群	82	三级，团购年花的专门群，发展为养花爱好者的分享空间。
地铁群	94	三级，跨区的事件热点群，为片区公共设施争取权利。
农庄自驾	26	三级，某一活动的临时群，事件结束之后沉寂。
星河健康筛查群	98	三级，某业主的医疗公司为社区专设优惠健康检查。

大群是覆盖整个社区的最大公共空间，各个分化小群是覆盖不同领域、需求和范围的专门空间。对星河社区来说，互相嵌套、有着联动关系的大群小群构成了社区多层次多圈层的虚拟交往世界和不同公共生活面向。邻居们

在不同圈层的大群小群空间里交往互动，如同在现实空间里的各场合相遇交流，进而延伸到现实空间，与实际生活发生勾连。

（二）时间累积：社区事件与社区过程

在社区群环境下，社区群体行动并非仅仅表现在面临集体抗争的情势之下，而是社区日常生活的一部分。

2016 年 8 月，邻居 SU 的车胎被扎了一个"非常大的窟窿"，补胎时她了解到车胎被扎并非孤例，于是在群里提醒大家："最主要的是汽修店小弟说前两天最多一天有 16 个被扎的。大家以后开车到 XX 附近要小心了。"并且发了张轮胎钉钉的图片："轮胎都没有办法补了。只能换胎。不知道是不是人为的？" SU 的发言得到了许多回应，一番讨论后，有人倡议"大家统计一下，共有多少轮胎被扎。数量多了才能引起关注。"于是，统计接龙开始了。在随后的一周时间里，车牌号接龙的帖子不断拉长，也不断刷屏，最终接龙数量达 46 台车。邻居们找出修车票据和"物证"钉子，在收集好证据之后，几位邻居作为代表前往公安局报案。电视台接到报料后也安排记者到小区采访。邻居们将报案和记者采访的场景同步在群里直播。尤其是在直播里，还能看到记者在拍周边电线杆上、路牙上、护栏上，甚至路边草丛中喷涂的"修车补胎"的小广告。这些都是大家所没有意识到的。直播在群里引起了更大的回响："邻居好强大（赞）（赞）（赞）""给有正义感的邻居点赞"的喝彩接龙一次次刷屏。这只是"星河会"群里的众多事件中的一例。开辟樱花园、斜坡绿化、暑天慰问保洁员、为摔伤园工捐款等等，这些倡议都是得到广泛积极回应的社区事件。

居住一地，没有谁比邻里们更了解周边及日常生活中的资源和信息。鲍曼曾经说过，"'有一个共同体'，'置身于共同体中'，这总是好事"，在共同体中"我们能够互相依靠对方"①。对社区每一个家庭来说，能给生活中的各种需求提供直接有效帮助的非近邻莫属。几百个家庭的在地化生活经验提供了一个足够的"地方性知识"和庞大的"亲友团"，这会使社区成员产生一种美国心理学家萨拉森所谓的"社区心理情感"，即"感到自己属于一个更大的、可信赖的和更稳固的组织"②，这是传统社区能够成为紧密社区的内在心

---

① （英）齐格蒙特·鲍曼. 共同体 [M]. 欧阳景根译. 南京：江苏人民出版社. 2003。

② Seymour B. Sarason., The Psychological Sense of Community: Prospects for a Community Psychology. SanFrancisco: Jossey-Bass, 1974.

理机制。

"星河会"之类的城市社区微信群由于能够满足和实现实体社区生活（包括个体与公共）的现实需要，而成为社区邻里们依赖的便利而可靠资源。虚拟空间与现实空间的互构效应，使得线上交流和离线互动彼此增益。这就是为什么群里总是会"有问必答、有求必应"。而每一个"必应"都构成柯林斯所谓"互动仪式链"中的一个积累社会情感的互动仪式，并"将会产生进一步互动的社会动机流"和增进这种积极情感的社会参与①。这样，与地理场所相对应的关系网络在虚拟空间里搭建和深化。"星河会"遂成为社区社会资本的容器和载体。

（三）社区成为可能的媒介机制

交通通讯及传媒技术的发展往往使现代社会人们的行为脱离了特定的场景。英国社会学家安东尼·吉登斯（Anthony Giddens）用"时空分离"和脱域机制（或曰抽离化机制）来分析现代地域关系的"缺场"状态②。但社区网络尤其是社区群，实际上构成了一个"时空融合"的虚拟"共同在场"。

社区公共生活与社区过程的形成有赖于两个条件：一是客观上，社区作为地域共同体所带来的一致利益、共同问题与话题，可资交流的生活经验；二是技术条件，即微信群聊带来的"在场"效应。很大程度上，如果没有媒介技术，社区的公共性内容便无法呈现和显现，或者，仅仅停留在个体经验层面。比如轮胎被扎事件，在此之前已经有多位邻居家的车被扎换胎，也可能有过怀疑猜测，但拿不准于是不好说出来，很长时间都只是彼此分离的个体遭遇，一旦群里有一个人忍不住说出来，相同的遭遇得到关联和凸显（如图2所示）。个体维度的经验转化为社会经验维度并引发社会过程有赖于微信社区的传播场域。

---

① （美）兰德尔·柯林斯.互动仪式链[M].林聚任等译.北京：商务印书馆.2009。
② （英）安东尼·吉登斯.现代性的后果[M].田禾译.南京：译林出版社.2000。

```
┌┄ 内外环境
├┄ 共同问题
├┄ 一致利益
└┄ 生活经验
```

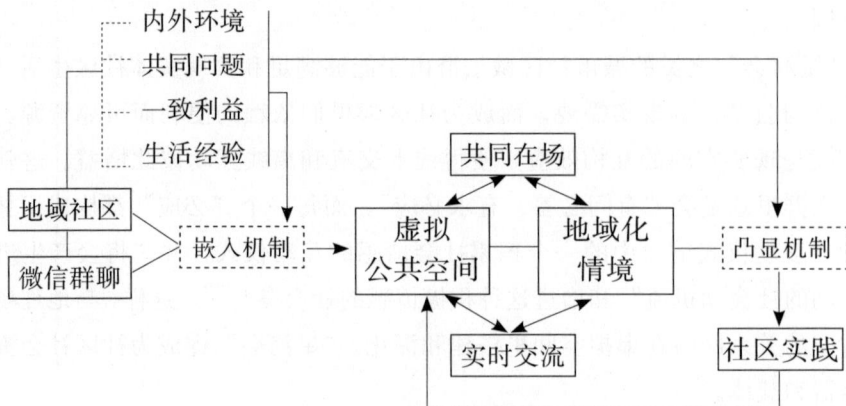

图 2　社区虚拟公共空间与社区过程示意图

借由手机媒介形成的共同在场，在热点事件发生时有一个特别之处，即大家的议论及事件过程会呈现并一直存留在每一个成员手机的群里，有的成员或许当时无暇经历参与，但当他有空时，可以"爬楼"翻阅，或延时参与，虚拟空间事件有随时追溯的可能。因而，"不会缺场"是微信社交的特点。这也造成社区公共事件会被不断接龙跟进，在客观上比实体空间事件具有潜在的延时传播力和更广泛的传播面。一个轮胎被扎的善意提醒最终能成为整个社群的普遍关注乃至共同行动离不开微信群所形成的传播机制，时空一致的"地域化情境"成为社区内容的嵌入机制和事件的凸显机制。

就本质属性而言，社区是一个历史过程的产物。在利益相关的基础上，社区互动成为不断累积的"情感能量"，即柯林斯所谓的互动仪式链的核心组成要素和结果，对于一个稳定交往的群体来说，每一次的互动都被植入仪式强度连续链条中，并沉淀为该社群的基质和互动基础。实体社区的三个重要尺度——地理空间与社会交往、心理认同得以整合和逐步深化。

四、表演式接龙：社区群里的集体仪式

社区群里的互动形式基本上是三类：询问回应式、话题讨论式、跟帖接龙式。前两者是点对点聊天或多点群聊，零星散乱。而跟帖接龙则是参与面最广、也最常见的群体互动方式。

（一）关于接龙

接龙是一种古老的游戏，泛指把不同体裁或类型的东西，以续的方式上

下联系起来，如长龙一样无限制延伸。常见的接龙游戏有成语接龙、诗歌接龙以及 BBS 里流行的小说接龙等。

　　微信群里的接龙主要包括：意见接龙、报名接龙、点赞接龙、贺喜接龙、团购接龙以及投票接龙。微信接龙的操作非常之简单：复制，粘贴。至多再加上自己的名字或序号数字，有的甚至仅仅输入"+1"。如想与众不同的话，就稍微变换些文字表达。

　　作为一种典型的群体互动模式，接龙的视觉效果非常突出：简单一致的视觉形式在手机屏幕上不断重复出现、刷屏，会产生一种视觉冲击力，形成视觉"热区"，凸显该事件在群里的热度、重要性和影响力。而且，一旦有长接龙出现，手机微信里的"群消息通知"的数量猛增，如果机主没有开启"消息免打扰"模式，那么提示音会响个不停，这就产生一种"大街上聚了一群人"的效应，因此接龙互动具有突出的传播势能。接龙极易形成群空间里的一致性行为。群里关于社区建设的提议和捐款活动，往往会收到令人满意的效果，离不开接龙所产生的"从众"吸力。

　　（二）投票接龙：展演的集体仪式

　　网络票选近年来十分流行：一是网络平台的应用发展提供的技术手段方便快捷，二是各级组织在榜样生成过程中加大公众的民意参与①。三是票选还是提高机构及其活动，尤其是商家品牌知名度的有效策略。随之，各种拉票在社区群里层出不穷。

　　每当有票选活动，在社区里总能得到或多或少的投票支持，回应的规模数量取决于拉票人在社区影响力的大小以及拉票沟通的技巧。曾经有一位元老业主女婿的拉票活动，在"星河会"各层级空间里全面铺开，几天内的投选活动高潮迭起，成为社区虚拟空间里的一场投票狂欢。这种大规模的接龙，可以看作社区生活的集体仪式：它有主持有主角，有启动、过场、高潮和尾声甚至情节过程，有互动与传染链条以及回响不断的符号和目标指向，本质上折射着"社会 VS 剧场"结构性维度。

　　1.虚拟场景与符号

　　拉票人是仪式的主持或主角，他 / 她会采用包括语言技巧在内的各种方

---

　　①　李蕊 . 论榜样网络票选中的民意陷阱及规避 [J]. 江西师范大学学报（哲学社会科学版）.2015(4).

式向社群寻求投票支持，并保持全程的互动沟通以维持投票活动的持续热度。地域社区所具有的"场所认同"及社区身份，形成虚拟仪式场景中"实在"的一面；"好邻居""大家庭""亲如一家人"这些话语符号会被一再重复，唤醒和提示共同体意识和身份认同、强化互助的义务。虚拟空间的票选竞争，在集体仪式魔力下，成为敌我对垒的阵营。虚拟空间由是演变成一致对外的"拔河比赛"，弥漫着一场无形的对决，不断提醒的倒计时、变动不居的排名，将大家引入一个紧张对峙而又看不见的"虚拟战场"中。我方阵营同仇敌忾、协同作战，无形中强化了共同体内部的团结水平。

2. 仪式程序与节奏

拉票程序包括：事主简单说明，发一个红包及投票链接；邻居抢红包，为目标对象投票，并告知"已投"，同时发一张投票后的页面截图；事主表示感谢。票选往往有一个截止期。技巧高超的拉票高手就会根据期限设计一个倒计时，仪式也会呈现出启动期、酝酿期、高潮期和尾声，在线共同体内部上演一波一波的律动：鼓动、拉票；投票、接龙、数数；回应互动、感谢，构成一种不断的重复性行动和传染的心理氛围，拉票活动因而可能被持续推动成为社区生活中的热点。

3. 自我呈现与表演

接龙具有"表演性"。尤其是在点赞接龙和投票接龙中。在投票接龙中，投票做了"好事"后，大家通常都不会甘做"无名英雄"，而是立刻表白"已投"，大多数人也会同时发一张投票后的页面截图作为证明。这几乎成为一种标准化动作。这种展演表白，或者说"亮相"，既可以看成对求票的一种回应互动，或对领了红包的回礼和回报，更重要的是显示了一种社区邻里的一致身份。社会学家欧文·戈夫曼（Erving Goffman）曾将社会互动比作一直在演出的戏剧舞台，每个人都是剧情表演者，按照社会体系的"剧本期望"（角色期待）扮演角色，当个体"向他人呈现他的活动方式的时候"表演就发生了①。因而，这种表白与证明，也可以说是一种社区好邻居角色的表演。当一个个"亮相"席卷式接龙刷屏时——就像是现实世界中所见到的整齐一致的仪式方阵。

---

① （美）欧文·戈夫曼．冯钢译．日常生活中的自我呈现 [M]. 北京：北京大学出版社．2016。

4. 仪式道具

虚拟仪式中，道具都是媒介化的文字和电子道具，这里也是表情包的用武之地，用的最多的是点赞、献花（玫瑰）、感谢、鼓掌、庆贺等表情图标。每当有这类"表情图"的出现，一连串的跟帖刷屏是群内的习惯动作，掌中手机里会流过一片"欢乐的海洋"。

投票接龙中最受欢迎的道具是红包。在请邻居帮忙投票时以红包开路也是一条不成文的"礼俗"。人作为社会性动物，需要互惠互利，才能获得归属感和认同感。红包有助于社群圈子的形成，更贴近真实世界人际关系和社交[1]。羊年春晚的"红包大战"不仅增加了新年的欢乐气氛，也极大限度地"激发了广大用户的参与度"[2]。微信红包额度小，不构成人情压力；红包的"抢"造成一种因稀缺而争抢的热闹景象，提高群粘性；有娱乐效果，有交换的乐趣，而没有交换心理负担，是调节仪式气氛、推动仪式顺畅推进的给力道具。有了抢红包环节，如列维·斯特劳斯所说，仪式就像一场令人心旷神怡的游戏。

（三）社区虚拟仪式的意义

现代社会对仪式的理解有泛化的趋势，仪式的意义变得越来越复杂[3]。从传统意义上看，仪式活动不可能在平时缺乏基本的社会交往和交流的社交情境中展开，"它需要更大程度的日常性铺垫"[4]。星河社区群空间里大量的日常生活互动为铺垫，才会有云合响应的群体效应。从仪式的角度来看，群体性接龙明显具有集体仪式的程式化、表演性、符号性及整合性的特征。

投票接龙的仪式功能表现在不同的层次：

对于仪式的主角（参选者）个体来说，这构成了他人生中激动人心的时刻，无异于个体的生命仪式和过渡仪式。经历了这样一个群体瞩目的努力过程而获得某种成长、得到见证；同时，仪式主角的良好家风与优秀品质也成为社区的模范和流转的"传说"，成为社区记忆的一部分；

对于社群成员而言，参与投票接龙并积极回应，是一种紧密关系和"类"娘家人身份的证明。根据翟学伟从时空维度视角对关系向度的分析，中国社

① 李林容、王莹.微信红包现象解析 [J].中国出版.2015(21).
② 王宁.微信红包传播现象研究 [D].辽宁大学.2016。
③ 彭兆荣.人类学仪式研究评述 [J].民族研究.2002(2).
④ 彭兆荣.人类学仪式的理论与实践 [M].北京：民族出版社，2007.第67—68页。

会长期生活在以血缘地缘为主的长程性、低选择性的固定关系是人情与面子发生的社会基础①。邻里关系，基本属于这种长程性、低选择性的固定关系，因而，邻里关系也是相互讲人情、给面子的场域。此外，助力邻居成功不仅可以获得一种邻里互助的付出体验，还收获了社区公共生活的参与感以及社区共同体的感受。

从社区在线共同体角度来看，仪式狂欢在客观上将社区中的个体纳入到强大的集体行动和集体力量之中，客观上起到了整合社区团结和成员身份认同的作用。

集体接龙行为的负功能主要表现在持续不断的刷屏带来的信息骚扰。即便是对于积极的参与者，自己投票之后，通常便不会再关注这场接续活动，手机微信里不断传出的群信息就无异于垃圾信息了。

五、结论与讨论：社区空间、两极性与剧场化

以上本文从社区网络历史、社区过程和社区集体生活三个层面描述和分析了社交媒体语境下城市地域社区的虚拟空间及公共生活。本研究个案星河小区属于中国一线城市的中产阶层社区，社区环境较好、业主对社区的认同感和对社区公共事务的关心程度相对比较高。这也许是本案例的结论不能推广到其他社区的主要之处。但是，由于相似的媒介条件和文化情境，本案例所反映出的特征会不同程度地存在于其他城市社区虚拟空间，乃至于各种微信社区中。

从媒介文化的角度进一步思考社交媒体及微信群的媒介环境，美国学者沃尔特·翁（Walter J.Ong，1912—2003）关于"次生口语文化"（second orality）的概念非常有启发性②，尽管受制于所处时代，翁所谓的次生口语文化，主要指的是电话、广播和电视媒体。下面笔者将从场景、个体—群体、认知效应等角度阐述社区网络空间的次生口语文化特点。

1. 虚拟场景的两极性

微信群聊的语境是非常情境化、具体贴近的，具有口语情境的突出特征。

---

① 翟学伟.从关系向度看中国人的行为模式.在安庆师范大学演讲，社会学吧.2018-6-10.

② 翁指出，电话、电视之后，电子技术又把我们带进了次生口语文化的时代。但对于次生口语文化的特点，他并没有"展开细说"。参见：[美]沃尔特·翁.口语文化与书面文化——语词的技术化[M].何道宽译.北京：北京大学出版社.2007.第103页。

但基于电子技术的"在场",不同于原生口语文化中的物理在场,而是虚拟在场和"符号"在场,因而还具有抽离、分析、客观、异步性等书面文化情境的特征。

于是,微信社交媒体构成的次生口语情境兼有口语情境和书面情境的两极性:既情境化,又超越情境;既是接近的,又同时疏离;既实时同步,又可能延迟异步;既侧身群中参与着,又隐身旁观中立着。

这种两极性的形成,其客观基础是借由 CMC"人—机—人"形成的媒介沟通模式,而主观方面则取决于个体"是否出场"的选择。电子世界里的虚拟在场,多少显示了与他人或群体生活若有若无似在不在的连接。每个人掌心小小的屏幕里,林林总总的微群一字竖排,表示着不同的关系丛与不同的角色关系;话语不停从各个群里涌出,手机上的屏读,是"刷屏"而不是"读屏":匆匆点开一个,目光随手指飞快地滑过,眨眼间已扫过数屏,并不粘滞;有时动动手指,也可能"我是天空中的一片云,偶尔留影在你的波心"。同时的"在场"与"不在场"、"入境"与"出境",是我们移动媒介时代的社群生活状态。

2. 个体—群体的两极性

口语文化是与他人的交流紧密联系在一起的,它造就集体感和群体性;而以文字发明和印刷术带来的书面文化,"解放了人的自恋情结"[①],书面文化里是孤立的读者和他的眼睛所构成的封闭空间,如学者尼尔·波兹曼所云:"印刷术给予了我们自我,使我们以独特的个体来思索和谈话"[②]书本的本性是"桀骜不驯的",它促成了个体的自主意识和主体性。这是翁所说的书面文化与口语文化两极性的重要表现。次生口语文化是内化了书面文字"反身性"和印刷文化"现代理性"之后的口语文化,两极性则成为次生口语文化的内在规定性。

手机媒体本身也兼具"个体—群体"的两级属性。从哈罗德·伊尼斯的媒介分类来看[③],手机是倚重空间的媒介,突破空间的局限,移动实时,便于沟通交流,易于形成大规模的社会组织和人群的集结,有增进群体连接、产

---

① （美）伊丽莎白·爱森斯坦. 作为变革动因的印刷机——早起近代欧洲的传播与文化变革 [M]. 何道宽译. 北京：北京大学出版社, 2007. 第 10、69 页。

② （美）尼尔·波兹曼. 童年的消逝 [M]. 吴燕译. 桂林：广西师范大学出版社, 2004. 第 41 页。

③ （加）哈罗德·伊尼斯. 帝国与传媒 [M]. 何道宽译. 北京：中国人民大学出版社, 2003. 第 5 页。

生强烈的群体感的功效。前文所分析的接龙现象在各类微信群里层出不穷，本身就是群体性的直观表现。

但另一方面，手机社交媒体的交互性，突出了个体的社交主体，是韦尔曼所谓"个人网络"（Personalized Networking）或"个人社区"（Personalized community）[①] 的最佳载体。个体是自我社会关系网络的中心；同时，微信群成员在讨论过程中享有不经过审查就可以发布自己信息的"编辑权"，都确立了个体的主体性。

因此，个人进行微信群对话的过程中，实际是孤立的说话者与看不见的、但却不该忽略、也不会缺场的听众逼窄共在的情境。也可以说，次生口语文化是同时凸显群体性和个体性的两极性文化：促进群体和集体感生成的同时，也确立自我中心网络和自我表达的主体性意义。

3. 自我认知的两极性

媒介对人认知方式和意识的改变是媒介环境学派研究的终极人文关怀。根据翁关于口语文化与书面文化的分析，口语文化是移情的、参与共鸣的、贴近人生世界以及最低限度的抽象性；文字则不然，文字使人与对象分离开来，带来精确性，促进内省清晰，"文字改变人类意识的力量胜过其他一切"。文字世界既打开了通往外部世界的大门，也打开了通向自身的大门，从根本上削弱了口语文化的社会基础。

微信群聊的语境，兼备口语交流和书面交流的特点：它首先是口语交流的语境，情境化、移情和贴近，充满即时性的对话语境又容易产生直接而情绪化的反应；但这种交流又是通过键盘输入、诉诸文字符号和视觉符号进行的，容许"抽离"情境，不同程度地摄入理性和分析，因而使沟通不同程度地经历了内省与自我意识的过程。当出现对抗或争端情形时，人往往陷入这种理性与情绪的漩涡中。

也许可以推想，社交网络空间的两极性在三个相关维度上积累起内部张力：媒介场景、个体—群体关系以及自我认知效应，这种两级张力会对个体理性带来某种压力，有增加个体内在危机的风险。

4. 剧场化：个体呈现与集体行动

次生口语文化，其本质而言，如翁所指出的，这是一个基于文字之上的

---

① Berry Wellman，Physical Place and Cyber Place: The Rise of Personalized Networking, International Journal of Urban & Regional Research , 2010 , 25 (2) :227-252.

"更加刻意为之的自觉的口语文化",个体有敏锐的社会意识,群体心态是自觉地,因而是在按部就班中产生的①。次生口语文化中的群体性与个体性的两极存在,一方面导致更多的群体性活动和集体行为,另一方面也产生大量的个体自我呈现。泛滥于各种微信群聊中的表演式接龙(集体仪式)即是典型的体现。

无论是何种的群空间都像是一个大家庭,群的存在希望看到符合角色期待的表现,集体的热情呼唤积极的参与乃至紧密的凝聚。意识到集体无形的注视而不想有局外人的感觉,复制粘贴跟帖接龙即可,所以点赞永远指向下一个点赞、唤起下一个点赞。接龙,是对群体认同的表示和表达。这种表达也是一种"不希望被忽略"的个体呈现。社交媒体上的各种"晒"(呈现),主要动机是获得社会认同、情感能量及符号资本②。人们期待每一次表演都收获一片"赞",同时又简便匆匆地为他人点赞回应。当"点赞"演变成习惯性动作和显示存在感的符号时,它的意义指向性遂被逐渐弱化③,本意也就被消解了。

不能否认的是,在线接龙式的群体互动是一种极为浅层、流于表面的和卷入度较低的互动形式,如一位拉票者所言"举起手指投上一票,真的是简单得不能再简单的事!"它只需要一种跟从性的回应,社区义务感及参与意识也只是脆弱的纽带。虚拟互动的自动化、模式化,仪式便演变为浅层的表演与从众跟风。微信群聊里过剩的点赞式接龙跟帖,呈现的多是一种集体身份和集体人格以及姿态性的或象征性的参与,其形式意味远多过实质性内容。因而,对成员来说,群是一种存在,暗示了一种关系和边界;对"群"来说,成员则是游离而独立的个体。

戏剧理论家雷曼指出,从个人尝试伪造一个公共性的自我开始,剧场化(theatricalization)已经渗透了我们整个社会生活,社会(空间)剧场化成为当代空间发展的趋势④。这是一个多维流动的无边界剧场,其中的每个人都既是演员也观众,呈现并互相观望。

---

① 同注33,104页。
② 蒋建国.网络社交媒体的角色展演、交往报酬与社会规范[J].南京社会科学.2015(8).
③ 魏宝涛、王爽.微信朋友圈"点赞"文化与网络情绪传播[J].中原文化研究.2014(6).
④ (德)汉斯·蒂斯·雷曼.后戏剧剧场[M].李亦男译.北京:中国戏剧出版社,2010.第239页。

典型新闻门户网站对社会民生类
舆情的引导力比较分析

——从热点民生新闻跟帖评论区语料分析视角出发

周　辉[*]

（武汉纺织大学传媒学院，湖北武汉，430073）

摘　要： 各类媒介是意识形态操作的主要场所，媒介对社会热点事件的报道，具有再现、重塑现实的功能，影响着受众对社会现实的构想。本文运用语料分析方法，通过对新浪、腾讯、凤凰这三个大型新闻门户站点对新近发生的"抢救时剪坏患者衣物弄丢财物，医护人员救完人后被索赔千元"这一典型事件的评论区进行了语义分析和对比，数据分析表明：新浪新闻、腾讯新闻及凤凰新闻这三个不同网络新闻载体对社会舆情扩散传播力及引导力方面存在一定差异。研究发现，该条新闻评论区读者评论量与对应移动端资讯 App 当月的排名高度相关，这表明：相应资讯媒体的传播影响力与其自身移动 App 新闻推荐与推送机制有密切关联；进一步，通过语料分析本文还发现：三个新闻门户网站的阅读用户媒介素养也存在一些潜在的差异，基于大众传播理论的受众传播素养分析方法，本文分析探讨了这一差异化现状的潜在成因，推断出现这一差异的主要原因可能与受众平均媒介素养高度关联。

关键词： 新闻门户网站；民生类舆情；引导力；新闻跟帖评论区；语料分析；移动端资讯 App

---

* 周辉，武汉纺织大学传媒学院新闻传播系副教授。

一、研究背景

网络舆情是一定时期、一定范围的群众在网络上对社会现实态度的主观反映，是群众这一社会角色群体性的思想、心理、情绪、意见和要求的涌现性集中反馈，一直被认为是社会政治、经济发展状况的温度计和晴雨表。它源于社会现实，具有相对独立性，也有自身产生、发展、传播、变化的规律。网络社会舆情一旦产生并被高影响力的媒介、意见领袖传播，通常都会具有蒲公英式的爆炸性传播特点，其传播层级、覆盖人群广度会达到意想不到的局面，社会舆情监控、预警工作者若能积极主动地寻求和发现不同类型舆情激发、传播的内在规律，必能增强在适当时机介入并引导社会舆论的本领，这对于社会稳定无疑有着积极的意义[1][2][3][4]。对中国互联网来讲，2016 较为特殊，当年，中共中央曾接连召开"2.19"新闻舆论工作座谈会、"4.19"网信工作座谈会，出台了《中华人民共和国网络安全法》，相继进行"搜索引擎环节专项整治""网址导航网站专项治理""跟帖评论专项整治"等数十项网络专项治理举措，收到显著成效，舆论生态持续向好，主流导向继续巩固。媒介是社会舆情传播的载体，同时也可以利用自身对社会舆情的引导力对社会舆情进行影响，如何发挥自身的影响力，提升自身对社会舆情的引导力，一直是传播学界和媒体工作者关注的热点问题[5]。目前，媒介基本的共识在于，任何媒介都需要正视社会舆情发展过程中存在的一些典型问题：如识别社会舆情中主流和支流；辨别社会舆情中演化趋势；预警社会舆情演化中的踢爆点；提出针对社会舆情演化中不可预测性的可控策略等[6]。总体上看，近年来，我国媒介针对社会舆情应对能力在提升，但应对能力总体偏低，缺乏快速有效的监测、预警与研判能力，与受害方的沟通能力有待加强，缺乏利用媒体主动为公众设置议程以及舆论引导的能力，忽视危机后的形象恢复和管理等。针对社会舆情引导，曾经有研究者提出了"炒、发、放、冻、化"等策略[7]。简单说来，即，对于有利于经济建设和改革发展稳定大局的社会舆情，要"炒热"促其升温；对有利于政治经济发展的，要"诱发"引其热议；对无关大

① 张玉强.网络舆情危机的政府适度反应研究[D].中央民族大学，2011。
② 刘建明.舆论传播[M].北京：清华大学出版社,2001。
③ 刘建明.社会舆论原理[M].北京：华夏出版社,2002。
④ （美）朱莉亚·伍德.生活中的传播[M].董璐译.北京：北京大学出版社,2009。
⑤ 余秀才.网络舆论传播的行为与动因[D].华中科技大学,2010。
⑥ 张玉强.网络舆情危机的政府适度反应研究[D].中央民族大学,2011。
⑦ 张玉强.网络舆情危机的政府适度反应研究[D].中央民族大学,2011。

局、难以把握的，要"放置"观其变化；对不利于主旋律的，要"冷冻"使其消除；对群众有疑惑、怨言的，要"化解"帮其理顺。舆情分析研究者应把掌握社会舆论情况，视其为知民意、晓民情、解民忧的重要途径，为相关工作的预见性、针对性、主动性、有效性提供参考。在互联网＋时代，借助大数据分析工具与手段，媒介运营者与政府管理机构更好地处置网络舆情成为可能，越来越多的研究者一直在持续关注这一领域，特别是针对社会舆情演化中不可预测性的可控策略研究再度成为这一前沿领域的热点问题。

在历年热点舆情中，民生问题和个人权益保护一直是网络舆情的热点领域。凡是有关民众的安全感和尊严等方面问题，特别容易掀起网民们的情感波澜。社会上常见的两类矛盾：城管与摊贩的冲突、医患冲突常在各级各类舆情报告被重点提及。本文运用语料分析方法，通过对新浪、腾讯、凤凰这三个大型新闻门户站点对新近发生的"抢救时剪坏患者衣物弄丢财物，医护人员救完人后被索赔千元"这一典型事件的评论区进行了语义分析和对比，数据分析表明：新浪新闻、腾讯新闻及凤凰新闻这三个不同网络新闻载体对社会舆情扩散传播力及引导力方面存在一定差异，研究发现，该条新闻评论区读者评论量与对应移动端资讯 App 当月的排名高度相关，这表明：相应资讯媒体的传播影响力与其自身移动 App 新闻推荐与推送机制有密切关联；进一步，通过语料分析本文还发现：三个新闻门户网站的阅读用户媒介素养也存在一些潜在的差异，基于大众传播理论的受众传播素养分析方法，本文分析探讨了这一差异化现状的潜在成因，推断出现这一差异的主要原因可能与受众平均媒介素养高度关联。

二、文本分析思路、方法与结论

检索新近研究进展可以发现，近年来发表了一大批针对新闻门户网站的研究，如李鹏炜以新浪、腾讯、搜狐、网易网为例，研究了市场细分与国内门户微博战略[1]；王源以腾讯、新浪、网易三大网站为例研究了网络新闻特色[2]杜哲则以腾讯、网易、搜狐、新浪为例研究了门户网站手机新闻客户端对

① 李鹏炜.市场细分与国内门户微博战略——以新浪、腾讯、搜狐、网易网为例 [J]. 新闻前哨，2012(6).
② 王源.网络新闻特色研究——以腾讯、新浪、网易三大网站为例 [J]. 新闻世界，2016(3).

比分析问题[①]；上述研究均是从典型门户网站的内容开展分析研究的视角，往往忽略了实际使用相关门户网站的受众人群的分布、行为特征分析以及传播效果分析。最近，孙中伟等人则以新浪和网易为例，抛弃内容分析这一常见的视角，重点研究了不同综合门户网站首页新闻评论者的时空分布对比[②]，此项研究则给新闻传播研究者新的视角来审视受众行为及其空间分布特征，具有很强的受众传播方面的参考借鉴意义。但忽略内容的受众群体分布分析无疑存在一些瑕疵，读者不可避免的会思考：针对不同内容的网络传播，受众人群的分布是否会因内容主题的差异而存在不同？这一点无疑有待研究者进一步深入开展研究。本文开展的就是补强这一视角的个案研究尝试。我们期望通过一则民生热点新闻的短时传播过程比较不同门户网站受众的行为特征的差异，以期对于舆论引导和监管部门提供一些预警或者有效引导策略决策的个案借鉴。下文将简要介绍本文开展相关分析的思路与分析结果。

（一）样本采集说明

本文进行个案分析的样本来源于腾讯[③]、凤凰[④]及新浪[⑤]新闻这三个较有代表性的新闻站点。散布于互联网的一般传播学研究者的观点认为：新浪新闻通过客户端、微博推送新闻，强调第一时间发布、提供的高品质的全球资讯新闻，它对新闻的传播、解读、把握，特别是专题都做得很到位。腾讯新闻则除了从门户网站、客户端、微博，还借助即时通信工具弹出机制来推送新闻，因而其更侧重地方板块、对相关信源深入解读并引用用户产生共鸣、思考、宣泄。凤凰新闻则依赖于门户和客户端发布更带有港媒味道、直接，易使大众看清事件本质的新闻，其标题的总体风格是中立的，显得更耐人寻味。与此同时，三家新闻单位都看重"用户跟帖的力量"，因而，对于热点事件，相对网络读者跟帖评论会较多，这也是本文选择它们作为分析对象的主要原因。本文选取热点事件报道转载中三家媒体发布时间、所选用标题及情感分

① 杜哲.门户网站手机新闻客户端对比分析——以腾讯、网易、搜狐、新浪为例 [J]. 新闻世界，2014(8).

② 孙中伟、任晓莹、王伟娇、赵丹丹、段赛赛.不同综合门户网站首页新闻评论者的时空分布对比——以新浪和网易为例 [J]. 世界地理研究，2015,24(01).

③ 腾讯版新闻来源页面：http://hb.qq.com/a/20170922/003711.htm.

④ 新浪版新闻来源页面：http://news.sina.com.cn/s/qw/2017-09-22-doc-ifymfcih3034513.shtml.

⑤ 凤凰版新闻来源页面：http://news.ifeng.com/a/20170922/52116075_0.shtml.

析、传播覆盖范围等数据如下表一所示：

来源与发布时间	标题	情感分析	评论跟帖人数（截至09-30 24:00）
腾讯 2017-09-22 07:28	医护人员抢救时剪患者衣物弄丢财物被家属索赔	中性	4757条评论、参与人数不详、网站未提供该计数数据。
凤凰 2017-09-22 08:53	抢救时剪患者衣物疑弄丢财物，医护人员救活患者后被索赔千元	中性	3800评论、30,875参与。
新浪 2017-09-22 22:14	抢救患者剪衣裤遭索赔，院方赔偿称"该剪还得剪"	中性	2,664条评论，22,687人参与。

表 1　三家网络新闻媒体发布相关热点新闻的简明数据对比分析：

从中读者可以看出：三家网络媒体转载发布该新闻来源一致，但标题及内容略有不同，且在先后时间上，腾讯版和凤凰版早于新浪版；总体上腾讯新闻的受众关注度都是最高的（参见表1）。下文将对三则新闻的传播热度曲线和关键词文本进行进一步分析。

（二）传播热度曲线分析

传播效果研究过程中，对同一主题的话题构建表征话题随时间传播的扩散程度和关注聚焦程度的演化曲线通常被称为热度曲线。本文首先给出了新浪、腾讯、凤凰这三个大型新闻门户站点对新近发生的"抢救时剪坏患者衣物弄丢财物，医护人员救完人后被索赔千元"这一典型事件的评论区网民关注度为指标的热度曲线（下面数据分析中，剔除了匿名无实际评论话语的纯表情回复跟帖）。

图一中纵轴给出的是纵轴单对数分布曲线。从中读者可以看出：在09月22日清晨最早发布该新闻的腾讯网民对该事件热度值（评论跟帖2652）明显低于随后转载该事件的凤凰新闻的网民关注热度值（评论跟帖3587），关注跟帖人数相差1000人次左右，这一数据差异表明凤凰网新闻关注者（网民）人群范围可能更多、更广；而新浪则是在当天晚间转载该新闻，当日跟贴数仅为5人次，说明晚间十点后关注其新闻的网民较少。次日，新浪新闻网民跟帖热度值（评论跟帖2587）虽迅速攀升，但跟帖总量上均低于一天前发布该热点事件进展的腾讯新闻与凤凰新闻两家网站。对于此类热点事件，一般时间被报道后网络舆情一般会呈现首发日热度最高、随后新闻热度会快速下降。本文研究表明，该事件新闻传播符合此传播一般规律。但从下图中可见，

在 09 月 23 日凤凰新闻网民对该事件热度值（评论跟帖 204）仍高于腾讯新闻的网民关注热度值（评论跟帖 112），但次日跟帖评论量总量明显低于达到首日传播量峰值的新浪新闻网民对此事件的关注热度值（评论跟帖 2379），说明该事件已不再是腾讯新闻和凤凰新闻这两家网站的民生新闻的热点。这一数字特征从另一侧面表明：新浪新闻网民人群与腾讯新闻和凤凰新闻的网民较大程度上可能是不重合的社会群体（这一点仅是一种直观推断、值得传播学者进一步开展社会学统计调查分析）；同时，也不难发现：关注新浪新闻的网民与关注腾讯新闻和凤凰新闻的网民行为习惯上可能存在一定差异，这一网民行为特征也非常值得进一步调查研究。图 1 中的热度曲线分析数据也从侧面反映出在民生新闻的传播影响力方面，仅从这一民生热点新闻传播事件的传播动力学来看，新浪新闻的传播影响力较腾讯新闻和凤凰新闻的传播影响力略显逊色；三家网络新闻媒体中，凤凰新闻在此事件中表现出了更广泛的传播影响力。

事实上，在易观千帆公司新近发表的当月资讯类 App 排行榜单中[①]，推送过本条新闻的腾讯新闻排名第一，凤凰新闻排名第五，新浪新闻排名则为第七。相关 App 数据对传播影响力的排名与本文的语料分析结果也是完全一致的[②]，这进一步表明：网络新闻传播与移动端新闻资讯推送成高度正相关关系（App 排名向量与传播过程中评论量向量的对应相关系数为 0.9715）。

[①] Analysys 易观，媒体资讯类 App 榜单：http://m.qianfan.analysys.cn/view/category/cateitemtop.html?category=1101095&dateVal= 2017/09/01#0.

[②] 相关数据来自易观，易观是中国互联网市场领先的大数据分析公司，旗下易观千帆产品只对独立 App 中的用户数据进行监测统计，不包括 App 之外的调用行为产生的用户数据。截至 2017 年度第一季度易观千帆对于 18.21 亿累计撞击覆盖及 4.42 亿活跃用户的行为监测结果产生此表。

综合资讯

收录应用：| 行业排名：

活跃人数	启动次数	使用时长	日均活跃人数	日均启动次数	日均使用时长	人均单日启动次数	人均单日使用时长	人均使用时长	人均启动次数

< 2017年09月 >

排名	应用名称	活跃人数（万）
1	腾讯新闻	🔒
2	今日头条	🔒
3	天天快报	🔒
4	网易新闻	🔒
5	凤凰新闻	🔒
6	搜狐新闻	🔒
7	新浪新闻	🔒
8	趣头条	🔒
9	一点资讯	🔒
10	东方头条	🔒

传播热度曲线对比图

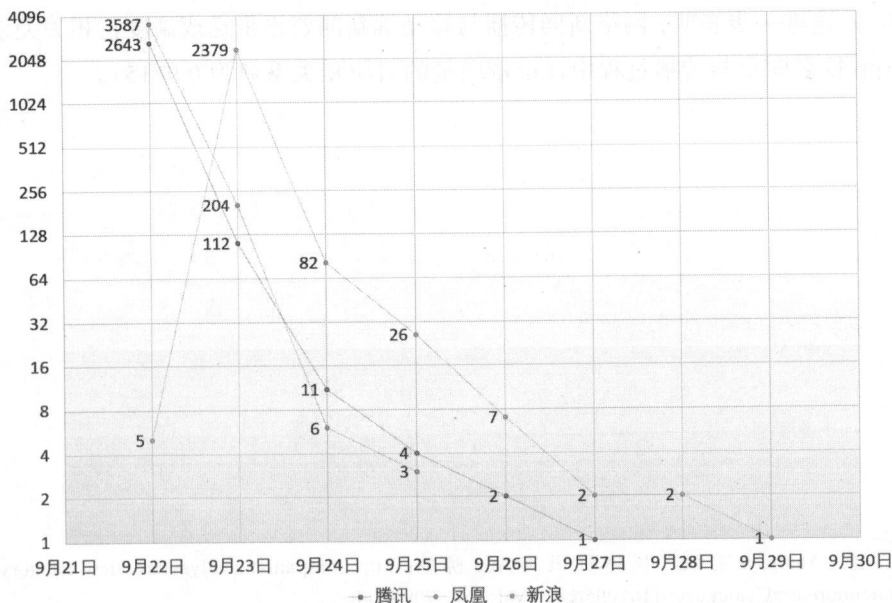

图 1(上) 基于热度曲线分析的三家网络新闻媒体传播影响力比较分析图（横轴是日期、纵轴为跟帖评论人数：2017 年 9 月）；(下) 来自易观千

帆的资讯类 App 榜单，即当月对应榜单 (2017 年 9 月)，源地址：http://m.qianfan.analysys.cn/view/category/cateitemtop.html?category=1101095&dateVal=2017/09/01#0

（三）关键词词频分析

本小节将开展评论区跟帖文本的进一步分析，本文选用的是谷尼舆情图悦 picdata.cn 热词分析工具进行相关分析。本文选取的热词权重是 TOP150 位的词。热词词频指标 TF 指标是一个词在文章中出现次数，出现的次数越多一般越重要，输出的词频信息只是参考，目前采用的分词方法是大词优先，不是以小词优先的，比如"改革"和"改革开放"都是词，在统计词频时，"改革开放"中的"改革"不会计入"改革"的词频，算两个不同的词。热词权重指标 Score 指标是指一个词在文章中重要性，主要由 TF 热词词频、IDF 倒转文档频率、other 其他三个指标决定，输出的图有热词权重图，图形模式可自选。

下面的表 2 中给出了腾讯新闻评论词频分析，从中可看出：腾讯新闻网民关注最多的是事件主体及其行为，提到最多的词是"医生、抢救、衣服、家属、儿子、患者、病人、财物、救人和生命"；随之值得注意的是"奇葩"一词出现频率极高，表明网民理性该事件评价之余，凸显出明显的旁观者心态，也表现出了一边倒的"不赞同患者家属索赔"的舆情。

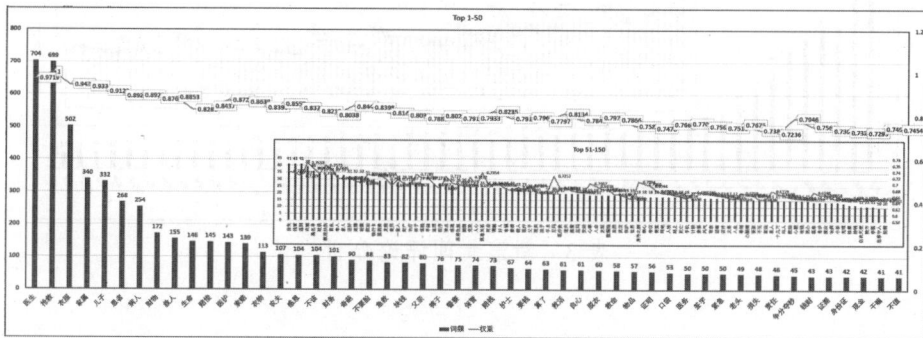

表 2　腾讯新闻评论分析

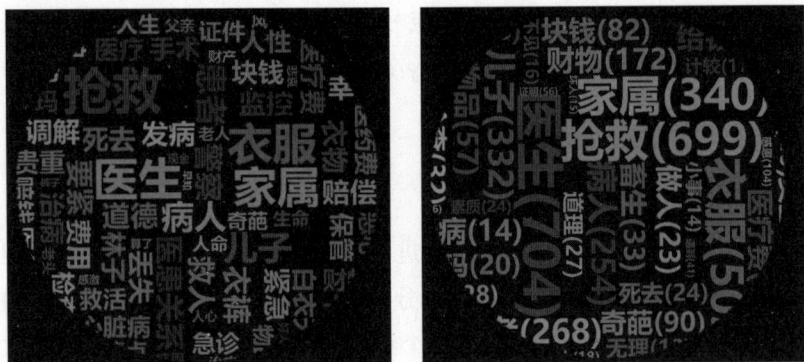

词云图（左："热词词频"、右："热词权重"）

表 3 中给出了新浪新闻评论词频分析，从中可看出：新浪新闻网民关注最多的同样是事件主体及其行为，提到最多的词是"医生、衣服、抢救、患者、家属、病人、财物、赔偿、救人和医护"；随之值得注意的是"不要脸"一词出现频率极高，表明网民理性评价该事件之余，也夹杂了个人朴素的情感、呈现了一边倒的"不赞同患者家属索赔"的舆情。

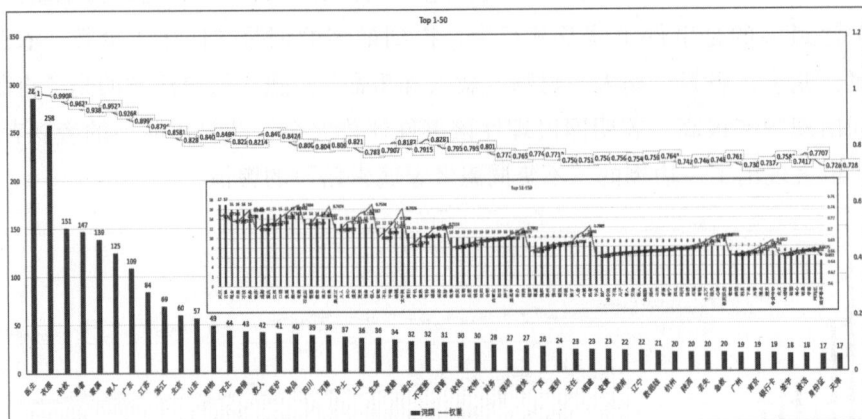

表 3　新浪新闻评论分析

词云图（左："热词词频"、右："热词权重"）

表4给出了凤凰新闻评论词频分析，从中可看出：凤凰新闻网民关注最多的同样是事件主体及其行为，提到最多的词是"医生、抢救、家属、衣服、患者、财物、病人、衣物、赔偿和儿子"；随之值得注意的是"客观""警察"等词出现频率极高，而且该网民群体的评论高频词较为集中（前100高频词频数均接近100），且评论区基本上没有出现欠文明的带辱骂性色彩的字句，这应该能表明凤凰新闻网民整体文化素质可能更高、评价该热点事件更加趋于中立和理性。

表4　凤凰新闻评论分析

词云图（左："热词词频"、右："热词权重"）

三、基于大众传播理论的受众传播素养分析

大众传播的功能与效果涵盖了"使用与满足、议程设置、涵化世界观、控制意识形态"这四个方面，朱莉亚 - 伍德在论及生活中的传播时指出："人们是积极地还是消极地主动地响应大众传播和大众传播所描述的观点，取决于他们的媒介素养。"[①] 从前述语料分析中我们可以看出，三个新闻网站核心网民的媒介素养是存在不同特点的：腾讯网民理性评价该事件之余，凸显出明显的旁观者心态，这与其民生新闻受众本地化倾向高度契合，反映了当地读者对身边民生所示的高度关注与习以为常的旁观者心态；而凤凰新闻网民读者呈现出整体文化素质更高、评价该热点事件更加趋于中立和理性的特点；至于新浪网民读者在理性评价该事件之余，跟帖则夹杂了个人朴素情感。针对网民所呈现出的不同媒介素养水平，相关舆情监控与引导部门、危机公关部门可以考虑采用适当的语言表现策略对公众舆论加以引导和干预，以形成正确和谐的社会舆论，形成风清气正的网络舆论氛围。显然，本文提出的此类分析方法在某种程度上是有助于相关机构、部门加强舆情信息的监测与分析，提升舆情的预警与研判能力的。

四、讨论

如前所述，近年来，有研究者开展了社区网络舆论扩散与汇聚动因分析研究、市场细分与国内门户微博战略研究、网络新闻特色研究、门户网站手机新闻客户端对比分析，甚至有研究者开展了不同综合门户网站首页新闻评

---

① （美）朱莉亚·伍德. 生活中的传播 [M]. 董璐译. 北京：北京大学出版社，2009。

论者的时空分布对比研究，但对于不同综合门户网站新闻评论者的言论研究对比较为少见。在本文中，基于对一个热点民生时间的舆情语料分析，我们对腾讯新闻、凤凰新闻以及新浪新闻三家网络新闻网站跟帖区网民发帖所反映的民生类舆情开展了语料对比研究，发现它们影响力与对应新闻推送 App 影响力高度相关，且他们所属的对应网民体现出来的媒介素养存在一定差异。本项研究对相关监管单位更准确及时地做出舆情反馈、引导，指导网民更加理性的进行讨论与对待该类事件具有一定参考价值。事实上，在该事件发生后，武汉市卫计委要求保护患者权益的同时，安抚医护人员情绪，武汉大学中南医院表示，院方对抢救组的及时救治行为给予肯定，并全额承担这一费用。尽管披露此事造成了患者及其家属受到舆论指责、甚至连警察机关"和稀泥"式执法也被广为诟病，但院方、当事医生的理智、换位思考为当事方和参与媒体以后遇到类似情况如何应对提供了指南和借鉴。总体上看，本文提供的语料分析方法对宣传机构、管理职能部门提升社会民生舆情应对和处理舆论危机方面的综合应对能力无疑具有一定参考借鉴价值。当然，在此基础上，如何开展社会舆情热点事件之后的当时双方社会公众形象修复与管理则仍值得当今传播学者们进一步开展实践与思考，这也是我们未来需要进一步开展的研究目标。

八、媒介技术变迁与新闻传播教育

【主持人语】媒介技术变迁的社会影响，一直是新闻传播业界和学界最关注的议题。20世纪90年代以降，计算机、互联网和移动互联网等新兴媒介技术快速普及并广泛渗透到政治、经济、文化和社会生活各领域，深刻改写了新闻传播的业态和研究格局。业界、学界的联动效应，催生了近三十年来新闻传播教育领域的多重变革：首先，教学内容应社会技术－文化语境的变迁而调整，专业培养方案的设计呈现新趋势；其次，层出不穷的新技术被应用到教学过程中，促成师生互动模式、角色和关系的转变；最后，新技术土壤培育的媒介使用模式，加速了以媒介素养提升为目标的公众教育的重新定位。本专栏收入的文章，分别从课程设置、教学方式、培养目标三方面切入，多角度地呈现了媒介技术变迁对新闻传播教育的影响。

《美国传播学本科教育前沿趋势探析：以主干课程设置为视点》一文主张，媒介技术的变迁是口语传播研究向大众传播领域延伸和大众传播研究向口语传播领域扩展的重要动力。经由对美国"全国传播协会"列举的60所传播院系专业主干课程的分析，文章指出，口语传播与大众传播的"合流"仍处于未完成状态。这一结论的内涵，为国内传播院系的本科教学改革提供了颇具启发性的方向。

在个案研究的基础上，《即时反馈系统 Kahoot 在对外汉语阅读课教学的应用》一文为我们揭示了媒介新技术在推动教学方式创新，打造信息化、智慧化课堂方面的潜力。更重要的是，它让我们看到，媒介新技术在教学中的采纳是有条件的，必须遵循既定的原则。在追求教学手段的持续创新的同时，注重媒介技术特性与教学需求之间的匹配关系，是这篇文章带给我们的双重启发。

《网络媒体时代青少年群体的新闻消费习惯与媒介素养教育》一文独辟蹊径，从访谈数据出发，勾勒当前青少年群体的新闻消费习惯及其致因。文中提出的"双向疏离"的概念——新闻疏离青少年公民，而青少年在使用新闻的过程中也缺乏参与意识——同步提升青少年群体的新闻素养和公民意识的建议，尤其引人深省，启发我们在新技术时代重新审视媒介素养的内涵。

探讨媒介新技术对新闻传播教育的影响，是一个宏大的命题。本专栏收入的三篇文章，从不同的研究旨趣出发，初步展示了这一命题的丰富面向和意涵。这种多元化的学术努力，为今后相关的理论探索和实践保留了想象的空间。

（厦门大学新闻传播学院副教授　熊慧）

即时反馈系统 Kahoot
在对外汉语阅读课教学的应用

王 亚 姜 燕[*]

（山东师范大学文学院，济南，250014）

摘 要：进入 21 世纪，现代化的信息技术带来了学习方式的转变。以 Kahoot 为代表的云端即时反馈系统被引入对外汉语阅读课教学，操作简便，打破了传统意义上缺乏有效反馈的传统课堂模式。引入 Kahoot 的过程中，应注意适用性、灵活性和趣味性原则。

关键词：Kahoot；即时反馈系统；对外汉语阅读教学

进入 21 世纪，人类生活的各个角落都可以看见资讯科技产品的身影，这些新的发明成果，在给我们生活带来便利的同时，也改变了人类的思维方式。特别是近几年来，随着新一代通讯技术、云端服务和智能设备的不断革新，越来越多的"黑科技"，如网络直播、自媒体应用、大数据分析、云服务等走进公众视野，在一定程度上为教育的改革发展提供了机遇。基于"互联网＋"的教育应用层出不穷，昔日难以想象的"直播上课""名师同步辅导""全球在线互动授课"不仅逐步变为现实，而且正日趋完善。将资讯科技融入教学方式变革的概念和想法，已慢慢形成共识。

相较于传统的课堂学习，新时代的学习方式已经摆脱了时间和空间的限制。特别是随着以智能手机、平板电脑为代表的智能个人终端应用的普及，对于知识的获取也变得相当便利。在这一背景之下，行动学习的概念应运而

---

* 王亚（1990—），男，山东济南人，山东师范大学文学院汉语国际教育专业硕士研究生；指导教师：姜燕（1968—），女，山东青岛人，山东师范大学新闻与传媒学院教授，博士，研究方向：口语美学、口语传播。

生。与行动学习这一新的学习模式相对应的，是教学技术应用的革新。在传统的课堂中，黑板、课堂提问等构成沟通方式的三个基本要素。随着视听教学媒体的普及，投影仪、多媒体电脑、校园互联网成了新要素，传统课堂正慢慢向信息化、智慧化迈进。以 Kahoot 为代表的云端即时反馈系统，正是在这一背景之下走入课堂。

一、Kahoot 引入对外汉语课堂教学的必要性

对外汉语阅读课堂普遍存在一种现象，就是老师一味地按照教材内容开展教学活动，教材中阅读材料当作课文进行讲解，将练习题作为作业，而后接续下面的阅读材料学习，缺失随堂评量的环节。待讲解习题时，只是单独请部分学生来陈述答案，缺乏整体反馈的过程。这其中，有一部分的原因就在于对形成性评量的忽视。长期以来，无论是学生还是老师，都只重视以期中考试、期末考试为代表的总结性评量。

形成性评量是指在教学过程中监督学习进步，其目的在提供师生有关学习结果的反馈，以促进学生学习、改进课程内容安排、探索更有效的教学方式。其基本精神在于透过详细的行为目标使教学与评量密切配合，形成循环互动的关系。[①] 在这个互动关系中，教师的角色是评量者（assessor），不只要评估学生的能力，也同时要帮助他解决学习上的困难。[②]

与之相对应的，就是总结性评量，指课程告一段落或者结束时用以了解学生阶段性的学习成就并评定成绩（这是总结性评量的核心）的活动。[③] 总结性评量包括期末考试、期中考试、月考等等。其特点在于：（1）内容取样范围广、题数多、作答时间较长；（2）强调不同内容重要性的加权；（3）重视测量工具的信度、效度，性质上比较接近标准化测试（如 HSK 考试等水平测试）。

现代讲求绩效的教育制度多采取团体教学的教学模式，对外汉语教学也不例外，也是以班级教学为代表的团体教学为主，因此必须要有一种可以让每一个学生都能立即知道自己的学习结果并对自己错误与遗漏的部分进行矫正与补充的设计。这种设计即"精熟学习策略"，而它所用的评量方式就是形成性评量。相较于总结性评量的核心"评定"，形成性评量更加强调"反馈"与"矫正"，正因如此，选择更有效率的反馈方式也就至关重要。

---

① 欧仓和 . 教育测验与评量 [M]. 台北：心理出版社，2017，第 468 页。
② 欧仓和 . 教育测验与评量 [M]. 台北：心理出版社，2017，第 469 页。
③ 欧仓和 . 教育测验与评量 [M]. 台北：心理出版社，2017，第 471 页。

传统教学除了在观念上忽视形成性评量外，还存在另一问题，就是教学任务安排过于紧凑，单节课如果按进度完全走下来能留出的答疑时间非常有限，更遑论去准备诊断测试来收集反馈的时间。准备一次诊断测试这样的非标准化测试，如果采用纸笔测验方式，最少需要准备题目、印制试卷、答卷、批阅试卷、统计这样五个步骤，耗费教师大量的时间和精力不说，即使加快效率也很难做到即时反馈。如果采用提问的方式，对于个别辅导或单独辅导来说或许有效，但在团体教学中则很难完整收集到全部的反馈信息，同样缺乏整体反馈的过程，无法形成教学者与学习者间循环互动的关系。借助于以Kahoot 为代表的 IRS 即时反馈系统融入教学之中，可以改善这一状况，让教师提高效率、节约课堂时间成本的同时，收集到完整的反馈信息，用以分析问题，有针对性地指导教学，也能够让学生及时发现学习过程中出现的错误与遗漏，避免问题的扩大。

二、Kahoot 平台作为教学手段的优势

Kahoot 平台是由 Johan Brand、Jamie Brooker、Morten Versvik 三位工程师与挪威科技大学共同合作在 2013 年诞生于挪威奥斯陆的学习平台，开发者创立此平台的初衷是希望越来越多的学生摆脱传统纸笔作业的限制，更好地与教师和其他同学进行互动，并通过云端服务器平台，以 SaaS 方式作为服务，实现课程资源的全球共享。目前有 180 个国家超过 5000 万人使用过该平台，每天超过一百万人次同步在线使用，超过 1.5 万名专业教师在平台上创建内容并应用于课堂之中。①

作为一款云端即时反馈系统，Kahoot 的应用与操作都非常简单，不需要专门的设备，只需要可以连接网络的计算机、带有触控屏幕的智能手机就可以使用，智能手机平台不拘，Android/Windowsphone/iOS 各设备皆可适配；操作时，电脑也不需要安装应用软件，教师事先登陆 http://create.Kahoot.it 网址进行题目的命制，题目涵盖了判断题、选择题（单选、多选）与投票类型的题目，题目中不仅可以使用文字，还可以插入图片、影片、声音等多媒体文件，题目命制好后，点击 play 按钮，随即在屏幕中显示随机生成的题目代号，学生则登录 http://Kahoot.it 网址，输入屏幕上的题目代号与自己的姓

---

① 叶素花. 云端 IRS 即时反馈系统在初中历史课教学成效之研究 [D]. 台北：台湾"中国科技大学"，2016。

名之后，即可进入作答界面；Kahoot 在作答界面上使用不同颜色的色块代替传统选择项栏，能够让学生在使用过程中产生兴趣，更好地将精力集中于回答问题的环节中，而题目与选项内容只显示于教师端所呈现出的屏幕当中，教师也能够在课堂当中更好地把握课堂节奏，把控学生的学习状态，在每一道问题作答时间截止之后，屏幕立即显示出正确的答案与每道题的选择情况，体现出即时反馈的特性，学生可据此了解题目答案与其他同学的观点，教师则可以对知识点掌握情况进行判断，当所有题目作答完毕后，云端同步计算并生成报告，报告内容涵盖每个人的选择内容、作答时间、正确率等数据，教师可根据情况立即进行分析或将报告存储于云端服务器中过后另行下载，体现出云服务的快捷与便利。

相较于通过红外或者蓝牙等无线技术连接传输的传统即时反馈系统来说，Kahoot 应用操作更加便利，无须像传统即时反馈系统那样配备专门的硬件设备与技术顾问，教师亦不需要进行专门的培训指导，只需要简单学习即可轻松上手；同时，由于云端技术的加入，既能使用共享的网络资源题库，也能够将历史记录储存于云端中，供教师进行日后分析。

Kahoot 平台分为教师端与学生端，无论是教师端还是学生端操作都非常简便快捷，并且不需要安装应用软件，只需要电脑及智能手机连接网络即可操作，下面将按照一般上课的操作步骤分别进行说明。

第一步：教师根据课程要求，在备课时命制相应的题目，可以是判断题也可以是选择题，使用浏览器打开 Kahoot 教师端（网址：http://create. Kahoot.it），点击新建题目后按顺序输入题目，（参照图示 1），输入完毕后，点击"save it"保存。

图示 1: 输入题目

　　由于 Kahoot 云端服务器存储有大量的课程资源，教师也可以根据需要在首页中搜索相应的课程，根据搜索结果使用共享的题目进行收藏并使用。（参照图示 2）

图示 2: 资源搜索

　　第二步：在上课时打开教师端并登录，点开保存好的题目，点击 play it，选择 classic mode（传统模式，即学生以个体形式进行作答）或者 team mode（团队模式，即学生分成小组合作作答），然后屏幕当中会显示随机生成的题目代号。（参照图示 3）

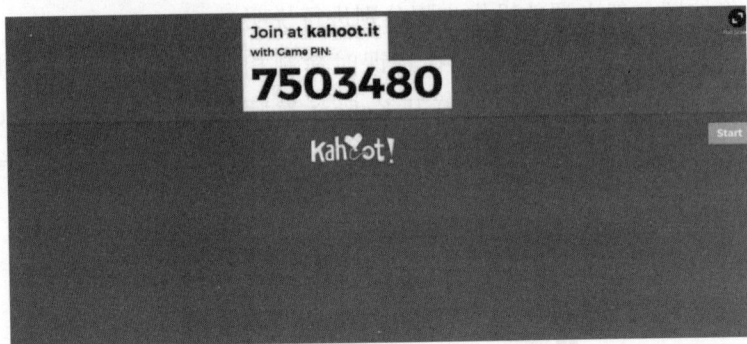

图示 3: 题目代号

　　第三步：学生打开 Kahoot 学生端（网址：http://Kahoot.it），输入屏幕上所显示的代码后输入姓名，出现成功提示后，屏幕上会显示出学生的姓名。待学生齐全后，教师在电脑中点击"start"按钮，随即开始作答。（参照图示 4）

图示 4: 准备作答

第四步：学生根据屏幕上所显示的题目，经过思考，在自己的手机或设备中以最快的时间点击相应颜色的色块，即完成题目作答。(参照图示 5)

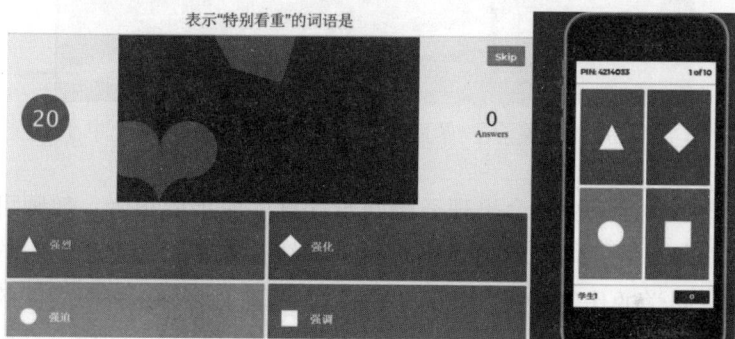

图示 5: 作答界面

待预设时间结束或全部同学作答完成后，学生端会显示答案正确或错误，而投影屏幕当中会显示正确答案与每个选项的选择情况。(参照图示 6)

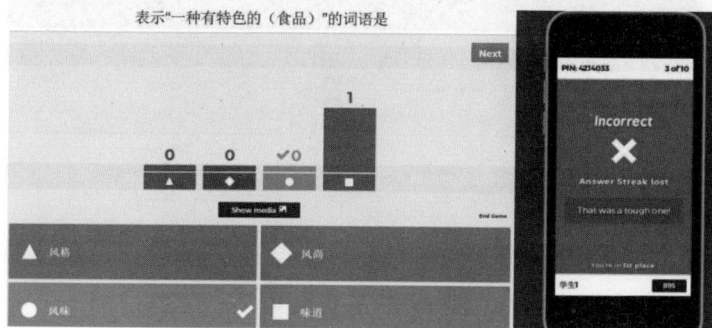

图示 6: 作答情况

再次点击"next"按钮，会出现"Scoreboard"（计分板），计分版依据正确情况与回答时间累积加权给分，即在同样回答正确的情况下，回答时间越短，得分越高。

第五步：所有问题回答完成后，会出现"颁奖台"界面（如图示7），将回答问题的前三名列出，并最终出现总计分板。

图示7："颁奖台"界面（采自作者真实教学环境中）

第六步：总计分板旁会出现云端同步计算生成出的报告，教师可根据需要点击后立即下载，内容涵盖总平均得分、总正确率、每道题的平均分、正确率与每位同学的作答情况。（参照图示7）报告以 excel 表格文件的形式呈现并保存于云端服务器中，教师也可以在之后任何时间于任何一台电脑上登陆教师端时下载。

图示8：报告内容

需要注意的是，编制好的题目可以重复使用（例如在这个班级使用之后还可以在下一个班级中使用），每一次重复使用时，所生成的成绩情况与报告均仅记录当次，与前次使用无关联性。教师也可以自主决定是否将编制好的题目资源共享于云端中成为课程资源供其他人下载使用。

三、Kahoot 用于对外汉语教学的原则

Kahoot 引入课堂教学之后，打破了传统意义上缺乏有效反馈的传统课堂模式，学生在其中积极参与，课堂互动性得到提升，而教师也能够通过 Kahoot 及时收到反馈信息，从而更好地开展课堂教学活动。在使用 Kahoot 进行对外汉语阅读课课堂教学实践中，有三个教学原则。

首先，适用性原则是 Kahoot 使用首要原则。这是由 Kahoot 本身的特点特性所决定的。作为一种测试工具，它主要适用于客观性测试题型，包括选择题、判断正误题、排序题等。虽然在以 HSK 为代表的水平测试中，针对阅读能力考查仍然以客观性测试题为主，但通过研究《发展汉语——中级阅读 II》等现今主流阅读课教材发现，每篇文章后附习题中正逐步增加以填空、概述等为代表的主观性题目，对于这一类题目，研究者认为应当保持题目原有形态，而不能为了使用 Kahoot 这种测试工具，生造选项改变题目性质。主观性题目更多是要强调思考问题并做出答案的思维过程，而非在现成安排好的选项中判断；同时，概述题、说明题等部分主观性题型并没有完全固定的答案，更有利于学生发散思维。[①] 前文中提到形成性评量时，指出形成性评量可以通过各种方法（包括但不限于测试、课堂观察、小组报告等），从多个层面对学习者关于知识点的掌握情况进行整体性的评估，因而，Kahoot 这种测试工具，无法完全取代课堂观察、语言互动、纸笔测试等评量方式，特别是对于主观性题目的反馈，教师仍应采用提问等语言互动或纸笔测试等评量方式，只有适时、恰当地使用 Kahoot 这一款测试工具，才能发挥出最好的使用效果。

另外，Kahoot 这一种测试工具主要适用于形成性评量，而对于了解学生阶段性的学习成就的总结性评量来说，Kahoot 并不能完全胜任。这是因为总结性评量在性质上比较接近标准化测试，往往题目数量多、题型多样化、作答时间长。在对外汉语阅读课的教学实践中，对于文章后每道题之间的关联性分析也是较常使用的阅读策略，合理的阅读安排有助于提高阅读效率，但

---

① 欧仓和. 教育测验与评量 [M]. 台北：心理出版社，2017，第 196 页。

这种关联性分析是需要建立在对所有题目的总体感知之上。Kahoot 适应的题目类型有限，在测试过程中学生无法预知后续题目，也无法像在传统考试中那样对题目之间的关联性做分析，缺失了对阅读策略的训练。因而，对于诸如月考、期中考试等在对外汉语阅读课当中的总结性评量，还是应当以纸笔测验为主。

其次，灵活性原则。该原则要求教师根据教学内容的安排进行灵活性的变动，设计出与所学文章相关的互动题目，运用 Kahoot 进行课堂互动，使学生达到最佳的学习状态。在前面的课程设计中，我们主要将 Kahoot 作为测试工具用来了解学生的学习情况，在实际教学过程中，教师可以依据所讲授的文章内容不同灵活判断，在课程导入或中间阶段利用 Kahoot 开展课堂互动。

对外汉语阅读课教材文章取材广泛、类型多样，其中有不少与留学生生活密切相关，可以引发话题性讨论的文章，例如《发展汉语——中级阅读 II》第六课文章一《从大到小——中国人的思维方式》，这篇文章通过比较不同方面的差异总结出中国人"从大到小"的思维方式。研究者在备课时，于课前导入阶段利用 Kahoot 的"survey"功能设计了一组互动，并由此引导学生讨论。课堂上，学生纷纷发表自己对图片行为的见解以及在他们国家当中对于图片行为的理解，形成非常有效的课前导入，为后面课程内容的讲解做了很好的铺垫。

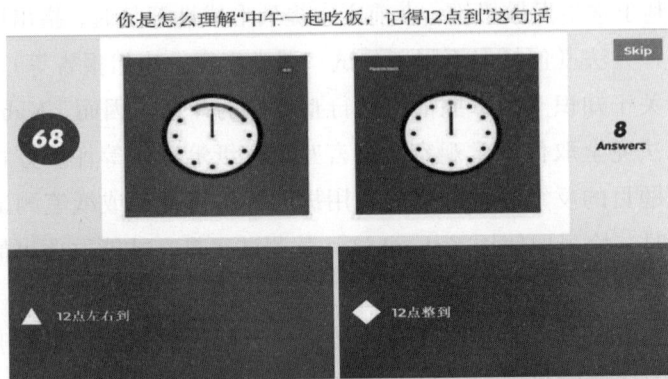

图示 9: 使用 Kahoot 设计的《从大到小——中国人的思维方式》互动题目范例

图示 10: 学生在思考或讨论之后做出选择（采自作者真实教学环境中）

又如，研究者在准备有关于第 4 课文章四《商机》的 Kahoot 测试时，作为略读文章，除了围绕课后习题设计相关题目以考查学生阅读能力之外，针对这篇文章背后所折射的"房价炒高年轻人根本担负不起"的深层含义，特别在最后一题中设计了开放性题目，请学生针对文章内容思考应该采用何种策略应对，在四种观点中选择其一，并阐述选择的理由，在课上同样引发了非常激烈的讨论，取得非常不错的效果。

第三，趣味性原则。评量系统的娱乐性是学生持续参与到评量系统的关键。Kahoot 在设计过程中考虑到了一定的游戏因素，特别设置了"颁奖台"界面。在前面的调查研究中，学生对于题目"我觉得使用 Kahoot 得到前三名的时候可以让我很高兴"表现出非常高的赞同。这恰恰是一种情感因素方面的体现。情感因素在第二语言习得中起着极其重要的作用，而动机在情感因素中又占有极其重要的地位，动机分为内部动机和外部动机，这里即属于外部因素作用而形成的外部动机。恰当地利用外部因素的影响，可以激发第二语言学习者的学习潜能，产生很好的学习效果。[①] 因而在对外汉语阅读课的实际教学中，可以针对 Kahoot 这一功能设计一定的奖励措施，例如针对每次测试的第一名可以设计一张小卡片作为"奖状"颁发，以激励学生更加努力。这也是一种施加刺激的方式，将学习者本身已有的动机不断"充电"使之进一步增强。同时，适当的奖励还可以促使学生积极参与到学习当中，以便能够拿到"颁奖台"的"冠军"，从而促使学生对于阅读课学习态度的积极性转

---

① 刘珣. 对外汉语教育学引论 [M]. 北京：北京语言大学出版社，2000，第 218 页。

变，学习兴趣更加浓厚。

除此之外，Kahoot 还设计了团队模式（Team mode），即将学生分成若干小组进行组员间协作，小组与小组间有竞争的分组合作作答模式。适当地运用竞赛机制是激励第二语言学习者学习动机的有效手段。[①] 教师可以根据情况，在实际教学当中应用团队模式，以合适的方式进行分组，在小组成员安排上兼顾差异性原则，即安排不同程度的学生进入到小组之中，以便可以相互帮助与进步。研究者在讲授文章《衣食住行的变化》时，就采用了团队模式，研究者在备课时围绕文章设计出 10 道与文章所讲述的生活现象有关的题目，将小组成员分为红蓝绿三组，每组 5 位成员，通过使用 Kahoot 答题的方式为小组计分。活动中成员之间通力合作，相互学习，显示出团队合作精神，之前在课上不善于发言的学生，在活动之中受到小组成员的带动和鼓舞，使用 Kahoot 回答问题之后主动发言说出自己的观点，而其他同学看到她的勇敢之后，也纷纷为其鼓掌。利用群体激励效应，能够引发学生的团队荣誉感和上进心，强化学生的反应，促使学生参与其中，使学生在探索学习过程中获得成就感，增加了其对语言学习的自信心，进而起到更多正向作用。

四、对外汉语阅读课教学中 Kahoot 平台的使用建议

研究者将 Kahoot 平台应用到对外汉语阅读课的教学实践中，结合实际使用情况与课堂观察总结，在前述三条原则的基础上提出三点使用建议。

第一，命制题目时应当"少而精"。将 Kahoot 应用于对外汉语阅读课教学中，主要用来进行形成性评量，形成性评量不同于可以单独进行的总结性评量，如果题目数量过多，则会占用较多的课上时间，从而不得不压缩教师讲授课程的时间，甚至有可能无法完成教学计划中的教学任务。另外，题目数量过多，也会让学生"疲于答题"，反而产生厌倦情绪。就《发展汉语——中级阅读 II》这套教材来说，每节课中的细读文章可以安排 10 道左右的测试题目（互动类的 survey 也建议安排在 15 道以内），以便可以了解学生对于讲解部分知识的吸收情况，而对于通读、略读的文章，则可以将测试题目限定在 5 至 8 道左右。从题目设计上看，可以在书后练习题的基础上，遵循灵活性原则，适当创新，设计出一部分可以激发学生兴趣，引导学生主动参与的题目，同时也要保证反馈测验类题目的比例，在题目难度上，以现有难度水

---

① 刘珣. 对外汉语教育学引论 [M]. 北京：北京语言大学出版社，2000，第 220 页。

平为基础，通过同义替换、近似干扰项等方法，稍微增加难度，即遵循克拉伸的 i+1 原则，设置出较为合理的区分度，以便能够产生更好的学习效果。[①]例如研究者在设计略读文章《小区告示栏》的相关题目时，参考文章后练习题的基础上，对题目难度稍稍增加，将原题目选项中百分比的部分进行了同义替换，换用之后的选项，贴近了日常生活中常用的表述方法，增加了一点难度的同时，借助教师的讲解，也能够让学生对这种表述方法有所了解。

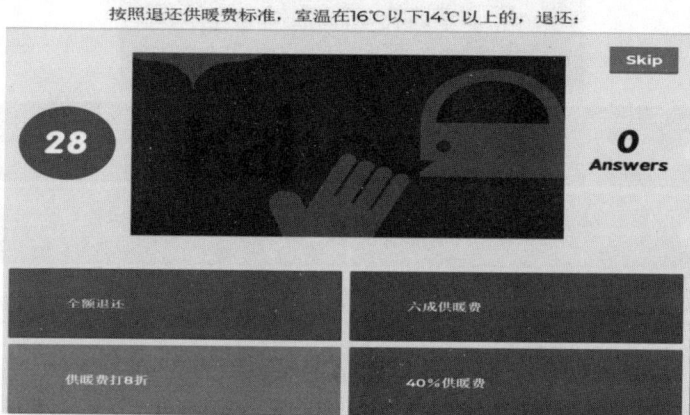

图示 11:《小区告示栏》练习题目

第二，对题目反馈结果进行差异化处理。使用 Kahoot 进行测试时，学生反馈信息会即时显示到屏幕之中，对于难度较低且正确率较高的习题，可以简单讲解答案区间（或以提问的方式请学生回答）。而对于容易产生分歧的题目，特别是正确率较低的题目，可以先请学生陈述其选择的观点，从学生回答之中分析问题出在何处，有针对性地讲解。而不能直接就依据正确答案出处进行讲解，这样就失去了使用 Kahoot 的意义。特别是涉及有关阅读策略的题目，以及涉及对语言点的理解（例如长难句理解）的题目时，更应当予以重视。

例如研究者在进行第 7 课通读文章《细节》的相关测试时，有一道题目出现了较大的分歧，多数学生选择了错误的选项，之所以产生此种情况，是因为在该题干所在句的前两段出现了与 A 选项完全相同的语句，有学生因为看见了这句话便直接选择了 A 选项，而真正的答案 D 选项位于题干所在段落，但是选项与答案出处原句不是完全相同。对此，教师应当在了解原因之后，

---

① 刘珣．对外汉语教育学引论 [M]．北京：北京语言大学出版社，2000，第 174 页。

讲解阅读策略当中的定位原则，并通过补充练习予以强化。

"许多生活中的细节，都不只是自己一个人的事"选出最接近的一个同义句

图示 12:《细节》练习题目

第三，及时查阅测试报告进行总结记录。Kahoot 在每次测试完成之后，都会在后台云端同步计算生成一份详细报告，可供教师下载分析。在这份报告中，会详细记录每道题的正确率以及每位学生作答情况，教师在课下时间应当根据报告对每节课的测试情况进行总结反思，并记录日志，特别是针对成绩薄弱的学生，更要从每道题的答案入手，寻找其中的问题，以便能够进行个别辅导。同时，如果课上测试出现了意外状况，也应当及时反思问题来源。研究者在教学实践中，曾出现过两次测试失败的情况，表现为进入题目作答界面时出现卡顿的 bug，而且由于研究者尚未准备应对预案，最终未能完成测试。研究者通过向专业人士请教分析，确定原因是出在学校配备的电脑，因购买时间久远，仍然使用老旧的 Windows XP 系统和 IE6 浏览器，而微软已经放弃了对 XP 系统的更新和 IE6 浏览器的内核支持。研究者尝试更换新款浏览器之后，使用正常。对于这些使用过程中产生的问题以及学生反馈的意见和建议，教师同样应当记录到日志当中，以便日后万一遇到同样问题时有应对的准备。

展望未来，Kahoot 平台团队正不断研发新功能，同时，以"雨课堂"为代表的国内云端即时反馈系统也趋于成熟稳定，并逐步在各阶段课堂中得到推广，但是，目前依然尚未有一套针对对外汉语教学而研发的即时反馈系统问世。相信在未来，这方面的空白会逐步被填补，特别是在新的形势下，教

育信息科技研发领域投入加大，数字化、智能化教学应用进程加快，新的教学手段正逐步普及推广到对外汉语课堂当中，更有利于对外汉语教学事业的发展。

美国传播学本科教育前沿趋势探析：以主干课程设置为视点

熊 慧 谢吟雪*

（厦门大学，新闻传播学院，厦门，361005）

摘 要：针对 NCA 列举的 60 所传播院系的本科专业主干课程的分析发现，近一半院系的课程同时涵盖了口语传播学和大众传播学领域，但基本处于"合"而不"融"的状态；社会科学研究方法尤其是量化研究方法在传播学本科教育领域仍居于主导地位，方法课的"大传播"视野有待加强；各院系在主干课程设置上差异显著，学科边界依旧模糊。以上发现为中国传播学本科课程改革提供了新方向。

关键词：口语传播学；大众传播学；传播学教育；本科；主干课程设置

1997 年，全球成立最早、规模最大的传播学会"口语传播学会"（SCA，Speech Communication Association）正式更名为"全国传播学会"（NCA，National Communication Association）。该学会成立于 1914 年，最初名为"全国公共演讲教师学会"（National Association of Academic Teachers of Public Speaking）。之后 80 多年间，该学会四度易名[2]，最近一次的更名反响最大，引发了传播学界的广泛关注。无独有偶，20 世纪中后期，美国高校的传播科系亦经历了一轮改名热潮——包括伊利诺伊大学香槟分校、加利福尼亚大学

---

* 熊慧（1981—），女，湖南长沙人，厦门大学新闻传播学院副教授，博士，新闻社会学研究，新媒体与认同研究；谢吟雪（1994—），女，福建安溪人，厦门大学新闻传播学院，传播学研究。

② 前三次改名分别是：1923 年改名为"全国口语教师学会"（National Association of Teachers of Speech），1946 年改名为"美国口语学会"（Speech Association of America），1970 年改为"口语传播学会"。

伯克利分校、威斯康星大学麦迪逊分校在内的美国高校纷纷将原先的"口语传播系"改名为"传播系"或"传播研究系"。

学会的更名，更多是为了适应美国传播学教育领域科系关系的调整。华人学界达成了对这一趋势的体认，但对于后者意涵的理解却不尽相同：或认为科系关系的调整代表了口语传播教育与研究的社会科学转向，代表它与大众传播领域的自然合流[①]，或认为口语传播与大众传播"貌合神离"，两个领域的"联姻"并不代表"美国传播学次领域间界线的模糊化或学术合流时代的来临"[②]。时至今日，SCA 易名已有 17 年，美国传播学教育领域的科系新关系虽谈不上尘埃落定，但至少初具雏形。在当下讨论这一关系的意涵，可以帮助我们获得更具说服力的结论。

一、美国传播学教育的建制化

理解美国教育领域科系关系的转型，还要从口语传播与大众传播的学科历史说起。作为历史悠久的人文学科之一，口语传播学源于修辞学传统，"最早可以追溯到古希腊的说辩实践和理论构建"[③]。发展初期强调口头表达在说服以及发现真理过程中的效用，进入中世纪和文艺复兴时期后，修辞学的理论焦点从口头表达向写作等领域拓展，直至近代形成认识论、文学以及演讲术三种取向并存的格局[④]。21 世纪，修辞学随着欧洲殖民活动进入美洲新大陆的高等教育体系。此后几十年间，受法国哲学家、教育改革者彼得吕斯·拉米斯（Petrus Ramus）的理论的影响，修辞被纳入文学和文艺批评领域，位居文法、逻辑之后，被视为语言和文学教育中最不重要的学科；直到 18 世纪 30 年代，这一格局才有所改变，古典修辞学理论开始受到关注，强调演讲术取向的修辞学教育成了大学科目[⑤]。

"演讲术"派曾一度在美国主要大学的英语系走红。然而，由于过度实务导向，理论根基不足以及教师队伍亦良莠不齐等问题，19 世纪末 20 世纪初，这一派别开始淡出大学校园。同期，为了摆脱"演讲派"的阴影，演讲课程

---

① 马成龙.传播学在美国的发展：从 SCA 易名为 NCA 谈起 [J].新闻学研究（台北）. 1999,58 (1):245—256。

② 黄铃媚.口语传播在台湾的挑战与回应 [J].新闻学研究.1999,59(4): 143—153。

③ 吕行.言语沟通学概论 [M].北京：清华大学出版社,2000:7。

④ 秦俐俐，李佩雯，蔡洪斌.口语传播 [M].上海：复旦大学出版社,2010:28—35。

⑤ Wallace, K. R. (1954). A History of Speech Education in America: Background Studies. New York: Appleton-Century-Crofts. 48, 454。

的教师们开始倡导"科学化"的演讲研究，主张借鉴心理学理论，开展受众分析和效果研究，直接带来了演讲教育领域的传播学转向，促成了偏重"修辞"的人文传统与强调"传播"的社会科学传统分庭抗礼局面的形成。此外，英语系的日益专业化，特别是它强调文学和语言学研究及教育的倾向，使得口语表达和写作教学的空间急剧缩减，加之学生对于演讲课程的兴趣日益增加，公共演讲教育领域的建制化进程快速——20 世纪初期，演讲教师纷纷从英语系脱离，组成独立的口语系[①]。早期的口语系教学涵盖了几乎所有与口语表达相关的课程，今天被视为大众传播学教育核心模块的广播就曾一度在口语系开设。这一历史渊源以及开启于 19 世纪的传播学转向，为口语传播与大众传播的最后"联姻"埋下了伏笔。

与口语传播学一样，大众传播学同样具有深厚的欧洲渊源——二战时期从欧洲流亡到美国的大批社会科学家，直接促成了美国社会科学的繁荣。受到达尔文的进化论、弗洛伊德的发展心理学理论以及由马克思、恩格斯开启的批判理论的启发，罗伯特·E. 帕克、保罗·拉扎斯菲尔德、哈罗德·拉斯维尔、卡尔·霍夫兰等人从社会学、政治学或心理学的视角切入，开展了早期的大众传播研究；由此形成的跨学科研究范式，为威尔伯·施拉姆在 20 世纪 40 年代创建大众传播学提供了最重要的灵感[②]。客观地说，早期的大众传播研究与口语传播研究并非泾渭分明。例如，今天大众传播学界耳熟能详的"意见领袖"的概念以及"二级传播"理论，就涉及对影响媒体说服效果的人际传播机制的考察，而人际传播在 20 世纪六七十年代成了口语传播学的分支学科之一。尽管如此，由于特殊的历史机缘——罗杰斯在《传播学史》中将其归因于施拉姆自身的人文学科背景以及他与时任衣阿华大学文学院院长福斯特关系的破裂——衣阿华新闻学院成美国大众传播学的摇篮[③]。在这里，施拉姆开设了美国第一个大众传播学博士课程，从此奠定了大众传播学与口语传播学教育分属两院的格局。

为了区别于以新闻写作为主要培养方向的新闻学，大众传播学教育从一开始就强调研究导向和社会科学的研究范式，具有浓厚的实证主义尤其是量

---

① Wallace, K. R. (1954). A History of Speech Education in America: Background Studies. New York: Appleton-Century-Crofts. 48, 454。

② [美] 罗杰斯. 传播学史——一种传记式的方法 [M]. 殷晓蓉译. 上海：上海译文出版社,2002:18—19。

③ [美] 罗杰斯. 传播学史——一种传记式的方法 [M]. 殷晓蓉译. 上海：上海译文出版社,2002:18—19。

化研究的色彩。这一格局的形成，与同期整个美国社会科学的量化取向不无关联。也正是在这一背景下，20 世纪 70 年代，实证导向的传播研究在美国高校的口语系呼声渐长，后者纷纷改名口语传播系，教学内容也开始从演讲学、修辞学转向兼具人文与社会科学取向的人类传播学，人际传播、小团体传播、组织传播、跨文化传播等开始成为口语传播系的核心课程。这一转型意味着美国口语研究"科学化"进程的加速。

　　同期，美国社会科学界方法论之争开始浮出水面，并在 20 世纪 80 年代呈现出白热化态势。量化方法的认识论前提，即强调客观现实的存在，认为研究者可以透过科学规范的测量技术和手段来客观描述和预测人类行为规律的实证主义倾向开始受到质疑，强调现实的建构特征，从研究对象的视角出发来理解人类行为以及文化规则的质化方法的价值开始得到美国社会科学界的关注。这场论争并未撼动量化研究在学界的主导地位，但它有效提升了质化方法在社会科学研究领域的合法性，预示了一个多元方法时代的来临[①]。就传播学领域而言，这场论争客观上加速了大众传播和口语传播的合流——它在一定程度上消解了高度"量化"的大众传播学与具有悠久"质化"传统的口语传播学在认识论和方法论方面的差异，为共同的研究问题及理论的生成提供了必要的基础。

　　另一加速上述进程的因素，来自社会历史语境的改变，尤其是媒介技术向日常生活领域的渗透和媒介化社会的形成。因社会科学化转向而日益具有人类传播视野的研究者们察觉到，将口语传播与大众媒体彻底剥离正变得越来越困难——大众媒体在个体、群体及组织生活的很多方面都扮演着重要角色。这一态势随着以互联网技术为代表的"第二次传播革命"[②] 的推进而变得更加明晰。以计算机为中介的传播活动（CMC）的兴起，深刻改变了人类交往的形态及其机制。其表现之一，是人际传播与大众传播边界的模糊，以及由此引发的对于大众的定义、新媒体与传统媒体的互动效果等议题的思考。从媒介化社会向网络社会[③] 的一跃，最终促成了大众传播学界对于传播的内涵、过程及其机制的重新评估以及对于传统上属于人类传播领域的诸多研究

　　① 　Howe, K. R. (1992). Getting over the Quantitative-Qualitative Debate. American Journal of Education, 100: 236—256.

　　② 　Jan van Dijk, A. G. M. (1999) The Network Society: Social Aspects of New Media. Spoorenberg, L. (trans.) London: Sage.

　　③ 　[美] 卡斯特 . 网络社会的崛起 [M]. 夏铸九 , 王志弘译 . 北京 : 社会科学文献出版社 ,2003。

问题的关注。如果说传统媒介的影响促成口语传播研究向大众传播领域延伸的话，新媒体的影响则使得大众传播研究向口语传播领域扩展。

融合口语传播学和大众传播学理论的"传播研究"的推进，客观上加速了美国口语传播学教育向传播学教育的全面转型。一方面，部分高校实现了口语传播学与大众传播学在教学机构上的合并，改变了两个学科长期分立的格局。如南加州大学安那伯格传播与新闻学院的成立，就是偏重大众传播学教育的安那伯格学院与侧重口语传播学教育的传播艺术与科学系以及另一个原本独立的系——新闻系合并以后的结果。该学院下设两个本科专业，分别为传播专业和新闻与公关专业，前者的课程涵盖了传统的口语传播学与大众传播学分支。另一方面，多数高校还是保留了两个学科所属机构的分立格局，但选择将口语传播系更名为"传播系"或"传播研究系"，课程设置上同样涵盖口语传播学与大众传播学的各大分支。以笔者曾访问的伊利诺伊大学芝加哥传播系为例：该系除了向本科生提供传统的口语传播学课程，如人际传播导论、小团体传播、组织传播、公共演讲和大众传播学课程，如媒体导论、媒体传播基础、电视史外，还开设了融合两大领域的入门课程，如传播导论。这种课程设置方式在今天美国高校的传播系或传播研究系正变得日益普遍。整体而论，迄今为止，口语传播学和大众传播学的融合并没有真正完成，在多数开设此类学科的美国高校，二者依然处于分立格局。尽管如此，值得关注的是，较之机构方面的合并，课程领域的建制化明显走得更远，而这正是本文聚焦课程设置的重要原因。透过对本科专业主干课程的考察，本文寄望初步描摹美国传播学学科融合的现状和机制，剖析传播学发展的最新趋势。

二、美国传播学专业课程设置概况

与国内高校不同，美国高校在本科阶段强调通识教育，要求学生广泛涉猎本专业以外的其他相关学科、专业或方向的知识，专业课在整个课程模块中通常只占 1/4 左右。以传播学专业为例。美国高校的传播院系要求本科生修满的总学分较之国内略低，通常在 120 到 180 分之间。专业课的学分通常设定在 30 到 45 分之间，其中包含了专业必修以及选修。为了方便学生选择与其专业要求以及个人兴趣相匹配的专业性或方向性课程①，院系通常都会提

---

① 如果专业下设不同方向，通常称为"concentrations"，"focus areas"或"tracks"，负责课程咨询的老师除了要为本科生提供专业通选课程的建议外，还需要为方向的选择以及各方向课程的选择提供咨询。

供专门的选课咨询。剩余的大部分学分则要通过校通修、校通选和（或）院系通修、院系通选等课程来获取。这一过程更多基于学生的个人兴趣。在专业培养所要求的总学分中，专业课占比不大，重要性却毋庸置疑——专业课程模块的设计是美国高校本科专业彰显自身特色进而相互区隔的关键。聚焦传播学本科教育的专业课程，观察此类课程设计的原则与方向，以此评估其与传播学领域的格局变迁之间的关联，因此是本文的研究目的所在。

与其他本科专业一样，传播学专业课程的设计也会区分不同层次或类型，并赋予其不同的职能。一般说来，专业课分为导论性或实务导向的低阶课程（lower-division courses）与具有研究导向的高阶课程（upper-division courses）[①]，绝大多数传播院系都要求学生在低阶课程之外必须修满一定学分的高阶课程。另一种并行的分类方式是将专业课分为必修课和选修课。其中，专业必修课通常又有核心课程（core courses）与一般课程之分，美国多数的传播院系会在其专业培养方案中标示必修课与核心课程的名称和学时。核心课程通常同时涵盖不同层次的课程。相对于其他课程模块，核心课程更能体现专业培养的目标和特色。对此类课程的考察因此构成了本文的首要目标。

核心课程属于必修课的范畴，反之却不然。在美国，也有部分传播院系只强调必修课与选修课的差异，而不做进一步的区分。此外，少数规模较大，师资充足的传播院系会要求学生在不同层次的专业课中分别选修特定数量的课程以完成专业学分的要求，部分或所有的专业主干课程会采用选修的形式，只是选修的范围有所限定而已。因此，除了聚焦核心课程以外，本文还会对专业必修和专业指选课程进行简要描述和分析，以此勾勒美国各大传播院系专业主干课程设置的全景，为有关美国传播学本科教育创新性发展动态的讨论提供翔实依据。

---

　　① 低阶课程通常是 1 或 2 开头的课程，如 100（0）或 200（0）系列的课程；高阶课程通常是 3、4 或 5 开头的课程，如 300（0）、400（0）或 500（0）系列的课程。具体编号方式视学校的不同而有所区别。

表1：作为分析对象的 60 所传播院系

类型一明确标注专业核心课的机构	(1) 美利坚大学传播学院；(2) 康奈尔大学传播系；(3) 德雷塞尔大学文化与传播系；(4) 佛罗里达州立大学传播学院；(5) 乔治梅森大学传播系；(6) 乔治州立大学传播系；(7) 路易斯安那州立大学传播研究系；(8) 密歇根州立大学传播系；(9) 纽约大学媒体、传播与文化系；(10) 北卡罗来纳州立大学传播系；(11) 俄亥俄州立大学传播学院；(12) 俄亥俄大学传播研究系；(13) 宾夕法尼亚州立大学传播艺术与科学系；(14) 伦斯勒理工学院传播与媒体系；(15) 罗格斯大学传播与信息学院；(16) 南伊利诺伊大学传播研究系；(17) 斯坦福大学传播系；(18) 亚利桑那大学传播系；(19) 纽约州立大学阿尔巴尼分校传播系；(20) 加利福尼亚大学圣地亚哥分校传播系；(21) 康涅狄格大学传播系；(22) 伊利诺伊大学芝加哥分校传播系；(23) 缅因大学传播与新闻系；(24) 孟菲斯大学传播系；(25) 迈阿密大学传播学院；(26) 密歇根大学传播研究系；(27) 明尼苏达大学传播研究系；(28) 新墨西哥大学传播与新闻系；(29) 北卡罗来纳大学传播研究系；(30) 匹兹堡大学传播系；(31) 南加利福尼亚大学安纳伯格传播与新闻学院；(32) 威斯康星大学传播艺术系；(33) 华盛顿州立大学爱德华默罗传播学院
类型二明确标注专业必修课的机构	(1) 印第安纳大学传播与文化系；(2) 普渡大学布莱恩拉姆传播学院；(3) 纽约州立大学水牛城分校传播系；(4) 佐治亚大学传播系；(5) 伊利诺伊大学香槟分校传播系；(6) 肯塔基大学传播系；(7) 密苏里大学传播系；(8) 北达科他大学传播系；(9) 南佛罗里达大学传播系；(10) 亚利桑那州立大学休唐斯人类传播学院；(11) 博林格林州立大学媒体与传播学院；(12) 南密西西比大学传播研究系
类型三明确标注专业指选课的机构	(1) 西北大学传播学院；(2) 科罗拉多大学传播系；(3) 丹佛大学传播研究系；(4) 马里兰大学传播系；(5) 马萨诸塞大学传播系；(6) 内布拉斯加大学传播系；(7) 俄克拉荷马大学传播系；(8) 威斯康星大学密尔沃基分校传播系；(9) 韦恩州立大学传播系；(10) 德州农工大学传播系；(11) 堪萨斯大学传播研究系；(12) 华盛顿大学传播系；(13) 阿拉巴马大学传播与信息科学学院；(14) 宾夕法尼亚大学安纳伯格传播学院；(15) 犹他大学传播系

　　诚如前文所言，美国传播学教育的新格局受到研究旨趣的驱动，课程设计的变革与整个传播学研究的转向密切相关。因此，本文将聚焦那些拥有传播学博士点的教育机构。是否下设硕士、博士培养项目，是评估高校研究实力的重要依据。拥有博士点的教育机构多属于教研并重型，此类机构的研究转向能更及时、清晰地转化为本科教学的思路和行动。采用这一标准筛选研究对象固然有其不足之处——那些仅专注于本科教育且成效卓著的院系，如加利福尼亚大学洛杉矶分校的传播研究系会被排除在外——但它能最大程度地服务于本文的研究目的。

本文选择 NCA 官网陈列的 76 所拥有传播学博士点的教育机构作为研究对象。这些机构分布在美国的 38 个州，博士培养项目的研究方向主要包括修辞研究，人际／小团体传播，组织传播，跨文化／国际／文化传播，表演研究，大众传播／媒体研究，传播与技术，新媒体／社交媒体／游戏，说服／社会影响，政治传播，公关／策略传播，风险／科学／环境传播，健康传播，性别传播等。对这些机构的本科专业设置情况的初步考察显示，其中 4 家传播院系和研究所未设置传播学的本科专业①，6 所传播院系未设置传播或传播研究专业②，3 所传播院系未提供详细的专业培养计划或未在计划明确指出专业主干课程的设置细则③，3 所传播院系的课程设置与其他高校差异显著④。剔除这 16 家机构，最终获得 60 所传播院系作为本文的分析对象。

在这 60 家机构中，有 33 所传播院系在其专业培养计划中明确标注核心课程，12 所院系明确标注必修课程，剩余 15 所院系则要求学生从特定范围中选修部分或全部专业主干课程以完成学分要求（见表 1）。基于对这三类课程设置情况的分析，下文将逐一揭示美国传播学本科专业在建构"大传播"视野方面的进展及问题，并就其对国内传播学教育的启示展开探讨。

三、美国传播学专业主干课程的设置模式

第一类传播院系中，专业核心课程的平均数量为 4 门，平均学分为 14 分，约占整个专业课学分的 35%。多数院系的专业核心课程以低阶课程为主，仅有乔治梅森大学传播系，威斯康星大学传播艺术系等极少数院系的核心课程主要或全部为高阶课程。

第二类传播院系中，专业必修课的平均数量为 4 门，平均学分为 12 分，约占整个专业课学分的 33%。这 12 所院系的必修课总体上也是以低阶课程为主，只有佐治亚大学传播系和肯塔基大学传播系的专业必修课全部为高阶

---

　　①　分别是天普大学媒体与传播学院、伊利诺伊大学传播研究所、杜肯大学传播与修辞研究系、密歇根州立大学媒体与信息研究博士项目。

　　②　分别是霍华德大学传播学院、北达科他州立大学传播系、印第安纳大学电信传播系、宾夕法尼亚州立大学传播学院、雪城大学纽浩思公共传媒学院、俄勒冈大学新闻传播学院。

　　③　分别是肯特州立大学传播与信息学院、田纳西大学传播研究学院、西弗吉尼亚大学传播系。

　　④　加利福尼亚大学圣塔芭芭拉分校传播系，要求学生从所有高阶课程中选修 40 学分，未指定具体的选课范围；爱荷华大学传播研究系，要求学生从不同层次的课程中选修至少 12 门，36 学分，选课范围非常广泛，涵盖绝大部分专业课程；得克萨斯大学传播研究系，专业课完全由方向性课程构成，未提供专业性通修或通选课程。

课程。

　　第三类传播院系中，专业指选课的平均数量为6门。其中，丹佛大学传播研究系和宾夕法尼亚大学安纳伯格传播学院的专业指选课全部为低阶课程，其他13所院系同时提供不同层次的指选课程，其中，以低阶课程为主的院系有6所[①]，剩余7所都以高阶课程为主[②]。较之专业核心或必修课程，专业指选课程中的高阶课程的比例明显更高。将此类课程较多纳入指定的选课范围，清晰地表明了上述院系在本科培养过程中的研究导向。

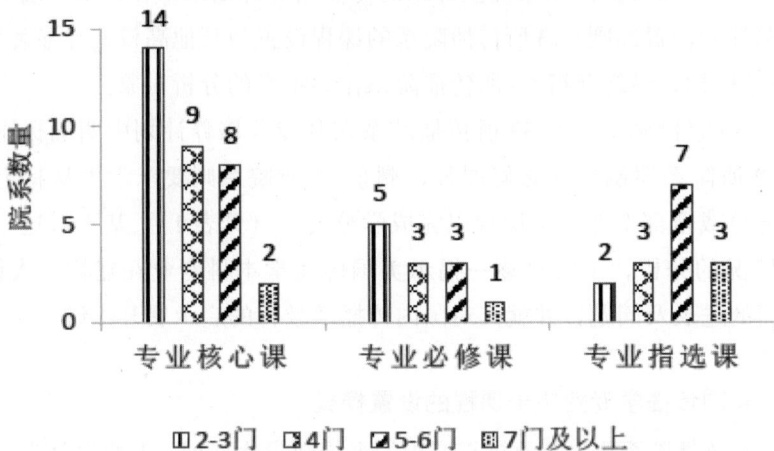

图1 美国传播专业主干课程的开设数量

　　就课程类型而言，核心课程和必选课程比较接近，通常包含导论性质的理论课、实务课和研究方法课三类。具体课程的选择与各院系专业设置以及培养目标相匹配。这些课程有助于学生认识传播学领域的基本格局，明确与个人特长和兴趣相匹配的专攻方向，并培养学生实践和研究的能力。此外，这些课程也反映学科发展的总体趋势、机构特点以及专业特色，是各大传播院系在适应时代需求的前提下相互区隔、形成竞争优势的关键所在。

　　以标示核心课程的康奈尔大学传播系为例。该系在本科生阶段仅开设传播专业，下设四个方向，分别是"传媒研究""传播与信息技术""传播与社

---

　　① 包括西北大学传播学院、马萨诸塞大学传播系、内布拉斯加大学传播系、俄克拉荷马大学传播系、威斯康星大学密尔沃基分校传播系、德州农工大学传播系。

　　② 包括阿拉巴马大学传播与信息科学学院、科罗拉多大学传播系、马里兰大学传播系、犹他大学传播系、韦恩州立大学传播系、堪萨斯大学传播研究系、华盛顿大学传播系。

会影响"以及"传播，环境，科学与健康"。其核心课程包括专业理论课，如
"口头传播""视觉传播"等；实务课，如"传播写作"；方法课，如"传播
研究方法"。四门方向性的理论课，包括"大众传播""传播与技术""说服与
社会影响"以及"传播、环境、科学与健康"。透过对该系专业核心课程的观
察，可以相对准确地判断其在本科生培养方面的定位和特色。

专业指选课的类型稍有区别，除了理论课、实务课和研究方法课外，通
常还包括导论或毕业作品指导（capstone）课程。本文关注的15所传播院系
中，除西北大学传播学院、科罗拉多大学传播系和犹他大学传播系外，其他
12所院系都在专业培养方案中明确标注指选课的类型。其中，"导论+研究
方法"的课程组合方式为最多院系所采用[①]，其次是"理论+研究方法+实务
+毕业作品指导"的方式[②]，再次是"理论+研究方法+实务"的方式[③]，也有
个别院系采用"导论+实务"的课程组合方式[④]。此外，作为指选课的理论性
课程多采取"研讨小组"（seminar）的形式，鼓励学生在积累理论知识的同
时开展理论探索乃至创新。

四、"合"而不"融"的"大传播"

具体到课程内容，这60家机构的传播学专业主干课程可以分成三个系列：
"传播"系列，"大众传播"系列和"口语传播"系列。其中，"传播"系列以
"传播导论""传播理论""传播研究""传播研究方法""人类传播"等课程为
代表；"大众传播"系列以"大众传播基础""大众媒体导论""媒体传播""媒
体技术""媒体效果"等课程为代表；"口语传播"系列以"口头传播""修辞
理论""人际传播""组织传播""跨文化传播""公共演讲""辩论"等课程为
代表。

第一类传播院系中，美利坚大学传播学院、斯坦福大学传播系和密歇根
大学传播研究系的专业核心课程明确偏向大众传播学领域，乔治州立大学传
播系、路易斯安那州立大学传播研究系、俄亥俄大学传播研究系、南伊利诺
伊大学传播研究系和威斯康星大学传播艺术系提供的课程明确偏向口语传播

---

① 5所院系，包括宾夕法尼亚大学安纳伯格传播学院、威斯康星大学密尔沃基分校传播
系、韦恩州立大学传播系、堪萨斯大学传播研究系、华盛顿大学传播系。

② 4所院系，包括阿拉巴马大学传播与信息科学学院、丹佛大学传播研究系、内布拉斯
加大学传播系、俄克拉荷马大学传播系。

③ 2所院系，马里兰大学传播系和德州农工大学传播系。

④ 马萨诸塞大学传播系。

学领域，其他 25 所传播院系的课程同时涵盖大众传播学与口语传播学两个领域，引导学生关注和理解不同形态和层次的人类传播活动。

根据校方提供的培养计划，第二类传播院系中，除乔治亚大学传播系和南密西西比大学传播研究系的必修课程明显属于口语传播学范畴外，余下 10 所院系的必修课程都同时涵盖口语传播学与大众传播学领域。

第三类传播院系中，宾夕法尼亚大学安纳伯格传播学院提供的专业指选课程属于大众传播学范畴，另外 8 所院系在课程设置上明显承袭口语传播学传统[①]，剩余 6 所院系的专业指选课程同时涵盖口语传播学与大众传播学领域。关于这一格局的可能解释之一，是其中一些院系位处美国中西部地区，本科培养项目的规模较大且长期以口语传播学教育见长，在推进传播学教育的过程中阻力更大，动力也相对不足。

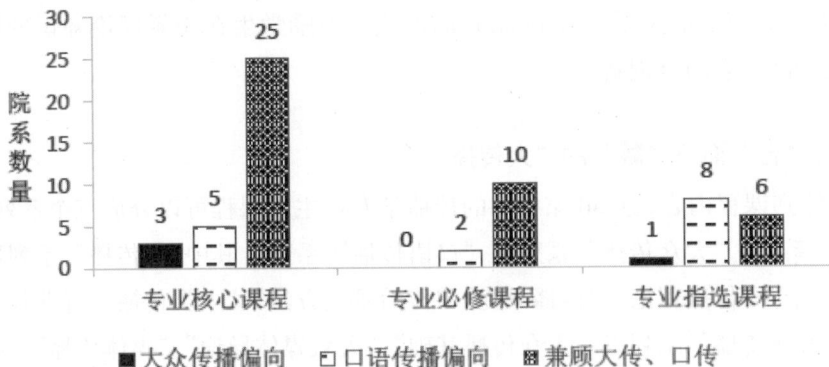

图 2 美国传播专业主干课程的整体偏向

41 所在专业主干课程设置上融合大众传播学和口语传播学的院系，大致采取三种路径建构"大传播"视野：约有 15% 的院系分别提供"大众传播"和"口语传播"系列的课程，使其并行不悖[②]；15% 的院系将两个领域的

<hr>

① 分别是阿拉巴马大学传播与信息科学学院、科罗拉多大学传播系、丹佛大学传播研究系、马里兰大学传播系、内布拉斯加大学传播系、威斯康星大学密尔沃基分校传播系、德州农工大学传播系、堪萨斯大学传播研究系。

② 6 所院系，分别是纽约大学媒体、传播与文化系、俄亥俄州立大学传播学院、康涅狄格大学传播系、北卡罗来纳大学传播研究系，印第安纳大学传播与文化系、西北大学传播学院。

理论成果融合在少量"传播"系列的课程之中[①];另外 70% 的院系在提供"传播"系列的课程的同时加入"大众传播"和"口语传播"系列或其中之一的课程[②],指导学生在初步形成"大传播"的视野后进一步加深对两个领域的认识。整体上,近 1/3 的院系依然遵循传统的口语传播学或大众传播学教育框架,"传播"系列课程的比例偏低且多为导论性课程。这意味着,"大传播"的构想并未真正实现,未来还有很长的路要走。如何打破专业课程"合"而不"融"的尴尬格局,从真正意义上实现口语传播学与大众传播学的融会贯通,是美国传播学教育界未来需要探索的议题之一。

五、单向渗透的学科转型

大众传播学与口语传播学的融合程度,直接体现在方法课的设置思路上。本文关注的第一类传播院系中,有 8 所院系将"传播研究方法"纳入专业核心课程的范畴。其中,4 所院系同时教授量化和质化研究方法,包括调查、实验、访谈、民族志等[③],另外 4 所仅教授量化研究方法[④]。第二类传播院系中,7 所院系将研究方法纳入必修课范畴,其中仅有 3 所院系同时教授学生质化和量化方法[⑤],其余 4 所都只提供涵盖一种或几种量化方法的课程[⑥]。

① 6 所院系,分别是亚利桑那大学传播系、纽约州立大学阿尔巴尼分校传播系、加利福尼亚大学圣地亚哥分校传播系、缅因大学传播与新闻系、孟菲斯大学传播系、肯塔基大学传播系。

② 29 所院系,分别是康奈尔大学传播系、德雷塞尔大学文化与传播系、佛罗里达州立大学传播学院、乔治梅森大学传播系、密歇根州立大学传播系、北卡罗来纳州立大学传播系、宾夕法尼亚州立大学传播艺术与科学系、伦斯勒理工学院传播与媒体系、罗格斯大学传播与信息学院、伊利诺伊大学芝加哥分校传播系、迈阿密大学传播学院、明尼苏达大学传播研究系、新墨西哥大学传播与新闻系、匹兹堡大学传播系、南加利福尼亚大学安纳伯格传播与新闻学院、华盛顿州立大学爱德华默罗传播学院、普渡大学布莱恩拉姆传播学院、纽约州立大学水牛城分校传播系、伊利诺伊大学香槟分校传播系、密苏里大学传播系、北达科他大学传播系、南佛罗里达大学传播系、亚利桑那州立大学休唐斯人类传播学院、博林格林州立大学媒体与传播学院、马萨诸塞大学传播系、俄克拉荷马大学传播系、犹他大学传播系、韦恩州立大学传播系、华盛顿大学传播系。

③ 分别是乔治梅森大学传播系、北卡罗来纳州立大学传播系、新墨西哥大学传播与新闻系。

④ 分别是康奈尔大学传播系、密歇根州立大学传播系、宾夕法尼亚州立大学传播艺术与科学系、斯坦福大学传播系、亚利桑那大学传播系、马萨诸塞大学传播系、俄克拉荷马大学传播系、犹他大学传播系、韦恩州立大学传播系和华盛顿大学传播系。

⑤ 分别是肯塔基大学传播系、亚利桑那州立大学休唐斯人类传播学院、博林格林大学媒体与传播系。

⑥ 分别是普渡大学布莱恩拉姆传播学院、纽约州立大学水牛城分校传播系、乔治亚大学传播系、密苏里大学传播系。

　　较之前二者，第三类院系更强调对研究能力的培养——80%的院系都将研究方法纳入指选课清单①。除马里兰大学传播系和威斯康星大学密尔沃基分校传播系仅教授量化研究方法外，其他院系都同时提供量化和质化研究方法方面的课程，其中，有6所院系将修辞批评与社会科学研究方法共同纳入方法课的范畴②。这一趋势在清晰显示量化与质化方法、社会科学与人文学科研究方法的合流趋势的同时，也再次证明了第三类传播院系在本科培养方面的研究导向。

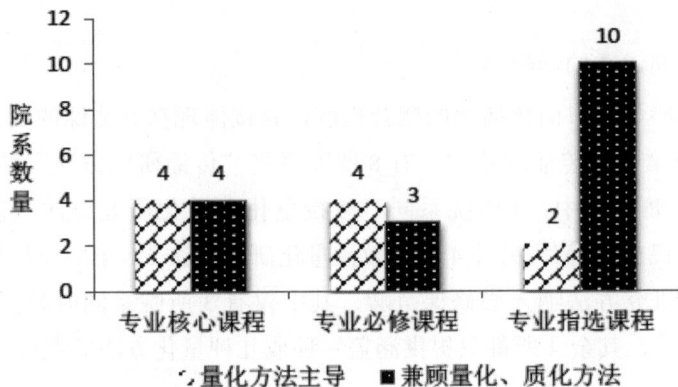

图3　美国传播专业方法课程的设置偏向

　　整体来看，仅有不到一半的院系在专业主干课程中开设研究方法课，考虑到某些高校可能将研究方法纳入校通修或通选课的范畴，该课程较低的开设率或许并非衡量各院系对方法训练的重视程度的可靠指标。在27所提供方法课的院系中，约有63%的院系同时教授质化和量化方法。这一现象表明，多元研究方法的价值的确开始受到教育界的关注，但社会科学研究方法尤其是量化研究方法在传播学本科教育领域的主导地位并未被撼动。从"口语"向"传播"的转型，似乎更多是从人文学科向社会科学的单向位移。如何在汲取社会科学领域的知识养分的同时保留人文学科的优势，充分利用后者在理论建构和发展方面的独特价值并使其体现在本科教学实践之中，将是美国

---

①　仅西北大学传播学院、马萨诸塞大学传播系以及犹他大学传播系的指选课中未包含研究方法课。

②　分别是阿拉巴马大学传播与信息科学学院、科罗拉多大学传播系、丹佛大学传播研究系、韦恩州立大学传播系、堪萨斯大学传播研究系、华盛顿大学传播系。

传播学教育研究者们在未来相当长时期内必须探索的议题。

六、学科边界的模糊

"大传播"视野建构过程中的学科身份危机的另一体现，是美国传播院系在专业主干课程设置上的多样性。一方面，较之专业核心课程和必修课程，专业指选课程的设置更偏向于传统的口语传播学框架，具有相对明晰的研究导向；另一方面，即使是同类课程的设置，如均采取专业指选课的设计，各院系在课程组合、方法课开设方式等方面依然存在较大差异。

院系定位是差异存在的可能原因之一，更适切的解释或许是美国传播院系的身份危机——边界和主体性的确立一直是具有跨学科视野的口语传播学的历史难题之一，学术版图的拓展无疑加剧了这一学科在自我身份认同方面的不确定性——正是对于学科边界和主体性的认知差异，包括对传播学的内涵与外延，历史与未来的不同理解，促成了专业课程设置上的多样性。如何在发挥传播学领域的跨学科优势，保持各院系的本科培养特色的同时进一步明确传播学教育的共通主旨和目标，进而形成其在人才培养方面的区隔性优势，是摆在美国传播学教育界面前的另一难题。

七、美国传播学本科教育创新性发展的启示

较之美国，国内的传播学教育起步较晚。从培养思路到方式，国内基本沿袭了美国大众传播学教育的思路，偏重硕博士的培养，具有明显的研究导向。本科阶段的教育主要以培养媒体从业者为目标，注重学生从事媒体生产的能力，鲜少关注他们在人际、组织以及跨文化等日常语境下的沟通表现以及这种表现对于个体和社会生活的影响。近年来，随着传播学教育规模的不断扩大——截止到2009年，全国已有460多所高校开设了661个新闻传播类专业，在校生达到13万人，每年的毕业生人数达到3万多人[①]——就业竞争变得日趋激烈。能进入媒体的只是少数，越来越多的毕业生被迫面对自身专业技能与岗位任职需求基本甚至完全无关的尴尬现实。如何缩小供需鸿沟，增强传播学专业毕业生在非媒体类岗位上的竞争优势，已经成了国内传播学教育界聚焦的热点话题之一。

为了寻求出路，国内各传播院系进行了诸多探索。既有的改革基本在大

① 曾鸿.分众化传播时代的新闻教育 [J].新闻前哨,2009(03):22—25。

众传播学教育的框架下展开，采用课程微调的方式，尝试引入更多相关学科的知识，如新媒体研究等以适应业界的需求。其效果如何，还有待进一步观望。较之既有模式，美国传播学本科教育的"大传播"转向无疑为我们开启了一种更具创新性的思路：突破媒体中心的局限，将视野拓展至人类传播的各个层面，理解不同语境下的传播活动的规则、影响因素和效果，探索不同类型的传播活动之间相互作用的机制及其对于社会的影响。这一思路要求我们将口语传播学的理论成果引入大众传播学教育领域，重新理解和界定"传播"以及"传播者"在当前语境下的内涵，进而培养出兼具沟通能力和媒体素养，能较好地适应网络社会的需求的专业人才。

美国传播学教育的历史沿革表明，整合大众传播与口语传播，构建"大传播"视野的首要难点在于机构的调整与整合。由于口语传播学从未在国内高校建制化，上述议题不会构成对国内传播院系的挑战。对于后者来说，如何调整专业课程设计并实现相应的师资配备，才是真正的困难所在。借鉴美国传播院系的经验，课程的调整可以从专业主干课程开始，经由三个阶段实现：起步阶段，分别开设口语传播学与大众传播学的专业主干课程；进阶阶段，开设融合两个领域的导论性课程以及口语传播学或（和）大众传播学的其他主干课程；最终阶段，在所有的专业主干课程，包括导论、理论、实务以及方法等课程中融合两个领域的相关知识。其中，冲破人文与社科，质化与量化方法的壁垒，促进各种研究方式和手段之间的相互理解和补充，是构建"大传播"视野的方法课的关键所在。最后，在师资配备方面，除了引进海外专业对口的高级人才外，还可以从国内的相关学科，包括文学、外语、社会学、心理学等专业引入人才，以解决具有口语传播学专业背景的师资短缺的问题。

由于篇幅所限，本文仅对美国传播院系本科专业的课程设置进行了初步探讨，旨在抛砖引玉，以此促发更多对于国外传播学教育的观察和思考。未来的研究可以从三方面展开：第一，将视野拓展至专业选修乃至培养计划中的全部课程，探讨国外传播院系课程设置的共同取向；第二，聚焦部分课程如高阶课程的内容并辅之以其他调研手段，考察国外传播院系培养本科生的研究意识和能力的方法与策略；第三，关注国外传播院系在本科培养上的差异，采用质化的方法，对这些差异的内涵进行分析和阐释。以国外经验作为他山之石，我们或许可以探寻到国内传播学教育改革和未来发展的更多方向。

网络媒体时代的青少年新闻教育：
新闻消费习惯与新闻素养建构

曾 昕*

（中国社会科学院新闻与传播研究所，北京 10000）

摘 要：当今社会，由于社会化媒体成为日常新闻的重要传播载体，媒介充斥着虚假信息、矛盾信息及其超载信息；拥有巨大媒介消费潜力的青少年群体正日益受到社会的关注。他们处在个体心理和社会价值观逐步成熟的阶段，媒体传播方式的变革和创新也带来了他们认知方式的重大改变。媒介素养是新媒体时代公民素质的必要内容；而新闻消费由于其政治性和社会性，是青少年认识世界、特别是获取重大事件信息的重要渠道，直接影响到青少年自身的素质及其对社会的认识。因此，关注青少年的媒介消费方式和新闻素养，是培养当代青少年公民意识和公民素质不可忽视的问题。具体而言，本文旨在回答以下三个研究问题：城市青少年如何消费新闻？他们的媒介消费习惯可能对新闻素养产生什么影响？据此新闻素养教育应当如何调整以更好地帮助青少年准确地获取并理解新闻信息，以更好地适应青少年的新闻诉求？

关键词：青少年；新媒体新闻；消费习惯；新闻素养

基金项目：中国广播电影电视社会组织联合会 2017 年媒介素养专项研究项目（2017ZGL009）；中国社科院亚洲研究项目

---

* 曾昕（1986— ），女，北京人，中国社会科学院新闻与传播研究所助理研究员，哲学博士，主要从事新媒体与青少年文化、媒介素养教育研究。

一、问题的提出：青少年公民新闻消费的困境

长久以来，新闻兴趣和政治参与一直被认为是公民意识和健全民主不可或缺的因素[①]；新媒体时代，拥有具备新闻素养的公民是社会深化民主的必要条件[②]。然而，青少年对新闻和政治的疏离已经成为一个公议话题。有研究表明当代的青少年似乎比以往更加漠视新闻，尤其是政治类报道[③]。Jowell和 Park 认为此问题应归咎于青少年没有政治认同和政治兴趣，并且缺乏政治知识。[④]很多学者认为青少年对新闻的疏离是由其公民意识的变迁所导致的，也有专家认为主要是新闻工作者无视青少年的兴趣和需要[⑤]。另有观点称青少年对政治本身是有兴趣的是传统新闻报道的方式不符合青少年的需求[⑥]。Barnhurst 指出，新闻离青少年的生活太远导致他们不关心[⑦]。也有学者认为青少年对新闻的漠然要归咎于新媒体图像和信息的大量冗余，信息泛滥导致新闻难以给青少年留下印象，更难以在生活中产生共鸣。

我国近年研究数据表明，青少年的上网时间在逐渐增加，主要消费的内容是网上聊天和玩游戏，比例明显高于阅读新闻、查询信息和收发 E-Mail（CMMS 数据库）。在媒介偏好方面，与传统媒体（报纸和电视）相比，中国城市青少年更偏好网络等新媒体，但在他们接触不同的媒介内容时，他们的媒介渠道也趋向多元化。寻求娱乐已成为他们媒介消费的主要动因，传统新闻作为个人需求和社会环境的自然延伸仍受欢迎。[⑧]

[①] Bennett, W. L. (2008). Changing citizenship in the digital age. Civic Life Online: Learning how digital media can engage youth. Cambridge, MA: MIT Press. pp. 1-24

[②] Lugalambi. (2012). Deepening democracy through news literacy : the African experience. News literacy. Peter Lang.

[③] Patterson, T. (2007).Young people and news (A Report from the Joan Shorenstein Center on the Press, Politics and Public Policy). Cambridge, MA: John F. Kennedy School of Government, Harvard University. Retrieved from [DB/DL] http://www.hks.harvard.edu/presspol/research/carnegie-knight/young_people_and_news_2007.pdf.

[④] Jowell, R. and Park, A.. (1998)Young People, Politics and Citizenship: A Disengaged Generation?London: Citizenship Foundation.

[⑤] Cullingford. (1992). Children and Society: Children's Attitudes to Politics and Power (Children, Teachers and Learning Series).

[⑥] Meijer. (2006). The Paradox of Popularity. How Young People Experience the News *Paper RIPE Conference*: November 16 – 18.

[⑦] Barnhurst, G. & Wartella, E. (1998)。Young Citizens, American TV Newscasts and the Collective Memory, Critical Studies in Mass Communication 15, p. 279-305.

[⑧] 郭可、吴瑛：我国城市青少年的媒介消费和全球观 [J]，新闻大学，2009（3）:114—123。

　　许多学者曾探讨过如何让青少年回归新闻的议题。Raeymaeckers 指出，新闻工作者应该采用更简明的语言，并且给新闻报道更多背景阐释，以助青少年理解[①]；Meijer 认为新闻机构应该采用新的新闻质量标准，以致受众尤其是青少年不会觉得新闻枯燥乏味。[②]Minduch 建议新闻应采取如下方式赢得青少年受众：让新闻融入生活的细节，诸如在电脑桌面、邮件中出现新闻；提升新闻为一种社会需求，可将新闻内容加入 SAT 考试；在选举之外的时间里，让新闻和政治显得同样重要；在日常教学中融入高质量新闻教育。[③]这些建议旨在青少年加强新闻兴趣，但并非一味地简化新闻报道；事实上，新媒体在提供更多选择的同时也对青少年的公民意识和媒介素养（特别是新闻素养）提出了更高的要求。在当下鱼龙混杂的网络环境中，青少年的日常生活被各种信息包围，随时面临信息的超载、观点的冲突，甚至信息的虚假传播等等现象，一定程度上干扰了成长期的青少年对新闻的认知能力。由此，新闻作为青少年了解社会、建构政治认知的重要途径，聚焦于新闻议题的媒介素养教育也应运而生，称为媒介素养中的重要一环，且在西方学界和教育界称为热点。

　　相对于媒介素养，新闻素养是一个相对较新的概念，意指人们使用批判性思维技能去判断印刷、电视或网络等媒介新闻报道可靠性和可信度的能力，[④]它源自媒介素养，核心在于"新闻判断"（news judgment）[⑤]。关于新闻素养的延伸，Reese 认为新闻素养应该包括了解新闻如何运作，包括知识媒介如何建构文本和如何在运作中支持这些建构的内容；Reese 同时认为新闻素养是一种社会认识，应了解到新闻是在道德，政治和文化的共同力量中运作的。[⑥]他指出，在媒介国际化时代，新闻素养应该包括了解国际化的新闻

　　① 　Raeymaeckers. (2004). Newspaper editors in search of young readers: Content and layout strategies to win new readers. *Journalism Studies*, 5, P221—232.

　　② 　Meijer.(2006). The Paradox of Popularity. How Young People Experience the News *Paper RIPE Conference*: November 16 – 18,

　　③ 　Mindich, David T. Z. (2005). Tuned out: Why Americans under 40 don't follow the news. New York: Oxford University Press.

　　④ 　秦学智：试论新闻素养教育的几个基本问题——由美国石溪大学新闻素养暑期课程教学思想引发的思考 [J]. 现代传播（中国传媒大学学报），2014(02):139—142.

　　⑤ 　Lugalambi, (2012). Deepening democracy through news literacy : the African experience. News literacy. Peter Lang.

　　⑥ 　Reese. (2012) Global news literacy: challenges for the educators. News literacy. Peter Lang.

理念如何本土化运作。也有学者认为，提高公民的媒介素养和参与意识，新闻记者有义不容辞的责任，他们应应对新媒体的变化，更多地关注如何实现和公民新闻的对话。① 相较经历过传统媒体和多种范式尝试的媒介素养，发展于新媒体时代的新闻素养初始阶段就把新闻教育视为实践民主的一种可能。尽管在具体实践方法上有所争论，但宏观目标统一：充分强调受众的能动性，在教授媒介技能和媒介分析方法的同时，不断鼓励并试图挖掘受众参与的潜质。

二、青少年新闻消费习惯对新闻素养的影响

1. 公民意识与新闻评判标准

新闻报道是青少年获取政治信息的主要来源，而青少年的公民意识是其参与政治活动及新闻消费的动机之一。此前有研究表明，具有公民意识的青少年会认为自己有责任关注国家大事以及世界要闻②，而在本次研究样本中，访谈结果表明，尽管青少年消费新闻有比较明确的动机（获取信息，娱乐消费等），但其新闻消费动机和公民意识并无直接联系。大部分参与者对"公民"的理解主要停留在道德高尚和遵纪守法层面；尽管大部分受访者可以达成"应该关心国家大事"的共识，但对于公民责任与新闻关注并没有明显联系。青少年对公民身份的认同感中，获取政治信息的意识和参与意识较弱，不足以构成新闻消费的动因。

然而，尽管缺乏动力，新闻消费已经成为青少年日常媒介消费中重要的组成部分。尤其是新媒体新闻（以微博和微信新闻为代表）已经深入到日常生活的每个角落，青少年受众也逐渐形成了自己的新闻消费习惯，并且在新闻内容的选择上有很强的自主性。然而有趣的是，尽管选择短小、鲜明、轻松的新媒体新闻已经成为他们主要的新闻消费方式，当谈及新闻质量，评判好新闻的标准，绝大多数参与者依然赞同传统的新闻价值。尽管如此，大部分被访者承认，"高质量""有价值"只是他们认可和评价新闻的方式，并非选择消费的依据。如 Meijer 研究中所比喻的："好新闻就像全麦面包，你选择

---

① Marchi, R. (2012).With Facebook, Blogs and Fake News, teens reject journalistic "objectivity." *Journal of Communication Inquiry*.

② Mckincey research（2007）[DL]. http://www.mckinsey.it/storage/first/uploadfile/attach/139858/file/whwa07.pdf

它因为它很有营养，不喜欢是因为它很乏味。"①

此次调查中，青少年参与者对新闻的满意程度普遍偏低，主要的原因是觉得"枯燥乏味""看不懂"以及"与生活无关"。部分参与者提到"非常喜欢政治新闻，特别是战争报道，很宏大，很刺激"；也有同学更喜欢科技新闻，"比政治新闻更加客观，实事求是，用数字说话，有时候还能看到有意思的发明"。这些对新闻感兴趣的青少年普遍认为"新闻本身是有趣的，是报道的方式不够好才显得枯燥"。有同学认为政治新闻也应该"注重细节和故事性"。

在声明"对新闻不感兴趣"的群体中，部分同学表示"不感兴趣"是因为"看不懂"或者"看起来很吃力"。比如，有参与者提到，比如以前（2011年）卡扎菲有关报道中，反复提及"临时委员会"，而"临时委员会"是什么，并没有阐释清楚。Zerba 认为，如果青少年认为硬新闻就应该艰涩难懂，他们就会直接失去兴趣②。

然而，被访者中也有同学认为，"好新闻就应该很'难'，如果小孩都能看懂，就不是深度新闻"。青少年在对新闻质量的期待和自身喜好和需求上显示出一定的矛盾性，而无论他们接受与否，"看不懂"新闻一方面反映了新闻和青少年之间的隔阂以及青少年新闻素养的有待提升，另一方面，在客观和主管层面都阻碍了他们新闻素养的培养和提升。

"好新闻就应该难懂""孩子看得懂的新闻一定深度不够"，这些理念不自觉把新闻在概念上推向了"成年世界"。Buckingham 曾论述，青少年和新闻疏离的原因之一就是成年人认为儿童和青少年还未到体验公民性的年龄，而把他们看成"未来的公民"（citizens to be），而公民并非在成年（成为选民）那一刻可以造就。③也就是说，公民不仅是一种身份，也是一种积累。而被访者的观点反映出，青少年缺乏公民身份的认同感和参与新闻议题的兴趣，不仅仅是因为成年人认为他们是"未来的公民"，青少年自身也认同这种观念。就这一点而言，不仅成年人的成见让青少年疏离了新闻（alienated），青少年自身也缺乏公民身份的认同感，在心理上疏离了新闻和政治话题，导致

---

① Meijer. (2006). The Paradox of Popularity. How Young People Experience the News *Paper RIPE Conference*: November 16 – 18.

② Zerba, A. (2008). Putting the Story Back in Hard News Stories to Engage YoungAudiences. *Newspaper Research Journal* 29(3), 94-102.

③ Buckingham, D. (2000). After the Death of Childhood: Growing Up in the Age of Electronic Media Cambridge: Polity.

新闻消费和政治参与中的排斥感。

2. 新闻消费的习惯和新闻素养

本次研究的样本中，青少年参与者平均日网络使用时间为两小时，个体情况并无太大的出入；而新闻消费的时间则有很大差异，从十分钟到一小时以上不等。同时，本研究发现，尽管新媒体是青少年的主要新闻信息来源，但传统媒体新闻并未"退出舞台"。事实上，大部分参与者表示，"完全不排斥传统媒体"，"主要是为了方便，并没有特别的媒体偏好"。大部分被访的同学们提到看新闻只是出于习惯：

"一开电脑，先把 QQ 等聊天工具打开，随机弹出的腾讯新闻会顺便看一看。"

"每天在新浪、搜狐等门户网站扫读新闻标题。"

"每天登陆在人人等 SNS 网站，浏览大家的新鲜事，里面混有一些新闻消息。"

谈及具体的新闻消费方式，对于网络较长篇幅的新闻报道，大部分同学都是以"浏览""跳读""扫一眼"的阅读方式；或者"只看标题"。很多同学说手机报和微博也已成为他们的新闻来源。部分同学表示手机报，微博等"已经成为习惯，早上醒来，或者没事的时候就要看一眼"。

LaRose 和 Eastin 的研究指出，当面对多种媒介选择时，媒介消费者往往趋于习惯模式的媒介消费，而并非持续自主选择的行为。[1] 也就是说，尽管新媒体让青少年在观念上具有更多的自主性，如果没有特别的外在压力（诸如要完成作业等），青少年一般不会可以主动消费严肃新闻或者接近相比新媒体更利于增进新闻素养的新闻内容。因此，他们更多的是在消费行为上实现了自主性，而并非在思考层面实现了自主性。

社交媒体从用户的行为习惯出发，寻找每一个可能的用户接口，渗透每一个可能的用户生活圈。在新媒体中，因为父母的新闻消费习惯被影响的被动观看以及习惯性新闻消费都在减弱。青少年在媒体消费中的自主性增加，而由于网络新闻的长期保存性和移动媒体的触手可及，新闻消费不再有固定的时间和模式。一方面，青少年选择新闻的主动性得到了提升，另一方面，这样的主动性并没有让他们更深入地理解新闻。许多被访的青少年承认，即

---

① Indeok S., La Rose, R. Eastin, M.S. & Lin, C.. (2004). Gratifications of Internet Use and Internet Addiction. *Cyber Psychology &. Behavior.*

使是主动观看的新闻，也是一个"无目的"的消费过程。

　　作为自主性、互动性的媒体，网络新闻并没有比传统媒体的新闻给青少年留下对事件更深的印象或者理解。一些被访者说："我记不住新闻说过什么。"大部分青少年认为他们在消费新闻的时候，尽管面对一个选择性的媒体，"并不知道自己在找什么，想看到什么，只是随便看看而已"。

　　Patterson 的研究表明，新媒体在形成新闻习惯的方面甚至不如传统媒体。尽管网络有"瘾"，但受众成瘾的是他们本身感兴趣的内容。[①] Pew Research Center 的研究结果显示，网络很难强化新闻习惯，也很难像电视和报纸那样有绝对忠实的受众。在网络新闻消费中，"消费的仪式性习惯"和"消费习惯"被分成两个不同的概念。在本研究的样本中，青少年的新媒体新闻消费习惯更多地停留在"仪式性"的依赖上，而并非有偏爱的新闻栏目或者特定的新闻内容。

　　网络媒体，特别是手机等移动媒体上所承载的新闻大多是醒目的标题、短小精炼的内容，而不是全面的信息或多方观点的评论。尽管有相关链接可以追溯新闻背景或者点评，但需要一定的新闻兴趣和持续关注才得以让受众全面地了解一则新闻。新媒体的新闻形态不利于客观、全面地认识新闻。而大多数情况下，如上文所述，青少年消费新媒体新闻通常是浏览的方式，或者"瞬间扫读"，缺乏持续性的关注。就这一点而言，新媒体的持续更新性并没有使青少年连贯地接触新闻。

　　多数受访者表示在非正式新闻渠道比在正式新闻渠道获取更多关于事件的信息；大部分时间，受访者获取的是"模糊"信息而不求甚解。只有少数被访者表示在遇到模糊信息时，会继续查阅其他媒体的言论来核实信息。也就是说，研究样本中大部分青少年把新闻和娱乐一样等同为符号性质的消费产品，青少年所"消费"的，本来就是编码诠释的真相。而在批判意识没有养成的前提下，新闻的文化、政治价值常常被青少年消费者忽视，就连其真实性也常在真实和媒介建构之间混淆不清。

　　当媒介消费者付出了时间、注意力等成本之后，却忽视了文化等意义上的使用价值，最终得到的仅是符号式的消费。这一媒介消费的过程是不完整

---

　　① Patterson，E（2006）Young People Flee from the News,Whatever the Source Television quarterly [DL]. http://www.tvquarterly.com/tvq_38_2/media/articles/06_young_people_flee.pdf.

的。"功能的无用性"才是消费的真相。①

3. 新闻消费中的主动错觉与被动实质

访谈结果表示，尽管在新媒体中，青少年的网络新闻消费选择是主动的，但其实很大程度上处于被动消费的状态。

新媒体中的信息是动态出现的，容易产生较强的冲击力，非常适合于吸引眼球的软新闻。而它的劣势是，因为其被动性，要求该类新闻要内容简单、图像醒目，不利于深度和理性思考。但与此同时，由于较高的自主选择性，消费者容易产生"主动感"的错觉。也就是说，青少年在"被动消费"的过程中，仍然认为自己是主动的，有参与感的。

新媒体时代的网络舆论很大程度上依赖个体公民的意见表达，活跃群体的消费特征在很大意义上建构世界与现实，然而，大部分青少年在新闻消费中的被动公民心态以及少数的主动却随机的、缺乏批判性的参与行为，使得他们的意见和声音没有对舆论产生影响；也就是说，青少年对新闻的疏离，在公共议题中呈现出的"无力"（powerless）状态，不仅归咎于新闻语言和新闻内容没有考虑到青少年消费群体，也和他们自身被动的新闻消费有关。

据访谈结果，大概半数受访者尽管使用新闻或非新闻类社交网站并且和朋友互动频繁，却几乎不对新闻事件进行评论，大部分只是旁观他人的言论；只有少数会直接对新闻报道发表意见，但也多是即兴的言论。总体而言青少年的网络意见表达总体来看偏于被动，缺乏批判性和主动性。由此可见，表面上繁盛的新闻消费，在消费符号时，青少年更多时候扮演着旁观者的角色；即使是严肃题材，也类似于快餐式的消费。

尽管青少年频繁使用互动式媒体，大部分被访者常常通过博客、微博、社交网络发表个人观点；但其个体意志在新闻消费上表现得并不明显。首先，青少年在新闻消费中大多处于旁观角色，主动参与点评较少，而占据小比例的主动参与者的载体则是主要是微博、微信朋友圈。这些社交媒体主要是圈内朋友的意见交汇之所，意见的交互并不会在网络空间中施展；而且由于微博的篇幅所限以及其他社交媒体的性质所定，此类新闻评论一般属于聊天交流性质，通常短小简单，缺乏理性思考。也就是说，尽管青少年对互动媒体使用频繁，也经常在互动平台上接触新闻内容，但是并没有实现新闻的深度

① Baudrillard, J .(1970).*The Consumer Society: Myths and Structures.*SAGE Publications Ltd; 1 edition (February 28, 1998)

接触和深入探讨，新闻互动和参与性趋于表象，仍属于消费性质，仅仅开启了民主参与的平台，而没有从根本上拉近青少年与新闻的距离；在日常消费中没有提升青少年的批判能力和深入参与新闻的能力。

三、青少年新闻素养的社会化建构

1. 青少年的新闻消费特征与新闻素养需求

通过针对青少年新闻消费方式的访谈，本研究认为青少年新闻消费的普遍特征为：（1）青少年新闻消费中的公民意识有待提升；（2）青少年的新闻消费没有固定模式，渠道多样化，倾向新媒体，呈现出随意化，碎片化的特点；（3）青少年在新媒体中的新闻消费尽管呈现出互动性、自主性等表象，实际上仍有一定的被动性；

综上，新闻消费意识层面的公民自觉不足，习惯中的随意性和浅阅读以及新闻阅读心理上的被动型，导致青少年在新闻素养没有伴随新闻消费而得到显著提升。

具体而言，新媒体新闻比传统新闻更广泛、深入地进入了青少年的生活；也比传统新闻更加牢固地成了青少年媒介消费的一部分；从某种意义上，可以说新媒体新闻拉近了青少年和新闻之前的距离。然而，与此同时，新媒体新闻的娱乐性、简洁性、消费性没有提高青少年的新闻素养和公民意识；青少年的媒介自主意识更多地体现在媒介内容的选择而并非对媒介内容的批判性思考上。

前文中探讨的新闻素养理论发展的几个方向，无论哪个层面的新闻素养，皆非单纯碎片化、视觉化、情绪化的新闻消费习惯可以培养。青少年在新闻消费过程中，很大程度上扮演被动消费者、被动公民角色，在网络意见表达的过程中处于旁观者，或者随机的、批判性不足的发言者；个体意志在新闻消费中未得到充分体现，对新闻的舆论环境没有起到公民建构民主社会秩序的作用。也就是说，不仅仅是新闻疏离了青少年公民，青少年自身在使用新闻的过程中也缺乏参与意识和公民意识；青少年疏远新闻的矛盾，是一种"双向疏离"，不能仅仅批判青少年缺乏公民意识，或仅仅归咎于新闻没有激发青少年的参与热情。

在社交媒体作为信息主要来源的新媒体环境中，青少年的媒介素养是他们社会能力（social ability）的一部分；不仅与他们的交际能力，交际平台紧密相连，也包含着他们的政治素养（社会问题理解能力）。然而在以往的研究中，我们过于注重青少年媒介素养的识读能力、对新媒体的运用能力，而新媒体时代媒介素养的内涵已超越这些而扩展到社会能力。在研究中我们发现，尽管新媒体的频繁使用并没有大幅度增加青少年的新闻理解能力，也就是狭义的 literacy，但青少年的新闻观（对新闻的理解）已经发生了改变。而研究结果同样发现，青少年对新媒体的使用能力较强，很多已经超越了他们的父母和老师；且他们目前具备的媒介运用能力足以支撑他们获取新闻和使用社交媒体。这就需要我们打破针对识读能力和媒介使用能力的媒介素养框架，重新思考媒介素养应该如何适应青少年的需要，可以从哪些新的方向满足他们的新闻诉求以及提升他们理解新闻的能力。

2. 基于青少年新闻素养现状与需求的媒介素养课程

基于访谈中显示的青少年新闻素养诉求及其媒介素养课程体系的现有框架内容，针对新闻识读和理解的部分可以从以下几个方面来开展：

首先是新闻识读层面。针对青少年"读不懂"新闻，课程应当针对新闻的基本知识和基本形态，如新闻结构、新闻语言等，向青少年有一个宏观介绍，以缓解青少年在鱼龙混杂的网络环境中对新闻题材缺乏了解，被松散化、娱乐化和随意型的报道形态所误导。在此基础上，针对媒介素养课程的识读素养（literacy）部分，指导青少年对真实与建构、事实与谣言等进行区分。此外，青少年对新闻信息的理解困难并非来自语言识读，而是对社会议题本身缺乏了解。新闻素养教育需要与社会背景产生广义的联系，与其他学科产生交叉和有机联系，放置在更广阔的社会背景和政治经济环境中为青少年加以介绍分析。

从新闻消费习惯，新闻素养教育需要引导青少年关注严肃议题，并且有意识地针对新闻题材有较为深入的阅读。尽管新媒体时代，需要对于"什么是新闻"有更加宽容、多元的态度；但对于新闻内容的识别和评判标准，依然需要重视。青少年少有专注阅读或者收听新闻的时刻，而新闻消费混杂在其他娱乐性媒体消费当中，自然难以避免浅阅读、碎片化思考等现象。而在新媒体环境中，社交媒体无所不在，新闻的去边界化又是难以避免的状况。因此，新闻素养应当鼓励青少年培养新闻习惯，有意识地接触严肃议题、硬新闻，形成更加积极的严肃新闻阅读习惯，学会选择正确信息、批判性解读，在此基础上进行互动，如评价、转发或进一步的公众议题在线参与和探讨。

第三，针对青少年公民意识的不足，需要在新闻素养教育及其新闻消费过程两个方面培养他们的新闻情感和公民价值意识。前文所述的基于西方价值观和媒体环境的公民意识引导并不完全适用于我国语境。相比西方发达国家，我国新闻受众较为擅长接受而非分析信息——长时间习惯于从上而下的媒介体制，一方面对商业化导致的媒介问题缺少警觉，另一方面倾向于相信媒体报道为指导性文件，并且对新闻媒体构建社会的功能缺乏了解和认识（袁军 2010）[①]。因此，公民意识——即个体对社会的责任的引导，与媒体在构建社会的功能，都是新闻素养教育不可忽略的要素。

新闻素养不是孤立的阅读能力，公民意识也并非孤立的责任；要引导青少年在公民意识和新闻关注之间的有机联系，新闻素养需要帮助青少年了解新闻在民主进步和社会行动方面所起到的作用和产生的效果。特别是在新媒体时期，新闻传授的界限日益模糊，公民通过媒介参与发声并参与公共话语建构的案例比比皆是。新闻素养课程有责任培养青少年在新闻关注和参与方面的自觉意识和习惯，把新闻消费、公共话语建构和社会行动力融合统一，作为新闻素养课程的实践目标。

总之，想要创新发展新闻素养，不是单纯跟随技术的发展学习如何使用新媒体，或者顺应新媒体中新闻的表达方式；而是要从理解新媒体从社会意义上给新闻带来的变革，不仅用新媒体的技术和范式思考新闻，更要用新媒体的思维方式理解新闻，即用民主的、自助式的、自由多元的、互动参与式的。新媒体的"赋权"功能毋庸置疑，而我们在强调权利的同时却忽略了与权利相应的能力的横向扩展。青少年对于新媒体的熟练使用已经在一定程度上证明了他们的媒介应用能力，而这种情况下，青少年的话语权和能动性更多体现于娱乐议题（比如粉丝在线应援），在严肃题材中（尤其是新闻）依然较少听到他们的声音，就说明广义的媒介素养还存在可以改进和提升的空间。

超越个体层面，新闻素养不仅是一个个体层面的问题，也与青少年所处的政治和媒介环境有关。尤其是参与，在很大程度上取决于媒介提供怎样的示范。因此，虽然新闻素养的着眼点在于个体层面，但其与宏观社会之间的关联可以带给我们充分的想象空间。

结 语

青少年对于"好新闻"的理解与网络文化特征，媒体使用习惯等相关，尽管在新媒体环境中新闻接触量、参与时间等较传统媒体时代有所提升，但

[①] 袁军：媒介素养教育的世界视野与中国模式 [J]. 国际新闻界，2010（05）:23—29.

由于对娱乐性、碎片化信息的大量接触，并没有在识读或理解能力方面提高媒介素养。针对青少年对新闻价值的认知与新闻消费方式，媒介素养教育中的新闻素养板块应突出与社会文化背景的联系，而不只是聚焦新闻的识读能力或假新闻的分辨力，才能辅助青少年对于我国的新闻有更加客观、全面的认识，并且产生新闻识读与公民意识之间的正向联系。

要建立青少年与新闻之间良好的互动关系，新闻素养教育面临着鼓励青少年从现代民主社会的公民层面理解和消费新闻的重任。新媒体新闻在深入青少年生活的同时，不应仅仅以"消费"的信息形态出现；应鼓励青少年消费和参与深度新闻和政治议题，整合碎片化的新闻消费方式，力图使青少年在使用新闻的过程中能提升自己的新闻素养和公民意识。

九、国学新知

【**主持人语**】研究和传承"国学"贵有创新。

管国兴《从易学和丹道视角读＜离骚＞》会让人看到，屈原不仅是一位爱国诗人，更是一位志于道具有圣贤情怀的哲人。文章结合易学和内丹学说解读《离骚》，是一个全新的视角，更能全面深入理解屈原的思想与情感。文章指出《离骚》之"离"代表离卦，"骚"代表巽卦，"离""骚"连用有鼎新之意；离五行属火，五德属礼，《离骚》又表达了循礼而行，持节而动的思想。《离骚》以香草美人表达对高洁人格的追求和对贤君的期盼。《离骚》表明，若受重用，屈原会推行美政，若得不到信任，也会独善其身，静修身心，炼精化气，炼气化神，寻求大道，成就圣贤人格，纵然困难重重，也上下求索不止。屈原不为个人着想，选择以身殉国，乃是循礼而行，持节而动，乃是破小人之诽谤，立与天地同心无私之人道，抒爱国之情怀，启世人之奋进，以骥革故鼎新，实现人世之理想。管国兴《从易学和丹道视角读＜离骚＞》不仅是易学研究的新成果，也是对中国古代文学史研究的新贡献。

传承"国学"，弘扬优秀传统文化须从学生抓起，须根据学生不同年龄段的特征和认知能力，创新教育思维。

朱光磊、王淑芮《高校国学通识教育的课程定位研究》一文，深入考察了国学教育与通识教育的历史演进和现代发展，揭示了国学教育与通识教育价值取向的同一性，论证了在高校将国学教育纳入通识教育体系设置国学通识课的必要性，系统提出了高校国学通识教育的目标、内容、原则与方法，颇有新意，对于弘扬优秀传统文化，提升人才综合素养具有重要的实践意义。余耀《"亲近母语"经典诵读与传统语文教育》一文，在深入研究传统语文教育基础上，提出了儿童国学教育的教育理念、教育内容与教育方法，针对儿童特点，开展"亲近母语"经典诵读，强调以"不求甚解""熟读成诵"为方法指导，在"诵读"中培养语感，在"涵泳"中滋养精神，此乃新的成功经验，对于推进儿童国学教育，有着重要的借鉴意义。唐晓俐《让中华优秀传统文化滋润我们的心田》一文，富有成效地探索了优秀传统文化进小学校园的实施办法，提出按学生年龄段，"梯级式"推进优秀传统文化教育，分层设计教学方案，开展丰富的综合实践活动，构建校园育人的物型氛围、文化景观，多渠道开设优秀文化传统课程，并在教育实践中取得丰硕成果，给推广小学国学教育提供了宝贵的经验。

（南京大学历史系中国思想史专业博士 陆元祥）

"亲近母语"经典诵读与传统语文教育

余　耀[*]

（扬州市汶河小学，正谊书院，江苏扬州，225002）

摘　要：传统语文教育特别强调"诵记"。"亲近母语"的课题研究正是站在对传统语文教育的反思与继承基础上，形成自己的目标定位和体系思想的。主要目的是通过"诵读"让学生尽快形成语感，并对中国的文化传统有所了解。在"涵泳"中滋养精神，从文字到文化乃至影响人的精神境界。"不求甚解"和"熟读成诵"是方法指导上的基本原则，掌握这两个原则可以很轻松地开展"诵经典、读名著"的活动。

关键词：传统；继承；启蒙；诵记；涵泳

我国的语文教育教学历史源远流长。一般来说，语文教育的发端是从文字产生开始的，从可考证的殷商甲骨文算起，已有 3000 多年的历史了。如果从形成中的汉字算起，汉语至少有 5000 年的历史。汉语是中国各民族相互交际的重要工具，承载着五千多年的灿烂文化，是各民族思想文化的精华，是历朝历代政治、经济和文化积淀的结晶，也从根本上体现着东方文化的思想方式，即重感悟与直觉。

中国的汉字是表象文字，也是世界上最美的文字。一个汉字就是一幅优美的画、一首动听的诗。汉字的简洁、典雅、会意和形象都是字母文字难以比拟的，特别是汉字的象形、会意、形声等使得汉字天然具有形象性，可以这么说，中国人是用汉字来思维的。我们的语文教育最初的基本内容就是学习和使用语言文字。用"形象的语言"还原"语言的形象"，从而知其意、得

---

　　[*] 余耀（1971— ），男，江苏镇江人，江苏省扬州市汶河小学副校长，中学高级教师，扬州市语文学科带头人，儿童阅读推广人。

其趣、悟其神。

我国传统语文教学一直没有单独设立"语文"一种，而是将识字、作文与研习儒家经典紧密地结合在一起的，成为"知书达理"的工具和手段，尽管如此，传统的识字、读书、作文教学仍给我们留下了宝贵的经验。

一、传统语文教育的主要特点

（一）重视"启蒙"

中国是个重视启蒙早教的国家。早在《周易·蒙卦》中就有"发蒙"的记载。"蒙"是什么？是蒙昧、幼小之意。古人又将它想象为"萌芽勃发的小草"，意为如草木一般，在幼小时精心扶植，打下良好的基础，日后必将"秀于林"。

传统语文教育的启蒙是由"识字"起的，开蒙往往和识字联系在一起。明代的《教子良规》言五六岁时就可以"识字第一，读书次之"①。清代唐彪的《父师善诱法》说得更是具体："生子至三四岁时，口角清楚，知识稍开，即用大小木板方寸许，四方若干块，漆好，朱书《千字文》，每块一字……令其子每日识一字……百日可识完。再加以《三字经》《千家诗》等书，一年可识一两千字……"②这样，"识字关"一过，便可以轻松阅读与作文了。

（二）强调"诵记"

传统语文教育特别强调"诵记"。一方面是因为印刷不普及，另一方面可能是"学统"的原因，而不立文字，大部分文化知识需靠人们的"口耳"相传。没有老师而通过自学成才的人在古代仍不会为正统学派所承认的。

"诵记"的方法在今天看来是有些机械的，从鲁迅先生在《从百草园到三味书屋》一文中描述私塾中的情景，可见一斑。但是"多接触、多熟悉""熟能生巧"却是学习语言的妙法。从心理与生理的角度看，"背诵"是儿童的专长，记忆力的发展是儿童成长的标识。有足够的"记忆"才会有他日丰富多变的理解；有儿童时期深刻的"死背"才有成年源源不断地"活用"。宋代的欧阳修曾有过一个专门的统计："以字计之，《孝经》1930字，《论语》11705

---

① 林治金. 中国小学语文教学史 [M]. 济南：山东教育出版社，1996. 第 157 页。
② 林治金. 中国小学语文教学史 [M]. 济南：山东教育出版社，1996. 第 166 页。

字，《孟子》34685 字……《左传》196845 字。止以中才为准，若日诵三百字，不过四年半可。"① 这种在今天看似"神话"的奇迹，在传统的教育中是不足为怪的。

（三）着意"涵泳"

汉语具有一定的模糊性，这给理解带来了一定的难度。因此也要求要把"综合"作为认识的起点和归宿，避免人为分割所造成的局限认识乃至"误读"。这也体现了中国伦理型文化朴素的整体观念和直觉体验的思维方式。有许多"书不尽言，言不尽意"的"只可意会，不可言传"的东西只能靠我们在反复诵读中整体把握，明达文义。

宋代大教育家朱熹把"虚心涵泳，切己省察"②（《朱子语类·读书法下》）作为一种学习的重要方法，而清代曾国藩在《家书》中不断教诫儿子读书要"涵泳其间"③（《曾国藩全集·安仁至贵溪途中》），这样才有读书之乐。"涵泳"简言之，就是在反复诵读中全身心地沉浸在语言环境里去口诵心惟，得意趣，悟神髓。

（四）彰显"训诫"

中国文化自唐开始彰显"文以载道"，将"文道合一"。因此许多文章自然也就成了道德训诫的作品了。比如传统蒙学经典《三字经》中朗朗上口的韵文韵语里，也包含不少儒门道德规范的渗透与灌输。正统道学认为性灵小品是不入大雅之堂的，所以常常一提到"读书作文"就会让人想到那"板着面孔"教训人的情景，难以产生亲切之感。确实，一味地摇头晃脑去背诵抽象难懂的句子，也让孩子们感到乏味枯燥。余波远及于现代教育，读了文章，一定要说出"赞扬什么""批评什么""启发什么"等，结果往往让人只见"树木"，不见"森林"，乃至于"买椟还珠"。当然，毋庸置疑，中华优秀传统文化的历史作用是巨大的，"道德文章"影响了一代又一代人，创造了灿烂的华夏文明。

虽然中华民族五千年的文化孕育了古老而又悠久的华夏文明，然而历史

---

① 王东华. 发现母亲 [M]. 北京：中国妇女出版社，2003. 第 52 页。
② 黎靖德. 朱子语类 [M]. 北京：中华书局，1988. 第 179 页。
③ 曾国藩. 谕纪泽咸丰八年八月初三日·安仁至贵溪途中 [A]. 曾国藩全集 [M]. 北京：京华出版社，2001. 第 294 页。

的经验有时也会成为历史的包袱，拖累前行的脚步。近代启蒙思想和"西风渐进"的思潮对历史进行了无情的拷问，越来越多的有识之士开始反思，开始质疑，开始呐喊，开始寻找一条真正适合民族发展的"复兴"之路。

二、"亲近母语"经典诵读对传统语文教育的继承和扬弃

何谓"复兴"？简言之，使以往的辉煌再兴于世。对于文化传统，我们要努力继承，承接先哲的智慧。但"复兴"不等于"复古"，不是一切唯"古"是瞻，而是在继承的基础上有所扬弃，继承和弘扬正能量、有价值的精华，剔除那些"伪"的，不合时代的糟粕。

"亲近母语"的课题研究正是站在对传统语文教育的反思与继承基础上的。让我们先来看看"亲近母语"对"母语"的认识。我们对"母语"有三个层面的认识。第一个层面是指方言土语。所谓"乡音无改"，正是因为人一开始接触的就是"乡音"，感受的是浓浓的"乡情"而无法忘怀的结果。在与家人交谈或自己独处时，自然而然流露出来的发自内心的语言仍是自己的"乡音土语"。第二个层面是民族共同语，在中国即指汉语。这是一套被大群认同的公共语，它体现了民族共同的文化信仰、共同文化精神，它是一个民族维系在一起的标志。第三个层面是哲理上的探讨，"母语"是指人类本源的文化语言。人是自然之子，从蒙昧走向文明，历经的风雨沧桑，悲欢离合，形成了各自的信仰文化和追求目标。一方面人要战胜自然，挑战目标，向外追求更多的收获；另一方面人也需要回归自我，慰藉心灵，向内寻找温馨的家园。人的思想，人文的精神由此而产生，并借助于"元典"而传诸后世，使文化的血脉绵绵悠长。

"亲近母语"正是基于对"母语"的这三个层面的认识，才形成自己的目标定位和体系思想的。

（一）思想体认

1. 在"启蒙"中激发兴趣

爱因斯坦说过："兴趣是最好的老师。"孔夫子也说过："好知者不如乐知者。"古今中外的大教育家，大科学家都十分强调"兴趣"与"乐学"。我们以"亲近"二字作为课题的定位，也是努力体现这一思想。让孩子多接触、多感受，并与"母语"结下深厚的感情，因"亲近"而赢得孩子对母语文化的认同。

传统的"启蒙识字"在"亲近母语"中是通过"日积月累"的汉字解析来体现的。我们将汉字的演变过程，及音、形、意的解读结合在一起，帮助孩子"由一推十"，举一反三，既增加了兴趣，又提高了识字量，同时还减少了错别字的形成，虽"小学"亦大有可观。

2. 在"诵读"中形成语感

人类原始的教育方法，只有一个，那就是"诵读"。因为朗读多了，自然懂得了言语与文字的音韵规律，形成自己对语言的感受。有时自己讲不出什么道理，只觉着应该顺下去如此，这就是一种语感。古人常说："熟读唐诗三百首，不会吟诗也会吟"就是这个道理。

"亲近母语"有一套"诵读"教材，它的主要目的是通过"诵读"让学生尽快形成语感，并对中国的文化传统有所了解。

3. 在"涵泳"中滋养精神

阅读对精神的滋养作用是十分巨大的，所以我们提出了"亲近母语，阅读为先"的口号。从文字到文化乃至影响人的精神境界，传统的"涵泳"方法是非常重要的。我们不采用那种条分缕析、抽丝剥茧的复杂分析方法，而是引领学生从容而读，走进"如春雨之润花，如清渠之灌稻，如鱼之游水，如人之濯足"的自由领地，在身心俱染、沉浸其中的境界里口诵心惟，得意悟神，怡然性情。

当然，这里首先是要选好"涵泳"的内容，我们认为"经典一部胜读杂书万卷"，为此，我们推荐了许多传世经典提供给学生"涵泳"，其目的主要是让人读经典的书，做有根基的人。

（二）内容选编

在编选"诵读"教材时，首先要选取的是语言的经典，因为毕竟是立足于母语教育的出发点思考的。内容上，不仅有传统的儒学四书、五经，还力求让学生早些接触一些语言生动活泼的蒙学语言经典，所以教材里有唐诗、宋词、元曲和对联及诸子言选，其中有些甚至是些宗教的经典。这些选文，也是基于对诵言的可诵读性考虑的。"亲近母语"提出"诵可亲的经典"，"可亲"是让孩子觉得亲切，能亲近，乐于接受。在诵读的开始安排了朗朗上口的童谣，进而诵读《三字经》。对于《三字经》则选了十六个经典的片段，重点在音韵与可读性上，让孩子觉得可亲、可近，有趣味、有意思。接着精选了唐诗、宋词与元曲中文辞经典，意境优美的精品进行诵读。此外，还注意到汉语中"对联"这一特殊现象，请专家在《笠翁韵语》的基础上，删、增、修改，新编韵语、联语，让孩子在琅琅书声中，感受音韵的美妙，为语感的培养打下一定基础。《论语》《大学》《中庸》《孟子》《老子》等传世经典则采用选取精彩语段和元典切片的方法，让学生涵泳玩味。所谓"精彩语段"是撷取经典之中流传最广的语段进行诵读；所谓"元典切片"是选取相对完整的章节进行诵读，比如《论语》中重点选了《学而》《为政》和《里仁》三章，因为这三章是《论语》的"灵魂"。对于年长些的孩子，则选用了一些优美的短篇散文，如《诫子书》《归去来辞》《兰亭集序》等领着孩子诵读。一方面让孩子开眼界，长见识，另一方面也加深对中华文化传统的了解，由生疏而熟识，进而产生亲切感。需要指出的是，诵读选用的是元典原本，不是后世某家的评注本，原因是尽可能地还历史一个本来面目。这也是对"母语"这一个人类母体语言文化的更深层次体认。

（三）方法指导

"不求甚解"和"熟读成诵"是在方法指导上的基本原则，掌握这两个原则可以很轻松地开展"诵经典、读名著"的活动。

科学家研究发现，人在6—13岁时记忆力是最好的，这个阶段"记性"强于"悟性"，因此，在这个黄金时段，多读、多诵、多记、多背些对一生都能受用的经典很有必要，而且也很容易背诵。我们非常赞同这样的说法："13岁前应将这一生该读的书都吸收进去，然后再如牛反刍一样，用自己一生的经历与阅历去消化、吸收，把生活的知识转化为人生的智慧。"这对人的精神滋养有很大的意义。

人们常常有这样的认识，认为理解了才是学习了。这其实也是一种"功利"的读书，有许多事不是立竿见影式的，而是长期积累渐进式的过程。现代人讲求高效提速，"速食快餐"作为一种社会现象已显示了这个时代的某些特征，使这个时代越来越浮躁，越来越功利。学识涵养、风度气质是无形的，是长期浸染、熏陶、滋养而成的。所以不可能一蹴而就，一口吃成个胖子。故而不能性急，性急则气躁，自然会心浮。晋代大文学家陶渊明说过"好读书，不求甚解"，其实，这样做多了几分空闲，多了几分涵泳、反刍的时间。可以这么说："不求甚解"反而更利于"解"，自己的"证解"。

即便是讲解也是有一定方法的。如帮助"诵读元典"时经、史合参是一种重要方法。被称得上"元典"的都是有一定的代表性，讲的都是大原则，大方向，可能哲学上的思考较多。但若未经事实证明的原则、理论，往往不容易被人接受。所以用已有的经验来印证"经"的正确性，有助于"经"的理解，也有助于人的接受。所以在诵读过程中，我们主张正音、顺句为主。至于理解，则常以小故事来启发学生自己判断、思考。另外，诗、词、曲及一些散文中，用典故很多，一两个典故了解了，这首诗或这篇文也就理解了。中国文化（也可泛指东方文化）的一个特点是重感悟、重意象。"得意而忘言"是中国文化的魅力所在，需要在反复语境中涵泳体会。熟读成诵，是诵读的基本方法。也许会认为反复读一个内容觉得枯燥，但通过对儿童的观察发现，孩子在学习的时候，会不厌其烦地重复一个内容，只要引导得当，让孩子保持求知的兴趣，他们是会愉快地诵读的，而且记忆的速度会越来越快。这虽有点像"小和尚念经——有口无心"，但"有口无心"恰是无意识的记忆，效果是最好的，让人一辈子难忘。已有脑科学家发现长期诵读可使左、右大脑得到深度开发，可帮助孩子寻找到静定的空间。

三、以《少年中国说》（选）诵读为例，在继承中发展

《少年中国说》是梁启超先生的一篇非常感人的文章，文辞优美，极富感染力，是学生诵读的佳品。考虑到小学生的年龄特点，节选出其中的一部分进行诵读——

少年智则国智，少年富则国富；少年强则国强，少年独立则国独立；少年自由则国自由；少年进步则国进步；少年胜于欧洲，则国胜于欧洲；少年雄于地球，则国雄于地球。

红日初升，其道大光。河出伏流，一泻汪洋。潜龙腾渊，鳞爪飞扬。乳虎啸谷，百兽震惶。鹰隼试翼，风尘翕张。奇花初胎，矞矞皇皇。干将发硎，有作其芒。天戴其苍，地履其黄。纵有千古，横有八荒。前途似海，来日方长。

美哉，我少年中国，与天不老！壮哉，我中国少年，与国无疆！

节选出来的这段文字，有一部分结构特点非常明显，可以让学生自己发现文字结构的规律，主动去识记的环节，即先出现"少年智则国智，少年富则国富，少年强则国强"，然后提供给学生"独立、自由、进步"与"胜于欧洲、雄于地球"两组词语，让他们试着用这样的结构读出来，将"照本宣科"变为"主动建构"，自主参与其中，领悟到"国"与"少年"之密不可分。同

时，也感受到中国汉语的音韵之美，由"单音节→双音节→多音节"的递进，语音语调也随之层进激昂，然后点出本段之中心："今日之责任，不在他人，而全在我少年。"至此，水到渠成，让学生从头到尾，一气呵成地朗读，课堂上似乎有一鼓生气在流动、荡漾。

第二个层次段落中，作者连用了 8 个比喻，将少年之生机勃勃尽情展示出来，一泻千里，大气磅礴。由于生字新词较多，先出示生字的注音，再去掉注音练读。先读正确，读通顺，过好文字关。接着分四个步骤出现四组"意象"的句子。一组自然之物"红日""河流"；一组具有生机的动物"潜龙、乳虎、鹰隼"；一组"奇花"与"宝剑"；最后出现一个"顶天立地"的巨人，让学生在读中构建出相应的"象"，再缘"象"寻"意"，感悟对生命的礼赞。

最后两句，已不必多讲，由于前面的铺陈，一股豪情自然生起，让学生自己来诵读，自然读出了由衷的自豪与赞美。在熟读成诵的基础上，再梳理出从岳飞"莫等闲，白了少年头"到顾炎武"天下兴亡，匹夫有责"的相沿脉络，再次让学生感悟到中华文化的绵延不绝，进而生起自己身为中国少年而肩负的一份责任。让学生在琅琅书声中，感悟梁启超先生的"文气贯通"的巨笔之端都带有的浓厚情感。

在传承中发展，让我们犹如站在巨人的肩上，看得更远。"亲近母语"的诵读理念，简而言之即"不求甚解，熟读成诵"。诵读是在孩子记忆力的"黄金时期"，让他接触和了解最有生命力的鲜活文字与思想。先人的智慧已化为方正的文字、灵妙的文章。只有口诵心惟，方能深深体会出其精、其妙。所以我们主张将课堂上的大部分时间留给孩子去"诵"——独诵、齐诵、默诵、背诵。这种不夹杂任何庞杂注释的"素读"，现已越来越受到有识之士的认同。"书读百遍，其义自见"，我们要做的是还原原本的语境，让思想的火花，在流畅的语言中跳跃。

从易学和丹道视角读《离骚》

管国兴 *

（江苏宏德文化出版基金会，常州，213200）

摘　要：《离骚》之"离"对应八卦之离卦，五行属火，五德对应礼，指礼节；"骚"乃骚动、骚扰、挠动之意，对应八卦之巽卦。离骚二字连用，表达出作者要效法天地、持节而动的志向和节操；离在上巽在下构成火风鼎卦，有革故鼎新之意，作者的政治理想在此不言而喻。诗人屈原在政治理想遭受挫折之时并未忧愁气馁，而是以"达则兼济天下，穷则独善其身"的文人情怀，在饱览百态之中历练圣贤之志，坚守允执厥中的中正之路。《离骚》描绘的香草美人以及求宓妃、见佚女、留二姚等很容易被人误解的词语，正是表达作者对高洁人格的追求和对贤明君主的期盼，对养生静修及炼精化气、炼气化神之传统养生过程的表述。在人生之路的选择和追求中，屈原成就了至高无上的圣贤之道。

关键词：《离骚》；屈原；易学；内丹学

《离骚》是中国古代文学的一颗璀璨明珠，也是全面体现爱国诗人屈原思想和人格的代表作品。然而，仅仅从字面去看，不但难以了解《离骚》的真意，而且容易造成对屈原的误解。结合易学和内丹学说，有助于准确理解《离骚》的深刻内涵，进而全面理解屈原的思想和情感：他不仅仅是一位具有高洁人格的诗人，更是一位探寻天地大道、寻求精神归宿的哲人，具有圣贤人格。

汉代班固认为，离有"罹难"之意，屈原向楚怀王谏言后被放逐，《离骚》是因伤离、忧愁而产生的幽思之作。钱钟书认为，"去""弃"等字用于

---

　　* 管国兴（1964—），男，江苏金坛人，南京大学哲学博士，江苏宏德文化出版基金会副理事长兼秘书长，江苏省周易文化研究会副会长。研究方向：中华文化与管理。

人名中蕴含远离疾病及不吉的寓意，比如霍去病、辛弃疾等人名，"离"与"去""弃"的用法相近，屈原为表达减少对现实的牢骚和忧愁而作《离骚》。

《说文解字》对"骚"的解释为："人曰搔。马曰骚。其意一也。摩马如今人之刷马。引申之义为骚动。"[1]从字义来看，《离骚》之"骚"有骚动之意。《周易·说卦》曰："桡万物者莫疾乎风，燥万物者莫熯乎火。"[2]其中，桡是挠动、骚扰、骚动之意。在《周易》中，风对应巽卦，火对应离卦。从《周易》角度解读《离骚》，则《离骚》之"离"代表离卦，《离骚》之"骚"有骚扰、挠动之意，代表巽卦。"离骚"二字表达了《周易》的离、巽二卦，"离""骚"连用，离在上，巽在下，卦象为"火风鼎"的鼎卦，有革故鼎新之意。而且，离卦是《周易》的八个本卦之一，对应五行之火、五德之礼，"离骚"代表持节而动之意。所以，从《周易》角度看《离骚》，至少表达三层含义：第一，离是象征火的离卦；骚表达骚动之意，是象征风的巽卦；离骚二字连用表达火风鼎卦的革故鼎新之意。第二，离卦五德对应礼，《离骚》表露有礼有节、持节而动之意。第三，屈原用象征自然界火风二物的离巽二卦表达思想情感而作《离骚》，体现了作者用行为效天法地的思想。

中国古代经典侧重讲述天地大道。《离骚》流传这么多年能成为中国古代文学的明灯，其思想中必然蕴含对天地大道的理解。屈原在《离骚》中主张的道路是中正之路，是允执厥中的尧舜之道，是顺应天地的大道。路是每个人走的，人间大道只有一条，"条条大路通罗马"是说人间之路有多条。

根据内容，从反映屈原一生的经历可以把《离骚》分为三个部分。第一部分讲述了屈原的生平，及其对人间大道的认识。中间部分通过一些具体情节，展现屈原的现实生活，体现出屈原上下求索之路。最后一部分讲述屈原的占卜过程，写出屈原人生之路的抉择。

屈原对世间的理想在第一部分得以体现。屈原在《离骚》中主张的道路与尧舜的允执厥中之路是一致的，屈原追求的道是人间大道，是效天法地的大道，屈原主张学天地之无私，走中正之路。

《周易》特别主张中正，孟子也有类似的思想。《孟子·告子》曰："舍其路而弗由，放其心而不知求，哀哉！"[3]孟子认为，很多人放着中正大道不走，明知道自己的心在外游荡，也不知把心思收回。人们在生活中走什么路是很

① 段玉裁.说文解字注[M].许惟贤整理.南京：凤凰出版社，2015.第816页。
② 周易[M].郭彧译注.北京：中华书局，2006.第406页。
③ 孟子[M].方勇译注.北京：中华书局，2013.第226页。

重要的,《离骚》体现出屈原主张走中正之路的理想。

有人对《离骚》中的香草美人加以诟病,并且认为屈原有"冥婚"的想法,这其实是一种误解。香草美人是用来比喻高洁的人格以及对贤君的期盼,并且表达了对岁月不待人的忧思:"惟草木之零落兮,恐美人之迟暮。"① 以纫兰为佩标明读书人高洁的审美情趣和行为方式,以"美人"代贤君。《离骚》中多处出现美人,这不仅仅是指楚怀王或贤君,更体现对现实世界的责任感及担当精神,体现积极有为的政治抱负。这在苏东坡的《赤壁赋》的"渺渺兮予怀,望美人兮天一方"中也有体现。《离骚》中香草美人亦指尧舜之道和中正之路的践行者,这是《离骚》作者屈原博大情怀的体现。

《离骚》中有令丰隆、求宓妃、见佚女、留二姚等,字面上表现出对历史上的美女之向往,这给好事者造成屈原追求冥婚的误解。有人甚至以《离骚》中的香草美人指代过楚怀王的内容,误解屈原有同性恋思想。在真正读懂《离骚》时,这些误解是不攻自破的。仁者见仁,智者见智,对于诗词歌赋的理解也是这样。"君子坦荡荡,小人常戚戚。"② 屈原要做的是坦荡荡的君子,而绝不会去做趋炎附势的小人。屈原作《离骚》并非是为了表达满腹的委屈和争取楚怀王的重用。《离骚》中明明白白地表达了君子及小人做法的差异。知识分子所能够做的并非只有一件事,屈原在遭到楚怀王疏远之后,还有自己的追求,也就是既有达则兼济天下之事,也有穷则独善其身之事。这些观点在《离骚》中已经明明白白地表达出来。

中国知识分子主张明天道,长学问,性命双修,正确看待见闻之知和德性之知。科学知识是见闻之知,是人生的基础。中国人还有一条为道之路,讲究天人合一,修炼真我。庄子认为人生也有涯而知也无涯,不要以有涯之生命追求无涯之知识,而应该在身心俱静的静坐中达到对知识的贯通,在用力之久之后豁然贯通天地大道。屈原是与庄子同时代而略晚于庄子,其精神境界具有无限的自由和开阔性。《离骚》中诸多关于精神世界的描述体现的是屈原的精神世界静修过程。宋代朱熹也主张半日读书半日静坐。朱熹在注解《远游》时提到屈原求养生延寿之道。《远游》中有:"道可受兮,不可传。其小无内兮,其大无垠。无滑而魂兮,彼将自然。"③ 意思是说,天地之道可以用心灵去感悟,而无法进行传授使人得道,得道的唯一办法就是个人的努力。

① 洪兴祖.楚辞补注[M].白化文等点校.北京:中华书局,1983.第6页。
② 论语·大学·中庸[M].陈晓芬、徐儒宗 译注.北京:中华书局,2011.第87页。
③ 洪兴祖.楚辞补注[M].白化文等点校.北京:中华书局,1983.第167页。

道无所不在，得到道之后，人的身心就不会再混乱，会按照天地自然的规律而无为地运行。道是共通为一的，养生之法有千万条，各不相同而进行私传，但不可以仅仅凭借看一些文字去练养生之法。

从留下的著作来看，屈原有养生之道，而且有养生静修之功夫。道家内丹修炼术语中的龙虎、铅汞、婴儿、姹女等，形象地比喻人体中的精气神。婴儿是指人之精。姹女指心神，是修炼中的心理活动，最为变化不定、难以琢磨。人的口水以及脏腑分泌的汁液都是人体之精，把这些精化为气，用以滋养人的心神，这就是道家修炼中主张的炼精化气、炼气化神，是道家修炼的最基本功夫。《周易》讲"精气为物，游魂为变"，其中的"游魂"就是指变化的姹女。屈原在《离骚》中并不是在写冥婚，文中所说的求宓妃、见佚女、留二姚，要表达的绝不是生活中的求冥婚，而是表达内在心神合一、水火交融的炼精化气、炼气化神的修炼过程。身体的精气与姹女结合生成有益于身心健康的丹气。《离骚》中的宓妃、佚女等都是指身体里的元神，是精气神的神，最为变幻莫测、难以琢磨。

《离骚》文中从"朝吾将济于白水兮"开始，描述的是一种体验和静修功夫，这也可以从《远游》得到论证。这一段展现的是屈原的修炼过程和内心的逍遥，也表明了知识分子内心的"达则兼济天下，穷则独善其身"。在屈原的思想中，自己如果能够得到楚怀王的重用，就去以美政建设美好的世界；如果得不到楚怀王的支持，也会独善其身，有自身的修炼之道；不会把自己所有的愿望都寄托在楚王一个人身上，更不会因为得不到重用而耿耿于怀。

《离骚》中"吾令帝阍开关兮，倚阊阖而望予"一句，把人间沧桑之道描述得淋漓尽致。屈原的精神是很逍遥的，可以与天道合一，但是寻找天道的过程仍然是艰难的，在去天宫时仍然会受到宫阙守门人的刁难，这充分体现人间正道是沧桑：世间昏暗浑浊，通向天国之路仍不平坦，寻求天命仍然会困难重重。"路漫漫其修远兮，吾将上下而求索。"[①] 寻求天命的过程无论多么困难，都应该不懈求索；遇到人间正道走不通的时候，可以独善其身，静修身心。这些说明屈原是性命双修的，而不会把所有的期待都寄托于楚王。

不读《孟子》会缺少浩然之气，不读《庄子》则精神难以逍遥。孟子是主张积极有为的儒家学派代表，但是孟子深谙养生修炼的道家学问，孟子的"夜气"说就是很好的例证；庄子是道家逍遥思想的典型代表，但是庄子也充

---

① 洪兴祖. 楚辞补注 [M]. 白化文等点校. 北京：中华书局，1983. 第 27 页。

满儒家情怀，《逍遥游》中关于北鲲南鹏的描述体现出庄子思想的圣人之象，庄子也是真正的儒家。这些说明儒道思想是兼容互补的。屈原同样具有圣贤情怀和修身思想，要性命双修，要立德立功立言。

如何理解屈原的沉江呢？《周易》曰："立天之道，曰阴与阳；立地之道，曰柔与刚；立人之道，曰仁与义。"① 杀身成仁，舍生取义是诸多仁人志士的选择。明末清初哲学家方以智提出一体三位、三位合一思想，很能帮助理解屈原的沉江。方以智认为屈原之所以选择投江，是要以行动成就人道，是要实现人生至高无上的追求。子曰："朝闻道，夕死可矣。"② 屈原以沉江成就了自身清清白白的仁义追求，体现出闻道之人看破生死的心胸。佛教认为身体是臭皮囊，真正的读书人是知道臭皮囊无法长久的。屈原以沉江之行为在天地间立其清清白白的人道。

屈原写过《卜居》来说占卜方面的事。朱熹认为，屈原写《卜居》的时候，内心明明知道是非判断，写出来是为了警示世人。《卜居》中，屈原用八个疑问写出了自己和世俗对世道的认识："吾宁悃悃款款，朴以忠乎，将送往劳来，斯无穷乎？宁诛锄草茅以力耕乎，将游大人以成名乎？宁正言不讳以危身乎，将从俗富贵以偷生乎？宁超然高举以保真乎，将哫訾栗斯，喔咿儒儿，以事妇人乎？宁廉洁正直以自清乎，将突梯滑稽，如脂如韦，以洁楹乎？"③ 世间之事，如小学功夫所关注的洒扫应对、待人接物，世俗之间的事全是待人接物。屈原从问自己是应该诚恳朴实、忠心耿耿，还是应该迎来送往、巧于逢迎而摆脱困境开始提出多种疑问。屈原的志向明显是要与黄鹄比翼，而不像世人那样与鸡鸭争食。屈原要走一条全新的道路，以自己的行为成就圣贤理想，而不走一贯的委曲求全之路。

屈原的心中对自己将何去何从非常清楚。占卜师灵氛告诉屈原不必太留恋楚国，"何所独无芳草兮？尔何怀乎故宇？"④。从灵氛告诉的话语可知屈原当时占卜到的是鼎卦，因为鼎卦是鼎新、远走他乡的意思。灵氛希望屈原像范蠡、伍子胥那样远走他乡。但是屈原不愿意按照卦象之意去做，而是按照巫咸所示，而有坚守圣贤之志、效法天地而立人间正道之举。"巫咸将夕降兮，怀椒糈而要之。百神翳其备降兮，九疑缤其并迎。皇剡剡其扬灵兮，告

① 周易 [M]. 郭彧译注. 北京：中华书局，2006. 第403页。
② 论语·大学·中庸 [M]. 陈晓芬、徐儒宗 译注. 北京：中华书局，2011. 第42页。
③ 洪兴祖. 楚辞补注 [M]. 白化文等点校. 北京：中华书局，1983. 第177页。
④ 洪兴祖. 楚辞补注 [M]. 白化文等点校. 北京：中华书局，1983. 第35页。

余以吉故。曰：'勉升降以上下兮，求矩矱之所同'。汤、禹俨而求合兮，挚、
咎繇而能调。"① 巫咸明示，要不畏艰难，即使要上天下地也要不畏艰难，寻
找德行好、准则一致的人，成就圣贤人格和人世理想。巫咸还列举了商汤夏
禹严谨地追求合道，伊尹皋陶因而能与之协调一致等例子，勉励屈原要不畏
艰险地追求圣贤之志。

屈原按照巫咸所指，选择圣贤之路而行，这是效法天地的持节而动之举。
如《中庸》所说："大哉圣人之道！洋洋乎！发育万物，峻极于天。优优大
哉！礼仪三百，威仪三千。待其人而后行。故曰：苟不至德，至道不凝焉。"②
君子之道、圣人之道会对世人产生很大的影响，屈原不为个人着想，而选择
以身殉国，成就圣贤理想。屈原如果按照占卜所示去做，只关心个人休戚，
远走他乡即可。但是屈原选择了圣贤之路，走至道，行至德，立人道。

由此可见，《离骚》不仅仅可以作为诗词去欣赏，而且可以作为天地大道
来学习。

---

① 洪兴祖．楚辞补注 [M]．白化文等点校．北京：中华书局，1983．第 37 页。

② 子思．中庸 [M]．莫非编译．北京：中国华侨出版社，2016．第 245 页。

高校国学通识教育的课程定位研究

朱光磊　　王淑芮[*]

（苏州大学 政治与公共管理学院，江苏苏州 210093）

摘　要： 通识教育追求完整的人的理念与中国国学教育追求人性真善美的核心诉求殊途同归。将国学教育纳入通识教育体系之中，乃为高校通识教育改革的重要维度。国学通识教育的践行是一个长期且艰巨的过程，不是盲目复古，而是需要从具体国情出发，有目标、有计划、有组织地展开。

关键词： 通识教育　国学教育　完整的人

项目基金： 本文为国家社科项目 "先秦诸子社会治理的思想体系与理论判释"（18CZX041）阶段性成果；2017 苏州大学高等教育教改研究课题 "高校国学通识教育的内容与方法研究"（5731504418）。

现代大学普遍实行学术分科的专业化教育。知识体系在专门化的趋向下被逐渐分割，使得不同学科之间出现了越来越多的隔阂。随着大批量的专业化人才不断地被 "制造"，就业市场上供大于求的现状愈来愈严重。然而，随着时代和社会的进步，应聘者的思想文化素养和完善的知识结构显得愈发重要，社会需求更多地倾向于综合型和全能型的人才，而现代大学专业化教育培养出的人才明显与这一要求背道而驰。

19 世纪不少欧美学者已经意识到现代大学专业化教育所带来的人才问题，由此，提出了 "通识教育" 这一理念。为了能够使学生适应多种知识结构，与社会所需要的完整的人才的需求相契合，"通识教育" 这一理念逐渐被欧美大学广泛接受。

---

* 朱光磊（1983— ）男，江苏苏州人，苏州大学政治与公共管理学院哲学系副主任，副教授，研究方向为中国哲学；王淑芮（1999— ），女，江苏盐城人，本科生。

　　我国专业化教育的实施更为根深蒂固。一方面，我国长期处于计划经济体制之下，把学生的学习限制在一个狭窄的知识领域范围之内，学生的综合素质普遍较低；另一方面，在中华人民共和国建立初期，我国致力于模仿苏联的教育模式，一直将"专业对口"的技术型人才奉为人才培养的目标，造成学生很难适应社会上不断更新的岗位需求。由此，我国高校通识教育的改革迫在眉睫。我们不应该只专注于学生在专业化方面的挖掘，更需要将目光放在学生的综合素质能力的培养上。

　　在通识教育改革进程中，对于国学资源的利用和开发是必要的，同时也是可行的。作为有着五千年历史的古国，中国优秀的传统文化可谓异彩纷呈。如何使得传统永葆青春与活力，从而在一代又一代的中华子孙当中传承下去？笔者认为将国学教育纳入高校的通识教育体系之中便成了一个不错的选择。传统国学教育将"真善美"作为永恒的价值追求，将"君子"作为持续的人格标准，与通识教育的理念可谓异曲同工。因此，通过通识教育的方式来赋予国学教育新的活力和生命力，在育人的同时亦能更加有效地激活并发展传统。

一、通识教育的古今流变

（一）历史渊源

　　正如前文所述，现代国内高校所流行的"通识教育"实则是从欧美引进而来。但是"通识教育"这种培养完整的人的理念源头却可以追溯到古希腊时期。在英文中，通识教育可译为"Liberal Education"，也就是"自由教育"或者"博雅教育"。柏拉图曾说："如果目的是为了寻求美者和善者，我说这门学问还是有益的，如果是为了别的，我说它是无益的。"[①]在柏拉图看来，教育是一门关于寻求美和善的艺术，不是为了满足自己的功利之心，我们不能将学习所获得的知识仅仅用于满足物质层次的需求，更应该用于实现自身的心灵富足和自由。亚里士多德也曾有过类似的表述："父辈对诸子应该乐意他们受到一种既非必须亦无实用而毋宁是性属自由、本身内含美善的教育。"[②]同样的，在亚里士多德看来，我们应该摆脱物质性和功利性的束缚和捆绑，

---

① 柏拉图.理想国[M].北京：商务印书馆，1986.第531页。
② 亚里士多德.政治学[M].北京：商务印书馆，1965.第412页。

接受"自由""内含美善"的教育，不断完善自己的灵魂，从而将自身灵魂引向真善美的所在。

（二）现代发展

在英文中，"通识教育"还可译为"General Education"，也就是"一般教育"或者"通才教育"。这种翻译也更为接近现代大学所公认的通识教育的理念。通识教育现代理念的产生是以 1936 年芝加哥大学校长赫钦斯发表的名为《高等教育在美国》一书（其中第三章就直接以"通识教育"为标题）以及 1945 年哈佛大学发表的《自由社会的通识教育》一书为标志。两者阐述的通识教育的理念一脉相承，都可视为现代高校通识教育基本理念产生的源头。

赫钦斯所处的时代，正逢美国的实用主义泛滥时期，教育上的专业划分便也愈发猛烈，个人所接受到的知识面也越来越狭窄。在专业技能深化的同时，个人主义的浅薄和缺漏也得到更大程度上的扩大，使得培养出来的人才难以适应美国社会的需求。而像赫钦斯这般具有先觉性的欧美教育者们，就看到了美国这种令人担忧的教育前景，由此提出通识教育这一理念来培养具有人文情怀的完整的社会人。而在哈佛大学发表的《自由社会的通识教育》一书中，也明确地对"通识教育"给出了阐释："学生在整个教育过程中，首先作为人类的一个成员和一个公民所接受的那部分教育。"① 每个人作为人类以及社会公民集体当中的一员，首先应该拥有整体的社会责任感，通识教育就在于能够引导学生如何在这个社会中成为一个拥有责任感、富有思想的人。

二、国学教育的历史演变

（一）国学的历史渊源

"国学"一词，泛指中国固有的传统学术。虽然其研究的对象具有悠久的历史，但其自身的学科名目却源自近代。随着西方文化的侵入，西学之风逐渐盛行，而与之对应的中国学术就称之为"中学"。面对中学传统的逐步衰落，当时的国内维护传统的学者开始自觉地捍卫"中学"的地位和尊严，从而也将"中学"改为"国粹"。由于"国粹"只是局限于对传统古代文献的学习与考究，所学习的知识比较有限和狭窄，所以演变成了"国学"，从古代文

_____
① 转引自王丽娟、姜伟宏．赫钦斯的通识教育理念述评 [J].当代教育科学，2009(15).

献的考据转变为整体性的传统文化的研究与弘扬。

（二）传统国学教育中蕴含的通识理念

国学教育多以中华传统经典书籍为主要载体来传授中华民族的传统价值理念。在历史长河中，我国古代的教育大师们都不以传授专业的知识为重，而以道德教育、人文教育为核心。先秦时期的儒学教育，主要是以《诗》《书》《礼》《乐》《易》《春秋》"六经"为核心的学习，并传授"书、数、礼、乐、射、御"六艺之学。在一些古代典籍中，也有非常明确的类似于通识理念的表述，例如《中庸》中的"博学之，审问之，慎思之，明辨之，笃行之"，博学位于首位，需要广泛地理解事事物物，在博学的基础上继而审问、慎思、明辨和笃行，即是在事事物物上树立成就事业的道德目标并将之落实到真实的实践活动中。再比如，《礼记·大学》中提出的"大学之道，在明明德，在亲民，在止于至善。"人需要自觉自我的德性，并从物质与精神上帮助其他人，在成己成人的道路上不断前进以至完善。这些经典所秉持的价值方向，与我们如今的通识教育理念殊途同归。

（三）现代国学教育的发展

21世纪的"国学热"从2000年开始兴起，"国学热"中，有三个代表性事件。其一，在2003年，编纂"儒藏"的庞大工程被教育部给予立项支持，扶植成国家重点社科项目。北京大学、四川大学等高校就这个项目展开了相应的编纂研究工作，并得到了社会各界的广泛关注，让大众再次聚焦于"国学经典"。其二，在2004年，由许嘉璐、季羡林、任继愈、杨振宁、王蒙等知名学者倡导并发起的"甲申文化宣言"。此宣言的发表影响颇广，可以视为政府、专业学者、文化人士对于中华文化的一种共识。在文化多样性的背景下，"甲申文化宣言"的发表进一步明确中国社会中的精英阶层对于中华文化普遍认可的态度，无疑再次上升了国学在大众心中的地位。其三，2006年1月《光明日报》国学版的正式推行。在大环境的倡导下，国学知识愈发的进入大众的生活之中，这也逐步提高了国学教育的重要性。

三、国学通识课程的定位

随着专业化教育的弊端日益显现，通识教育课程体系在高校教育体系之中所占的比例越来越大。而将培养人文精神作为通识教育的主要目标，在中西教育中都有所展现。例如芝加哥的大学校长赫钦斯就以其独到的眼光将阅读西方经典、培养人文精神作为通识教育体系的核心诉求，这一提倡可谓回归了古希腊时期完善人性、追求自由、推崇人文的教育理念。而在我国，2014年教育部印发了《完善中华优秀传统文化教育指导纲要》，明确深刻提出了"深入学习中国古代思想文化的重要典籍，理解中华优秀传统文化的精髓"的要求。《纲要》的发布可以视为对于国民人文精神回归的一种期望。

高校作为文化教育的领军者，应该承担起培养国民人文素质和科学文化素养的责任，通过开设国学通识课来促进和做好新时代的通识教育工作。

（一）国学通识课的设置必要

随着通识教育理念的逐步盛行，国内许多高校也将通识课程体系纳入整个教学体系当中，且比例在不断提高。但是通识教育在实践中也存在一些误区，需要我们进一步注意和思考。其一，对"通识教育"中"通识"这一理念存在偏差。"通识"并不是表面意义上的"通才""全才"，"通识教育"的本质更应该表现为一种自由和人文的教育，它要提高和完善受教育者的人性和思想文化素质。因此，通识教育是一种理念价值与学识素养的培养，而不是对门门科目都做一个概论式的了解。其二，通识课的开设和设置也存在不合理之处。许多高校只是为了跟上践行通识教育理念的大流，却忽视了通识课程的真正内涵和本质。一些高校只是将各学院的专业课程的内容稍加稀释，授课老师也故意将教学内容讲得宽泛一些，便成了所谓的通识课。这样的课程偏离了通识教育的主旨，而仍旧是专业教育的变相表达。学生在通识课程的内容选择上，还是偏向于功利性和实用性，缺乏真正能够提高学生自身修养和综合思想素质的优秀通识课程。因此，将国学教育体系纳入通识教育体系之中是高校通识教育改革的重要维度。其三，通识教育课程的教学形式陈旧。通识课的目的不是具体知识的学习，而是价值与素养的培养。如果教学内容理论性太强，容易成为学生的第二专业，而从价值引导转变成传统的知识记诵。这样就无法达到通识课的目标。

国学通过通识课程的传授，可以很好地避免上述第一个误区，但在第二、第三个误区上，则需要教学老师有所创新。国学通识课不是文史哲专业的简单化，也不是传统的解经学、注经学，而是借助国学经典文本来阐发理念培育人文精神的一种教学模式。

（二）国学通识课的实施建议

1. 教育目标：完善人性与立德树人

国学通识课程不能仅仅局限于传统文化知识的传授，而应该巧妙地和思想品德教育、理想信念教育相结合。① 在一般高校当中，思想政治课基本上是以通识课程中的必修课的形式出现的，但部分老师照册宣读，对书本知识进行灌输式教学，学习效果往往南辕北辙。如何能够让学生在潜移默化中得到思想德性的升华与完善？是思想政治教育工作者的重中之重。优秀中华传统文化是我们社会主义文化的重要组成部分，国学通识课与思想政治课可以相互补充，共同为塑造社会主义核心价值观服务。我们应努力将高校的国学通识课打造成育人的殿堂，在彰显中华传统文化魅力的同时，将爱国主义观念、集体主义精神等社会主义核心价值观贯穿其中，从而增强学生的民族自信心、提高学生的民族自豪感和使命感。

2. 教育内容：经典阅读与主题学习

国学课程群的课程内容可以基于两部分设计，第一部分是以经典国学名著阅读的形式，扩充学生的国学文化知识储备。教育者自身也应该具备深厚的国学文化知识和相当的国学素养，从而在学生进行经典阅读时给予正确和恰当的指导和阐释。这一部分主要是为了在充实学生国学知识的同时，能够提高学生对于经典文化的兴趣，继续主动地学习和了解相关知识。第二部分是以主题教学的形式，将国学内容分成相对应的模块主题，进一步深化学生的知识修养和思想素质。例如中国儒释道三教中的哲学思想、文学名著中的情感教育、历史变革中的管理智慧等课程，将国学文化划分为不同的思想体系，从中汲取促进学生多方面发展的智慧。②

3. 教育原则：循序渐进与由浅入深

国学教育作为通识教育体系中的重要组成部分，应该紧紧围绕通识教育的理念和目标，通识教育旨在培养完整的人，教会学生如何做人，这就注定了通识教育必定是一个长期且艰巨的过程，而对国学通识课程的践行也必须要有目标、有计划、有组织地进行，不能急于求成。再者，国学涉及范围极其广泛，它包括自然科学和社会科学的各类学科，因此，我们在高校设置国

---

① 关健英.“国学通识课”的教学倡导与育人导向——以“中华传统美德”课程为例 [J]. 思想政治教育研究，2017(5).

② 具体的设置可以参看付以琼.国学课程群在高校通识教育课程体系中设置的若干设想 [J]. 江西广播电视大学学报，2011(4).

学通识课程内容体系时，一定要规划好课程教育的先后顺序，遵照循序渐进的教育原则，将国学通识课程的内容按照由浅入深的顺序设置成相互关联的教学模块，在教学设计时也应该根据受教育者的接受状况，因材施教，逐步传授。

4.教育方式：启发教学与实践教学

国学通识课程的教育方式可以采用一般教学方式，将课堂教学与实践教学结合起来。课堂教学以教材文本作为主要学习和传授的对象，结合多媒体的教学设备，讲授国学的通识基础内容，主要为学生提供国学的必备知识架构，并根据实际情况采取相应的考试抽查来巩固学生的基础国学知识。但此类识记性的环节不宜过多，侧重在实践中进行记忆，而不是理论到理论的记忆。课堂教学应该以启发式教学为主，而不宜在考据训诂上花费过多的精力。实践教学多采用寓教于乐的活动形式，广泛开展与国学相关的社会和校园活动，例如：国学经典阅读分享交流会、国学演讲比赛、国学知识竞赛等校园活动，社会活动可通过社会实践的形式丰富学生的国学文化体验，例如学生组成不同的社会实践团体参观全国各地的民族文化风情，了解民族的文化差异，加深自身对于中华文化的认同感和自豪感。组织学生开展社会公益活动，服务社会等。不论是课堂教学的模式，还是实践教学的模式，都应该紧紧围绕提高国学修养、呼唤人文精神的目标导向。

四、结语

国学承载着中华民族的思想精华和道德价值，可以配合时代导向产生颇具影响力的教化功效。作为培养人文素养的通识教育在这个领域可以发挥较大的作用。我们不能完全照搬照抄西方的教育体系，也不能盲目地遵从传统的教育方式，而是需要根据通识教育的基本理念与中国社会的现实状况，创造性地在通识课中彰显国学通识课的文化维度，借助优秀中华传统文化，达到完善人才综合素养，丰富新时代文化建设的目的。

让中华优秀传统文化滋润我们的心田

——中华优秀传统文化进小学校园的探索与思考

唐晓俐 [*]

（安徽省芜湖市镜湖小学，芜湖，241000）

摘 要： 本文从"中华优秀传统文化进校园"的目的与现实意义谈开去，分析了"中华优秀传统文化进校园"的现实状况，以一所小学"中华优秀传统文化进校园"的探索实践为例，提出"中华优秀传统文化进校园"的内容选择要取其精华、去其糟粕的观点；具体阐述了"中华优秀传统文化进校园"的实施必须依据学生身心发展特点，分学段有序推进优秀传统文化教育，立足学校校园文化，积极构建优秀传统文化教育的课程体系。同时也引发三点思考：辨清良莠，避免中华优秀传统文化传播误区；学习和传承中华优秀传统文化避免浮光掠影；咬定一部经典读懂读透。

关键词： 传统文化；中华优秀传统文化；中华优秀传统文化进校园；中华优秀传统文化进小学校园

一个国家的自信本质上是文化自信，文化自信是更基本、更深层、更持久的力量。习近平总书记指出："中华民族生生不息绵延发展、饱受挫折又不断浴火重生，都离不开中华文化的有力支撑。中华文化独一无二的理念、智慧、气度、神韵，增添了中国人民和中华民族内心深处的自信和自豪。"中华

---

　* 唐晓俐（1972— ），女，安徽省巢湖人，中学高级教师，安徽省第十次党代会代表，省特级教师，享受省政府津贴，安徽师范大学校外兼职硕士生导师。教育部"两岸四地"小学语文研讨内地专家、中国对外交流部华文指导专家、人民教育出版社小语教材培训专家、全国"优课"评审专家。现任芜湖市镜湖小学书记、校长。学校 2017 年被评为全国"巾帼文明岗""全国首届文明校园"。研究方向：中华优秀传统文化与小学校园文化建设。

优秀传统文化是中华民族的"根"和"魂"。我们作为教育工作者理应坚守精神家园，激浊扬清，弘扬优秀传统文化，努力成为中华文化的笃信者、传承者、躬行者。如何合理地利用好我们传统文化资源，让其成为价值无尚的春雨，去滋润孩子们核心价值观的心田，这是我们教育工作者在弘扬传统文化上面临的一道严肃课题。

一、"中华优秀传统文化进校园"的目的与现实意义

（一）"中华优秀传统文化进校园"的目的

2014年3月，教育部颁布了《完善中华优秀传统文化教育指导纲要》明确指出"完善中华优秀传统文化教育"，首先要求我们重新认识中华优秀传统文化教育的价值；其次要求我们系统研制、开发中华优秀传统文化教育的课程：中医、中国书道与绘画、中华武术、剪纸、木刻年画、礼仪、节日与庆典等，只有走进课程，成为教学内容，才能够真正被学生掌握；还要求我们在学校生活中全面贯彻"用中华优秀传统文化为学校立魂"的主张，通过开展"文化植根""文化塑形""文化育人""文化强师""文化立信"等方面的学校文化实践，将中华优秀传统文化的精神、理念渗透到学校建设的各个领域，让学校环境、教育行为的细微处浸润中华优秀传统文化的精神，让公民、生命、科学、数学、语言、历史、艺术、体育等课程都闪耀着中华优秀传统文化的熠熠光芒，让中华优秀传统文化以现代的躯体重生。可见，中华优秀传统文化进校园，乃是树立和增强学生的民族自信心、弘扬民族精神、提高学生的思想道德素质的重要途径。

（二）"中华优秀传统文化进校园"的现实意义

在两会首个"部长通道"上，传统文化怎么进校园，教育部长指了一条通衢大路："覆盖各学段，融汇到教材体系中，贯穿人才培养的全过程"。随即，中办、国办公布了《关于实施中华优秀传统文化传承发展工程的意见》，这是首次以中央文件形式专题阐述中华优秀传统文化传承发展工作。《国家"十一五"时期文化发展规划纲要》指出："重视中华优秀传统文化教育和传统经典、技艺的传承。在有条件的小学开设书法、绘画、传统工艺等课程，在中学语文课程中适当增加传统经典范文、诗词的比重，中小学各学科课程都要结合学科特点融入中华优秀传统文化内容"。

由此可以看出中国传统文化教育对当前小学生的教育意义是非常迫切的，且是重要的。因此我们作为一个教育者有责任保护好我们的文化遗产，在教育小学生的过程中要大力宣传和弘扬中国传统文化，吸取其精华，摒弃其糟粕，增强学生的民族自豪感，培养学生爱国主义的情感，这是教育的根本，也是国计民生的大事。

二、"中华优秀传统文化进校园"的现实状况

（一）当代小学生对传统文化的认识比较模糊，兴趣也比较淡薄。

由于认识的模糊，很多小学生对传统文化等同于就只是古诗词、文言文等，他们认为，只要学习了文言文、古诗词，就是传承了传统文化，忽视了中华优秀传统文化滋养人、感染人、激励人的作用与价值。

（二）学校里关于传统文化的教授和传播方式很单一。

不少教师在方式方法上以简单灌输和说教为主，将学科教学中彰显中华优秀传统文化的育人价值异化、窄化为政治思想教育，"贴标签""喊口号"式地让学生"接受"优秀传统文化。

（三）有一小部分家长能认识到传统文化的重要性，也会多多少少让孩子们在课余时间学习传统文化，但是大部分家长都没能意识到：家庭对孩子的教育在小学阶段的作用不可或缺。

（四）传统文化中的道德观念能够很好地提高人们的素质，但是对中国传统美德宣传的缺失，也使得素质方面的发展变得较为缓慢，而素质教育的无法真正落实，也使得中国传统文化道德观念难以大范围传播。

三、"中华优秀传统文化进校园"的探索

（一）"中华优秀传统文化进校园"的内容选择

传统文化越来越受重视，而这种重视表现在传统文化将选入高考命题。这是时代的要求，这是民族复兴的要求，值得高兴。但在国学热起来的时候，我们更必须注意，传统文化典籍中精华与糟粕并存，我们将其引入校园必须注意筛选，扣住"优秀"二字，不宜不做分辨。小学生的思想认识在某种意义上还是张白纸，他们的理解、思辨能力还很有限，接触传统文化还是以识记为主，如果有腐朽落后的、过时的思想内容进入他们的头脑，它们也会像美德一样在他们头脑中生根发芽，对他们的不良影响也将伴随一生。

（二）"中华优秀传统文化进校园"的实施途径

中华优秀传统文化传承体系是一个开放系统，进校园的路径主要有：一是内引，中华优秀传统文化进校园、进网络、进教材、进课堂、进头脑、进实践。二是外联，就是"请进来，走出去"。

（三）镜湖小学"中华优秀传统文化进校园"的实施方法

1. 依据学生身心发展特点，分学段有序推进优秀传统文化教育。

核心素养是落实素质教育目标的关键要素，它是素质教育研究的再出发。中华优秀传统文化教育，是教育改革与学校建设的重要内容，也是教育教学方法创新的主要抓手之一。

校园中的青少年正处于人生观、价值观形成的重要阶段，不同年龄阶段的学生身心发展具有不同的特点，对中华优秀传统文化也有各自的认识和理解。因此，在小学校开展优秀传统文化教育应以各个年级学生发展的特点和需求为出发点，有选择地进行培育。正如《纲要》中指出的："小学低年级，以培育学生对中华优秀传统文化的亲切感为重点，开展启蒙教育，培养学生热爱中华优秀传统文化的感情；小学高年级，以提高学生对中华优秀传统文化的感受力为重点，开展认知教育，了解中华优秀传统文化的丰富多彩。"从中不难发现，针对各个年龄段的学生，传统文化教育的侧重点各有区分，从感性认识到理性认同，"梯级式"的培养目标对于系统、全面地在小学校开展优秀传统文化教育具有重要的指导意义。 为此，学校以"语文学科中彰显中华优秀传统文化课堂教学实践研究"为突破口，分层有序推进落实。

（1）潜心研读文本，分层设计教学方案。

作为母语教学，语文学科以其丰富的人文内涵和文化积淀，在引领学生继承和弘扬中华优秀传统文化、增强学生对民族文化的认同感、丰富学生的兴趣、拓展学生的语言技巧与能力等方面具有不可替代的优势。

我们在低年级段的"识字教学"和"阅读教学"中，精心设计，有效把握，在字词教学过程中渗透文化元素，以合适的角度、深度教授汉字的构字规律，以词义的感悟为核心，适度挖掘一些汉字中凝聚的民族文化，这样做不仅可以有效地激发学生学习汉字的兴趣，使汉字教学达到事半功倍的效果，也可以让字词教学成为融入阅读教学的"一溪活水"，来滋润学生的阅读历程，使其获得文化的熏陶。

（2）开展丰富的综合实践活动，快乐走进传统文化。

彰显中华优秀传统文化教育可以通过丰富的语文综合实践活动，为学生构建多种平台，促进学生自主合作探究的综合实践活动中进一步走进民族文化，了解民族文化，培养对民族文化的认同感。利用教材资源，设计长期作业《可爱的中国调查报告》《走进诗歌》《中国的传统节日》等等，让学生在阅读材料、组织材料向他人介绍自己的综合实践活动报告中，既拓展了信息的提取能力，也培养了语言表达能力，并在活动过程中进一步体会中华优秀传统文化的博大精深。

2. 立足学校校园文化，积极构建优秀传统文化教育的课程体系。

（1）物"中华优秀传统文化"情：创设万物于人皆工具的物型氛围，校园建设与教育价值、课程开发、学科文化、专业创造等有机地结合起来，学校创建学科之境，学生乐享学习之美。物型课程拓宽了广大教师的教育视野，推动学科文化创生，促进教育教学转型，教师成为物型新思维的"物化理念传播者"。

物型课程从物出发，至于育人，将我国社会主义核心价值观物化到学校的空间、物器、材料层面，以文化物、以物化人，提升校园生态发展的核心品质，建构学生与核心价值观相契合的更具深度的精神素养。丰富有趣的物型课程，是对校园生态的重新定义，即通过不断增加校园建设中的课程价值和审美趣味，来构筑向学的立体校园和知识空间，通过教育环境的改变，凸显"立德树人"的教育意蕴，撬动育人模式的转型，促进教学方式的变革，推动教育朝向本原的理性回归。将物态文化景观转变为孩子学习的"境"、实践的"场"、创造的"器"、体验的"坊"，让儿童在开放自然的学习成长中探其源、求其真、赏其韵，获得自我成长的滋养，促进教育悄然发生。可以说，物型课程是学校立德树人落地落实的转型升级的必然发展、必然选择。

（2）物"中华优秀传统文化"语：创建与教学内容相融的校园造型。赋予校园建设更显现的课程寓意，在更多教育体验的课程实施中提升校园品位。物型课程的精髓就在于"心中有课"，广大教师在"物质—环境—行为—育人模式"的实践过程中，逐步地成长为"物型育人模式的实践者"。

一起研发构建"中华优秀传统文化课程"。发动全体教师参与"中华优秀传统文化课程"研发，"一枝一叶总关情"，让知识拥有温度，让物件拥有情感。围绕核心素养十八条，以"求真能容"这一关键词组建了"中华优秀传统文化课程"后，最关键的一步就是把原有的学校文化景观、专用教室装备等教育教学设施，通过重新进行功能定位，形成"五爱"主题的"一带一路"，

"五爱"是"爱党""爱国""爱家乡""爱生命""爱科学";"一带"是由通道文化、廊道文化、楼道文化等构组而成的"求真能容"文化带;"一路"则是各个通道、各个廊道、各个楼道所呈现的各具特色的"中华优秀传统文化课程"主题文化路。

一个洁净雅致的校园环境就是一部立体的、多彩的、富有吸引力的教科书,她陶冶学生的情操、美化心灵、启迪智慧。中国文化符号的红灯笼和中国结点缀着校园,在校园中彰显着"中国风"。"芜湖十景"中的徽雕、铁画、马头墙,让孩子们了解徽派建筑的魅力。"二十四孝长廊",弘扬中华孝道文化的精髓。非物质文化遗产的"二十四节气"宣传栏和台阶,讲述中华民族悠久的民俗文化。

镜湖小学围绕"给孩子一个多彩的童年"办学理念,弘扬传统文化,涵养人文情怀,塑造文化人格,提升人格境界,让每个孩子成长为具有"中华之底蕴,现代之气息的社会责任人!"微山微水的校园是让人心灵放松的港湾。"山"有立体感,高低错落有致;"水"有灵动美,河塘水映天。无论是"山"还是"水",都要强调原生态的建设。植被配置,让每一种植物都成为知识源。树木是最具人文意象的植物。植被配置应做到丰富而有意境,使教育能触及学生灵魂深处。在寓意上,校园内栽种深具人格意象的树木,如柳梅松竹等,形成室外植物与室内教学内容相通相接的情境。在质态上,有大树、老树、高树、奇树、名树、枯树,隐现的高远、沧桑和质感,将人的思维引向苍穹,走向高远。在色气上,以"树色"激荡意气风发,强调校园按树色及其生长时令有机搭配。在意境上,或以带状突出林荫大道的"线感"。校园中讲究山石布置,家无石不安,水无石不清,园无石不秀。让一块好的石头切合地置于校内从而产生意想不到的效果。镜湖小学校园内的一树一花、一砖一瓦,都凸显出中国文化元素,把东方文明的独特魅力展现得淋漓尽致,古典神韵、中国气韵构成了物型校园的中国气派。

人人参与"中华优秀传统文化课程"课程中心建设。贴在墙面上的仅仅是规划,落实在课程中心的才是课程实施。镜湖小学通过重组与新建课程中心,形成学校的"活动课程"和"社团课程"让"中华优秀传统文化课程"的有效实施成为可能。

"国无德不兴,人无德不立",2017年镜湖小学德育"月月红"活动围绕"立君子志、养君子德、践君子行"开展了一系列"中华优秀传统文化"活动课程:"传统礼仪课程"在每学年一年级新生入学之时,举行"开学入笔礼",

利用背诵《弟子规》和学习"仁、义、礼、智、信"等传统美德，作为养成教育的入门之学，打造学生德育基础；"传统节日课程"是学校利用喜气洋洋的春节、张灯结彩的元宵节、怀乡祭祖的清明节、团团圆圆的中秋节、纪念屈原的端午节等中国传统节日，开展制作灯笼、吟诵古诗、飞花传令、邮票设计、包粽子等主题活动，增强孩子们中国传统文化的感情；"民族服饰节课程"是在"六一"儿童节时举行全校"民俗风情游园"，让中华传统文化民族服饰带给孩子们"一带一路"民族情。

在这众多子项目的整合效力之下，"月月红"德育活动俨然成为镜湖学子们充分展示自我、张扬个性的舞台，对学生文化涵养的养成有着巨大的推动作用，"中华优秀传统文化"课程建设已经具备相当的成效，在省内外都产生了广泛的影响，也不断提升教师职业幸福感，促进教师业务提升与学校科学可持续性发展。

（3）物"中华优秀传统文化课程"道：创立求物之道的课堂生态。通过开发丰富而有中华优秀传统文化美感的课程资源，重构学习空间，让学术形态的内容以教育形态、生活形态的内容呈现。创新教学方法，改变当前的教育形式化、冷硬化打造美感课堂，最终形成学科教学生态，教师成为手脑合一的"中华优秀传统文化创生者"。

"与国学同行，与圣贤为友"，2017年镜湖小学"日日新"城市少年宫围绕"弘扬传统文化，开启智慧人生"，在"中华优秀传统文化课程"建设上进行了艰难探索，深入推进，做到了"四走进"："走进课堂"，经典诵读进课表、硬笔书法进课堂、太极拳术进大课间、国乐经典进校园广播，让孩子们长期地耳濡目染，接受中国传统文化的熏陶；"走进社团"，"日日新"城市少年宫每天下午免费向学生开放，形成"琴棋书画、中国戏剧、经典诗文、民间工艺、中华武术"国学文化教育系列校本课程体系，开设国画、围棋、民乐、太极拳、书法、黄梅戏、剪纸、陶艺等十几门国学文化提升课程，聘请优秀专家、业内人士担任辅导教师，每天下午两节课后学生自主选择学习，学生参与率达90%。为了更好地让"中国国学进校园、中华文化扎根镜小"，学校连续七周开展"国学小达人"评比活动，展示包括吟诵古诗、唱传统戏曲、书画作品等，让孩子们感受到国学的博大精深；

"走进大师"，镜湖小学"真容国学堂"开设"五艺"课程：读经典品传承、习书法品意境、绘国画品神韵、锻铁画品风骨、抚古琴品音韵，让孩子们与国学大师面对面师徒结对学习，热爱"非遗"艺术，传承"非遗"艺术；

"走进基地"，学校与雨耕山非遗基地和芜湖市博物馆进行馆校共建，让孩子们走出校园，走进基地，认识了解芜湖历史及安徽省非物质文化遗产，进行本土传统文化教育。

风雨兼程，沧桑砥砺，春华秋实！中国传统文化所创造的精神财富与物质财富，在教书育人过程中发挥着特殊的作用，给学校带来了诸多荣誉。学校是全国围棋育苗工程培训基地。民族舞蹈《元日》作为芜湖市少儿春晚压轴节目。"镜娃"民乐社团在全国中小学艺术展演评比中获得金奖。"笠翁对韵"经典诵读节目获芜湖市一等奖。

目前，镜湖小学本部和汀棠两校区共59个教学班，学生3958名，教师165名。2017年5月19日，国家副主席李源潮到学校调研给予高度评价。《人民日报》、中央一台、新闻频道、《安徽日报》、安徽新闻等媒体进行报道。在真切感受着校园每座墙的言语、每个孩子成长故事的同时，我们深刻地感受到学校文化不仅是环境的建设和知识技能的传承，更是校园中人的行为习惯、理想信念的体现，是一种精神文化。她拓宽着教育内涵，激励着一代又一代镜小的莘莘学子，让每一个镜小的孩子在"镜湖娃 中国韵"中国传统文化滋润下，成为立足中国传统文化的根具有国际视野的全面发展的人！

四．"中华优秀传统文化进校园"的几点思考

（一）辨清良莠，避免中华优秀传统文化传播误区。

"中华优秀传统文化进校园"自提出到全面推广，时间相对较短，存在对中华优秀传统文化的定位理解模糊化的现实困境。传统文化进校园的过程中，出现了庸俗化、市场化、商业化的倾向，传统文化的内涵被扭曲和误解，所谓"传统文化"离我们的校园不是近了，而是远了。因此，面对"传统文化进校园"的热潮，面对学生的渴望和热情，我们教育者要保持冷静的思考，特别注意传统文化教育中的鉴别筛选，甄别出那些真正有资格进入校园的内容，去粗取精、去伪存真，让学生尽可能多地了解那些纯粹的、美好的、健康的、积极的，能代表民族文化精髓、反映中华文化创新发展的内容。

（二）学习和传承中华优秀传统文化，避免浮光掠影。

目前，我国不同层次的学校基本都已开展优秀传统文化进校园宣传教育活动，但一些学校在开展活动过程中出现了重形式轻内容的"走过场"现象，

导致活动实效性弱、教育内容肤浅等问题，难以进入学生的内心。传统文化的学习与传承是一个长期的、潜移默化的过程，一两次进校园活动即便再声势浩大，影响力和渗透力毕竟是有限的。学校在开展优秀传统文化进校园时应遵循"守正中创新"的发展路径，利用本校师资和本土传统文化等资源优势，建立健全传统文化教学的长效机制；鼓励学生通过国学兴趣小组或者社团等组织形式，共学共享传统文化，让传统文化的火种在校园生生不息，而不要让"传统文化进校园"成为昙花一现的浮光掠影。学习传统文化才不仅仅局限于认得几个京剧脸谱、学会几句唱词、试穿过几套民族服装，才会演变成富含情感和文化内蕴的深层知识构架，才会转化为根植于学生内心的广阔情怀。

（三）咬定一部经典读懂读透。

今天的小学教育，课程按学科分类，五花八门，应有尽有，学生在课本学习以外，接触到许多的课外读物及网络、报刊、电视等，他们视野开阔，知识丰富，头脑灵动，青春四溢，这是古人所无法比拟的。但这些知识的学习并不深入，或浅尝辄止，或了无实践，或一知半解，或似是而非。我们知道无论古今中外，文坛名流、英雄豪杰，大多饱读诗书，但对他们起绝对影响作用的书籍，往往就是一两部书。其实，书不在多读，而在是否读懂读透，读到内化为自家的东西，能够在学习与生活实践中运用，才算是学到了家。温儒敏教授在语文统编教材培训会上就明确要求"读好书，好读书，读整本书"，"读书要多走几个来回"。说白了就是"书要掰开了、揉碎了、砸烂了、翻破了地读，读熟字面义，弄懂字里义，才是真正的读书。"如果每所小学，能够根据自身的特点与优长，引领学生读一两部经典，长年累月，坚持啃读，让学生在小、初、高的学习过程中，能够深入反复地熟读理解，则不仅能够达到"缘一生靠此为作文骨子"的目的，而且能够养成勤奋细心的读书做事习惯，培植爱书爱家、热爱传统文化的品德，立学修身，滋兰树蕙，可一举而数得。

"兴于诗，立于礼，成于乐"。中华民族的优秀传统文化是世界文化之瑰宝，是劳动人民的智慧结晶，中华民族的优秀传统文化进校园的根本目的是为了将博大精深的中华文化一代一代传承下去。文化教育的目的在于"化民成俗"，即要使被教育者"老吾老以及人之老，幼吾幼以及人之幼"，让中华民族的优秀传统文化成为人的自然行为准则，让中华民族的优秀传统文化中所倡导的美德蔚然成风。"忠孝仁爱信义和平"，从现实的、自己身边的伦理关系做起的行为，才能真正让走进校园的中华民族的优秀传统文化教育"接地气"，才能让中华民族的优秀传统文化教育走出书本进入生活，才能最终做到"润物细无声"。

十、新媒体视域下教学传播方法的革新

【**主持人语**】近两年"互联网＋翻转课堂"的教学模式，打破了空间、时间对教育发展的限制，打破了虚拟和现实的边界，实现了线上、线下教育的整合。与传统课堂不同的是，将线下空间接触延伸到网络空间，可以提高学生和教师之间的互动效率，使学生得到个性化的教育，让学生对自己的学习进程和状态负责，而老师只是学生身边的实时指导者。

本书在第二辑组了一个翻转华人高教传播课程的专稿，受到了热烈的反响。与第二辑技术导向的思路不同的是，本次专辑以实战为导向，三位受邀来自广东财经大学的青年教师，他们在教学实践上有着丰富实战经验，特别是在教学手段上和互联网有着密切关系。他们或是利用微信公众号进行课程教育，或是网络社群与线下结合，探讨如何与社区共建艺术课程，或是在课堂上建构迭代型翻转教学模式等等……既有成功的经验，也有缺憾和自省，希望总是在新时代教师们永不停滞的探索之中，至于成效如何，我们拭目以待。

在《微信公众号在营销课程中教学辅助方式探索》的文章中，黄嘉欣结合其《创业营销》课程的实例，探讨了微信公众号平台对于高校教师、高校学生以及社会人士的意义和作用，并展望了微信公众号在营销课程上的实践的未来。不得不说，在现如今微信已成为青年学子接触时长最久的媒介的今天，探讨利用微信平台发挥它的教学效果有着积极的意义。邹洁在《全局优化迭代型翻转课堂的运用探析》的文章中，从教学计划、教学设计、教学实践三方面展开研究，从宏观上构建了迭代型教学模型，在微观上提出了教学方法和实践路径。难能可贵的是，作者提出的模型既有实践意义，也有应用价值。许曦在《"小坡美术社"计划——以社区艺术进行大学生媒体素养教育》一文中，就其项目实践主体——小坡美术社如何在湛江市赤坎区老街以社区艺术为本，进行了大学生媒体素质教育进行探讨，探讨媒体教育计划所构建的是"文化能力"还是"艺术能力"。

目前的高校教育仍以论为主，教学方式陈旧，欠缺探索性和实践性。我们有理由相信，在三位笔者的研究视域下，相当于给教育工作者抛去了"锚"——既积极主动地发挥微信新媒体在教学中的作用，同时在翻转课堂上优化教学方式，课后借助"容器""基地"进行理论成果转化。只有不断推陈出新的传播教育手段，当代大学生才可能有更具批判性的思考、更具洞察性的观点，去创造新的民族未来。

（广东财经大学文化创意与旅游学院　邹洁）

全局优化迭代型翻转课堂的运用探析

——以《广告学》课程为例

邹 洁[*]

（广东财经大学，文化创意与旅游学院，广州 510320）

摘 要： 作为一种新的课堂教学实践形态，翻转课堂主张将知识的学习和构建真正还给学生。本文中笔者从教学计划、教学设计、教学实践三方面展开研究，从宏观上构建了迭代型教学模型，在微观上提出了教学方法和实践路径。通过探讨翻转课堂教学实践，是使教学实践更加靠近使人成为人的教育本真意蕴，亦是走出今日生成性教学实践所遭遇困境的可能行动。

关键词： 翻转课堂；优化迭代；教学

基金项目： 广东省教育厅教育教学成果奖（高等教育）培育项目；广东财经大学教研教改项目"微课与慕课背景下翻转式课堂的教学设计研究"

一、翻转课堂

翻转课堂是 2011 年之后教学领域内一个如火如荼的概念。它要求教师创建视频——视频可以是老师自己录制的课程知识内容，也可以是对相关的慕课资源的剪辑和整合，也可以是各大门户网站的视频案例等等，更可以是前几者视频内容的综合。学生课外观看视频讲解，回到课堂上师生面对面交流、讨论，共同完成课堂知识点的学习。翻转课堂的学习过程可分为：课前自主预习，学生分组讨论，师生课堂交互，教师重点引导等。这种新型教学能激

---

* 邹洁（1986— ），女，江西赣州人，广东财经大学文化创意与旅游学院讲师，传播学硕士。研究方向：新媒体广告研究，工艺品文化策划传播。

发学生的主动性，满足学生需求，弥补了传统灌输式教学的缺点[①]。

翻转课堂中学生自学的微视频或以微视频为核心资源组成的微课程在一定程度上更像是课堂学习前抛出的"锚"，这个"锚"可能是课堂进一步研习的问题域，也可能是对整个学习系统某一方面的进入。对微视频或者微课程承载的教学信息的进一步处理、加工，最后转化为学生自己的认知，即学生围绕微视频所提供的知识索引，借助于自己的主动学习、同伴交流、教师咨询及亲身体验去对知识进行富于个性化的理解和建构。在学生的建构过程中，教师的作用体现在对微视频内容的选择与优化，课堂练习及自习时学生的咨询选择的时机中，这与以往预设的"传递性教学"中教师"霸占课堂"，规引学生学习全过程相比无疑是有了革命性的改变[②]。学生在整个学习过程中有了知识自我建构更为便利的环境，如在家中接触新知识并产生了新旧知识的联系，在"同化"的同时，也产生了"顺应"前的冲突域，即认知冲突，亦即进入认知过程的"不平衡"状态。对于这种不平衡的打破或者超越，即认知结构的"质变"过程，则可以在课堂上完成，学习者在课堂上无须像以往一样去不断接受新知识，而是更多地选择去验证与创新知识，或者寻求教师指导或同伴互助。学生对知识有了新的解读，获得了自己的意义，将会受到尊重和鼓励。翻转课堂所注重的学生对知识的自我建构，实际上就是把发现知识的权利交还给学生，使学生成为知识探究和生成的主体。

可以说，翻转课堂是一种手段，它可以增加学生和教师的互动和接触时间，使学生得到个性化的教育，让学生对自己的学习负责，而老师是学生身边的实时指导者。翻转课堂结合了直接讲解和自主学习两种模式，有效地拓展了课程的时间和空间。

二、教学计划

首先，需要从大课程观的角度去审视翻转课堂，树立弹性、动态的开放型"学程设计观"。"教程"是从教师的角度去回答怎么去教，重点考虑的是教的流程，而"学程"是从学生的角度去回答怎么去学习，重点在于构筑利于学生自主学习流程。当下最为典型的方式就是采用"学习任务单"，所谓"学习任务单"，是教师设计的帮助学生在课前明确自主学习的内容、目标和

---

① 高守凯．翻转课堂与愚公移山 [J]. 中国教育报,2013(10)。

② 王媛．翻转课堂——生成性教学实践的新形态 [J]. 新疆师范大学学报（自然科学版），2018，37(02)：63—67。

方法，并提供相应的学习资源，以表单为呈现方式的学习路径文件包。设计好"学习任务单"的好处是，能让学生根据个人需要有一个自定进度的学习，即让每个学生按照自己的步骤，选择不同的通达步骤去学习，取得自主学习实效。学生的学习进度的快慢由学生自己选择，微视频也可以不断地得到温习，并容许学生犯错。学习任务单的设计应包含学习指南、学习任务、问题设计、建构性学习资源、学习测试、学习档案和学习反思等几项内容。在翻转课堂里，教学设计是必要的，也需要一定的预设，但这种预设不应是按部就班和过分统一的，而应是有弹性、有留白的预设。应该注重宏观设计，"着眼动态生成、突出系统开放、强调互动影响"。为此，任务单里设计到的学习任务尽可能多维通达、问题设计要有思考空间、学习资源要能建构，生成式添加、学习测试既要关注结果，更需要关注过程，体现出更多的包容度和自由度，并为教学资源的生成提供可能，为学生个体知识的生成创造有利条件，并且是一种宽容偶然性和突发性、促成多样性和创造性的计划。

三、教学设计

杰姬·格斯丁①提出了环形翻转课堂四阶段模型。翻转课堂分为体验参与、概念探索、意义建构、展示应用。罗伯特·陶伯特②提出课前、课中两个阶段。曾贞提出翻转课堂的三个关键步骤，即观看视频前的学习，观看视频时的学习，应用并解决问题的学习。张金磊在陶伯特模型的基础上加入信息技术和活动学习两部分。钟晓流等提出太极环式的翻转课堂模型。大学的学习环境宽松，学生们没有升学的压力，因此他们自主学习的欲望不强。教师常通过考勤约束学生，然而收效甚微。因此，如何激发学生的好奇心与好胜心，如何提高出勤率，如何提高学习效率是大学老师面临的主要难题。

此研究之前笔者已经小试牛刀，在省级教研教改课题的基础上，有了近一年的课堂实践。随着经验日趋成熟，在前辈和学者所建构的模型的基础上，笔者设计了如下的迭代型教学模型，以解决广告学专业教学中的难点与重点。值得注意的是，笔者所提出的模型和实践都是基于本专业的特点和培养要求（见图一）。

---

① Gerstein,J.The flipped classroom model:A full picture[EB/ O L].http:/ / user generated education.wordpress.com/ 2011/ 06/ 13/ the － flipped － classroom － model － a － full － picture.2011.

② Talbert.Inverting the linear algebra classroom [EB/ O L]http:/ / prezi.com/ dz0rbkpy6tam/ inverting － the － linear － algebra － classroom.,2011.

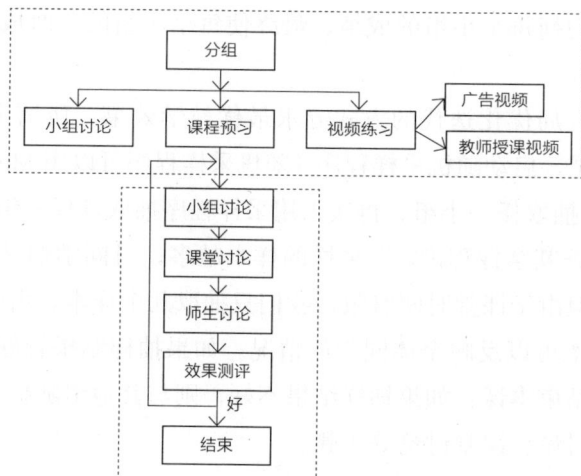

（图一）

在该模型中，总体上分为课下、课上两部分。课下包括课前预习、小组讨论、查找文献等环节，主要是学生的自主学习阶段；课上包括小组讨论、课堂讨论、师生互动、效果测评等环节，是教与学的结合。该模型总的目的是提高学生的积极性，使得广告学习成为一件有趣的事，使每节课能让学生获得成就感与满足感，树立学生的自信心。

具体操作如下：首先我们将学生进行分组。分组有几种方式，一是按学号划分，另一种是按绩点划分，还可以根据学生的意愿自由组合等。考虑到按学号划分时，成绩良莠不齐的学生如果被分到同一个小组，那么在小组讨论或者课堂发言时，基础差的学生会过分依赖基础好的学生，达不到提高成绩与广告理论水平的目的，因此我们采用第二种和第三种相结合的划分方法。首先按绩点高低将4人分为一组，因此每个小组内学生的基础相差不多。采用这种分组方法是为了激发学生的好胜心，减少相互之间的依赖，迫使其自立，形成良性的相互竞争的课前预习及课上发言氛围。其次征求同学们的意见，需要调换小组的同学再进行局部调整，尽量满足同学们的自主愿望。

采取4人为一组的形式，本意是鼓励学生通过讨论而相互互动，提高学生的学习效率。然而，经过一段时间的观察发现，每个小组中积极回答问题的总是固定的一个或两个学生，而4人同时加分的模式对这些同学不公平。因此，我们对教学设计进行调整，采取分数到个人的原则，谁回答谁加分。每节课每个小组必须有同学回答问题，否则，整个小组的4个同学均被扣分。

这样做是为了均衡每个小组的成绩，最终使每个小组的平时成绩不至于相差很多。

本文采用全局优化迭代的方式寻求最优教学效果。所谓全局优化迭代，即在课中或课尾，启动随机采样程序（随机采样程序可以用 Matlab 的 rand 函数实现），随机抽取任一小组，再次采用采样程序抽取其任一组员，采用课堂测验的方式考查其掌握程度。[①] 采样的样本越多，对同学们掌握本课内容的程度越精确，但由于课堂时间有限，我们只抽取几个样本。由于是随机采样，故我们认为样本可以反映全体同学的情况。如果抽样结果较好，则继续下一章节的学习或结束本课；如果抽样结果不好，则与其他组随机互换组内成员，然后进行小组讨论、课堂讨论等步骤。

每节课结束前我们布置各个小组需要提前预习的内容。是为了共享各个小组的预习成果，使全部小组达到均衡。交换一次小组成员称为一次迭代，每次迭代后各个小组的信息量将会增加，随着迭代次数的增多，最终使每个小组对本课的掌握达到相同的程度。一般迭代 2—3 次即可使全班同学达到最优的知识掌握水平。

由于课堂回答问题的机会有限，我们设置了其他加分途径。专业理论课堂比较枯燥，为了活跃课堂气氛，让学生们轻松学广告，我们每节课预留最后 10 分钟时间作为个人展现时间。这个时间段内学生们可以上讲台分享自己喜欢的广告、相关的行业新闻以及专业领域最新的研究成果及技术等，也可以几人合作进行表演。课间 10 分钟的时间，感兴趣的同学可以继续欣赏，不感兴趣的同学可以自由活动，这样可以充分利用课下的时间。通过这样的个人秀，也让教师更加了解每个学生的个性和兴趣，便于因材施教。课上可以花少量时间播放经典的广告及广告节目片花，朗读一小段经典广告文案或文章，勾起学生的好奇心，驱使他们课下主动欣赏广告节目、视频、文章等。在这个过程中，学生又不得不回归到设计原理、文案创作、视频剪辑的学习中，无形中提高了他们的广告学习水平。另外，家庭作业也计入平时成绩。除了统一布置的家庭作业外，每位同学可以随时发邮件提交作业，作业的内容可以是学习心得，可以是对某节课的预习成果，也可以反馈上节课的复习情况等。教师根据学生的反馈及时给予指导或者课堂上面对面进行解答。

① 钟晓流，宋述强，焦丽珍.信息化环境中基于翻转课堂理念的教学设计研究 [J]，开放教育研究，2013(02)。

这种全局优化迭代型教学设计模式，可以使教师随时掌握学生的动态，及时调整教学模式，同时提高了学生的学习效率。

四、教学实践

从实践结果来看，翻转课堂有利也有弊。我们要做的是尽量趋利避害，引起学生的好奇心和好胜心，提高学生的积极性和学习效率，达到教学的目的。

首先，翻转课堂能引起学生学习的兴趣，引入加分机制等奖惩措施能激发学生的好胜心。迭代型教学设计要求学生课前做好预习工作，让学生通过实践进行独立学习，因此学习的决定权从老师转到学生。教师可以制作短而精的教学视频，每个视频解决一个特殊问题或讲授一个知识点。为了获得更深的理解，学生需要在网上搜索得到更多的信息，使用高品质的教育资源。以小组为单位的学习模式，可以增强学生之间的互动，相互切磋、讨论、合作与交换成果，并通过整合各自的资源提高了学习效率。学生能掌控学习的内容、节奏、模式等，避免了灌输式课堂中老师讲课节奏统一导致有的学生跟不上的问题。课堂不单纯是教授新知识，而是通过解决问题和做实践练习来应用知识。从实践来看，学生的预习效果不错。由于规定每个小组每节课至少回答一次问题，因此有几位绩点较低的学生分析句子的次数反而名列前茅。我们不定期地通报平时成绩情况，无形中会形成一种竞争机制，同学们不再害羞，反而认为在课堂上表现自己是一件光荣的事情。

其次，翻转课堂调整了课上课下的时间。课下，学生通过自主学习增加了学习热情。课堂上教师可以对每个同学进行细致的观察，包括成绩、平时表现、性格等。教师能有针对性地与学生进行沟通，在沟通中加强了互动，激发了学生的热情，锻炼了其表达能力。学生由于经过提前预习和准备，学生都是带着问题来课堂的，通过课堂对话和讨论，教师有时间了解学生，并解决其问题。此时教师首先尽可能地引导使其找到答案，而不是直接完全告诉学生答案。课上的时间比以前更有价值，学生课上必须集中精力，认真思考每个问题并主动回应教师的提问，且与组内成员互动合作。这就解决了大学生课上不认真听讲甚至逃课的难题。通过翻转课堂能让学生学到更多知识，增强自学能力、与人沟通及合作的能力等各方面的能力。这样的课堂轻松且有效，增加了学生的兴趣与参与度。

然而，翻转课堂带来的劣势不容小觑。课堂上学生人数众多，教师无法关注到每个学生的问题。翻转课堂对学生的要求很高，如果学生的自控能力弱，本该上网查资料学习的时间用来休闲娱乐玩游戏，或者学生自我学习能力弱，他将无法进步或者因效率太低而花费太多时间。再者，有的教师可能具有非常高的业务能力，但是缺乏引导学生学习的职业品质和能力。如果教师不善于与学生沟通及互动，那么翻转课堂就达不到其教学目的。另外，教师制作微课需要花费大量的时间与精力，这对教师也是一种挑战。课下观看视频时，每个学生接受能力和学习主动性不同，教师无法及时知道学生的观看效果。

笔者发现每个班大概有五分之一的同学从未互动沟通。即使对首次回答问题的同学给予鼓励和赞扬，并主动给他们机会来勇敢地回答问题，依然无法调动这部分同学的积极性。究其原因，有的同学是因为为没有预习，有的同学是缺乏学习热情。对于这部分同学，笔者组织基础较好的同学与其结成一对一的帮扶对子，将帮扶的成果纳入双方平时成绩的考核中。

五、结论

在翻转课堂模式下，要学好广告专业，学生需要课前做很多准备，课后复习，及时巩固。要让学生保持对广告的好奇，同时要提高学生的热情。翻转课堂通过互动、游戏、小组讨论等方式，鼓励学生主动多说，提高学生的自信，并及时给表现好的同学表扬和鼓励，以此激发学生的热情，提高学生的竞争力，改善学生的学习和表达能力，使其成为课堂的主人。最终的平时成绩为小组分与个人分的总和，采用这种方式，让学生既有为集体而战的归属感，又有突出个人魅力的荣誉感。全局优化迭代型教学模式鼓励学生在预习、课上、复习等各个环节及时反馈问题，以便对教学设计进行调整。从实践来看，翻转课堂提高了课堂出勤率，增加了学生的兴趣和参与度，取得了较满意的成果。

微信公众号在营销课程中教学辅助方式的探索

——以《创业营销》课程为例

黄嘉欣　　张凌霄*

（广东财经大学，工商管理学院，广州，510320）

摘　要： 微信公众号平台已成为便捷有效的营销课程内容发布平台。本文就微信公众号如何在营销课程教学中发挥辅助作用进行探讨。结合《创业营销》课程的实例，本文探讨了微信公众号平台对于高校教师、高校学生以及社会人士的意义和作用。进一步地，本文探讨了如何利用课程的微信公众号平台开展"翻转课堂"的课程实践，发挥点评和联系学生的作用。最后，本文展望了微信公众号在营销课程上的实践的未来。

关键词： 微信公众号平台；营销课程；创业营销；课程创新

基金项目： 广东省教育厅创新创业教育课程《创业营销》；广东财经大学研究生示范课程立项支持

一、微信公众号平台作为教学辅助手段的研究概况

移动网络技术的快速发展为高等学校教育创造了新的手段和改革机会。尤其是手机社交软件的发展和创新，使得师生的教学互动更多地从课内发展到课外。微信公众号平台就是这一潮流中的突出代表。以此为背景，不少学者探讨了如何通过微信公众号平台实现教学目的。不少医学教学领域的学者

＊　黄嘉欣（1980—　），男，广东新会人，广东财经大学工商管理学院副教授。管理学博士，主要从事组织行为学与人力资源管理研究。张凌霄（1995—　），女，河南信阳人，硕士研究生，主要从事组织行为与人力资源管理研究。

率先在课堂应用微信公众号来建立师生互动，比如，吴珂[1]（2013）应用微信公众号建立了《人体机理趣谈》通识课教学互动模式。该研究发现，将教学内容推送到公众号不仅可以巩固选修此课程的学生的知识，也为因时间、数量无法参加上课的学生提供了学习机会。而朱永璋、何平、郭晓奎[2]（2016）也利用微信公众号将课堂集中学变成线上随时学，解决了微生物教学中病原体多、课程压缩，内容枯燥的问题。此外，梁宇、马琳娜[3]（2017）将微信公众号与思维导图融合，激发学生对于医学检验的兴趣，再利用思维导图将知识零存整取，突破了传统的单一教学模式。

不仅如此，在大学的基础课程教育中，微信公众号也得到了广泛的运用。比如，谢印芬（2017）以《多媒体技术》课程为例，将手机媒体与移动课堂有效结合，探索"互联网＋教学"的信息化教学模式。[4] 该研究指出，如果可以将教师、学生、微信公众号平台有机结合，则可以达到师生互动、优化教学的目的。陈雅洁、王新然[5]（2017）将微信公众号应用于大学英语教学中，通过微信公众号平台呈现电影、歌曲、新闻等资源。该课程公众号呈现了欧美国家"原生态"英文材料，以寓教于乐的形式帮助大学生突破语法、阅读的禁锢，实现知识共享与资源整合。另外，吕秀敏、贾婷婷[6]（2018）以大学数学为例，在微信公众号中按模块设置教学内容，将平台的板块设置为消息回复、指尖数学、答题解惑。这种板块设置方式囊括了数学的教学流程的三个方面。实践证明这种数学微信平台能有效缓解数学知识难以系统化的现状。

不难发现，教育工作者已经将微信公众号应用于基础课程教育以及医学教育等教学领域。但总体而言，学术界对于微信公众号作为辅助教学的研究还处于初步探索阶段，尤其是对于如何应用微信公众号平台为营销类课程和创业类课程提供教学辅助作用的研究还比较少。本文将以《创业营销》课程

① 吴珂.运用微信公众号建立通识课程教学互动平台探索与实践[J].现代医药卫生，2013(17):2690—2691。

② 朱永璋、何平、郭晓奎.微信公众号在医学微生物学教学中的新应用探索[J].科教文汇（上旬刊），2016(10):86—89。

③ 梁宇、马琳娜.微信公众号辅助医学检验教学改革的研究[J].课程教育研究，2017(21):59-60。

④ 谢印芬.微信公众号在现代高校教学中的辅助教学[J].现代教育化，2017(4):184—186。

⑤ 陈雅洁、王新然.浅谈微信公众号在大学英语教学中的应用[J].疯狂英语（理论版），2017(02):69—70。

⑥ 吕秀敏、贾婷婷.微信公众号下大学数学辅助教学平台的建设与教学实践[J].教育现代化，2018(5):189-192、195。

为例探讨微信公众号作为教学辅助手段的意义和路径。

二、微信公众号在营销类课程建设中的意义

当前，高校学生习惯使用微信开展人际交流，乐于在微信朋友圈彼此分享理论和实践信息。他们也花费较多的时间通过订阅微信公众号开展碎片化的学习。如果高校教师知道如何利用这种潮流和趋势，建立符合课程教学目的的课程公众号，就可以创造新的教学交流互动方式。不仅如此，如果能够持续产出优质的原创教学内容，具有教师个人人格特征的公众号更能实现广泛意义上的科普教育功能。基于此，课程的影响力将不再局限于课堂之内，还能实现基于共同兴趣与发展需要的学习型社群的教育功能。

在营销课程教学领域，基于微信公众号的课程建设更能彰显独特的意义。这首先是因为营销实践的发展快于营销管理理论的建设。大量的营销技术、企业营销案例都未能反映在现有的教科书体系之中。换句话说，静态的教学内容无法有效回应动态外部环境对营销教学提出的挑战和需求。其次，现有的教学信息化手段的利用效率不如微信公众号平台。虽然具备网络互动教学功能的 Black Board（BB）教育系统平台（PC 版和手机移动端）不断发展，但是由于校园网络建设滞后，移动端使用教育平台的流畅性受限等原因，其利用效率依然低于微信公众号。最后，微信公众号也能够满足营销教学中"翻转课堂"教学实践需要。当前，随着"慕课"等公开课程教育实践的深入，学生可以利用课外时间提前学习相关知识，在课上可以与老师就具体的案例、实践项目进行深入的讨论。

基于以上背景，本文以广东财经大学通识课程《创业营销》以及笔者基于课程建立的"佳音趣课"微信公众号为案例，探讨了作为教学辅助手段的微信公众平台，如何在营销课程教学中发挥独特的功能和作用。这些讨论和探索，将给营销类课程的改革和创新提供新的启发。

三、微信公众号为学生学习创造的新效益

1. 课前"翻转课堂"的阅读功能设计

课程公众号平台内容如何帮助选修课程的学生提高学习效率呢？若要解决这个问题，必须配合整体的教学设计安排来发挥微信公众号的作用。《创业营销》课程目标是培养学生在创业初期阶段的市场定位、营销策略设计的能力。为此，必须采用案例教学的方法引导学生掌握创业营销实际技能。学生

在课前对案例资料熟悉程度越高，那么课堂讨论就越深入。以《创业营销》课程中"青年菜君"案例教学为例，教师会提前要求学生在公众号平台阅读这一案例的推文，并预习细分市场策略的教科书内容。课上，教师陈述市场细分标准，让学生以此对青年菜君的目标客户进行分析得出用户画像。在这一基础上，要求学生讨论青年菜君的营销策略是否与细分市场需求相匹配。教师进一步陈述"青年菜君"新的营销设想、实践和运营结果，深化细分策略应用。整个教学过程，就是一个创业营销策划和执行的复盘过程，让学生能够站在创业者当时的情境中思考问题和推导策略。通过案例推文的前期阅读，案例新发展的课后补充阅读等途径，极大地拓展了学生对于教学案例的熟悉和理解程度。实践证明，这种先自学课程内容和熟悉案例材料，然后由老师带领学生复盘创业营销策略的做法，让学生能够充满兴致地学习相关内容，将更多的教学转化成学生的主动学习。

2. 课后要点复习与参考书单功能

课程推文需要适应读者碎片化阅读的习惯，课后要点复习也是如此。首先，教师可以在课程推文中总结课程的知识要点，附以课堂讲授以外的新案例，新观点，帮助学生做发散式的思考。其次，教师会推送与《创业营销》课程内容相关畅销书、参考文献的参考书目。对于其中重点推荐的资料，教师要言简意赅地陈述推荐的理由和资料的内容概要。甚至需要将著作反刍得到教师的思考和启发以后再反哺给学生。在《创业营销》课堂上，教师不仅通过推文介绍了《精益创业》等经典和前沿著作，也推荐了一些对创业和营销有着启发作用的公众号和推文让学生可以在课余去浏览。教学实践证明，不少学生在阅读推荐书单以后就到图书馆借阅或者网上购买图书阅读，也逐步养成了更多涉猎与课程相关的最新创业实践进展的习惯。这样的一种良性的师生互动拓展了课堂的范围，培养了学生热爱阅读和积极思考的行为模式。

3. 扩充课程阅读的形式选择

新生代学子对于图片、视频教学材料的兴趣更强。因此，在课程内容推文的编辑过程当中，教师应当了解学生的需要和兴趣点，将更多与学生息息相关的创业案例，以 GIF 动图以及网络视频等方式加入推文当中来。既有知识要点的归纳，再辅以阐释知识点的图像材料，对激发学生的学习兴趣更为明显。比如在"佳音趣课"公众号中，会选取比较流行的，具有代表性的 IP 营销以及拟人化营销案例作为拓展阅读材料。这些推文除了可以激发学生们的阅读兴趣，还可以帮助学生从这些案例中找到目前广告营销的趋势。当然，教师对于新创企业的营销广告、推广活动、公关活动图像、视频材料的解读显得尤为关键。因此，每一篇推文内不但要介绍案例的情况，教师也要结合营销理论对案例的优缺点进行深入的解读。教师也可以鼓励学生在留言区表达自己对于案例的解读，引发留言区进一步的讨论、点赞，能够更好地发挥推文的教学互动效果。

4. 后台互动的方式与应用

微信公众号提供了运营者与粉丝互动的空间。学生可以在公众号对话框留言提问，教师在后台答疑。学生也可以在推文的留言区点评提问，教师可以回复发表进一步的指导意见。除此以外，微信提供关键字自动回复功能。比如，当学生在公众号平台键入"营销定位"，运营者就可以设定推送与定位相关的课程推文。这样的关键字回复规则都由运营者决定，这就为学生自定义学习模块或者搜索学习资料提供了方便。当然，教师必须提前对自己的教学素材进行系统的整理，并制定清晰简单的规则，让学生可以方便查找历史消息中的课程推文内容。

5. 优秀范例作业展示的作用

将课程的优秀作业在微信公众号平台展示出来发挥了三种作用。首先，高校教师可以在作业点评推文中进一步发表对学生作业点评的意见。在作业点评中，教师可以条分缕析地把学生作业的优缺点进行点评，并以此延伸出对理论和实践问题的新见解。其次，作业展示起到了同伴教育的作用。建立了标杆，其他同学就可以有超越的对象和标准，教师也可以指导学生如何做得比前人更好。《创业营销》课上的作业都是创业营销策划案，对于一个新创产品或者一种服务的营销策略设计范例，能够引发学生去对比着进行修正和再创新。最后，作业展示起到了一种学习激励作用。学生期待自己的作业会被教师选中发布在公众号平台，以此突显自己的能力。

此外，教师可以利用自己的公众号平台，以创业营销策划类项目教学为导向，布置品牌推广文章采编任务给学生，训练其线上推广能力。这就使得公众号平台成为学生营销项目的实践场所，教师可以通过微信公众号平台及时了解实践效果，评价学生成果。比如，在《创业营销》课程中，教师让学生为新创企业一款新产品或者其品牌做推文上的宣传。首先，教师与学生共同讨论推文的设计方向、内容生产的角度、策划的方法以及推广应用的手段等。待学生编辑好推文内容在平台发布后，教师通过设立公众号平台的投票功能，可以了解学生实践效果的主观评价。同时，可以通过观察推文的阅读、转发、点赞量以及企业销量的增长，来衡量学生营销项目的实践效果。不少参与过此类项目的学生在项目完成后反映自己的新媒体运作能力有所提高，对于品牌和产品推广的技能有所增强。

6. 微信公众号与慕课作为辅助教学手段的异同对比

在微信公众号成为教学辅助手段以前，慕课作为大型开放式网络课程体系已经发挥了强大的作用。那么慕课体系和微信公众号在运用到课堂教学中有什么方式和作用上的异同呢？总体而言，慕课作为一种在线课程开发模式，发端于过去的那种发布资源、学习管理系统以及将学习管理系统与更多的开放网络资源综合起来的旧的课程开发模式。学生需要用电脑登录某一慕课教学平台，才可以浏览课程信息实现教学互动。而利用公众号平台教学则沿袭了慕课开放式、碎片化的学习模式，却又利用了移动互联的新技术以及社交功能。我们对两者在授课形式，课程内容、评价考核以及互动方面做了以下的对比，详细见表1所示：

表1：慕课与微信公众号平台作为教学辅助手段的异同对比

	慕课	微信公众号平台
授课形式	1. 完全的网上授课，采用了"指尖上的学习"的模式。 2. 大规模的集结全球的优秀资源，可以通过一个话题将分布于世界各地的授课者和学习者联系起来。 3. 采取研讨的学习方式，学生可以根据自己的实际情况设定目标，获取资源。	1. 作为课堂教学的辅助方式，是一种"半自主"的学习模式。 2. 教师在公众号上发布的是对于课堂内容的课外补充。 3. 可以设置学习框架，学生自由选择自己感兴趣的内容，公众号平台更像是一个"知识中介"。
课程内容	1. 长教学视频 2. 教学大纲.讲义等文档 3. 教学测试	1. 课件的系统化整理 2. 与课程内容有关的资源共享
评价方式	1. 课程视频的观看点击量 2. 平时作业的完成情况 3. 课后的讨论情况 4. 期末考试情况	1. 通过留言.提问了解学习效果。 2. 获取学生对教学有效性的投票评价。 3. 最终考核成绩还是需要按照传统课堂的评定。

互动特点	1. 通过每周一次的研讨以及后台的提问，加强学生与学生之间的互动。 2. 通过视频授课的方式实现教师与学生之间"一对多"的互动。	1. 学生与学生之间的交流主要还是通过课堂上的讨论。 2. 微信公众号的留言功能为教师提供与学生一对一交流的平台。

四、课程微信公众号平台对高校营销教师与公众的作用

1. 对作为运营者的高校教师的作用

高校教师开办个人的微信公众号平台，对教师成长有着诸多益处。首先，运营过程提供了自我学习和知识更新的机会。为了适应公众号读者碎片化的阅读模式，教师必须将理论的知识以有趣且深入浅出的方式表达。这就要求教师必须广泛搜集各类与课程密切相关的创业领域的文字、图片和视频案例，形成持续稳定的内容写作、编辑的习惯。教师还要与一些创业者进行访谈互动，把他们的经验整理为推文，从而提升了教学内容的实践性。在持续的内容运营过程中，教师自身的理论理解能力，对营销管理的现象解释和教学能力也有所增长。除了内容输出本身具有训练作用，对新媒体运营规律的把握，公众号图文编辑能力的学习对于教师在课堂 PPT 的制作以及教学都有非常积极的作用。

其次，公众号建设是教师人格化特征塑造的训练机会。高校教师必须塑造人格特征与魅力，才能更好地激发学生的学习兴趣。就《创业营销》课程来说，选修的同学不少是希望从事创业活动的苗子，他们需要培养坚忍不拔、理性冒险、根据市场变化不断调整适应的能力。营销教师需要在价值观、待人接物方式上给予创业学生适当的引导，而微信公众号平台推文中有关价值观养成、营销事件成败评判等方面的内容，就可以形成一定的引导作用。如此，教学过程就不再只是一个知识输入与摄入的过程，也是高校教师以自己的敬业追求和价值观评价来引领学生成长的过程。公众号推文的调性与风格，将成为一种强烈的人格化特征，使得运营者与其他高校营销教师区别开来。

最后，微信公众号平台也是营销教师教学改革探索与成果展示平台。虽然我们拥有 BB 平台、精品课建设平台等来展示我们的教学探索成果，但是这些平台具有一定的封闭性和传播规模的有限性。利用微信公众号平台，高校教师可以凝聚课程教材建设、案例建设、学生成果建设的成果，与更广泛的群体共享。

2. 课程微信公众号平台对社会公众的作用

　　高校教师具有以自己的知识和能力向社会提供专业服务的责任。公众号平台的开放性能够为高校教师提供承担这样社会责任的途径。具体来说，《创业营销》课程的推文讨论的是创业初期企业如何细分市场，制定营销策略。这些理论知识以有趣且容易理解的方式传播，不仅有利于选修课学生的学习，由于推文在朋友圈被转发以及被一些创业者所关注，平台内容也起到了免费普及创业以及营销知识和技能的作用。如果平台的关注量能够得到持续的增长，营销教师可以将志同道合的创业者聚集为社交网络中的学习型社群，引导他们形成职场外学习习惯。针对创业者具体的营销问题提供针对性的培训，解答和引导，将能更好地服务于社会创业群体。

　　3. 微信公众号作为辅助教学方式的局限性

　　虽然高校教师可以利用微信公众号平台辅助课堂教学，但这种辅助教学方式也存在一定的局限性。首先，由于学生自控力不强，在课堂上引导学生使用微信来学习微信平台上的推文的地时候，学生可能也会受社交媒体上其他的信息影响而难以集中注意力。一旦学生被这些外界信息干扰，不能专注地阅读教学内容，便会导致分心，学习效率低下。为此，教师需要控制公众号推文阅读的时间和方式，对必要的案例讨论环节做好设计，利用公众号推文的优势来服务于教学目的，激发学生兴趣。一旦推文阅读时间结束，应当引导学生迅速回到面对面的教学交流过程当中来。

　　其次，微信公众号作为辅助教学的方式主要是以图片、文字、视频的形式体现出来。如果过多地强调使用这一教学辅助方式，可能就会加剧学生的手机依赖性，而造成师生面对面交流的障碍。微信公众号上的教育内容无法替代传统课堂上师生相互感染的气氛，在传统教学课堂中，教师可以根据学生的眼神、表情等捕捉学生对于课程内容的掌握程度，可以根据学生的反馈及时调整讲课方案。因此，教师应该首先保证课堂的教学质量，然后通过课余的时间或者课堂互动时间运用微信推文扩展学生对于知识的理解和技能的掌握。

　　最后，教师的精力有限，对于公众号的运营无法兼顾。一篇微信公众号的推文从构思、编辑到排版需要消耗大量的时间和精力，一篇能吸引学生阅读、提高学生兴趣的推文更是不易，传统的课堂内容已经需要教师花费大量时间备课，制作PPT，批改作业，查找资料，除此之外每个教师还有自己的课题研究，教学任务。若再要求教师抽出时间运营自己的公众号，对于教师的精力提出了很大的挑战，一旦更新速度降低，学生培养的兴趣也会跟着降低，教学效果反而会下降。为了解决这个问题，教师在运营教学内容的公众号的时候，需要提前构思和策划该公众号的定位，更新的频率，配置好自己的时间和精力。教师也可以考虑让学生参与公众号的运营，把课程干货内容整理出来以后，让有热情的同学对素材进行美化和编辑。由于不少参与营销和创业课程的学生未来会投身新媒体运营的岗位，因此他们也有动力协助老师来运营公众号。

五、对于微信公众号在营销课程应用上的展望

1. 依托微信公众号做系统性的营销课程建设

高校营销专业教师往往不止承担一门营销课程。当某一门在平台上的课程建设成熟，就可以把教师其他的课程也发布到平台中来。这样，营销类课程始终与人格化的运营者绑定在一起，围绕教师本身而非知识体系结果本身来开展课程教育，是当前社交媒体上的教育功能的一个重要特征。当然，高校教师有自己的理论功底优势，应当挖掘不同课程之间的理论逻辑联系，使之成为一个整体性的学习系统。除此之外，高校教师还可以围绕学生就业岗位的素质体系打造平台课程。

2. 与慕课功能形成对接体系

微信公众号平台可以与其他的课程开发手段结合。比如，教师的微课、慕课内容可以有机地结合到课程推文当中来。以某一个知识模块录制教学视频，让学生首先观看视频和知识要点PPT讲义截图，了解案例背景，到课上老师再深入点拨和引导案例讨论，更能体现"翻转课堂"的效果。这样的对接带来的是学生成为课堂的主体，原来的"满堂灌"不见了，教师也从繁杂的教务中解脱了，学生课前自主预习，课中有针对性的讨论，课后及时复习，课堂效率会得到提高。如果教师能够进一步建设考评的题库体系，将考评与学习练习结合得更为紧密，则公众号实现的教学评测效果更为理想。

3. 社群互动拓展课程影响力

教师应当基于课程内容与社会服务的需要来拓展课程建设空间。比如能够按照话题的兴趣引导成立社群，寻找具有业界影响力或者实战经验的企业家、管理者进入课程分享群组进行分享和答疑，并将高水平发言整理为推文再发布。或者可以组织学生与实战者之间的线下分享会，以读同一本营销著作或者思考同一个营销难题为主题，聚拢社群的共同学习能力，将社群隐性知识变成显性共享知识。这样，教师就可以更多地承担社会责任，也可以促

进学校内外的产学连接。如果能够以课程为核心，开发相应的教材、录像资料、案例素材库，还可以进一步地完善课程的成果，检验教学效果。

"小坡美术社"计划

——以社区艺术进行大学生媒体素养教育

许 曦[*]

（广东财经大学，文创与旅游学院，佛山，528100）

摘 要：今日对于普遍大学生人文素养的论述众多，但仍缺乏就类似论述针对背后权力机制的进一步检讨以及利用艺术本位研究进行大学生媒体素养教育的教学与创制方法。本文就小坡美术社如何在湛江市赤坎区老街以社区艺术为本进行的大学生媒体素质教育进行探讨。本文探讨了此组织的研究方法对于高校教师、高校学生以及社区营造的意义和作用。另外，本文探讨了小坡美术社利用艺术本位研究从事大学生媒体素养教育的教育活动设计与特点。最后，本文讨论了小坡美术社的教育模式在今天媒体素质教育的优势和问题。

关键词：小坡美术社；艺术本位研究；媒体素养教育；社区艺术

一、背景

近十年来，中国高等教育转型途径具有明显的实用主义转向，在大量教育／研究经费被投注于经济产值较易显示的理工科系之际，人文社会科学并不具有研究资源优势。另外，拥有庞大学生数量（却分配到较少研究资源）的地方综合型高校囿于大学教育市场化之现实，地方综合型高校有许多转向追求实用性价值以增加争取政府及民间投资。在其中不乏对传统及当代文化进行梳理与应用的科系，例如文化创意产业相关科系似乎在跨领域研究的资源整合上，开始尝试结合文化、艺术、管理、信息科技等等原本泾渭分明的

---

* 许曦（1978— ），男，台湾台北人，广东财经大学副教授，博士，主要从事小区艺术与当代艺术教育。

专业，并以实践性的导向为主，尽可能地响应地方经济发展需求，最终达到"学以致用"的目的。

欲望源自缺乏。上述实用主义的发展倾向背景却是国内在经济迅猛发展同时，对基础公民道德教育的需求焦虑。中国高等教育中，缺乏人文思考教育的观点也不乏其例，特别受到关注的像是美学教育与心理学教育。其中美学教育着重大学生审美与其生活应用，例如常见的、定义模糊的"生活美学"和逐渐被重视的"美盲"危机；心理学教育则大多着眼于国内现代化社会进程中，大学生个体的心理健康发展，例如"巨婴化"与大学生成为"精致的利己主义者"的成因探讨。

二、社会建构中的学生角色

长期以来，国内大学生的素养教育在专业知识与技能学习之外，并不是教育政策重点。大学生的"通识博雅"及"专业能力"两种方向的课程并非平衡地发展，也缺乏（方法学上与知识本体论的）结合与实验性。如果以社会学为背景来观察上述美学教育与心理学教育议题的交叠处，会发觉它们都或多或少地折射出了今日大学生这个经由社会建构而成的群体，在公民素养范畴中的外显形式，并紧密地被当代主流社会惯习所牵动。而如何定义何谓"具有审美能力"与"心理健康"的大学生以及他们与社会结构的关系，并不是在每个时代与社会中都一成不变。

在《阶级、符码与控制：教育传递理论之建构》[①]（2007）一书中，作者Basil Bernstein 认为学校是社会、职业与文化变迁的核心场域，而学生在此场域的两种建构秩序中学习："表意性秩序"（expressive order）与"工具性秩序"（instrumental order）。前者构筑了师生之间的道德秩序，后者在"依科目种类与师生的客观条件（年龄、入学分数等）将学生分组实施课程教学"后形成。但社会变迁会造成工具性秩序的不稳定，例如上述的文创学科进入大学体制会影响原有其他学科的分类与重叠性，连带着影响学生对科目学习的投入程度。但值得注意的是，学生在学校体制下并非单方面地接受工具性秩序震荡的结果（排名、成就定义），从知识社会学的角度看来，学生将

---

① Basil Bernstein. 阶级、符码与控制：教育传递理论之建构 [M]. 王瑞贤译. 台北：联经出版公司，2007，第49—55页。

寻求"修正与创造"① 的机会（Berger & Luckmann, 1966），在不断地与权力方（通常以学校与老师为代表）交涉后，或争取其他论述权力，最终再达到工具性秩序的平衡。以上述的例子来说，社会中的论述权力方（大众舆论与教育部门）固然会不断地强化何谓"具有审美能力"与"心理健康"的大学生与其在社会发展过程中的必要性，但同时学生会经由其他媒体管道质疑既定标准的来源、公正性与固化性。

但这描述并不符合今日的媒体论述现状。若我们继续使用上述"审美能力"与"心理健康"的例子来观察，今日社群媒体上有许多文章比较中国大学之今昔（更多是在强调旧时代的审美优越性），另外也有众多批判今日大学生的价值观与心理素质的文章。但几乎无一例外的，这些文章并不是由现今在学的大学生所创制，我们并没有看到大学生为自己的审美观与心理健康状态辩护，或反向质疑将社会发展的问题让学生承担是否公平。

三、论述权力问题

综合来说，今日大学生的素质表现并不只是公民教育缺乏的结果，但与其探究其他原因，可能不如思考为何大学生此群体问题会被放大与简化成社会不平衡发展的结果？换句话说，大学生的表现为何总被与其他时代与社会的大学生相较？而若转向利用共时性的比较，视大学生与其他社会成员一样，我们会发觉两者都是社会现实的建构客体——和其他国内民众的审美和心理健康相较，并没有科学数据显示今日大学生更不懂美或是更缺乏心理素质，就如同被论述打造出来的"美好旧时代"中的人们一样，旧时代的大学生的特质，是由当时的社会物质与精神条件建构而来，如同当时的其他社会客体。

简单地说，在任何时代中，学生角色（如同其他社会角色）都是结构客体，但今日大学生的问题是因为媒体产制方式改变而被"生产"出来。在现今国内大学教育体制中，我们要关注的不仅仅是在课堂上的人文素养补充，而是如何鼓励学生掌握今日媒体论述与产制能力。但这并不是表示，大学生的审美及心理素质等问题不存在，而是我们必须让学生掌握同等的论述权力，才能因为双向沟通的发生，而对类似问题有更深入的系统研究。

---

① Berger, P.L. and Luckmann, T.. (1966). The social construction of reality. Harmondworth, UK：Penguin Books., P89-92

四、媒体素养教育的研究方法

他山之石，可以攻玉。国内社会发展进程轨迹以及在现代化发展中对教育中的人文素养的忽视，其实在其他西方发展国家不但发生过，而至今对于教育中的知识技能与素养培育的讨论也仍持续着。其观点大多着重教育系统模式化复制市场人才，到以学生为主体的客制化课程转向。Foucault 在权力与知识考古中发现，个体的自我知识来源与主体意识的产生来自与"他者"的区隔显现，例如重点大学与普通高校、干部担任与否、分数高低等等差异条件形成。而主体逐渐在知识与论述形成过程中，也进入了"服从、规训"[①]的权力机制（Foucault，Rabinow&Faubion，1997）。

事实上，大学本身就代表了权力机制。西方教育体制对于自身的反思与批判，范围从古典时代的传统文字媒体，到近代印刷与传播技术进步后的影像和声音不一而足，其中被吸纳在大学教育课程中的包括视觉文化研究（visual culture study）与"媒体素养教育"（media literacy education）等等。源自近代西方大学的"媒体素养教育"包含范围广阔，着眼于大学生在今日多媒体传播模式语境下的内容批判与自主创建，其特点为利用多种主题为载体结合多种媒材进行实践与研究。媒体素养教育的主题包罗万象，包括上述的审美和心理学教育以及世界议题（例如环保与难民议题）。

在前述的国内大学生普遍缺乏论述权力与能力的背景下，媒体素养教育在不同的研究中显示，可用为补足大学生人文教育缺乏的现状（邓宗圣[②]，2015；臧国仁，蔡琰[③]，2013；Freedman[④]，2003）；经由课程中安排多种媒体综合应用，也可以促进不同专业的整合（刘育忠[⑤]，2012），进而深化今日跨领域专业的研究与实践方法。

---

① Foucault,M.,Rabinow,P.,&Faubion,J.D..（1997）. The essential works of Foucault, 1954—1984, New York, NY:New Press.,P326-327.

② 邓宗圣. 主体转化——艺术本位与媒体素养的教育探索（初版）. [M]. 台北：致知学术出版社,2015

③ 臧国仁，蔡琰. 大众传播研究之叙事取向：另一后设理论思路之提议 [J]. 中华传播学刊，2013，23（6）:159—193.

④ Freedman, K..（2003）. Teaching visual culture: Curriculum, aesthetics and the social life and art. New York, NY.：Teachers College Press.

⑤ 刘育忠. 迈向一种德勒兹式的课程美学观：创造性地重构生命与经验 [A]. 收录于陈柏璋编，课程美学 [C]. 台北：五南出版社,2012:29—50.

五、以老街社区为场域、社区艺术为工具的教学活动方法

1. 小坡美术社简介

笔者曾于2015—2018任教于广东省湛江市岭南师范学院,自2016年7月于学校邻近的老旧街区域(中兴街)成立一所实体的社区营造团体"小坡美术社",目的其一在于引进大学师生参与社区营造,同时协助该大学厚植地方文化特色,降低面对现今高校教育体制中培养学生专业能力之余对于人文社会关怀精神的缺乏。其二,笔者尝试探索社区艺术与目前大学教育体制结合,并且逐步地经由学生担任的实体创制活动(毕业制作、论文、社区活动举办、倡议与公众号经营)改良该大学教学方案,使小坡美术社本身既成为"教材"也是"作品"。

小坡美术社驻地于湛江市赤坎区中兴街101号,原是一栋百年老屋,属陈姓屋主所有。2015年之前还曾作为发屋之用,2015年后已无人使用。2016年7月开始,当地居民(以学童为主)、义工、学生和笔者一起参与这栋老屋的整建维修。在2017年7月整修完毕之前,笔者与学生定期走访社区居民、街道办公室、地方政府进行访谈,并分析老街社区特色与问题。在历经一年的房屋整修完毕后,学生开始以轮班制(一周除一天公休,每天从10:00开门到晚上21:00关门)义务执勤于此空间。在小坡美术社开放期间,社区居民可以免费利用小坡美术社里的大厅、书房与展厅,提供饮水、空调、电影、图书、讲座、社区活动(定期与非定期)与展览。

另外,学生在小坡美术社值勤时间,也筹划定期的社区活动以及与政府合作的社区节庆项目。利用活动的开办,成员整合社区居民、大学学生与老师、在地文保团体和政府机关单位的力量,共同以社区文化发展为主体开展实践项目。

2. 小坡美术社中公众教育与专业科目教育的结合

与众多社区建设团体的"社工化"倾向(经由社会工作介入而解决社会问题),小坡美术社更像是一个以学生为核心的社区艺术研究团体。这并不意味小坡美术社里的成员在值勤时会将自己孤立于社区人群之外。相反地,由于小坡美术社提供的免费项目能够吸引相当多老街社区居民(特别是孩童与妇女),场地的使用率高,并且学生在此执勤期间,必须直接面对原先陌生的街坊,体会社交场合的人我关系,并同时扮演孩童的生活教育者(并不特别指导课业)以及研究者(学生大量记录与人群交谈的内容)。这三重身份使学

生很快地得到社区居民的信任，双方的意识区隔从"外来者—居民"转变到"居民—居民"关系。

同时，以学生艺术创制为核心，也不意味成员们视社区问题为无物。相反地，所有小坡美术社成员作品皆以"社区艺术"为轴，每年以大学四年级的艺术与设计系学生为主体的成员，两年以来已经推出了十件实体作品。他们以日本社区营造专家宫崎清教授的分类方式，将这些议题区分为"人""文""地""产""景"五种主要问题（表1）。

表1：小坡美术社对于老街社区问题的分类

人	教育水平和公共意识不足 隔代教养 居民感情不睦（各不相拢）
文化	公共空间不足（图书馆、画廊、广场） 艺术与文化活动少 公众教育／公共意识缺乏 没有信仰与精神依归
地貌	巷道狭窄
产业	产业模式落后
景观	环境脏乱 建筑空间设计老旧

学生在整理出问题后，利用艺术与设计作品创作出解决或再现社区问题或特质的作品，作品形式涵盖微电影、公共艺术、纸本出版物、家具、玩具、家居用品等等。以出版物为例，2018毕业生刘淞源与其他该届成员为了发掘老街区域的问题，并转化这些问题成为毕业设计的基础，他们在老街社区展开了一个多月的田野调查。其中，儿童的公民教育缺乏是一项特别棘手的问题。他发现大多数的孩子不但会骂粗口，而且很多时候并没有得到长辈的纠正。成员们在小坡驻社的期间，常常接触到这样的孩子，但他们不用训斥的方法来改正孩子的坏习惯，而是利用"罚抄写"的方法，让孩子自己写下"不再骂脏话"等等反省自己言行的字句。从2017年10月至2018年5月，一共收集了社区孩子们的罚写上述百则，但孩童朴质纯真的心境却也反映在字体上。

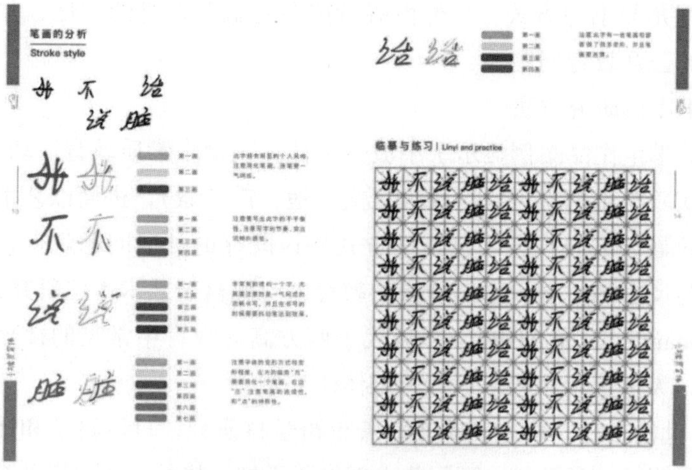

图 1 与图 2：学生成员刘淞源毕业制作作品"小坡六种常用罚写字体"

在毕业制作中，刘淞源同学转化这些孩童的手写字体成为一种可以临摹的书法字体，并收录在一本自制的字帖里（图 1 与图 2）。他的主要目的除了让使用者体验"如何有方法地写得像个孩子"之外，也在于引发观众的思考，让孩童们成为在书帖如此平整严肃的传统形象里，成为主角。但这些令人发噱的奇思妙想，除了显示创制材料的来源之外，也是有理可据的艺术思考途径。例如，白谦慎教授在《与古为徒和娟娟发屋：关于书法经典问题的思考》（2016）一书中，便曾大胆地提问：一块在重庆理发店的招牌，可不可以做为思考书法本质的起点？

在这本与社区孩童合作的字帖中，除了带领字帖的使用者体验孩童质朴而自然的视角与书写方式，也经由观看或书写触及自身的记忆，并转向思考老街孩童的公众教育问题。

　　3. 艺术本位研究方法

　　上述的学生作品案例显示了小坡美术社在大学生素质教育活动上的本质：从摸索并实验艺术材料（社区的人、文、地、产、景），进而以艺术作品形式交叉社区议题，并且以艺术创作的方式探讨既存的社区问题观点，最终进行文化批判与反思的过程。这三阶段的教育内容源自于艺术本位研究方法（Art-Based Research，简称ABR），是近代于西方高等教育中常见的社会人文科学研究方法，大多运用在艺术设计与媒体研究中。

　　从20世纪末起，西方高等教育着重跨学科研究，自然科学和社会科学不再是泾渭分明的两类学科。而"艺术创作"不拘一格的本质也因此被视为跨领域学科研究的一种。艺术创作过程中因为有许多涉及利用身体性与直觉进行实践的环节部分，而在现象学蓬勃发展之后，艺术创作方法中，身体更逐渐被认可为是不同于大脑思维的知识来源。艺术本位研究彰显了"艺术家也是研究者"的本质，并相信艺术创作的综合能力可应用于人文社会科学研究发展上。

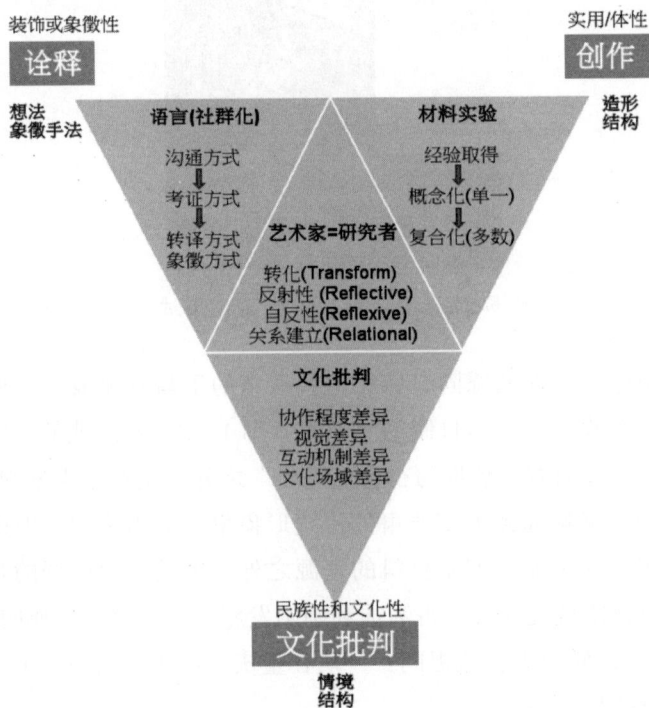

图3：艺术本位研究方法架构

澳大利亚学者 Graeme Sullivan 在《Art Practice as Research: Inquiry in Visual Arts》①（2010）一书中，阐释了艺术创作身为一种研究方法的架构（图3），他认为艺术创作不同于传统科学研究的线性逻辑，艺术家的研究方式也迥异于自然科学家（提出假说并经由实验而应证或修正科学理论）。艺术家在创作时经常必须先从媒材中思考，再经由视觉（或其他感官）符号与文字象征来作为与观众沟通的基础，最后延伸作品内涵到整体社会文化的批判脉络里。而美国学者 Shaun McNiff 在《艺术本位研究：从研究的观点看创造性艺术治疗》（吴明富译）②（2013）一书中，将艺术实践视为联系与创造对话的工具。这样的方法一方面避免艺术创作者创作时过度耽溺于自我意识，另一方面让研究本身能超越美学研究，而在诠释性对话与批评的过程中带来思考的可能性，例如艺术可以与医学和社会学产生联结，最终返向扩张美学的疆界。

4.基于艺术本位研究方法的大学生媒体教育实验

在小坡美术社的计划中，尝试以艺术本位研究方法交叉媒体素养教育，其要点在于利用 ABR 的三个核心手法创作、诠释、批判来协助学生强化"自我""人我关系"与"传达与沟通"，并在多样但相互关联的活动中，将自己的所思所造真实地镶嵌于小坡美术社的公众面貌上。

如前文所论，媒体素养教育重点在于培养大学生具有良好的媒体审视与产制能力，最终获得论述权力。但同时，笔者与学生目标并不是取代当前鼓吹消费的媒体语言，并建构另一套权威论述范示，而是企图在大学体制内（毕业制作项目）运作教育项目，并结合校外实践行动、进行综合反思，获得行动知识（蔡清田 ③，2013），最终养成具有社会参与热诚／意识与行动力的媒体公民。

除了硬件设施，笔者认为在小坡美术社进行的实验项目在三方面提供了大学生特殊条件进行媒体教育实践：共享论述权、公开产制动机、参与评鉴机制。

首先在"共享论述权"上，所有成员与笔者负责共同书写、编辑与管理小坡公众号与社群媒体账号等非直接关乎自身毕业制作项目的工作室项目。

---

① Graeme Sullivan.（2010）. Art Practice as Research——Inquiry in Visual Arts(First edition).London：SAGE Publications Ltd.

② Shaun McNiff. 艺术本位研究：从研究的观点看创造性艺术治疗 [M]. 吴明富译 . 台北：五南出版社 ,2013.

③ 蔡清田 . 教育行动研究新论 . [M]. 台北：五南出版社 ,2013.

所有电子媒体宣传与社群媒体内容制作每个月一同开会决定。一如对于艺术创制的过程，成员参与公共项目的创制过程也富有弹性，成员间并不特别区分能力属性，而是依创制任务轮流担任不同任务，最终逐渐熟悉所有在论述发表的大多数知识与技能，例如编辑与影像计算机调色等有关于媒体内容制作能力。

在"公开产制动机"上，学生成员的毕业制作创作目标并非由教师私下指定学生而定。在每年的成员的基础训练上，大多数的训练（田野调查、文献收集、制作计划）都须经由对外界公开演讲（特别对社区居民），以增进成员对于作品放诸社区议题时的责任感，在公开说明会上，听众可以就成员的创意发想进行建议与批评。

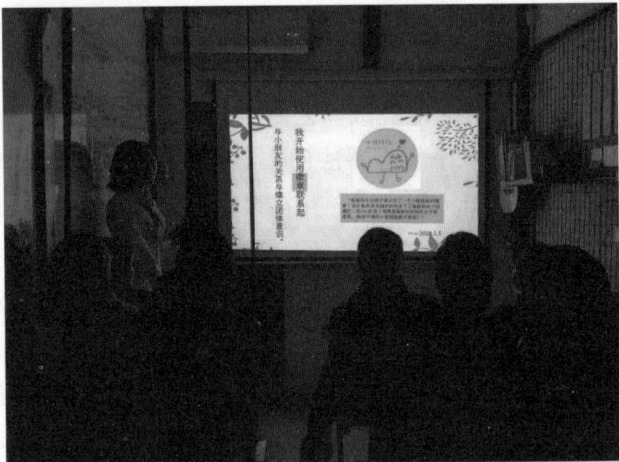

图 4：学生成员黄爱慧对社区解释创作内容

而在"参与评鉴机制"上，笔者将学院的评分机制公开向成员说明，并做出适当调整后再对成员说明。调整过后的作品的评鉴机制内在逻辑在于不造成单一标准，利用诸如"形式完整程度""创作过程纪录""议题发展程度"分项给分再合计。同时并利用学生作品与其他更为成熟的社区艺术家比较，找到相同与差异的视角，并讨论表现力在不同社群的形成脉络。最终，依上述条件再进行评鉴。

六、讨论与展望

艺术本位研究之本质可被视为知识认识论的典范的转移。在小坡美术社的案例中，经由与长期驻地所在的社区场所作为材料、诠释与批判对象，学生能够反思自身创作与权威论述的关系。例如，很多学生们不约而同地反映他们对与高雅艺术的反思，并尝试辨析不同艺术创作中背后深藏的权力结构以及它们如何影响我们对于社会阶层、经济结构、性别、种族等等在艺术形式等可见物之外的观点。我们可以说，以艺术本位研究方法执行的媒体素养教育视探讨主题为"信息"。以小坡美术社成员教育的案例来看，创制可视的艺术品并非唯一重点，更重要的，其实是越过图像形式表层探索意义的过程。简言之，这种媒体教育计划所构建的是"文化能力"而不只是"艺术能力"。

细究小坡美术社的案例，在今日大学教育体制并不多见的原因并非是个体师生素质差异，或是学院办学方针不同而造成，而是在当下大学教育从事媒体素养教育时"场域"的缺乏，导致情境创造的困难。这里略述的"场域"一词，是包含但超越实体空间的共有性。在合适的"场域"下，以教师为艺术创作者，偕同学生为创作伙伴的创作实践与课程能够成为作品。在合适的"场域"下，师生关系逐渐走向知识共创，而非单向给予信息的过程。而也在合适的"场域"下，学生的自我可经由论述权力被形塑，形成健康而独立的自我意识。

但本案例并不暗示经由艺术本位研究的媒体素养教育是毫无问题的，在Shaun McNiff[①] (2013) 认为艺术本位研究方法推广仍存在去中心化的知识产出之矛盾（拥有更高技术与经验的专家，或是普通师生的研究更具说服力？）、研究语言纷杂（研究术语和研究重叠区域过多）、与社会科学其他专业应用关系模糊等（艺术创制与思辨所牵涉到的技巧仍很难应用到一般社会科学研究）问题。在今日庞大而纷乱的众多社会机制下，利用艺术本位研究从事媒体教育必然遇到的问题还有从量化到质化的学术评鉴过程。尤其，如果使用社区等公众特定范围为材料进行媒体教育，社区与学生主体因教育活动而来的改变如何衡量，势必挑战着当下国内高等教育的适应能力、道德底线和包容度。

例如，曾与笔者合作的学生黄爱慧，曾在毕业后接受笔者访问，关于参与小坡美术社计划的心理历程转变，她的回复如下：

初期：在小坡对一切人和事都有很大的新鲜感，心里感觉很不错。

初期到中期的过渡期：逐渐熟悉之后感觉没那么特别，开始感觉到很多事情并没有想象中容易和美好。

---

① Shaun McNiff. (2013). Art as Research: Opportunities and Challenges. Chicago：The University of Chicago Press.

中期：<u>开始观察到一些社区以及自身的问题</u>，内心随之而来的困惑和无奈。

中期到后期的过渡期：<u>很多问题接踵而来，并感到难以解决</u>。内心常陷入迷茫，开始怀疑小坡做的事情是否有意义。在小坡对外的时间与自身专注做事的时间越来越不平衡，内心常感到疲惫和不踏实，并逐渐对在小坡值班产生厌倦感。（后来问题有得到一些改善，解决方法：换位思考和沟通。）

后期：<u>在不断的自我挣扎中逐渐学会了自我调整</u>，并对社区艺术产生更深的思考与体会。

上述学生主体在学习时的挣扎，是否应该视为媒体素养教育的必然产物，或被视为不影响成果评估的、不同个体的心理感受差异？

以艺术本位研究方法执行的媒体素养教育着重点，不应只是追求有趣的互动形式，而忘记因地制宜地为了内容考虑设计教学方针，否则容易流于娱乐化。我们应重新审视所谓"理论课"和"实践课"的区隔性，并重新利用传播媒体与现代科技产物增加知识共创的机会。

最后，以艺术本位研究方法执行的媒体素养教育研究必须找到自身的方法学，否则，如此的跨领域研究极有可能会变成徒具虚名的"合作"，但并无实际产出。极有可能，那仍被遥望着的 ABR 方法学，仍会依照目前的学术方法（methodology）系统被梳理出来。但可以想见的，如果想要突破当前对此议题之研究，艺术本位研究中对与主体位置不同而形成的实践、论述和批判仍不可免地借用个人经验为分析起点，然后持续利用诸如艺术创制等学科，将每个主体的私有感受的共通性串连起，如同回归一种更符合"全人教育"的模式，将串连之处视为盘根错节的地下根茎，在土地之上培育个体性看似殊异，但实则拥有共同命题的教育课题与方法。

书评：

审慎批判与观照本土

——评曾一果《西方媒介文化理论研究》

郭晓丹[*]

（苏州大学传媒学院，苏州，215123）

近几天，网络上活跃的青年人围绕一档热门综艺节目《创造101》展开了讨论，节目中一位长相甜美、人气颇高的女选手，因唱歌严重走调的"车祸现场"视频被大量转载而成了网络风云人物，人们在各大社交媒体平台上针对"当今综艺偶像是否需要具备真正的表演实力"开展了大讨论。一部分人义愤填膺地表示这是社交媒体时代的审美异化、肤浅狂欢，对旧时荧幕上的实力歌手、高雅艺术表示留恋；另一部分人则认为当今偶像的评判标准不应那么刻板，有热度、有流量、有特色，能够取悦粉丝，便可以获得追捧。凯尔纳认为，当今文化在某种意义上就是"媒体文化"。这样一个小小的媒介事件，却深刻地反映了今天媒介文化的运营方式如何编织人们的趣味和行为，人们又如何在被媒介文化包裹的环境中进行趣味的选择和取舍，同时又对媒介文化做出了怎样的反应以及批判性的思考。

当代媒体文化已经渗透到人们的日常生活，从方方面面影响着人们的行为、思想和观念。一些人对网络直播、综艺节目等各种各样媒体文化所产生

* 郭晓丹（1990— ），女，籍贯江苏常州，苏州大学传媒学院 2017 级博士生，西交利物浦大学中国文化教学中心讲师。研究方向：城市传播与认同建构研究。

的巨大影响也表示了不解和困惑。曾一果教授的《西方媒介文化理论研究》①
通过对西方媒介文化理论的详细考察，或许让我们对当下形形色色的媒体文
化现象有一个更好地理解。

《西方媒介文化理论》以批判的视角对西方学者相关理论进行严谨而详细
地梳理。该书讨论了文化的界定，重新思考了西方媒介文化理论的价值，认
真考察西方媒介文化理论对中国当下媒介文化现象的适用性，为人们思考当
下中国媒介文化现象以及开展中国媒介文化理论的建设提供了许多有益的启
示。

一、文化：精英特权还是大众生活？

理解媒介文化首要的一点就是要理解什么是文化。伴随着对文化这个具
有庞杂含义词汇的理解，是一系列的现实的争议，其中长期以来争论不休的
是，文化究竟是高悬于庙堂之上的高雅之物，还是存在于市井生活中的平凡
现象？在一些人眼里，文化是和经典书籍、历史文献关联在一起，是高雅的
代名词。但是雷蒙·威廉斯等人则认为文化是普通的，日常生活中的各种现
象都可以是文化。

电影、电视和网络等大众媒介的出现加剧了人们对文化理解的分歧。英
尼斯与麦克卢汉深刻认识到媒介本身的发展对人类社会发展的深远影响，特
别是麦克卢汉提出了"媒介即讯息"见解，其实强调了媒介本身就是一种讯
息和内容，在大众媒介时代，文化本身也是由媒介讯息和内容所决定，因而，
无论是电视中凝练的时代记忆，还是微博中更新的流行讯息，都体现出了大
众媒介对历史和日常生活的文化建构。甚至于文化保守主义者眼中的高雅文
化，诸如歌剧、古琴或中国古典诗词，在今天也可以通过电视和网络流传，
当然其内容有时也经过电视、网络等大众传媒的改造和重构。特别是在以互
联网为基础的新媒体时代，高雅文化与大众文化间的鸿沟却是在不断消弭。

基于此，《西方媒介文化理论研究》对文化的概念做出了重新思考，相比
于精英的、高级的、怀旧的文化观，《西方媒介文化理论研究》一书接受了威
廉斯的观念，偏向于将文化看作一种普通的生活方式，即肯定了广泛存在于
大众媒体并浸润于大众生活的文化价值。强调文化是威廉斯所说的"在某一

---

① 曾一果.西方媒介文化理论 [M].北京：学习出版社，2017。

地区生活即是在了解其文化形态以及变化样式"，①而不是沉溺在对精英们精致体面的生活传统的哀悼中以及对茶馆文化的蔑视中，这一观点既体现在群体社会里，也体现在个体思想中。雷蒙·威廉斯在他所处的时代致力于思考工业革命之后人们进入了一个怎样的新社会，因此他的文化观不仅是包罗万象的，还是顺应时代的。对人们理解今天的各种媒体文化现象大有裨益。因而，《西方媒介文化理论研究》对文化的思考是豁达的，也更具有时代性与现实性，它将全球化时代、信息化时代的媒体文化变迁作为具体考察对象，为人们更好地理解当下万花筒般的媒介文化现象提供了比较全面的理论依据。

当然，《西方媒介文化理论研究》开放的文化观并不代表作者对所有的文化抱有支持和乐观之态，相反，作者从批判的立场，对形形色色的文化现象持有理性的看法。当文化的概念脱离了精英特权走向大众生活时，人们尤其需要进一步认清自身所处的媒介文化环境，反思一些媒体文化所产生的不良后果。

二、态度：经验主义还是批判立场？

《西方媒介文化理论研究》将文化界定为一种生活方式，因而，形形色色的媒介文化现象都在其研究范围。中国当下的媒介文化环境可谓鱼龙混杂，既有高雅文化，也有流行文化，更多的则是如网红文化、直播文化、弹幕文化等不断引发争论的灰色区域。而以更加聚焦的视角关注某个具体事件，就更能体察到媒介文化分析的复杂性。以上文提到的《创造101》引发的媒介事件为例，其中涉及广电总局对娱乐节目的管理、明星产业的经济模式、社交媒体上的粉丝效应、互联网时代的大众审美以及观众对速食娱乐的焦虑等，简单化的经验主义研究思维，显然无法全面地透视纷繁复杂的媒介文化现象。

面对此媒介文化现状，《西方媒介文化理论研究》采取了批判立场和视角。批判理论与功能主义理论的区别之一，在于看待媒介的方式，功能主义视媒介为中性的手段和工具，而批判理论却坚持媒介在进行着主动的表达，这种表达在积极地塑造人的趣味、观点、行为方式甚至是社会的运行模式。因此，批判理论能够更好地结合现实情况，在社会运行的框架内促使人们思索和看清当下混杂的媒介文化的本质及其意识形态的表达。

此外，《西方媒介文化理论研究》在秉持批判立场的基础上，强调宏观把

---

① 雷蒙·威廉斯.文化是通俗的[J].高路路译，上海文化，2016（10）。

握与微观分析的结合，强调多向度、多视角和多维度地开展批判性的思考。在介绍各种文化理论时，无论是法兰克福学派、文化研究学派、芝加哥学派还是后现代主义理论、全球化理论等，都注重阐释理论与对应现实相互呼应的关系，并从政治、经济、社会等多个领域做辩证思考，而非进行刻板的历史叙事或概念梳理。霍克海默和阿多诺在美国大批量生产的好莱坞电影和商业广告中感到厌倦，严肃地指出艺术家和大众被操纵的命运；马尔库塞对资本主义的文化工业抱有警惕的态度，他看到了资本主义工业体制对人的精神和思想的束缚，是造成单向度人的最重要的原因。

《西方媒介文化理论研究》坚持了批判的原则，但没有刻意坚持阿多诺和霍克海姆等人的精英主义立场，如在探讨法兰克福学派时，《西方媒介文化理论研究》还着重介绍和勾勒了当代批判理论的发展状况，倡导用更加多元批判的态度看待当下的媒介文化。

三、理论：腾云驾雾还是落地生根？

如果说《创造 101》中唱歌走调的女选手还能被称为"我见犹怜"的励志美女，而该事件反映出的网络综艺"人设大战"还存在着文化价值上的争议，而大量的社交、直播平台上的文化乱象则更加令人担忧。全球化时代导致了当下中国社会中的多元价值，繁荣景象下潜伏着危机，也引发了一些浮躁和焦虑情绪。因此，无论是道德信仰的维持还是社会价值的建构，都需要批判理论的实践参与。但当下中国本土的媒介文化发展与西方批判理论家们当时研究的现实环境有很大差别，数字化的媒介生态下，新媒体用户人数急剧增长，人们的社交习惯改变，传播内容十分庞杂，加上不同的社会政治、经济和文化语境，中国学者们需要的不是腾云驾雾的经典概念，而是西方媒介理论与本土实情相结合的落地生根。也就是说，作者在介绍西方媒介文化理论的时候，更多思考的是，种种经典西方媒介文化理论如何才能与本土实际的媒介文化现象结合起来。

许多中国学者注意到了中国本土对媒介文化理论的需求，但是一方面，国内系统、深入地梳理西方媒介文化理论的书籍较少；另一方面，纯粹的西方理论概念对中国的本土现实起不到太大作用，对西方学者思想结晶的拿来主义只会导致生搬硬套。如何才能以中国媒介文化的本土经验为基础，结合当下中国具体的历史和社会语境思考现实问题，帮助人们认知和判断眼前的媒介现象，调动人参与秩序维护和价值重建的主动性，这是《西方媒介文化理论研究》着力思考的点。所以，针对上述内容，《西方媒介文化理论研究》在梳理理论的过程中去繁从简，结合理论发生、发展的现实土壤和时代特征，对其依托的政治、经济、社会环境进行充分的考虑，深入阐释了各种媒介文化理论的来龙去脉。如法兰克福学派浓重的批判色彩，是基于霍克海默、阿多诺等学者因受到法西斯主义的迫害逃亡到美国后，对美国的流行文化如好莱坞电影、商业广告、时尚音乐等做出的深刻反思，从而得出大众被操控的结论，摈弃了"大众文化"的说法而采用了"工业文化"的说法："大众文化的倡导者认为，它是这样一种文化，仿佛同时从大众本身生产出来似的……我们为了从一开始就避免与此一致的解释，就采用'文化工业'替代了它……大众媒介是特别为文化工业打磨出来的。"① 在思考美国媒介文化理论时，也特别强调美国的批判理论家凯瑞等人如何将文化研究与美国本土的经验结合起来。

因而，《西方媒介文化理论研究》虽然是对西方媒介文化理论的全面梳理，立足点却在中国的土壤，而这点是非常值得肯定的。

当下媒介文化环境的复杂性使部分人体会到了亦舒所说的"美则美矣，没有灵魂"，实际上面对形形色色的当代媒介文化现象，除了疲惫的情绪，更应当具备包容的文化态度和审慎的批判精神以及对现实的理性的思考与参与。《西方媒介文化理论研究》从文化界定、态度立场和理论适用三个维度出发，以新的视角对西方媒介文化理论展开了严谨和扎实的梳理与探讨，以更加开放的文化观为基础，以他者理论为主要内容，深刻关照历史语境并结合具体社会情况，审慎批判的精神贯穿全文，并力图扎根中国土壤，为中国学者分析研究本土的媒介文化现象并建立自己的媒介文化理论提供了启示。

---

① 西奥多·阿多诺.文化工业再思考[J].高丙中译，文化研究（第1期），天津：天津社会科学出版社，2000，第204页。

稿约

　　1993年，厦门大学新闻传播学系庆祝建系10周年时，见证并为之倾注巨大心血的余也鲁先生提议举办了首届"海峡两岸中国传统文化中传播的探索座谈会"，会后出版了《从零开始》的论文集。此后，厦门大学成立传播研究所作为推动两岸暨香港华夏传播研究的基地，并顺利地出版《华夏传播研究丛书》和《华夏传播论》，成为传播学中国化进程中的一个标志性成果。2013年，厦门大学新闻传播学院迎来了30周年庆典，厦门大学的华夏传播研究在黄星民教授等前辈学者的苦心经营下，已然成为我院教学科研的一大亮点。薪火相传是我们的使命，为将华夏传播研究事业不断发扬光大，我们在广大热爱中华文化，关注中华文化研究与传播的众多学者和社会贤达的大力支持下，将以厦门大学传播研究所这一校级机构为平台，以传播学系为依托，以广大中华文化研究学者和新闻传播研究学者作为我们的强大后盾，创办《中华文化与传播研究》，搭建文史哲与新闻传播对话交流的平台，以更多惠及学林。2017年1月25日，中共中央办公厅、国务院办公厅印发了《关于实施中华优秀传统文化传承发展工程的意见》，《意见》指出："文化是民族的血脉，是人民的精神家园。文化自信是更基本、更深层、更持久的力量。中华文化独一无二的理念、智慧、气度、神韵，增添了中国人民和中华民族内心深处的自信和自豪。"可见，传承与发展中华优秀传统文化是时代的使命，也是学者的责任。

　　为了发掘中华文化中的传播智慧，提炼中华传播理论，推动传播学"中华学派"的早日形成。我们希望通过这个平台，继续集聚海内外有志于传播华夏文明，展现中华博大精深的沟通智慧的各方人士，彼此分享研究成果，提供学术动态，推进中华文化的社会传播与国际传播，同时兼及新闻学与传播学各领域的新成果。栏目主要方向有：（1）基础理论，研究中华文化的传播思想、传播制度与传播方法等；（2）历史发展，研究不同时代传播观念与传播技术等方面的变迁；（3）新闻理论与新闻业务；（4）传播理论，含组织传播、健康传播、公共传播、政治传播、科技传播、跨文化传播、情感传播、新媒体传播等各领域；（5）古今融通，注重中外传播智慧的比较研究和中国传播观念的古今传承；（6）新书评论，介绍中华文化与传播研究领域中的新作；（7）经典发微，注重挖掘中华文化经典作品中的传播智慧；（8）学术动态，介绍海内外学者对华夏传播研究的新成果，刊发相关的学术会议综述和研究著作的书评；（9）传播实践，着重推介那些致力于国学运用的新观点和新做法，推进中华文化传承与发展的实践经验；（10）国学新知，国学领域有创见的论文，等等。此外，由中盐金坛公司企业文化部专设"盐文化研究与传播"与"贤文化管理与组织传播"特色专栏。

本系列前 5 期为国际刊号出版，可从白云深处人家网站下载。从 2017 年起，我们与中盐金坛盐化有限责任公司合作联合出版，半年一辑，力邀海内外学者担任专栏主持人，兼行盲审制，以当前国际流行的开本印刷。我们注重学术性、知识性兼顾普及性，力求雅俗共赏。欢迎专家学者赐稿，中英文均可，来稿一经录用刊登，即赠样书两本，并酌付稿费。本书所有文章均为作者研究成果，文责自负，不代表编辑部观点。

来稿规范：论文题目、内容提要、关键词、作者简介、通讯地址（含邮箱和手机号码）、参考文献等项内容均应书写清楚，论文字数一般控制在8000—15000 字以内为宜。引文务必核对原书。格式为自动生成的脚注，以①②为系列标记，每页重新编号。若有"参考文献"可放文末，以 [1][2] 标识序号，格式同于引文。引文中已有的，不再罗列。

正文中引文格式如下：

1. 著作

[序号]　作者 . 书名 [标识码]. 出版地：出版社，出版年 . 页码

①吴予敏 . 无形的网格 [M]. 北京：国际文化出版公司，1988. 第 123 页。

①马克思恩格斯全集（第 1 卷）[M]. 北京：人民出版社，1956. 第 7 页。

说明：马克思恩格斯全集、毛选、邓选以及《鲁迅全集》《朱光潜全集》

等每一卷设一个序号。

2. 译著

[序号] 国名或地区（用圆括号）原作者 . 书名 [标识码]. 译者 . 出版地：出版社，出版年 . 页码。

① [英] 霭理士 . 性心理学 [M]. 潘光旦译 . 北京：商务印务馆，1997. 第 4 页。

3. 古典文献

文史古籍类引文后加序号，再加圆括号，内加注书名、篇名。例如：

文中"……孔子独立郭东门。"① （《史记·孔子世家》）

脚注 ① 司马迁 . 史记 [M]. 北京：中华书局，1959. 页码。

文中 圣人是"百世之师"① （《孟之·尽心下》）

脚注 ① 杨伯峻 . 孟子译注 [M]. 北京：中华书局，1960. 页码。

文中 韦应物的诗秀丽警策，如"南亭草心绿，春塘泉脉动"① （《春游南亭》）

脚注 ①书江州集 [A]. 四库全书 [C]. 上海：上海古籍出版社，1987. 页码。

文中"视其户口和课之多寡，增减之"① （《金史·选举志》）

脚注 ① 金史 [M]. 北京：中华书局，1975. 页码。

4. 论文集

[序号] 编者 . 书名 [标识码]. 出版地：出版社，出版年 . 页码。

① 伍蠡甫 . 西方论文选（下册）[C]. 上海：上海译文出版社，1979. 第 8 页。

论文集中特别标出其中某一文献

[序号] 其中某一文献的著者 . 某一文献题名 [A]. 论文集编者 . 论文集题名 [C]. 出版地：出版单位，出版年 . 页码。

① 别林斯基 . 论俄国中篇小说和果戈理君的中篇小说 [A]. 伍蠡甫 . 西方文论选：下册 [C]. 上海：上海译文出版社，1979. 第 9 页。

5. 期刊文章

[序号] 作者 . 篇名 [标识码]. 刊名，年，（期）.

①黄星民 . 华夏传播研究刍议 [J]. 新闻与传播研究，2002 (4).

6. 报纸文章

[序号] 作者 . 篇名 [标识码]. 报纸名，出版日期 (版次).

① 谢希德 . 创造学习的新思路 [N]. 人民日报，1998-12-25(10).

7. 外文文献

要求外文文献所表达的信息和中文文献一样多，但文献类型标识码可以不标出。

① Mansfeld,R.S.&Busse.*T.V.The Psychology of creativity and discovery*, Chinago: NelsonHall, 1981.

① Setrnberg,R.T.*The nature of creativity*,New York:Cambridge University Press,1988.

① Yong,L.S.Managing creative people. *Journal of Create Behavior*, 1994, 28(1).

说明：1.外文文献一定要用外文原文，切忌用中文叙述外文，如"牛津大学出版社，某某书，多少页"等等。2.英文书名、杂志名用斜体，或画线标出。

8. 参考文献类型标识

参考文献类型	专著	论文集	报纸文章	期刊文章	学位论文	报告	标准	专利	词典资料
文献类型标识	M	C	N	J	D	R	S	P	Z

赐稿请使用电脑文本，通过电子邮件发送 word 文稿。编辑部联系地址及主要联系人：福建省厦门市思明区思明南路 422 号厦门大学新闻传播学院传播研究所；邮政编码：361005；联系人：谢清果先生，赐稿邮箱：weirai2002@163.com。联系人：郑明阳先生，赐稿邮箱：myzheng@chinasalt-jt.com。

《中华文化与传播研究》编辑部

2017 年 5 月 12 日